우리가 몰랐던
백제사

우리가 몰랐던
백제사

초판 1쇄 발행 2024년 6월 01일
초판 2쇄 발행 2025년 9월 10일

지은이 정재수

펴낸곳 신아출판사
펴낸이 서정환
편집인 이종호
편집디자인 심재진, 정육남

출판등록 제465-1984-000004호
주소 전북 전주시 완산구 공북 1길 16(태평동 251-30)
전화 (063)275-4000·0484
팩스 (063)274-3131
이메일 sina321@hanmail.net
인쇄·제본 신아문예사

ISBN 979-11-93654-89-7   03910
값 33,000원

우리가 몰랐던
백제사

정재수 지음

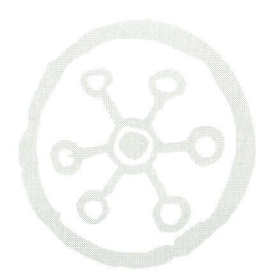

신아출판사

[서문]

우리가 몰랐던 백제사를 찾아서

　백제사에서 잘못 이해되고 있는 부분을 꼽는다면 크게 두 가지다. 하나는 왕통 계보의 단일성이고 또 하나는 중국대륙과 일본열도 백제의 실제성이다. 백제 건국시조는 3명이다. 고구려 계열의 온조^{溫祚}와 비류^{沸流} 그리고 부여 계열의 구태^{仇台}다. 그런데 『삼국사기』는 이들 시조의 위상을 다르게 설정한다. 온조는 정설^{定說}의 시조고, 비류는 이설^{異說}의 시조며, 구태는 김부식 스스로 '어느 것이 옳은 것인지 모르겠다.'$^{(未知孰是)}$고 표현한 명목^{名目}의 시조다. 『삼국사기』〈백제본기〉는 온통 시조 온조 계통에 맞춰 백제사를 기술한다. 적어도 〈백제본기〉의 왕력은 모두 온조 계통으로 일원화한다. 이런 까닭에 비류 계통과 구태 계통은 아예 왕력에 포함되지도 존재하지도 않는다. 또한 『삼국사기』는 백제의 역사공간을 한반도로 한정한다. 그러다 보니 중국대륙과 일본열도의 백제는 존재 여부와 상관없이 『삼국사기』 스스로가 부정하게 된다.

　백제사에는 수학의 미해결 난제인 소위 푸엥카레 추측$^{Poincaré\ conjecture}$을 포함한 「7대 밀레니엄 문제$^{Millennium\ Prize\ Problems}$」와 같은 미해석의 문제가 존재한다. 8·15 광복이후 우리 역사학계가 꾸준한 연구를 통해 적잖은 성과를 축적해 왔음에도 불구하고 여전히 명쾌하게 설명하지 못하는 부분이다.

　정리하면 이렇다.
　① 백제는 해씨왕조인가? 부여씨왕조인가?
　② 백제 시조신화에 천손 또는 난생의 개념이 없는 이유는?

③ 대륙 백제군(요서군,진평군)을 설치한 주체는?
④ 근초고왕과 여구왕은 동일인인가? 근초고왕이 정복군주인 근거는 무엇인가?
⑤ 전지태자가 왜국에 볼모로 간 이유는?
⑥ 백제가 전라도 등 서남부지역 전체를 장악한 시기는?
⑦ 신라가 전북 김제의 벽골제를 축조한 이유는?
⑧ 문주왕이 웅진을 천도지로 선택한 이유는?
⑨ 전남지역 장고형고분의 피장자는?
⑩ 성왕이 남부여로 국호를 변경한 이유는?

이들 10대 미해결 문제는 『삼국사기』 기술 내용이 낳은 한계다. 모두 온조 중심의 천동설이 뿌리깊게 고착된 결과다. 그러나 이들 문제는 구태 중심의 지동설로 전환하여 적용시키면 의외로 쉽게 답을 찾을 수 있다. 대부분 시조 구태의 역사와 맞물려 있다.

구태는 시조 온조, 비류의 생부 우태優台와 우태를 계승한 위구태尉仇台가 결합된 통합 시조다. 다시 말해 구태는 혈통상의 온조(비류 포함) 계통과 계열상의 위구태 계통의 교집합이다. 특히 위구태 계통은 부여기마족의 상징이자 핵심이다. 중국대륙 서부여에서 출발하여 한반도 부여백제를 거쳐 일본열도 야마토로 완결되는 고대 동아시아 역사벨트의 주인공이다.

구태 계통의 역사 기록은 중국과 일본의 옛 문헌에 널려 있다. 중국은 『후한서』, 『삼국지 위서』, 『진서』, 『주서』, 『북사』, 『수서』 등이며, 일본은 『일본서기』, 『속일본기』, 『신찬성씨록』 등이다. 그러나 정작 우리의 『삼국사기』에는 구태 계통의 역사 기록이 없다. 이유는 『삼국사기』가 온조 계통의 역사만을 정리했기 때문이다. 이로 인해 구태 계통의 부여기마족 역사는 한반도에서 사라지게 된다.

남당필사본南堂筆寫本은 일제강점기 남당 박창화朴昌和(1889~1962) 선생이 일본 왕실도서관(서릉부)에서 필사해온 삼국의 역사서다. 고구려는 『고구려사략』, 『고구려사초』, 『고구려사』, 『본기신편열전』, 『유기추모경』 등이고, 백제는 『백제왕기』, 『백제서기』 등이며, 신라는 『신라사초』, 『위화진경』, 『화랑세기』, 『상장돈장』 등이다. 이들 기록은 이름만 전하는 삼국의 역사서인 고구려의 『유기』, 백제의 『서기』, 신라의 『국사』 등의 일부로 추정된다. 특히 남당필사본 기록은 『삼국사기』와는 비교가 안될 정도로 기록 자체가 방대하며 내용 또한 놀라울 정도로 상세하다.

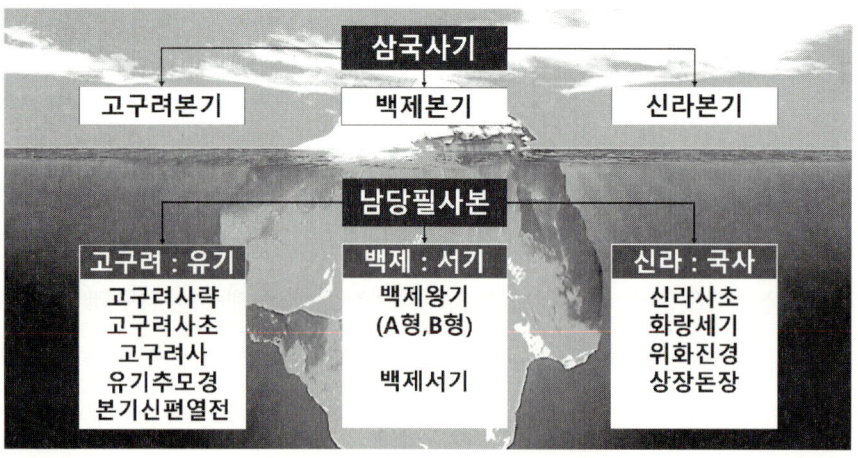

지금까지 백제사는 신라인(통일신라)에 의해 처음 『삼국사』가 편찬된 이래로

시대의 변화에 따라 4번 정도 정리단계를 거친다. 첫째는 김부식이『삼국사기』〈백제본기〉로 정리한「고려판 백제사」(Version1.0)고, 둘째는『삼국사기』기록을 일부 보완한『동국통감』,『해동역사』등의「조선판 백제사」(Version2.0)다. 셋째는 일제강점기 식민사학자들이 '삼국사기초기불신론'의 해괴한 논리를 내세워 악질적으로 축소시킨「일제판 백제사」(Version3.0)며, 넷째는 8·15광복 후『삼국사기』의 면밀한 분석을 통해 왕력 계보에서 시조 비류 계통(초고왕-근초고왕)과 북방 계통의 고이왕 계열을 분리해낸「한국판 백제사」(Version4.0)다. 그럼에도 오늘의 백제사는 시조 구태 계통을 찾지 못하고 있다. 구태 계통의 왕은 누구며, 구태 계통이 지배한 중국대륙과 일본열도의 백제영역은 어디까지인지 정확히 알지 못한다. 오늘의 백제사는 여전히『삼국사기』가 채워놓은 족쇄에 머물러 있다.

본 책『우리가 몰랐던 백제사』는 기존의「한국판 백제사」(Version4.0)를 한단계 업그레이드한 또 하나의「한국판 백제사」(Version4.5) 시즌(season)Ⅱ다.『삼국사기』가 온조계통 중심으로 정립한 백제사를 구태 계통 중심으로 확장하여 재정립한 21세기 백제사다. 그래서 구태 계통의 역사 발굴에 많은 지면을 할애하였다. 그러다 보니 온조 계통 백제사는 40% 정도로 축소되며 나머지 60%는 구태 계통 백제사로 채우게 된다. 특히 독자여러분이 접해 보지 못한 새로운 사건들과 인물들이 적잖이 나온다. 생소할 것이다. 그 생소함을 떨쳐내기 위해 어느 경우는 반복적으로 기술하였다. 크게 7장으로 구성하였다. 백제의 건국에서 멸망에 이르는 흥망성쇠의 과정이다. 또한 각 장은 여러 소제목들로 분리하여 정리하였다. 특히 문헌 기록 원문(한자 포함)을 대부분 인용하여 근거를 명확히 제시함은 물론 과거형이 아닌 현재형의 문체를 사용하여 현장감을 더했다.

끝으로 출판사 관계자 분들에게 깊은 감사의 말을 드리며, 독자여러분을 지평선 너머의 새로운 백제사에 정중히 초대한다.

왕조(시조) 계통도

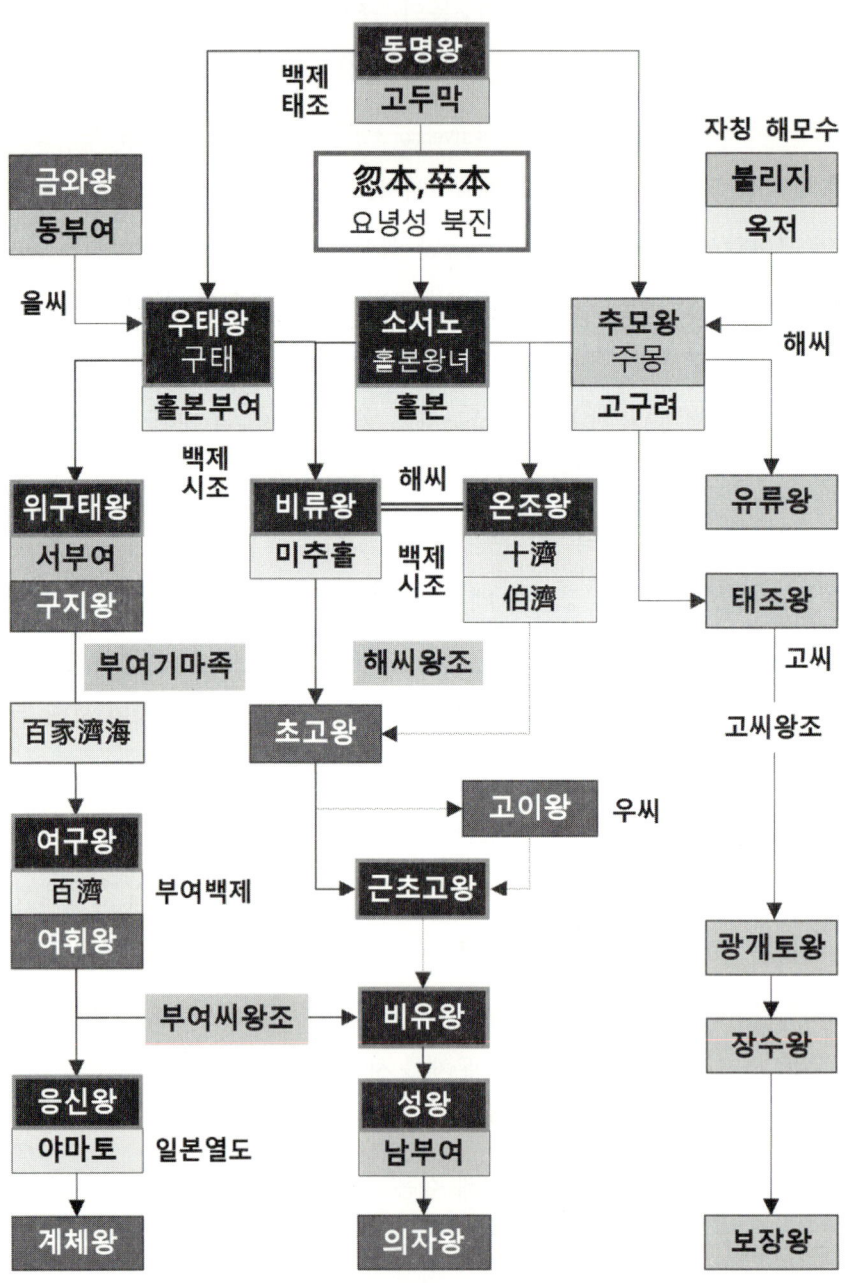

| 왕통(왕력) 계보도 |

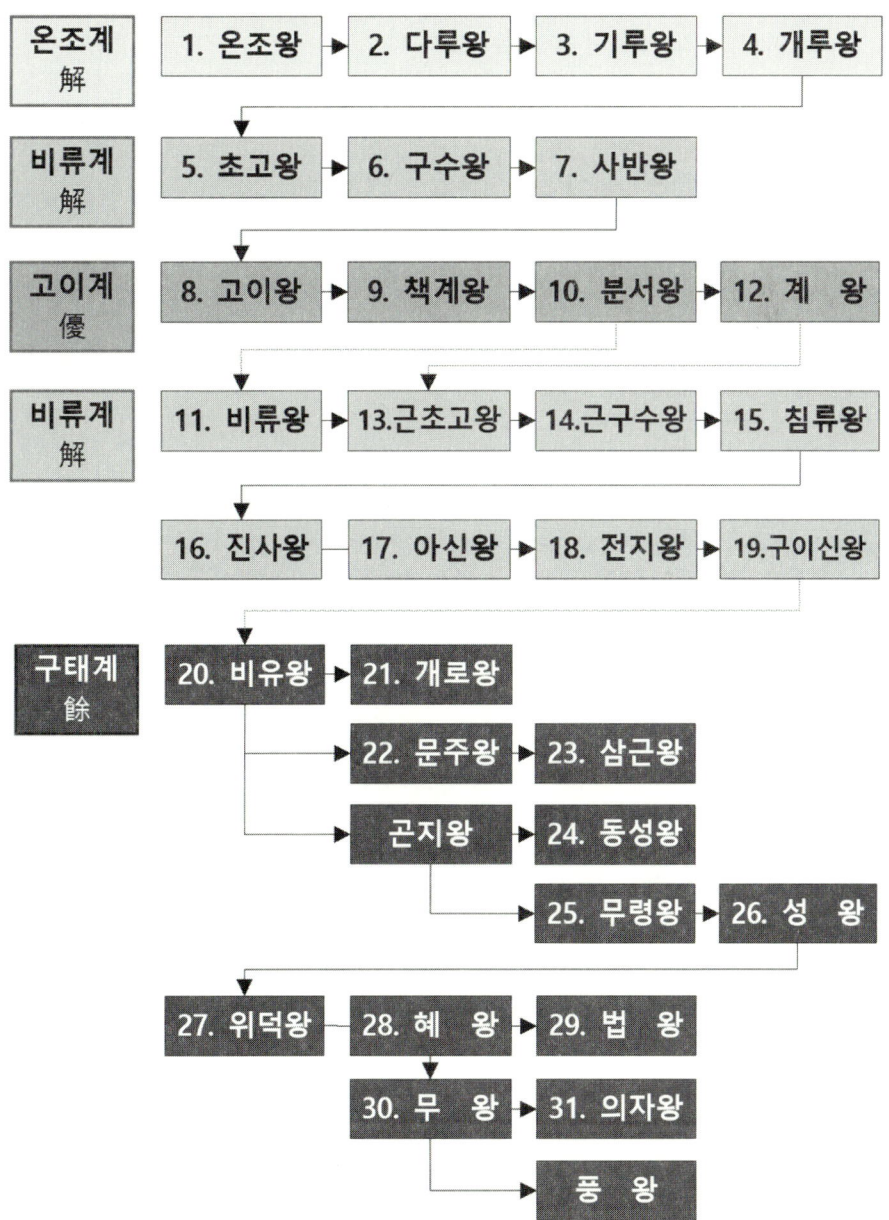

- [서문] 우리가 몰랐던 백제사를 찾아서
- 왕조(시조) 계통도
- 왕통(왕력) 계보도

1 건국의 요람과 여명

시조와 건국과정   16
첫 도읍지 위례성을 찾아서	미추홀의 슬픈 자화상
건국시조, 온조와 비류 그리고 구태	백제 국호의 변천 과정
건국의 숨은 주역, 소서노와 을음	《광개토왕릉비》가 기록한 백제 건국의 비밀
고구려 영토내의 백제 땅 한남

온조 계통의 3루왕   42
| 초기 3루왕, 부여왕족 혈통 강조 | 다루왕과 석탈해의 치열한 대결 |
| 기루왕의 재위 기간 의문 | 개루왕과 신라 길선의 백제 망명사건 |
| 도미부인 설화와 개루왕의 몰락 |

세 번째 시조 구태   55
구태는 누구인가?	동명왕과 후손 구태	처음 나라를 세운 대방고지 부여왕
요동전쟁과 위구태 그리고 한반도 마한	위구태의 서부여 건국과 분화 과정
공손도 딸과 혼인한 구지왕	서부여의 수난과 백가제해
세 번째 시조 구태의 실상	미스터리 인물 백제 구지왕

2 초고계열과 고이계열

비류 계통의 초고왕   102
| 백제왕통 교체, 초고 계열의 등장 | 한반도 대방 지명의 성립 과정 |
| 마한 신미제국의 독자외교 | 월출산과 포상8국의 시초 월나국 |

북방 계통의 고이왕 등장   116
| 북방 계통의 고이왕 출현 | 기리영 전투와 마한의 실체 | 한성시대를 개막한 책계왕 |
| 분서왕 죽음과 칼춤의 효시 황창랑 | 대단한 여걸 보과왕후 |

한반도에 출현한 부여기마족   139
| 비류왕과 은유적 표현 기록 | 한반도에 출현한 부여기마족 |
| 중원왕조에서 활약한 부여씨들 | 김제 벽골제를 축조한 세력집단 |
| 서울 석촌동고분군의 무덤주인 |

3 근초고왕과 부여기마족

정복군주 근초고왕의 실상   162
정복군주 근초고왕	고국원왕 전사와 근초고왕
「신공왕후 삼한정벌론」과 근초고왕	칠지도와 근초고왕
「요서경략설」과 근초고왕	정복군주 근초고왕의 실상	근초고왕의 한산 천도

근초고왕의 후예들   189
| 근구수왕과 아이왕후 | 불교를 받아들인 침류왕 | 백제 관미성의 역사적 상징성 |
| 진사왕 사망의 미스터리 | 권력의 화신 신라 출신 아이왕후 |

광개토왕릉비와 한반도 부여기마족   207
《광개토왕릉비》가 기록한 한반도 부여기마족	《충주고구려비》와 부여기마족의 행방
한반도 부여기마족의 야마토 건국 과정	왜국에 볼모로 간 전지태자
우리 역사 최대의 엑소더스 사건	왜 왕실 출신 팔수왕후의 운명
하남 감일동고분군의 무덤주인	하남 이성산성과 시조묘 제사
대성팔족 목씨에 대하여

4 부여씨왕조의 수난

부여씨왕조를 개창한 비유왕 252
최초 부여씨 여신의 등장	비유왕 출신의 의문	한반도 서남부지방 장악
백제-야마토의 외교전쟁	백제-신라의 혼인동맹	수레바퀴 불꽃의 출현
흑룡 출현과 비유왕의 죽음	서울 방이동고분군의 무덤주인

한성 몰락을 좌초한 개로왕 277
| 한성 몰락과 개로왕의 선택 | 개로왕 죽음의 진실 | 아차산과 왕실가족의 비극 |
| 개로왕의 무덤을 찾아서 |

웅진시대의 좌표 문주왕 291
| 신라 지원을 요청한 문주왕 | 우유부단 평가의 문주왕 | 삼근왕 죽음의 미스터리 |
| 송산리고분군 1호~4호무덤의 주인공 | 야마토 웅략왕의 백제 챙기기 |

미스터리 인물 곤지왕 309
| 아스카베신사와 곤지왕 | 한일 고대사의 공통분모 | 곤지왕과의 운명적 만남 |
| 곤지왕의 무덤을 찾아서 | 전남지역 장고형고분의 무덤주인 |
| 아스카에 담긴 백제인의 추억 |

5 정복과 중흥의 명암

대륙을 호령한 정복군주 동성왕 336
동성왕의 다양한 이름	동성왕 즉위 과정 이해	백제를 대표한 모도왕
산동반도를 점령한 동성왕	신라와의 복잡한 혼인관계
동성왕 죽음에 얽힌 비밀	동성왕 무덤 송산리고분군 6호분

무령왕릉과 중흥군주 무령왕 358
무령왕의 출생 비밀	무령왕 즉위 내막의 미스터리
스다하치만신사의 청동거울과 무령왕	《양직공도》와 무령왕의 세계
무령왕 독살설의 진상	송산리고분군 29호분 무덤주인 추적

6 부여제국의 부활

부여제국의 부활을 꿈꾼 성왕　382
| 대통사 창건에 담긴 뜻 | 사비 천도와 남부여 국호 변경 |
| 백제 미녀 한주의 러브스토리 | 관산성 전투와 성왕의 죽음 | 일본 구세관음상과 성왕 |

위기를 기회로 만든 위덕왕　399
| 위덕왕과 대륙 동청주 | 일본에서 사망한 위덕왕의 왕자들 | 법왕과 부여 왕흥사 |
| 부여 능산리고분군의 무덤주인 |

서동설화의 주인공 무왕　414
| 서동설화의 주인공 무왕 | 무왕의 대외정책 일관성 | 미륵사와 무왕의 꿈 |
| 무왕의 익산 천도 의문 | 익산 쌍릉의 무덤주인 |

7 망국과 복국의 갈림길

망국군주 의자왕　444
| 해동증자 의자왕 | 대야성에 묻힌 불행의 씨앗 | 의자왕의 친위쿠데타 |
| 백제 망조현상의 미스터리 | 의자왕과 삼천궁녀의 진실게임 |

660년 멸망의 그날　458
| 660년 여름, 멸망의 그날 | 백제멸망은 스스로 선택한 자살 |
| 당이 남긴 불편한 흔적들 |

수복운동의 좌절과 그림자　467
부흥운동 용어의 아쉬움	재건백제의 수도 피성	백강구 전투와 주류성의 눈물
백제 수복운동의 알파와 오메가	부여융과 김법민의 엇갈린 운명
백제 유민이 만든 불비상	의자왕의 후손들

부록
■ [부록] 서울,공주,부여,익산 일대 주요 백제무덤 피장자 | 찾아보기

1 건국의 요람과 여명

시조와 건국과정

온조 계통의 3루왕

세 번째 시조 구태

| 첫 도읍지 위례성을 찾아서 | 미추홀의 슬픈 자화상 |
| 건국시조 온조와 비류 그리고 구태 |
| 백제 국호의 변천 과정 |
| 건국의 숨은 주역 소서노와 을음 |
| 《광개토왕릉비》가 기록한 백제 건국의 비밀 |
| 고구려 영토 내의 백제 땅 한남 |

| 초기 3루왕, 부여왕족 혈통 강조 |
| 다루왕과 석탈해의 치열한 대결 |
| 기루왕의 재위 기간 의문 |
| 개루왕과 신라 길선의 백제 망명사건 |
| 도미부인 설화와 개루왕의 몰락 |

| 구태는 누구인가 | 동명왕과 후손 구태 |
| 처음 나라를 세운 대방고지 부여왕 |
| 요동전쟁과 위구태 그리고 한반도 마한 |
| 위구태의 서부여 건국과 분화 과정 |
| 공손도 딸과 혼인한 구지왕 | 서부여 수난과 백가제해 |
| 세 번째 시조 구태의 실상 | 미스터리 인물 백제 구지왕 |

| 첫 도읍지 위례성을 찾아서 |

『삼국사기』시조 온조왕 편에 하남위례성이 나온다. 온조가 백제를 출발시키며 수도로 삼은 도읍지다. 하남河南은 '강의 남쪽'을 가리켜서 한강 이남의 남한산성이 소재한 경기도 광주(하남) 일대가 유력하다. 특히 산성안에는 구전口傳의 온조 궁궐이 있으며 산성아래에는 온조가 사용했다는 '어용샘'(하남 선법사)도 있다. 위례는 특정 장소를 나타내는 지명이 아니다. '울타리', '담'의 일반명사다. '도성'을 말한다.

▲ 온조왕 어용샘 푯말 [경기 하남]

최초 건국지 직산위례성

▲ 온조왕 사당 [충남 천안 직산]

남한산성 일대가 온조의 위례성일까?『세종실록』에 따르면 세종은 옛 삼국의 수도를 규명하라는 지시를 내린다. 이에 조정은 고구려와 신라의 옛 수도는 별다른 어려움 없이 고증하나, 백제의 경우는 공주(웅진), 부여(사비)와 달리 최초 도읍인 위례성의 위치를 쉬이 찾지 못한다. 이때 조정은 「삼국유사」〈왕력〉의 온조왕 기록에 근거하여 직산稷山을 온조의 위례성으로 고증한다. '위례성에 도읍하였는데 사천이라고도 한다. 지금의 직산이다.'(都慰禮城一云蛇川今稷山) 직산은 지금의 충남 천안이다. 당시 세종은 특별히 직산에 온조왕 사당을 건립하고(1429년,세종11) 직접 향축을 내려 제사지내기까지 한다. 이후 조선에서 발간되는 각종 지리지는 모두 충남 직산을 온조의 위례성으로 표기한다. 현재 직산에는 위례산성이 있으며, 온조의 신하를 조상으로 하는 직산 조씨(조성), 천안 전씨(전섭), 목천 마씨(마려) 등이 있다.

▲ 직산 위례고성 [『조선팔도지도』]

최종 정착지 하남위례성

그렇다면 하남위례성과 직산위례성은 다른 것일까? 두 곳 모두 온조의 위례성이다. 온조는 前18년 한반도로 남하하여 미추홀(충남 아산)에서 형 비류와 함께 있다가 前14년 마한(목지국,충남 천안)으로부터 새로운 땅을 얻어 직산위례성으로 분립하며 온조의 백제를 정식으로 출범시킨다. 이때 온조의 분립을 안타깝게 여긴 어머니 소서노가 비류와의 재결합을 설득하기 위해 온조를 찾아갔다가 뜻하지 않게 온조의 부하들에게 살해당하는 사건이 발생한다. 이 해는 前6년이다. 소서노의 죽음을 알게 된 온조는 형 비류의 문책이 두려워 이듬해인 前5년 급히 하남위례성(남한산성)으로 천도한다.

정리하면 이렇다. 직산위례성은 前14년~前5년까지의 위례성이며, 하남위례성은 前5년 이후의 위례성이다. 다만 『삼국사기』는 온조가 최종 정착한 하남위례성만을 기록으로 정리한다. 하남위례성은 지금의 남한산성이 소재한 경기 광주와 하남 일대다.

| 건국의 요람과 여명 | 초고계열과 고이계열 | 근초고왕과 부여기마족 | 부여씨왕조의 수난 |

▲ 온조왕 분립과정

이와 달리 남한산성과 인접한 서울시 송파구 일대(풍납토성,몽촌토성)를 위례성으로 보는 견해도 있다. 이는 고이왕(8대)의 한성위례성이다. 고이왕은 돌무지무덤^{積石塚}(석촌동고분군)을 조성한 세력으로 온조 계통과 다른 또 한 분의 백제시조다. 아울러 다산 정약용이 『아방강역고』에서 지목한 하북위례성도 있다. 근초고왕(13대)이 천도한 '한산'으로 이해되는 위례성이다. 다만 하북위례성의 존재는 일부 문헌 기록만 전할 뿐 실체는 명확하지 않다.

> 위례성은 「천안직산설」과 「경기하남설」이 병존한다. 「천안직산설」은 『삼국유사』 기록, 「경기하남설」은 『신증동국여지승람』 기록에 근거한다. 「서울송파설」은 기록은 없으나 풍납토성의 유물 발굴을 통해 부분적으로 확인된다. 학계는 중용의 입장이다. 前5년 온조왕의 한산 천도를 기점으로 이전은 천안 직산, 이후는 경기 하남이나 서울 송파로 이해한다.

위례성 역사에는 백제 건국과정의 비밀이 오롯이 담겨 있다.

| 미추홀의 슬픈 자화상 |

2018년 7월, 인천광역시는 남구의 명칭을 미추홀구로 변경하고 정식 출범한다. 백제 초기 도읍지 미추홀彌鄒忽을 인천시가 행정 명칭을 통해 공식적으로 품에 안는다. 우리는 미추홀을 인천으로 알고 있다. 또한 그렇게 믿는다.

> 인천광역시는 2018. 3. 20 '인천광역시 남구 명칭 변경에 관한 법률(제15499호)'을 공표하고, 2018. 7. 1 정식으로 남구를 미추홀구로 변경하여 출범시킨다. 『삼국사기』 기록에 근거한다.

『삼국사기』, 『삼국유사』의 미추홀 기록

정말로 인천이 미추홀일까? 미추홀 지명의 시작은 건국시조 비류와 온조의 역사로 거슬러 올라간다. 두 형제가 고구려에 있을 때, 당시 고구려 유류왕(2대)은 비류, 온조와 함께 고구려를 3분할하여 통치한다. 이때 비류는 미추홀을 도읍으로 삼아 고구려의 북쪽과 동쪽을 담당한다. 미추홀은 고구려 땅에 소재한 비류의 세력기반이다.

고구려(대륙) 미추홀은 요하가 흐르는 지금의 요녕성 철령鐵嶺시 은주구銀州區 일대다. 미추의 彌는 '갓난아이'며, 鄒는 '추모鄒牟왕'을 가리킨다. 미추홀은 유화부인이 해모수와 인연을 맺어 추모(주몽)왕을 임신한

▲ 국내지역 고구려 미추홀

| 건국의 요람과 여명 | 초고계열과 고이계열 | 근초고왕과 부여기마족 | 부여씨왕조의 수난 |

장소로 국내지역(웅심,합환,위나암)의 합환合歡이다.

백제(한반도) 미추홀은 비류와 온조가 어머니 소서노와 함께 고구려를 떠나 한반도로 남하하며 가져온 명칭이다. 일종의 지명 이동이다.

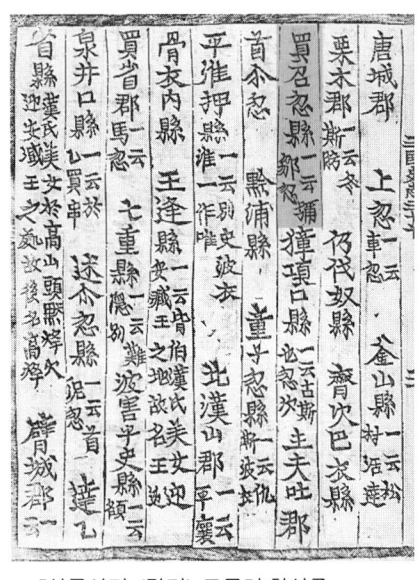

▲『삼국사기』〈잡지〉 고구려 한산주

그런데 백제 미추홀의 위치를 놓고 『삼국사기』와 『삼국유사』가 다르게 설명한다. 먼저 『삼국사기』는 '금인주今仁州'로 기록한다. 『삼국사기』가 편찬될 당시의 인주다. 인주仁州는 지금의 인천이 맞다. 그러나 당시 고려 인종(17대)은 어머니 문경태후의 친정이 있는 곳이어서 특별히 '仁'자를 붙여 인주로 변경한다. 원래 이 지역은 고구려의 매소홀買召忽(경기 수원)이다. 남북국(통일신라)시대 신라 경덕왕(35대)이 소성현邵城縣으로 개명하고 고려 초기 경덕군으로 불리다가 인종이 문경태후를 배려하여 인주로 승격시킨다. 당시 김부식은 고려왕실의 사정을 고려하여 『삼국사기』에 매소홀을 미추홀로 적는다. 이후 조선의 『세종실록』〈지리지〉도 『삼국사기』 기록을 준용하여 매소홀과 미추홀을 혼용하여 쓴다. 결과적으로 김부식의 판단으로 매소홀이 미추홀이 되고 또 오늘의 인천이 된다.

『삼국사기』〈잡지〉 고구려 한산주. '매소홀현은 미추홀이라고도 한다(買召忽縣 一云彌鄒忽) 동(同)〈잡지〉 신라 한주. '소성현은 본래 고구려 매소홀현을 경덕왕이 개칭한 것이다. 지금의 인주다. 경원매소 또는 미추라고도 한다.'(邵城縣 本高句麗買召忽縣 景德王改名 今仁州 一云慶原買召 一作彌趨)

이에 반해 『삼국유사』는 '인주仁州'로 기록한다. 일연이 지목한 인주는 지금의 충남 아산군 인주면 밀두리密頭里다. 밀두密頭와 미추彌鄒는 동음어다. 충남 아산을 인주로 개명한 시기는 고려 초기다. 『삼국사기』와 『삼국유사』가 편찬되기 훨씬 이전이다.

> 『동사강목』 고려 태조 신성왕 왕건(王建) 원년(918년) 8월. '고려가 김행도(金行濤)를 동남도초토사로 삼았다. 이때 고려 대신들이 안에서 많이 배반하여 웅주(熊州), 운주(運州)〔운주는 지금의 홍주(洪州)로 고려 초에는 운주라 하였다)등 10여 군현이 다시 진훤에게 귀부하니 행도에게 명하여 동남도초토사지인주제군사〔**인주는 뒤에 아주(牙州)로 고침, 지금의 아산(牙山)**〕를 삼았다.'

미추홀은 충남 아산 인주

미추홀은 인천이 아닌 충남 아산일 공산이 크다. 더욱이 인천의 결격사유는 김부식이 매소홀과 미추홀을 혼용해서 쓴 점이다. 온조는 비류로부터 2단계 분립 과정을 겪는다. 1단계는 미추홀(충남 아산)에서 직산위례성(충남 천안)으로, 2단계는 직산위례성에서 하남위례성(경기 광주)으로 도읍을 옮기며 정식으로 백제를 출발시킨다. 따라서 김부식의 비정대로라면 온조는 처음 인천에서 천안으로 내려갔다가 다시 하남(광주)으로 올라와야 한다. 다소 어색하고 불편한 이동이다.

최근 지방자치제가 활성화되면서 지역내 역사 유적에 대한 관심이 높다. 적잖은 유적이 복원되고 스토리텔링이 쏟아지고 있다. 좋은 현상이다. 그러나 자칫 무리한 고증으로 역사 자체가 왜곡될 소지가 있다. 이제는 옳고 그름을 진중하게 따져볼 때가 아니겠는가!

역사의 샘은 결코 마르지 않는다. 과거 속에 머무르지 않고 현재에도 새롭게 해석되며 미래의 가치를 더한다.

| 건국시조, 온조와 비류 그리고 구태 |

고대 동아시아 국가의 시조신화는 신성성神聖性이 강하다. 일반적으로 시조신화는 하늘에서 내려오는 북방 계통의 「천손天孫신화」와 알에서 태어나는 남방 계통의 「난생卵生신화」로 크게 분류한다. 특히 소수의 북방 유목민이 다수의 남방 농경민을 지배할 때 천손신화와 난생신화는 결합한다. 이러한 방식은 주로 대륙 동북방, 한반도, 일본열도 등 동북아시아 지역에서 나타난다. 고구려 시조 추모(주몽)와 신라 시조 박혁거세는 알에서 태어난 난생신화다. 피지배층인 농경민을 배려한 신화체계다. 그런데 백제는 신성성이 완전히 배제된 사실성事實性의 시조신화다.

▲ 고대 신화 분포

『삼국사기』가 설정한 백제 시조

백제 시조는 온조溫祚와 비류沸流 그리고 구태仇台다. 『삼국사기』가 설정한 시조다. 온조왕 편에 기록된 시조(건국)신화는 크게 세 부분으로 나눈다. 첫째는 시조 온조왕 기록이며, 둘째는 시조 비류왕 기록이다. 두 기록은 백제 건국이 동부여에서 홀본국(졸본부여)으로 내려온 추모(주몽)가 고구려를 건국하는 과정에서 파생된 것과 두 시조가 형제라는 점이 같다. 「시조형제신화」라고 부른다. 『삼국사기』는 온조왕을 시조로 확정한다. 그래서 정설定說이다. 비류왕은 '일설一說,一云'이라 표현하며 이설異說

로 정리한다. 셋째는 중원사서를 인용한 시조 구태왕 기록이다. 그런데 『삼국사기』 편찬자는 '어느 쪽이 옳은지 모르겠다.'(未知孰是)고 푸념을 놓는다. 한마디로 구태왕은 시조로 인정할 수 없다며 잡설雜說로 취급한다.

온조와 비류는 동부여 계열, 고구려 계통에 편입

『삼국사기』 시조 온조왕 편의 온조왕과 비류왕의 기록이다.

백제 시조는 온조왕이다. 그의 **아버지는 추모 혹은 주몽이라고 한다.** 주몽은 북부여(*동부여)에서 난리를 피하여 **졸본**(홀본)**부여로 왔다.** 부여왕은 아들은 없고 딸만 셋이 있었는데 주몽이 뛰어난 인물임을 알고 둘째 딸(소서노)을 그의 아내로 주었다. 얼마 후 부여왕이 훙하고 주몽이 왕위를 이었다. **주몽이 아들 둘을 낳았는데 첫째 아들은 비류고 둘째 아들은 온조다.** … 온조는 **하남위례성에 도읍을 정하고 십신**(10명 신하)**을 보익**(보필)**으로 삼아 나라 이름을 십제**라 하였다. 이때가 전한 성제 홍가3년(前18년)이다.

百濟 始祖溫祚王 其父鄒牟或云朱蒙 自北夫餘逃難 至卒本夫餘 夫餘王無子 只有三女子 見朱蒙 知非常人 以第二女妻之 未幾 夫餘王薨 朱蒙嗣位 生二子 長曰沸流 次曰溫祚 … 溫祚都河南慰禮城 以十臣爲輔翼 國號十濟 是前漢成帝鴻嘉三年也

일설에는, **시조는 비류왕이다.** 그 **아버지 우태는 북부여**(*동부여)**왕 해부루의 서손이고 어머니 소서노는 졸본사람 연타발의 딸이다.** 소서노가 우태에게 시집가서 아들 둘을 낳았는데 첫째 아들이 비류고 둘째 아들이 온조다. 우태가 죽자 졸본에서 과부로 살았다. … 그리고는 동생과 함께 무리를 거느리고 **패수와 대수 두 강을 건너 미추홀에 도착하여** 거기에서 살았다.

一云 始祖沸流王 其父優台 北夫餘王解夫婁庶孫 母召西奴 卒本人延陁勃之女 始歸于優台 生子二人 長曰沸流 次曰溫祚 優台死 寡居于卒本 … 遂與弟率黨類 渡浿帶二水 至彌鄒忽以居之

온조와 비류는 형제다. 비류가 형(前47년생)이고, 온조가 동생(前44년생)

| 건국의 요람과 여명 | 초고계열과 고이계열 | 근초고왕과 부여기마족 | 부여씨왕조의 수난 |

이다. 어머니는 홀본국 왕녀 소서노다. 두 시조의 생부는 우태고, 양부는 추모다. 특히 우태와 추모는 동부여 금와왕과 직접적으로 연결된다. 우태는 금와왕의 아들(해부루왕 서손)이고, 추모는 금와왕의 양자(유화부인 재가)다.

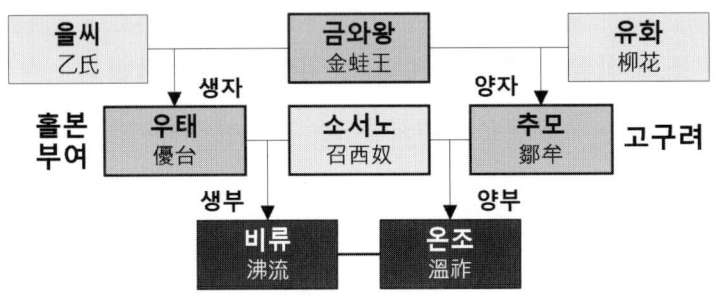

▲ 비류, 온조 관계도

다만 온조왕 기록은 양부 추모를 두 시조의 아버지로 설정한다. 백제의 기원을 고구려 계열로 묶어두기 위한 기록상의 장치로 이해한다.

그렇다면 형 비류가 아닌 동생 온조를 백제 시조로 확정한 걸까? 이는 온조가 최종 정착한 하남위례성에서 답을 찾을 수 있다. 온조는 비류와 함께 한반도 미추홀로 남하하여 2차례 분립 과정을 겪는다. 1차는 마한으로부터 땅을 얻어 미추홀(충남 아산)에서 직산위례성(충남 천안)으로 이동하고, 2차는 어머니 소서노의 죽음을 계기로 직산위례성에서 하남위례성(경기 광주)으로 이동한다. 하남위례성은 초기 백제의 도성으로 온조의 세력기반이다. 온조의 후손집단 역시 하남위례성이 본거지다. 따라서 온조의 시조 확정은 당연한 수순이며 절차다. 만약 미추홀이 초기 백제의 정착지였다면 비류가 최종 시조로 확정되었을 것이다.

『백제왕기』의 비류(沸流) 이름에 대한 설명. '온수는 신으로 삼을 수 있기에 이름을 비류로 한 것이다.'(以溫水爲神 故名沸流也) '沸'는 '끓는 물', '샘솟는 물'이다. 비류는 온수(溫水) 즉 온천을 가리킨다.

구태는 서부여 계열, 부여기마족의 상징

구태는 중원사서를 인용한 시조다.『삼국사기』온조왕 기록이다.

>『북사』와『수서』모두에는 '동명의 후손으로 구태가 있는데 어질고 신의가 돈독하였다. 처음 대방의 옛 땅에 나라를 세웠다. 한의 요동태수 공손도가 그의 딸을 아내로 주어 드디어 동이의 강국이 되었다.'고 하였다.
> 北史及隋書皆云 東明之後有仇台 篤於仁信 初立國于帶方故地 漢遼東太守公孫度以女妻之 遂爲東夷强國

이 내용은『후한서』,『삼국지 위서』,『진서』등에도 나온다. 다만 이들 기록은 구태를 후한(後漢)말 대륙에서 활동한 위구태(尉仇台)로 소개한다.

위구태는 누구일까? 서부여의 건국자다.『고구려사략』(남당필사본)에 따르면 위구태는 요동전쟁에서 고구려 태조왕(6대)에게 패해 본거지를 대방(하북성 당산)에서 서자몽(西紫蒙)(내몽골자치구 다륜현)으로 옮겨 서부여를 출발시킨다.

위구태 사후 서부여는 서자몽을 떠나며 두 세력집단으로 계열 분화한다. 요서지방의 대방(帶方)(하북성 당산)세력과 요동지방의 녹산(鹿山)(요녕성 건창현)세력이다. 이 중 대방세력은 4세기 초반 백가제해(百家濟海)하여 한반도 서남부지방을 장악하며, 녹산세력은 4세기 중반 전연(前燕)(모용황)에 흡수되며 멸망한다.

그러나 한반도 대방세력은 서남부지방에 정착하지 못하고 일본열도로 이동한다. 4세기 후반 고구려 광개토왕의 남정(南征)에 처참히 패해 급히 망명한다.《광개토왕릉비》비문에 상세히 나온다. 또한 대방세력은 에가미 나미오(江上波夫)가 주장한 일본열도「기마민족정복왕조설」의 주인공이다. 4세기 후반 일본열도로 건너가 오사카일대에 야마토를 건국한 북방 기마민족이다. 특히 레드야드(Gary Ledyard)와 코벨(Jon Carter Covel)은 이들 북방 기마민족을 '대륙의 부여 전사(戰士)들'로 이해한다. 또한 그 실체

| 건국의 요람과 여명 | 초고계열과 고이계열 | 근초고왕과 부여기마족 | 부여씨왕조의 수난 |

에 대해 '4세기 중·후반 한반도 서남부를 거쳐 일본열도를 점령한 백제세력'으로 규정한다. 바로 한반도 대방세력은 오늘날 만세일계 일본 천왕가의 본류가 된 부여기마족이다.

존 카터 코벨(Jon Carter Covell, 1910~1996)은 **미국 출신의 동양미술사학자다.** 원래 그녀는 일본미술사를 전공하나, "**인류의 기원은 한국인이다.**"라고 규정할 정도로 한국의 역사와 문화를 어느 누구보다도 사랑한다. 특히 생전에 "**나는 한국의 가야사가 분명하게 확립되는 것을 볼 때까지 오래 살고 싶다.**"는 간절한 소망을 남긴다. **코벨**은 우리 역사학계가 일제식민사학의 틀에서 벗어나지 못하고 있을 때, 홀로 우리 역사의 자존과 진실을 지키기 위해 **부단히 애쓴 인물**이다.

특히 한반도 대방세력 중 일부는 일본열도로 건너가지 않고 잔류하며, 이후 백제왕실을 아예 접수한다. 부여씨왕조를 개창한 비유왕(20대)이다. 백제는 비유왕의 등장으로 온조 계통의 해씨왕조를 마감하고 구태 계통의 부여씨왕조가 새로이 들어선다. 물론 부여씨왕조는 백제가 멸망할 때까지 명맥을 유지한다. 이런 연유로 구태는 부여기마족의 상징적 존재이자 백제 세 번째 시조로 당당히 자리매김한다.

백제 시조신화는 고구려와 신라의 시조신화와 달리 사실성이 매우 강하다. 하늘에서 내려왔다든가 또는 알에서 태어났다는 등 신성성이 강한 천손, 난생신화와는 거리가 멀다. 그럼에도 백제 시조신화에는 적잖은 역사가 굴절되어 있다.

시조신화는 실제한 사실보다 승자가 정립한 진실을 선택한다.

| 백제 국호의 변천 과정 |

흔히 백제를 단일 국호로 이해한다. 『삼국사기』를 비롯한 모든 문헌 기록이 백제로 통일해서 쓰고 있기 때문이다. 그러나 백제의 국호는 시대 상황에 따라 적잖은 변천 과정을 겪는다.

十濟와 伯濟, 창업공신을 배려한 국호

첫째는 십제^{十濟}다. '十(열 십)'자의 백제다. 건국초기 만들어진 최초 국호다. 『삼국사기』 건국신화에 나오며 시조 온조가 십신^{十臣}(10명 신하)의 도움을 받은 데서 유래한다. 이 해는 前14년으로 온조가 직산위례성으로 분립하며 실질적으로 백제를 건국한 해다. 이때 온조의 독립에 결정적인 기여를 한 사람이 십신이다. 『삼국사기』는 오간^{烏干}, 마려^{馬黎} 2명만을 언급하나, 후손의 족보에는 을음^{乙音}, 해루^{解婁}, 조성^{趙成}, 전섭^{全攝}, 곽충^{郭忠}, 한세기^{韓世奇}, 범창^{范昌}, 흘간^{屹干} 등 8명이 추가된다. 이들 십신은 온조의 창업공신이다. 十濟는 온조가 십신을 배려한 보은^{報恩}의 성격이 강한 국호다. 온조는 前6년 어머니 소서노의 죽음과 함께 다시금 직산위례성에서 하남위례성으로 도읍을 옮기며 비로소 백제 '한성시대'의 토대를 마련한다.

둘째는 백제^{伯濟}다. '伯(맏,우두머리 백)'자의 백제다. 『삼국지 위서』〈동이전〉에 나오는 마한연맹체 54국 중의 하나로 한강유역에 소재한 소국이다. 이병도가 추정한 국호이기도 하나 학계의 공식 입장은 아니다. 그런데 뜻밖에도 『고구려사략』에 온조가 국호를 伯濟로 바꾼 기록이 있다.(溫祚改國號曰伯濟) 이 해는 23년(온조41)으로 온조가 부여(홀본) 출신 해루^{解婁}를 우보^{右輔}(국무총리)에 임명한 해다. 따라서 앞의 十濟의 '十'이 십신

| 건국의 요람과 여명 | 초고계열과 고이계열 | 근초고왕과 부여기마족 | 부여씨왕조의 수난 |

을 지칭하듯, 伯濟의 '伯'은 해루 한 사람을 지칭한다고도 볼 수 있다.

> 해루는 동부여 금와왕과 유화부인 사이에서 태어난 해소(解素)의 둘째 아들이다. 첫째 아들은 갈사부여 창업자 산해(山解)다. 『삼국사기』는 '북부출신 해루를 모셔와 우보로 삼았다. 해루는 본래 부여사람이다.'(拜北部解婁爲右輔 解婁本夫餘人也)라고 적는다. 해루 집단은 동부여에서 고구려로 귀화한 후 백제 건국집단이 충남 아산의 미추홀로 남하할 시기에 경기 북부지역으로 내려와 정착한다. 해루는 온조가 하남위례성을 선택하고 터를 잡는데 지대한 영향을 끼친 인물로 이후 온조집단에 합류하며 우보에 임명된다.

결국 十濟와 伯濟는 온조가 두 차례 도읍을 옮기면서 신하의 도움을 받은 까닭에 이를 배려하여 만든 국호다. 이는 온조의 초기 백제 성립과정이 매우 불안정함을 반영한 결과다. 다만 후자의 '伯'은 해루가 아닌 온조 자신을 가리킬 수도 있다. 해루를 전면에 내세워 신하들의 권력을 약화시킴과 동시에 온조 자신의 왕권을 강화하면서 만든 국호일 수도 있다.

> 『조선정사조선전역주』(국사편찬위원회,1987년). '사실 마한의 한 나라로서의 伯濟國과 삼국의 百濟가 동일한 실체인지는 확실하지 않으나 현재 학계에서는 같은 성격의 것으로 파악하고 있다. 그러나 현재까지 이들이 같다고 증명할 만한 자료는 없다. 다만 伯濟와 百濟가 음이 유사하고 또한 百濟가 여러 소국을 합병하였기 때문에 伯濟라고 이름을 바꾸었을 가능성은 있으나 이것도 추측에 지나지 않는다.'

百濟와 南夫餘, 부여기마족의 대표성 강조

셋째는 백제百濟다. '百(일백 백)'자의 백제다. 가장 보편적으로 사용된 국호다. 『삼국사기』 건국신화는 '백성낙종百姓樂從' 즉 온조가 처음 올 때 '백성이 즐거이 따랐다.'는 이유로써 百濟의 유래를 설명한다. 그러나 백성은 고려 때부터 사용한 용어다. 더구나 기록대로라면 百濟 국호는 온조왕 때에 만들어져 十濟, 伯濟와 병행해서 썼다는 얘기가 된다. 앞뒤가 맞지 않는다. 百姓樂從은 김부식이 백제 시조역사를 정리하면서 개작한 표현이다. 말 그대로 정리된 기록이다.

百濟는 세 번째 시조 구태(仇台)와 직접적으로 연관된다. 서부여를 건국한 위구태의 후손집단이 대륙에서 한반도로 건너와 기존의 온조 계통(해씨왕조)을 무너뜨리고 새로이 구태 계통(부여씨왕조)을 성립시키면서 만든 국호다. 중원사서는 '백가제해(百家濟海)' 즉 '100개의 가(家)가 바다를 건너왔다.'의 줄임말로 百濟의 유래를 설명한다. 구태 계통이 바다를 건너온 시기는 4세기 전반(314~316)이다. 이후 이들은 한반도 서남부지방을 장악하며, 4세기 후반(396~397) 고구려 광개토왕에게 패해 일본열도로 망명한다. 일본 고대국가 야마토(大倭,大和)의 실질 건국 주체세력인 만세일계 일본 천왕가의 본류인 부여기마족이다.

마지막으로 남부여(南夫餘)다. 구태 계통의 성왕(26대)의 백제다. 공식적으로 부여 계승을 천명하며 한반도에서의 부여제국 부활을 꿈꾼 성왕의 의지가 반영된 국호다.

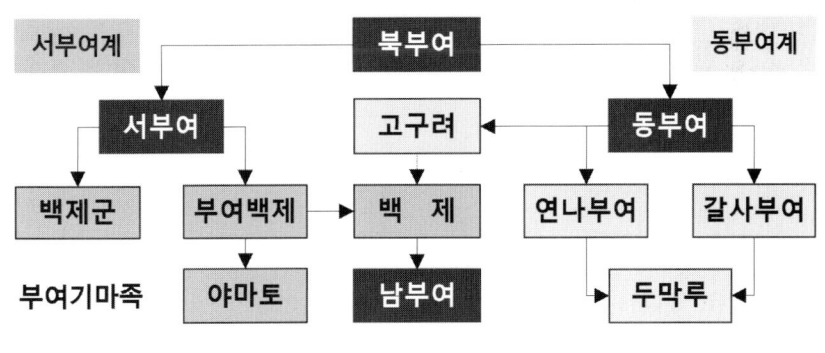

▲ 부여의 분화 계보도

이외에도 매와 관련된 백제의 별칭(別稱)도 있다. 『제왕운기』의 응준(鷹準)과 『삼국유사』의 응유(鷹遊)다. 둘 다 매(鷹)와 연관된 이름이다. 매사냥은 백제인의 대표적인 습속이다. 또한 《광개토왕릉비》는 백잔(百殘)으로 표기한다. 백잔은 광개토왕 당시의 고구려와 백제의 특수한 역학관계를 반영한 비칭(卑稱)이다.

백제는 대(大) 해상국가의 결정체

　백제의 한자표기는 百濟다. '百'은 숫자 100을 가리키는 말로 '크다大'는 의미며, '濟'는 '바다를 건너다'는 뜻으로 물水과 관계된다. 백제는 '큰 물'을 나타낸다. 특히 『백제서기』(남당필사본)는 '百濟는 대신수(큰 신령스러운 물)의 뜻이다.'(百濟者大神水之義也)고 기록하고, 『백제왕기』(남당필사본)는 '濟는 제사에 쓰이는 물이고 이를 국호로 사용한 것은 물가에 살았기 때문이다. 百은 크다는 뜻이다.'(濟者祭水也 以濟爲號者居於水邊故也 百者大也)로 설명한다.

　백제는 명실공히 '대大해상국가'의 결정체다. 또한 중원사서 『한원』은 백제를 가리켜 '집부여지조'(輯夫餘之曹)로 설명한다. '부여의 여러 왕조를 하나로 묶은 것'이 바로 백제다.

▲『백제왕기』비류왕 기록

　백제 국호에는 해상국가 뿐 아니라 부여를 통합하는 근원국가의 역사성도 담고 있다.

| 건국의 숨은 주역, 소서노와 을음 |

백제 건국시조는 비류와 온조다. 그러나 백제가 역사 속에서 태어나 요람(채롱)을 걷어내고 두 발을 땅에 딛고 일어서기까지는 시조 말고도 숨은 주역이 따로 있다. 소서노召西奴와 을음乙音이다. 소서노가 창업을 주도한 주체라면, 을음은 기초를 닦은 인물이다.

소서노와 을음은 동복형제

『유기추모경』(고려 전기 황주량 찬술, 남당필사본)에 두 사람의 신상 정보가 상세히 나온다. 소서노와 을음은 북부여 제후국인 홀본국 출신이다. 원래 홀본왕은 을족乙足이며, 왕후는 곤연백鯤淵伯 을송乙宋의 딸 을류乙旒다. 을음은 을족왕과 을류왕후 사이에서 태어난 아들(적자)이다. 그러나 을음이 태어난 직후 을족왕이 사망하자 재상 연타발延陀勃이 왕위를 승계하며 을류왕후도 차지한다. 소서노는 연타발왕과 을류왕후 사이에서 태어난다. 을음과 소서노는 어머니가 같은 동복형제다. 소서노의 오빠가 바로 을음이다.

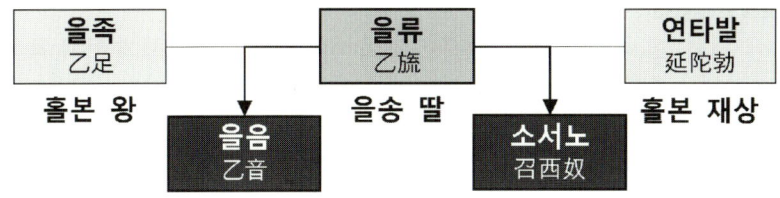

▲ 소서노, 을음 관계도

| 건국의 요람과 여명 | 초고계열과 고이계열 | 근초고왕과 부여기마족 | 부여씨왕조의 수난 |

> 『유기추모경』. '애초에 졸본후 을족이 숙부인 곤연백 을송의 딸 을류씨와 혼인하여 아들 을음을 낳고 죽으니 국상 연타발이 7국의 난리 중에 사직을 지킨 공이 있어 그의 처자를 떠맡게 되었다. 이윽고 **연타발이 을류씨를 처로 맞이하여 딸 관패와 소서노를 낳았다**.'(初 卒本侯乙足娶其叔鯤淵伯乙宋之女旒氏 生子乙音而卒 國相延陀勃七國之乱有功於 社稷 故委以妻子 陀勃遂娶旒爲妻 而生女貴貝召西奴) 소서노의 언니는 관패다. 관패는 비류국 송양왕의 부인이 된다.

소서노, 백제 창업의 실질 주체

소서노는 前67년에 태어난다. 『유기추모경』에 나오는 이름의 유래다. '동명의 소황후(소서노)는 연타발의 딸이다. 그 어머니 을류가 소서(조서)의 새를 꿈에 보고 낳아 이름을 소서노라 하였다.'(東明召皇后 延陀勃之女 其母乙旒 夢召西之鳥而生 故名曰召西奴) '소서의 새召西之鳥'가 소서노召西奴

▲ 새장식 금관 [오르도스 출토, 1972]

다. 다만 '召'는 '부른다'는 뜻일 경우 '소'로 읽으며, '땅 이름'을 나타낼 때는 '조'로 읽는다. 소서노는 '조서召西 땅의 새'를 말한다. 조서는 지금의 중국 내몽골자치구 악사다사鄂爾多斯인 오르도스Ordos로 추정된다.

소서노는 20세가 되던 前47년 동부여 금와왕의 아들(서자) 우태와 혼인하며 비류와 온조를 낳는다. 그러나 추모(주몽)가 등장하면서 소서노는 남편 우태 대신 추모와의 정략결혼을 선택하며 고구려를 출발시킨다. 이 해는 前37년으로 고구려의 건국년도. 소서노의 나이 30세다. 『삼국사기』는 소서노가 우태가 죽어 추모를 선택한 것으로 기록하나, 『유기추모경』은 소서노가 살아있는 우태를 버리고 추모를 선택한 것으로 나온다. 소서노는 추모왕의 고구려 건국과 아들 비류의 태자(후계자) 지명을 맞고

환하는 조건으로 남편 우태를 매정하게 버린다. 소서노의 냉혹한 면을 엿볼 수 있는 대목이다.

> 《유기추모경》. '백사(前40년) … 제(추모왕)는 졸본국과 불가불 서로 합쳐야 함에도 오래도록 결말을 짓지 못하였는데 **졸본은 전 사위(우태)를 멀리 남쪽의 거친 땅으로 옮겨가게 해놓고서 구태(우태)가 죽었다고 하였다.** 제가 그 사위가 죽었다는 소문을 듣고서 서로 혼인코자 하였는데 이때 소서노가 전 지아비(우태)의 딸을 임신하여 그 출산을 기다리기로 하였다.' (白蛇 … 帝以卒本國不可不相合 持久不能決 卒本使前婿遷之南荒処 以爲仇台死 帝聞其婿死 欲與相婚之 是時 召西奴方娠前夫女 以待其産後)

그러나 추모왕의 직계 아들 유류가 고구려를 찾아오면서 상황이 급변한다. 추모왕이 소서노와의 약속을 깨버리고 유류를 후계자로 지명한다. 이로 인해 아들 비류를 통해 새로운 나라 고구려를 건설하고자 했던 소서노의 꿈과 야망은 처참히 무너진다.

결국 소서노는 고구려에서의 삶을 모두 접는다. 고향 홀본을 떠나 한반도 미추홀(충남 아산 인주)로 남하하며 첫째 아들 비류를 왕에 세우고 백제를 건국한다. 이 해는 前17년으로 백제 건국년도(공식년도 前18년)며 소서노의 나이 50세다.

백제 건국 이후 둘째 아들 온조가 미추홀을 떠나 위례성(충남 직산)으로 분가하자 소서노는 온조를 설득하여 비류와 재결합시키기 위해 직접 위례성을 찾아간다. 그런데 뜻밖에도 소서노는 온조의 부하들에 의해 갑자기 죽음을 맞는다. 『삼국사기』가 기록한 '늙은 할미와 다섯마리 호랑이의 위례성 입성' 사건이다. 이 해는 前6년(온조13)으로 소서노의 나이 61세다.

> 『삼국사기』 시조 온조왕. '13년(前6년) 봄2월, 왕도에서 늙은 할미가 남자로 변하였다. 호랑이 다섯 마리가 성 안으로 들어왔다. **왕의 어머니가 훙하였다.**'(十三年 春二月 王都 老嫗化爲男 五虎入城 王母薨)

소서노는 홀본, 고구려, 백제 등 3국의 창업을 주도한 여걸이다. 그

| 건국의 요람과 여명 | 초고계열과 고이계열 | 근초고왕과 부여기마족 | 부여씨왕조의 수난 |

래서 『백제서기』는 소서노가 '3국 사람 모두에게 신神처럼 존중되었다.'(三國人皆尊之如神)고 설명한다. 특히 단재 신채호는 『조선상고사』를 통해 '조선 역사상 유일한 여제왕女帝王의 창업자'로 소서노를 높이 평가한다.

을음, 백제 기초를 다진 창업공신

을음은 원래 홀본의 후계자다. 홀본왕인 아버지 을족의 뒤를 이어야 하나 재상 연타발이 을족왕의 뒤를 잇는 바람에 졸지에 후계자 지위를 상실한다. 다행히 어머니 을류가 연타발의 왕후가 되면서 을음은 용케도 살아남는다. 을음은 분노를 표출하기보다 운명을 받아들이는 삶을 선택한다. 그래서 고구려 추모왕의 치세에 지방관인 현도태수에 임명되어 중앙정계에서 밀려나지만 이를 순순히 받아들인다.

> 『고구려사략』〈추모대제기〉. '13년(前25년) 병신 5월, 을음을 현도태수로 삼아 남구에서 다스리게 하였다. 을음은 소황후(소서노)의 외가 오빠다.'(十三年 丙申 五月 尉厭拔南口 以乙音爲玄菟太守 以營南口 音召皇后外兄也)

을음의 처세술을 단적으로 보여주는 사례가 『유기추모경』에 나온다. 추모왕이 약속을 깨고 직계 아들 유류를 후계자로 삼으려 하자 소서노는 분노하며 자신의 옛 본거지인 우양牛壤(요녕성 조양)으로 가버린다. 이때 을음은 추모왕의 부탁을 받고 소서노를 찾아가 설득한다. "천하의 일은 마땅히 대세를 따라야 하는 법이다. 지금 유리(유류)로 이미 정해졌고 그 명분이 확실하며 용맹하기가 성상(추모왕) 못지않으니 불복하고 배척하면 패할 것이며 순응하면 이룰 것이다."(天下事宜從大勢 今類利已定 名分而英勇不下於聖上 背之則敗 順之則成) 을음은 이상의 명분보다 현실의 대세大勢를 선택한다.

그러나 을음은 소서노가 고구려를 떠나 한반도로 남하하자 소서노를 따라 나선다. 아마도 '함께 하자'는 소서노의 설득이 주효한 것으로 보인다. 그리고 소서노가 미추홀에서 비류를 왕으로 세우고 백제를 건국하자 우보에 임명되어 군사와 병마를 총괄한다.

소서노 사후 을음은 비류가 아닌 온조를 선택한다. 그리고 당당히 온조의 십신(10명 신하)의 한 사람으로 이름을 올린다. 을음의 공적은 온조의 백제가 하남위례성에 정착할 수 있도록 확고한 토대를 마련한 점이다. 을음은 23년(온조25) 사망한다. 소서노보다 30여년 정도를 더 산다. 대략 사망시 나이는 90세 정도로 추정된다.

을음의 변신 과정은 초기 백제의 역사와 맞물려 있다. 비록 대세에 순응한 을음의 처세적 선택을 두고 '현실적 인간'이라 비판할 수는 있겠지만 그럼에도 을음이 7백년 백제 역사의 기초를 닦은 점은 정당한 '역사적 평가'를 해줘야 한다.

백제 건국과정의 역사에는 소서노와 을음 두 형제의 굴곡진 인생 역정이 맞물려 있다.

| 건국의 요람과 여명 | 초고계열과 고이계열 | 근초고왕과 부여기마족 | 부여씨왕조의 수난 |

|《광개토왕릉비》가 기록한 백제 건국의 비밀 |

고구려 유류왕(2대)의 대표상품은 황조가黃鳥歌다. 우리나라 최초의 서정시인 황조가는 고구려초기 정치세력간의 권력다툼을 배경으로 한다. 화희禾姬(골천출신)와 치희雉姬(한족출신), 두 후궁의 갈등을 해결하지 못한 유류왕의 애달픈 심정을 담고 있다.

翩翩黃鳥	훨훨 나는 저 꾀꼬리
雌雄相依	암수 서로 정답구나.
念我之獨	외로워라 이 내 몸은
誰其與歸	뉘와 함께 돌아갈꼬.

태자 승인을 받지 못한 고구려 유류왕

유류왕은 고구려 시조 추모왕의 직계 혈통이다. 그런데《광개토왕릉비》는 유류왕을 고명세자顧命世子로 적는다. 고명顧命은 왕이 임종 직전에 신하에게 뒷일을 부탁하며 남기는 말이다. 유명遺命, 유훈遺訓이라고도 한다. 고명세자는 유훈으로 지명된 후계자다. 다시 말해 유류왕은 추모왕이 죽기 직전까지 태자로 인정받지 못한다.

무슨 사정이 있을까? 당시 태자는 유류가 아닌 비류다.(召西奴立朱蒙爲王 而沸流爲太子 溫祚爲王子-『백제왕기』) 비류는 소서노의 첫째 아들이고, 온조가 둘째 아들이다. 둘 다 소서노가 前남편 우태優台를 통해 낳은 아들이다. 추모왕은 홀본국 왕녀 소서노와 정략결혼을 통해 고구려를 건국한다. 소서노의 홀본국이 고구려의 모체다. 비류의 태자 책봉은 추모왕이 소서노와 고구려 건국을 놓고 벌인

▲《광개토왕릉비》

일종의 딜^{deal}이다. 그런데 추모왕의 직계 혈통인 유류가 고구려를 찾아오면서 상황이 급변한다. 추모왕은 자신의 혈육인 유류를 후계자로 삼기 원한다.

『삼국사기』는 추모왕이 사망하기 6개월 전에 유류를 태자에 책봉한 것으로 나온다. 그러나 『고구려사략』은 유류의 태자(정윤) 책봉에 반발한 소서노가 크게 노하여 본거지인 우양으로 가버렸다고 기록한다.(上與禮氏類利謁神隱會 群臣議正胤 皇后大努與仇都仇賁等退居牛壤) 결국 유류의 태자 책봉은 소서노의 승인을 받지 못하여 미완으로 끝난다. 그래서 유류왕은 《광개토왕릉비》 비문의 고명세자가 된다.

> 온조의 본래 이름은 두절(斗切)이다. 추모왕은 두절이 유류태자를 위한 마음을 높이 사서 온조라는 이름을 새로이 지어준다. 『유기추모경』이다. '상은 명을 내려 두절태자가 유리(유류)태자를 위한 까닭에 이름을 온조로 바꿨다.'(上命以斗切太子爲類利太子之故改名溫祚者也) 溫은 따뜻한 마음이며, 祚는 태자 자리를 가리킨다. 온조(溫祚)는 '유류태자를 위하는 따뜻한 마음'을 뜻한다. 당시 온조는 형 비류를 대신한 유류의 태자 책봉을 받아들인다. 형 비류에 대한 불편한 경쟁심리가 온조의 선택을 강요한 듯하다.

소서노의 좌절과 백제 건국

추모왕 사후 비류는 고구려 왕이 되지 못한다. 대신 추모왕의 의지대로 유류가 후계자 고명을 받아 왕위를 잇는다. 특히 『고구려사략』은 유류왕이 즉위 직후 비류, 온조와 함께 고구려를 3분할하여 통치한 사실을 전한다. 이때 유류왕은 소서노와 함께 수도 흘승골성^{紇升骨城}(요녕성 북진 의무려산)을 중심으로 소노부, 황룡국, 행인국, 구다국, 비리국 등을 담당하고, 비류는 미추홀^{彌鄒忽}(요녕성 철령)을 도읍으로 순노부, 절노부를 담당하며, 온조는 우양^{牛壤}(요녕성 조양)을 도읍으로 관노부, 계루부를 담당한다.

| 건국의 요람과 여명 | 초고계열과 고이계열 | 근초고왕과 부여기마족 | 부여씨왕조의 수난 |

『고구려사략』〈광명대제기〉. '3년(前17년) 정월, 순노와 불노는 비류에게 다스리게 하고 도읍을 미추홀로, 관노와 계루는 온조에게 다스리게 하고 도읍을 우양으로 하였으며, 연노와 황룡과 행인과 구다와 비리는 왕과 소황후와 함께 다스리도록 하여 소황후의 마음을 위로하였다.'(三年 甲辰 正月 以順奴艴奴爲沸流治都彌鄒忽 以灌奴桂婁爲溫祚治都牛壤 涓奴黃龍荇茶卑離上與召皇后治之 以慰召后之心)

그러나 유류왕의 3분할 통치체제는 오래가지 못하고 갑자기 중단된다. 소서노가 고구려를 떠나기로 결정한다. 소서노의 홀본계는 유류왕의 동부여계에게 밀려 정치적 입지가 약화된다. 결국 소서노는 고구려에서의 꿈과 삶을 모두 포기한다.

《광개토왕릉비》 기록에는 백제 건국을 촉발시킨 동인動因이 숨겨있다.

| 고구려 영토내의 백제 땅 한남 |

백제 초기 대규모 백제 백성이 고구려로 망명하는 사건이 발생한다. 때는 온조왕 재위 말기인 19년(온조37)이다. 『삼국사기』 기록이다. '한수 동북마을에 흉년이 들어 민가 1천여 호가 고구려로 도망가니 패수와 대수 사이가 텅 비어 사는 사람이 없게 되었다.'(漢水東北部落饑荒 亡入高句麗者 一千餘戶 浿帶之間 空無居人)

그런데 이 기록은 하남위례성(경기 광주)이 도읍인 온조왕의 초기 백제 지배영역을 감안하면 모순이 발생한다. 한수 동북마을 즉 한강 이북의 경기 중북부지역에 흉년(가뭄)이 들었는데 엉뚱하게도 패수浿水(예성강)과 대수帶水(임진강)사이인 경기 서북부지역이 텅 빈다. 지형상의 연결이 매끄럽지 못하다. 더구나 백제 백성이 고구려 중심지인 대륙 요하지역으로 망명하기 위해서는 북쪽으로 수천 리를 이동해야 한다. 당시 한반도의 평안도지역은 중원왕조 진秦과 한漢의 유민집단 망명지인 소위 낙랑(?)이 가로막고 있다. 이 또한 무리다. 『삼국사기』는 무얼 기록한 걸까?

온조의 발원지 한남은 백제분국

이 내용은 『고구려사략』에도 나온다. 〈대무신제기〉다.

2년(前19년) 기축 정월, … **한남이 가물고** 메뚜기떼가 일어 (백제) 백성이 굶게 되자 **찾아와 의지하는 자가 1천여 호였다**. 이들에게 먹을 것을 주고 **서하에 살게 하였다**.
二年 己丑 正月 … 汗南旱蝗民飢 來投者千餘戶 賑恤而置之西河

발생년도는 『삼국사기』 기록과 같은 19년(고구려 대무신2)이다. 한남汗南

| 건국의 요람과 여명 | 초고계열과 고이계열 | 근초고왕과 부여기마족 | 부여씨왕조의 수난 |

은 어디일까? 지금의 대릉하 중류지역인 요녕성 조양^{朝陽}일대를 가리킨다. 이를 『삼국사기』 기록과 비교하면 고구려 망명사건의 실제 주인공은 한반도 한강유역의 백제 백성이 아닌 대륙 한남지역의 백제 백성이다.

> 고구려가 한남의 백제 백성을 이주시킨 서하(西河)는 지금의 요녕성 부신(阜新) 일대다. 서하는 부신을 가로지르는 세하(細河)로 추정된다. 『고구려사략』이다. '왕이 친히 서하를 쳐서 빼앗았다. 본래 황룡의 땅이다.'(親征西河拔之 本黃龍地) 추모왕이 前26년(추모12) 서하 땅을 확보한 기록이다.

▲ 백제분국 한남 [요녕성 조양]

한남은 시조 온조왕의 발원지다. 온조가 한반도로 남하하여 백제를 건국하기 이전에 고구려 추모왕으로부터 한남왕^{汗南王}의 봉함을 받고 다스린 지역이다. 한남은 과거 온조의 본거지이며, 백제 건국 이후에도 고구려 영토내에 존재한 일종의 알박기 땅이다. 다만 『삼국사기』는 대륙 한남지역을 한반도 한강유역으로 무리하게 대비시키다 보니 모순된 기록을 남긴다.

다루왕, 백제 한남 땅 고구려에 이양

덧붙여 『고구려사략』은 흥미로운 사실을 전한다. '다루가 한남의 옛 땅을 고구려에 바치고 남쪽으로 내려갔다. 군사를 보내 신라를 쳐서 다루를 도왔다.'(多婁獻汗南故地 而南下 遣兵伐新羅 以助多婁) 때는 32년(대무신15, 다루5)으로 한남백성의 고구려 망명사건 발생 이후 13년째가 되는 해다.

다루왕(2대)은 고구려 대무신왕(3대)과 백제 한남 땅을 놓고 딜^{deal}을 한다. 고구려 군사를 지원받는 조건으로 한남 땅을 고구려에 이양한다. 한남은 백제가 건국된 前18년과 비교하면 50여 년간 고구려 영토내에 존재한 또 하나의 백제다.

수막새 [요녕성 조양] ▶

> 『고구려사략』〈장수대제기〉, '56년(488년) … 모대(동성왕)가 글을 올려 스스로 하소연 하길 "신의 조상 온조는 동명(추모왕)의 친아들이고 유리(유류왕)의 의붓아들이어서 한남 땅과 구다국에 봉함을 받았습니다. … 한남 땅을 돌려주어 골육이 발붙이고 뿌리에 보답할 수 있게 해주시면 신은 훨훨 날아서 동명의 큰 꿈을 좇아 서쪽 중원으로 쳐들어가 버릇없는 싹수(북위 군사)를 주살하고 참하겠습니다." 하였다.'(牟大上書自訴日 臣祖溫祖東明之親子而琉璃之義子也 故封以汗南之地勾茶之國 … 還付汗南之地 使此骨肉得以容足報本 則臣當羽翼得逐東明大計 西入中原誅斬諸蘖樹)

훗날 백제 동성왕(24대)은 대륙에서 중원왕조 북위^{北魏}와 전쟁을 벌이면서 고구려 장수왕(20대)에게 한남 땅을 되돌려 달라 요구한다.

때는 488년(동성10)으로 다루왕이 한남 땅을 고구려에 이양한 이후 450여 년이 지난 후다. 백제는 후대에도 한남 땅에 기억과 향수를 결코 잊지 않는다.

한남은 시조 온조의 발원지자 백제의 영원한 본향이다.

초기 3루왕, 부여왕족 혈통 강조

백제 초기는 시조 온조왕의 뒤를 이어 다루^{多婁}왕(2대), 기루^{己婁}왕(3대), 개루^{盖婁}왕(4대) 등으로 왕위가 계승된다. 모두 온조 계통의 왕이다. 왕명에 '婁(별이름 루)'자가 공통으로 들어간다. 통칭하여 '3루왕'이다.

'婁'자는 '개구리'를 의미

『백제서기』에 따르면 건국 3년째인 前16년 온조의 부인 감아^{甘兒}가 아들 다루^{多婁}를 낳는다. 온조의 첫째 아들이다. 이 시기는 온조가 형 비류로부터 독립하기 이전으로 당시 백제 왕은 미추홀의 비류다. 그런데 비류왕의 왕후 벽라^{碧蘿}가 딸만 셋을 낳자 어머니 소서노는 온조의 아들 다루를 비류왕의 아들로 입적시킨다.(甘兒生子多婁 時王后碧蘿 生三女而無子 太后命取多婁爲王子) 이어 온조는 2년 후인 前14년 다시 아들을 얻는다. 온조의 둘째 아들 마루^{馬婁}다. 온조의 첫째 아들 다루가 비류왕의 양자가 되니 온조의 공식적인 첫째 아들은 마루인 셈이다.

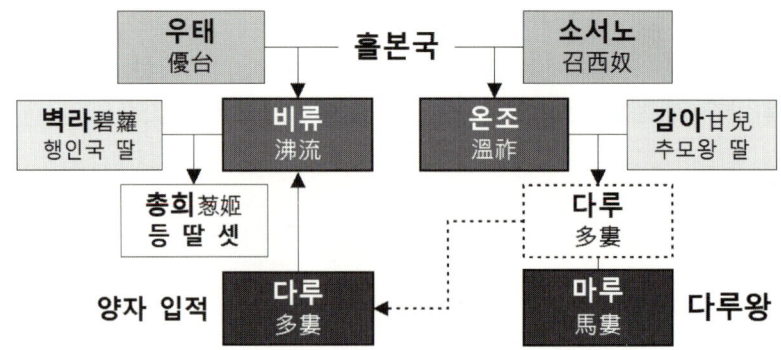

▲ 비류, 온조, 다루 관계도

그런데 『백제왕기』는 마루를 다루로 소개한다. '다루는 마루로 읽고 산원의 뜻에서 취한다.'(多婁當 讀馬婁 取山原之義也) 다시 말해 비류왕에게 입적된 온조의 첫째 아들 다루가 둘째 아들 마루와 독음^{讀音}이 같다는 설명이다. 산원^{山原}은 우리말 '산마루'다.

또한 다루왕의 뒤를 이은 기루왕과 개루왕의 이름 소개도 『백제왕기』에 나온다. '기루는 마땅히 가을(개구리 울음소리 '갈~')이라고 해야 한다. 개구리의 뜻에서 취한다.'(己婁當作加乙 取蛙之義也)고 소개하고, '개루는 붉은 개구리의 뜻이다.'(盖婁赤蛙義也)고 설명한다. 기루와 개루 둘 다 개구리와 직접 연관된다. 婁는 개구리^{蛙}를 가리킨다.

고구려 고분벽화를 보면 해와 달의 그림이 나온다. 해 속에는 삼족오, 달 속에는 개구리가 그려져 있다. 삼족오는 천신^{天神}과 관계된 양^{陽}의 매개체라면 개구리는 지신^{地神}과 관계된 음^{陰}의 매개체다. 또한 개구리는 서식지 특성상 물과 깊은 관계를 맺고 있어 수신^{水神}의 보호자이기도 한다.

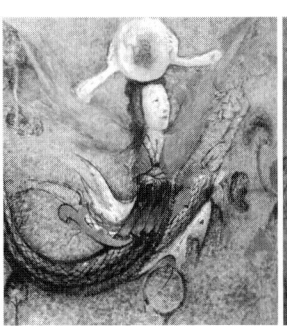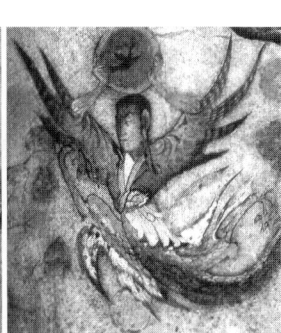

▲ 해신, 달신 [오회분5호묘, 길림성 집안]

대표적인 개구리왕은 동부여 금와^{金蛙}왕(2대)이다. 금개구리왕이다. 『삼국사기』 고구려 건국신화에 금와왕의 탄생설화가 나온다. 동부여 건국시조 해부루^{解夫婁}가 늙어서 아들을 얻지 못하던 차에 곤연^{鯤淵}에 이르러 큰 돌 속에서 금빛 개구리 모양의 아들을 얻어 금와라 이름 짓는다. 금와왕은 돌 속에서 태어난 독특한 탄생신화를 가지고 있다. 난생신화

▲ 금와왕 우표

계통이다. 이는 동부여 건국집단을 설명한다. 동부여는 천신족인 북부여출신 해부루왕과 지신족인 금와왕의 결합으로 탄생한다. 엄밀히 따지면 해부루왕과 금와왕은 혈통상으로 무관하다.

3루왕, 부여왕족 혈통을 강조

백제 건국시조 비류와 온조의 생부는 우태다. 『삼국사기』는 우태를 해부루왕의 서손庶孫으로 설정한다. 그런데 『백제서기』는 우태를 금와왕의 아들로 설명한다. 우태는 홀본국 왕녀 소서노와 눈이 맞아 비류와 온조를 낳고, 이후 금와왕에 의해 홀본(졸본)부여 왕에 봉해진다. 따라서 두 시조의 생부 우태가 금와왕의 아들이니 금와왕은 두 시조의 조부다.

정리하면 이렇다. 온조 계통의 3루왕은 동부여 금와왕의 직계 혈통을 강조한 왕명이다. 그래서 개구리를 가리키는 '婁'자를 공통으로 사용한다. 그렇다면 온조 계통의 3루왕은 무슨 이유로 금와왕의 혈통을 강조한 걸까? 이는 소서노집단이 고구려와의 단절을 선언하고 백제를 건국하게 된 배경을 설명한다. 처음 소서노는 추모왕과 정략결혼을 성사시키며 비류가 태자가 되는 조건으로 추모왕의 고구려 건국을 받아들인다. 그러나 이후 추모왕이 약속을 어기고 전처 예씨(호예)부인의 소생 유류를 후계자로 삼자 소서노는 고구려에서의 삶을 포기하고 아예 비류와 온조를 데리고 한반도로 남하하여 백제를 건국한다. 다시 말해 3루왕은 백제 건국 주체세력의 고구려에 대한 불편한 감정을 표출한 왕명이다.

3루왕은 부여왕족 혈통을 강조한 온조 계통의 개구리왕들이다.

| 다루왕과 석탈해의 치열한 대결 |

다루왕(2대)은 시조 온조왕의 원자元子다. 원자는 정실왕후 소생으로 훗날 태자가 된 아들을 말한다. 다만 『백제서기』는 다루를 온조왕의 둘째 아들 마루馬婁로 적고 있어, 다루왕의 원자 설정은 시조 비류-온조간의 호적관계를 정리한 것으로 보인다. 특히 『삼국사기』는 다루왕을 '도량이 넓고 후덕하여 위엄이 있다'(器宇寬厚)고 평한다. 다루왕은 前14년(온조5)에 출생하여 10년(온조28)인 28세에 태자가 되며, 28년(다루1)인 46세 즉위하여 50년 간을 재위하고, 77년(다루50)인 96세로 사망한다. 역대 백제 왕 중에서 가장 장수한 왕이다.

그런데 『삼국사기』〈신라본기〉에 흥미로운 기록이 나온다. 마한장수 맹소孟召가 마한의 복암성覆岩城(충북 영동)을 신라에 바치고 자신도 망명하는 사건이 발생한다.(馬韓將孟召 以覆巖城降) 때는 61년으로 백제는 다루왕(2대) 재위 35년이며, 신라는 석탈해왕(4대) 재위 7년이다.

> 마한은 삼한의 진왕(辰王)이 위치한 충남 천안의 목지국(目支國)으로 추정된다. 『후한서』〈동이열전〉 한(韓)전이다. '마한이 가장 크며 그 종족이 함께 왕을 세워 진왕으로 삼아 목지국에 도읍하였다. 왕이 삼한 땅을 다스렸다.'(馬韓最大 共立其種爲辰王 都目支國 盡王三韓之地)

백제와 신라의 첫 만남장소, 충북 남부지역

이 사건의 여파로 백제와 신라는 건국 이후 처음으로 만난다. 장소는 충북 남부지역이다. 망명사건 발생 2년 후인 63년(다루36), 다루왕은 낭자곡성(충북 청주) 근처까지 내려가 신라 왕과의 면담을 요구한다. 그러나 신라 왕은 만남을 거절한다. 이에 격분한 다루왕은 아예 낭자곡성을 빼앗아 백제 영토로 편입한다.

| 건국의 요람과 여명 | 초고계열과 고이계열　　근초고왕과 부여기마족　　부여씨왕조의 수난 |

당시 신라 왕은 석씨왕조 석탈해가 아닌 박씨왕조 나로奈老왕(4대)이다. 다만 아쉽게도 나로왕은 석탈해가 신라 4대 왕으로 편입되면서 신라 왕력에서 빠진다. 석탈해가 나로왕의 치세를 모두 가져간다. 나로왕은 역사 기록의 희생양이라 할 수 있다.

> 『삼국사기』〈신라본기〉의 석탈해왕 기록은 이중구조(二重構造)다. **왜와 접촉하는 경주의 석탈해**(前5년 출생)와 **백제와 싸우는 충북의 석탈해**(前19년 출생)다. 왜와 접촉하는 석탈해가 신라 석씨왕조의 시조인 실제 석탈해며, 백제와 싸우는 석탈해는 **파사왕의 아버지 나로**(奈老)**왕**이다. 『부도지』〈징심록추기〉(김시습 찬술)는 **나로왕을 박혁거세의 손자**로 적는다.

이후 백제와 신라는 전투를 계속한다. 장소는 충북 남부지역인 와산성(충북 보은)과 구양성(충북 옥천)이다. 두 나라는 이 지역에서 장장 12년에 걸쳐 뺏고 뺏기는 치열한 전투를 벌인다.

마한장수 망명사건, 백제와 신라의 생존게임

마한장수 망명사건의 본질은 '마한-신라'의 문제다. 그런데 엉뚱하게도 백제가 개입되어 '백제-신라' 문제로 비화飛火한다. 이는 당시의 백제 위상을 단적으로 보여준다. 한강유역의 초기 백제는 마한연맹체의 일원에 불과하다. 그래서 마한왕이 백제에게 망명사건 처리를 요구하자 다루왕은 불문곡직하고 수백km 떨어진 충북 청주까지 내려온다.

또 하나는 당시의 신라 사

▲ 백제와 신라의 첫 만남 [충북 남부지역]

정이다. 다루왕은 낭자곡성(충북 청주)까지 내려오자마자 다짜고짜 신라 왕과의 면담을 요구한다. 신라 왕은 수백km 떨어진 경주에 있는 것이 아니라 바로 근처에 있다. 이는 경기 북부지역에서 건국된 박혁거세의 신라(서라벌)가 남하를 계속하여 이 시기 충북 남부지역에 도착한 사실을 설명한다. 당시 신라의 중심지는 경북 경주지역이 아닌 충북 남부지역이다.

또한 이 사건은 초기 신라 역사에 있어 중대한 변곡점이 된다. 신라는 곡창지대인 한반도 서쪽의 전라도 지방으로 남하하지 못한다. 대신 동쪽으로 험준한 소백산맥(추풍령)을 넘어 경상도 내륙지방으로 방향을 튼다. 한반도 서쪽에는 강력한 세력집단인 마한이 버티고 있다. 신라는 마한을 대적할 엄두도 못 낸다.

▲ 추풍령 표지석 [충북 영동]

경북 내륙지방에 진출한 신라(서라벌)는 박씨왕조 파사왕(5대) 때인 94년 경주지역의 사로국(석탈해)을 병합한다. 이때 서라벌은 경주 지명이 되고, 사로는 신라 국명이 된다. 前57년 경기 북부지역에서 서라벌(박혁거세)로 출발한 신라는 150여 년에 걸친 대장정의 남하 과정을 끝내고 마침내 천년 신라의 중심지인 경주에 안착한다.

마한장수 맹소의 망명사건으로 야기된 백제와 신라의 최초 만남, 건국 초기 약소한 두 나라의 치열한 생존게임이 담겨있다.

건국의 요람과 여명   초고계열과 고이계열   근초고왕과 부여기마족   부여씨왕조의 수난

| 기루왕의 재위 기간 의문 |

3루왕의 전체 재위 기간은 28년~166년까지 총 138년간이다. 평균 재위 기간은 대략 46년이다. 특히 『삼국사기』는 3루왕을 모두 직계 혈통으로 설정한다. 그러나 한 세대가 30년 정도임을 감안하면 절대 무리다. 따라서 한 두 명 정도 왕력에서 빠진 왕이 있을 것으로 추정한다.

『삼국사기』 기루왕 편년 기록의 시사점

기루왕(3대)은 다루왕의 원자元子다. 재위 기간은 77년~128년까지 52년 간이다. 역대 백제 왕들 중에서 재위 기간이 가장 길다. 그런데 『삼국사기』에 특이한 기록이 나온다. '21년(97년) 여름4월, 두 마리 용이 한강에 나타났다.'(二十一年 夏四月 二龍見漢江) 때는 97년(기루21)이다. 온조의 직계인 두 명의 왕자(용)가 왕권을 두고 다툰다. 두 마리 용이 나타낸 배경은 전임 왕이 죽었기 때문이다. 전임 왕은 77년~97년까지 재위한 왕이다. 편의상 '前'자를 붙여 '전기루왕'이라 칭한다. 『삼국사기』에는 전기루왕이 재위 9년(85년)에 신라의 변경을 침범한 기록 말고는 전기루왕의 행적에 관한 기록이 아예 없다. 모두 왕의 행적과 무관한 지진, 가뭄, 일식 등 자연현상 기록이다. 두 마리 용은 자웅을 겨룬다. 누군가는 승자가 되고 또한 왕이 된다. 그 왕은 전기루왕의 뒤를 이어 집권한 왕이다. 편의상 '後'자를 붙여 후기루왕이라 칭한다. 후기루왕의 재위 기간은 97년~128년까지 31년간이다. 특히 후기루왕의 편년 기록 중에 눈에 띠는 대목은 신라와의 관계가 적대적인 전기루왕과 달리 우호적으로 변화한다. 신라에 사신을 보내 화친을 청하며, 말갈이 신라를 침범하자 5명의 장군을 보내 구원하기도 한다.

전기루왕은 『삼국사기』가 다루왕의 원자로 기록한 실제 기루왕이며, 후기루왕은 온조의 직계가 아닌 방계 혈통의 왕이다. 이유는 급격한 대신라 정책의 변화를 들 수 있다. 아마도 후기루왕을 옹립한 집단은 친신라정책을 선호한 세력일 것이다.

『신찬성씨록』의 왕력에서 빠진 백제왕

『신찬성씨록』〈좌경제번〉에 '백제조신百濟朝臣'과 '백제공百濟公'의 성씨가 나온다. 둘 다 백제왕족 출신이다. 백제조신은 '백제국 도모왕의 30세손인 혜왕'(百濟國 都慕王卅世孫 惠王之後)을, 백제공은 '백제국 도모왕의 24세손인 문연왕'(百濟國 都慕王廿四世孫 汶淵王之後)을 각각 시조로 한다. 도모都慕왕은 동명東明왕을 말한다. 그런데 『삼국사기』가 설정한 왕통 계보를 보면 혜왕은 시조 온조왕부터 28대고, 문연왕(문주왕)은 22대다. 따라서 동명왕부터 이들을 적용하면 『삼국사기』와 『신찬성씨록』의 왕력은 정확히 1대 차이가 난다. 또한 동同〈우경제번〉에는 백제 덕좌德左왕이 나온다. '백제기 출자는 백제국 도모왕의 손 덕좌왕이다.'(百濟伎 出自 百濟國都慕王孫 德佐王也) 덕좌왕은 도모왕(동명왕)의 손孫이다. 따라서 '백제기百濟伎'의 출자를 앞의 '백제조신百濟朝臣'과 '백제공百濟公'과 비교하면 덕좌왕은 백제 초기 왕력에서 빠진 왕이다. 덕좌왕은 『삼국사기』 왕력에 나오지 않는 3루왕의 계보에서 빠진 왕 중의 하나다.

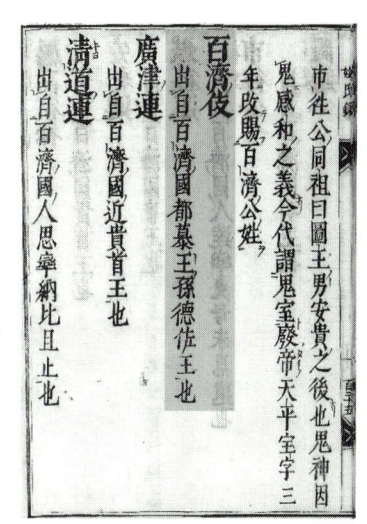

▲ 덕좌왕 후손 『신찬성씨록』

기루왕의 편년 기록은 왕력에서 빠진 백제왕의 존재를 시사한다.

| 건국의 요람과 여명 | 초고계열과 고이계열 | 근초고왕과 부여기마족 | 부여씨왕조의 수난 |

| 개루왕과 신라 길선의 백제 망명사건 |

개루왕(4대)은 기루왕의 아들子이다. 첫째 아들長子 또는 몇째 아들이 아닌 그냥 아들이다. 또한 태자에 책봉된 기록도 없어 개루왕의 혈통이 전기루왕의 직계인지 아니면 후기루왕의 직계인지조차 불분명하다. 온조 계통에 방점을 찍는다. 재위 기간은 128년~166년까지 39년간이다. 개루왕 때 발생한 사건 중에 주목을 끄는 내용이 있다. 신라 아찬 길선吉宣의 백제 망명사건이다. 이 사건으로 백제와 신라 양국은 불편한 정치적, 군사적 갈등을 겪는다.

『삼국사기』 기록의 신라 길선 망명사건

『삼국사기』〈백제본기〉다. '신라의 아찬 길선이 반역을 도모하다가 탄로나 도망쳐왔다. 신라왕이 글을 보내 길선을 돌려 달라 청하였으나 왕은 보내지 않았다. 신라왕이 분노하여 군대를 보내 쳐들어왔으나 모든 성을 굳게 지키고 나가지 않으니 신라군은 양식이 떨어져 돌아갔다.'(新羅阿湌吉宣謀叛 事露來奔 羅王移書請之 不送 羅王怒 出師來伐 諸城堅壁 自守不出 羅兵絶糧而歸) 발생년도는 개루왕 재위 28년인 155년이다. 이 내용은 〈신라본기〉에도 똑같이 나온다. 다만 〈신라본기〉의 발생년도는 아달라왕(8대) 재위 12년인 165년이다. 〈백제본기〉와는 10년의 편년 차이가 난다.

사건 내용은 간단하다. 신라 길선이 백제로 망명하자 신라 아달라왕은 길선의 송환을 요구하고 이를 백제 개루왕이 받아들이지 않자 군대를 보내 백제를 공격하나 양식이 떨어져 회군한다. 『삼국사기』가 기록한 신라 길선의 백제 망명사건 전모全貌다.

『신라사초』 기록의 실체적 접근

『신라사초』에 상세한 사건 내막이 나온다. 정리하면 이렇다. 길선은 신라귀족 길문吉門의 손자다. 아버지는 길원吉元이며 어머니는 신라 지마왕(6대)의 딸인 밀화密華공주다. 길선의 몸에는 신라왕실의 피가 흐른다. 특히 길선은 백제 개루왕에게 자신의 여동생과 딸을 시집보내고, 또 다른 딸은 신라 태자에게 바친다. 이런 연유로 길선은 백제와 신라 양국에 저택과 처첩을 두고 막강한 권세를 누린다.

> 『신라사초』〈아달라기〉. '12년 10월, 길선이 모반한 일이 발각되어 부여(백제)로 도망쳤다. 상(아달라왕)이 부여에게 그를 바치라 명하였으나 부여가 듣지 않았다. 상이 대노하여 대해를 장수로 삼아 서로군을 이끌고 부여를 벌하라 명하였다. **길선은 길문의 손자로 밀화의 아들이다. 그의 딸을 부여로 시집보내고 부여의 좌평이 되었다. 부여의 골녀에게 장가들어 자녀 10여 인을 낳고 부여의 도성에 넓은 저택을 두었다.**'(十二年 十月 吉宣謀反事覺 走入夫餘 上命夫餘獻之 夫餘不聽 上大怒 命大解將西路軍伐夫餘 吉宣以吉門之孫 密華之子 嫁其女於夫餘 而仍爲夫餘左平 娶夫餘骨女 生子女十餘人 置廣宅于其都)

그러나 길선은 이에 만족하지 않고 자신이 직접 신라왕이 될 욕심으로 반역을 꾀하다가 오히려 신라 아달라왕에게 제압되어 백제로 망명한다. 문제는 개루왕의 태도다. 개루왕은 길선의 행위가 도에 어긋나지만 길선이 매형이자 장인인 까닭에 감히 인정을 끊지 못하고 길선의 보호막 역할을 자처한다. 결국 신라 아달라왕은 개루왕이 길선을 돌려주지 않자 백제를 공격한다. 『삼국사기』〈백제본기〉와 〈신라본기〉가 소략해 기록한 망명사건의 또 다른 이면이다. 특히 『신라사초』는 길선 망명사건으로 인해 '이때에 이르러 결과적으로 반하여 양국이 화친을 잃게 되었다.'(至是果反兩國失和)고 적는다.

신라 길선 망명사건은 초기 백제와 신라의 관계가 우호적에서 적대적으로 변화하는 단초를 제공한다. 이후 백제와 신라는 본격적으로 영토전쟁을 벌이며 한반도 고대국가 중심으로 발돋움하는 기초를 닦는다.

건국의 요람과 여명 | 초고계열과 고이계열 | 근초고왕과 부여기마족 | 부여씨왕조의 수난

| 도미부인 설화와 개루왕의 몰락 |

〈열전列傳〉은 신하의 행적을 기록한 일종의 전기傳記다. 『삼국사기』의 경우 〈열전〉편에 수록된 인물은 모두 52명이다. 나라별로는 고구려 8명, 백제 3명, 신라 41명이다. 단연코 신라인이 절대 다수를 차지한다. 이 중 백제인은 흑치상지, 계백, 도미 등이다. 그런데 흑치상지와 계백은 명성名聲과 충절忠節의 표상이기에 당연히 수록될 만하나 도미都彌가 포함된 점은 다소 의문이다.

도미부인 설화의 문제점

도미〈열전〉은 도미 자신이 아닌 도미부인 설화가 배경이다. 내용은 이렇다. 백제왕은 도미부인이 지조가 있다는 소문을 듣고 도미와 내기를 하며 도미부인의 정절을 시험한다. 이에 백제왕은 다른 사람을 왕으로 변장시켜 도미부인에게 보내고 도미부인 또한 몸종으로 자신을 대신케 한다. 나중에 도미부인에게 속은 사실을 알게 된 백제왕은 남편 도미의 눈을 멀게 하는 형벌을 가하고 추방한다. 이어 백제왕은 직접 도미부인을 찾아가고, 도미부인은 몸을 치장한다는 핑계를 대고 도망친다. 그리고 도미부인은 천성도泉城島에서 남편 도미와 재회하며, 이후 고구려 산산蒜山으로 망명한다. 정리하면 도미부인 설화는 백제왕이 평민의 아내를 차지하기 위해 애쓰다가 끝내는 절개를 지킨 도미부인의 의지로 실패한 사건이다.

먼저 도미부인 사건의 발생 시기다. 『삼국사기』는 백제 개루왕(4대) 때로 설명한다. 그러나 이병도는 『삼국사기 역주』에 '개루왕 때라면 백제와 고구려 사이에 대낙랑군大樂浪郡이 있을 때이니 아래의 이야기와 맞지 않는다. 아마도 제20대 개로왕蓋鹵王 때를 배경으로 한 이야기가 아닌가

한다.'고 주석을 단다. 이병도의 '개로왕 때' 판단은 학계의 정설이다.

그런데 『고구려사략』은 도미부인 사건의 발생년도와 달을 정확히 기록한다. '4년(168년) 무신 5월, 백제사람 도미가 찾아와 항복하여 산산 땅에서 살게하였다.'(四年 戊申 五月 濟人都彌來降 置之蒜山) '4년 무신'은 고구려 신대왕(8대) 재위 4년인 168년이다. 다만 『삼국사기』 편년을 적용하면 10년이 빠른 158년이며, 이는 개루왕 말기에 해당한다. 따라서 도미부인 사건의 발생 시기는 『삼국사기』의 '개루왕 때'가 맞다.

다음은 도미의 신분이다. 『삼국사기』는 도미를 편호소민編戶小民인 평민으로 소개한다. 그러나 설화 내용 중에 도미부인이 몸종을 둔 사실이 있어 도미의 신분을 평민으로 단정할 수는 없다. 귀족 또는 왕족의 신분으로 보는 것이 오히려 타당하며 설득력을 가진다.

마지막으로 도미와 도미부인이 재회한 천성도泉城島다. 일반적으로 한강 하류인 지금의 경기도 파주 교하로 추정한다. 근거는 『삼국사기』〈지리지〉의 '천정구현을 어을매곶이라고도 한다.'(泉井口縣 一云於乙買串)는 기록이다. 천성泉城과 청정泉井을 동일한 장소로 이해하는데 따른다.

정절의 표상으로 둔갑시킨 조선사회

도미부인 설화의 출처는 『한산기』로 추정된다. 704년(신라 성덕3) 한산주도독에 임명된 김대문金大問이 지금의 경기 하남지역에 부임하여 이 일대 전설이나 풍물 등을 묶어 정리한 책이다. 이 중에는 구전口傳의 도미부인 설화도 있었을 것이다. 김부식이 『삼국사기』를 편찬하면서 인용한 것으로 보인다. 다만 김부식이 도미부인 설화를 수록한 이유는 명확하지 않다. 특히 남녀간의 성문화가 비교적 개방된 삼국시대인 점을 감안하면 김부식의 인용은 단순히 여성의 정절이나 정조개념을 강조하기 위한 선택으로 보여지지 않는다.

| 건국의 요람과 여명 | 초고계열과 고이계열 | 근초고왕과 부여기마족 | 부여씨왕조의 수난 |

문제는 조선사회다. 유교적 도덕관념에 매몰된 조선은 도미부인 설화를 적극 활용한다. 도미부인을 정절의 표상인 열녀로 격상시켜 백성을 계도(啓導)하고 여성의 수절(守節)을 강요하는 수단으로 변질시킨다.

도미부인 설화, 정치적 망명사건이 배경

『삼국사기』는 개루왕을 '성품이 공손하고 행동이 바르다.'(性恭順 有操行)고 평한다. 개루왕의 성품은 도미부인 설화 속에 나오는 개루왕의 행위와는 전혀 어울리지 않는다. 따라서 도미부인 설화는 다른 관점에서 해석해야 한다. 예를 들어 도미부인 설화에서 정절부분을 빼면 이렇다. 귀족(또는 왕족) 출신인 도미는 반역죄에 해당하는 정치적 파란을 일으킨다. 이에 개루왕은 도미의 죄를 물어 눈을 멀게하는 형벌을 가해 추방한다. 또한 개루왕은 혼자 남게 된 도미부인을 후궁으로 맞이하려다가 도미부인이 도망가는 바람에 실패한다.

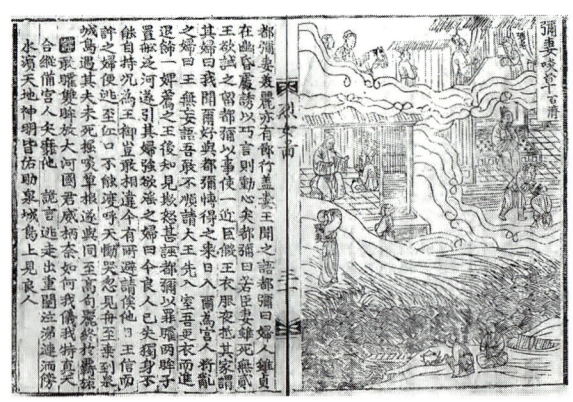

▲ 미처담초(彌妻啖草) 『삼강행실도』

결과적으로 도미부인 설화는 도미의 정치적 망명을 다룬 사건이다. 무엇보다도 『고구려사략』이 도미사건을 기록한 사실이 이를 증명한다. 만약 도미가 일개 평민이라면 기록할 리 만무하다. 적어도 귀족 계층의 정치적 망명사건이기에 기록으로 남긴 것이다.

도미부인 설화는 개루왕의 몰락을 촉발시킨 사건이다. 또한 개루왕의 몰락은 시조 온조 계통의 왕통 중단으로 이어진다.

| 구태는 누구인가? |

구태^{仇台}는 『삼국사기』가 『북사』와 『수서』를 인용하여 설정한 세 번째 시조다. 다만 김부식은 '어느 쪽이 옳은지 모르겠다.'(未知孰是)는 표현을 덧붙인다. 온조와 비류는 시조로서 인정되나 구태는 인정할 수 없다는 투다. 김부식의 부정은 『삼국사기』 기록 전체에 그대로 반영된다. 〈백제본기〉에는 구태 기록 자체가 아예 없다.

『북사』〈열전〉 백제 편이다.(*『수서』도 동일)

동명의 후손으로 구태가 있는데 어질고 신의가 돈독하였다. **처음에 대방의 옛 땅에 나라를 세웠다.** 한의 요동태수 공손도가 그의 딸을 처로 주어 드디어 동이의 강국이 되었다. **처음으로 백가가 바다를 건너와서 백제라 하였다.**
北史及隋書皆云 東明之後有仇台 篤於仁信 初立國于帶方故地 漢遼東太守公孫度以女妻之 遂爲東夷强國 初以百家濟海 因號百濟

구태의 정보는 크게 네 가지로 압축된다. ①〔출자〕동명^{東明}의 후손이다. ②〔건국〕처음 나라를 세운 곳은 대방고지^{帶方故地}다. ③〔혼인〕공손도^{公孫度}의 딸을 처로 맞는다. ④〔국호〕처음으로 백가제해^{百家濟海}하여 백제^{百濟}라 부른다. 다만 『삼국사기』는 ①, ②, ③은 인용하고 ④는 빼고 있다.

특히 『후한서』, 『삼국지 위서』 등은 『북사』, 『수서』와 달리 구태를 위구태^{尉仇台}로 적는다. 구태와 위구태는 동일인이라는 애기다.

| 건국의 요람과 여명 | 초고계열과 고이계열 | 근초고왕과 부여기마족 | 부여씨왕조의 수난 |

『삼국지 위서』〈동이전〉 부여 편이다.

후한 말에 공손도가 해동을 넓히며 웅거하니 외이가 위엄에 복속하였다. 부여왕 위구태는 다시 요동에 속하였다. 이때에 고구려와 선비가 강하였는데 공손도는 둘 사이에 있는 부여에게 딸을 처로 주었다.

夫餘本屬玄菟 漢末 公孫度雄張海東 威服外夷 夫餘王尉仇台更屬遼東 時句麗鮮卑彊 度以夫餘在二虜之間 妻以宗女

그럼에도 '구태=위구태' 동일설에 대해서는 적잖은 모순과 의문이 존재한다. 가장 큰 모순은 구태와 위구태가 동시대 인물이 아니라는 점이며, 또한 의문은 구태의 실체가 불명확하다는 점이다. 아마도 이런 이유들로 인해 『삼국사기』는 구태를 부정하는 쪽에 좀 더 무게를 둔 듯 보인다.

그러나 기록이 존재한다면 그 기록 역시 존재해야 할 당위성을 갖는다. 그러한 측면에서 구태의 실존은 여러 각도로 재검토되어야 하며 또한 그 실체를 명확히 밝혀내야 한다. 아울러 『삼국사기』가 시조 구태를 부정했다면 그럴만한 이유 또한 찾아내야 할 것이다.

참고로 '세 번째 시조 구태' 부문은 인용한 문헌 기록이 많고 내용 또한 방대하며 다소 복잡하다. 혹여 살펴보는데 적잖이 부담이 된다면 다음 장으로 넘어가도 좋다. 다만 구태(위구태)가 서부여 건국자임은 꼭 기억해 주길 바란다.

세 번째 시조 구태를 면밀히 추적해 본다.

| 동명왕과 후손 구태 |

첫 번째, 구태의 출자다. 동명의 후손이다.(東明之後)(①) '後'는 후손, 후예 등으로 번역하나 직계 혈통만을 가리키는 것은 아니다. 일반적으로 동명왕은 고구려 시조 추모(주몽)왕으로 본다. 『삼국사기』가 추모왕을 동명성왕^{東明聖王}으로 썼기 때문이다. '시조 동명성왕은 성이 고씨고 이름은 주몽이다.〔혹은 추모 혹은 상해라고 한다〕.'(始祖東明聖王 姓高氏 諱朱蒙〔一云鄒牟 一云象解〕) 그러나 동명왕은 추모왕이 아니다. 동명은 추모왕의 연호다.

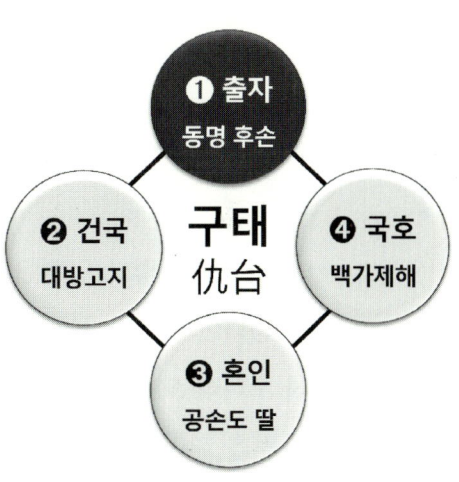

> 『고구려사략』〈추모대제기〉. '원년(前37년) 갑신 봄2월, 소서노가 추모에게 나라를 바쳤다. … 비류곡 서성산에서 즉위하였다. **국호를 고구려라 하고, 연호를 동명**(東明)**이라 하였다**.'(元年 甲申 春二月 召西奴以國獻於鄒牟 … 卽位於沸流谷西城山 國號高勾麗 建元東明)

동명신화와 추모신화

『북사』는 구태의 행적을 기록하기 앞서 먼저 '동명왕'을 소개한다.

백제는 대개 마한의 족속으로 **색리국에서 나왔다**. 그 왕이 출행 중에 **시녀가 후원에서 임신하였다**. 왕이 환궁하여 죽이려 하자 시녀가 아뢰길 "전에 **하늘에서 큰 달걀만한 기운이 내려오는 것을 보았는데 거기에 감응하여 임신하였습니다**."하였다. 왕이 살려두자 뒷날 남자아이를 낳았다. 왕이 그 아이를 **돼지우리**에 두자 돼지들이 입으로 김을 불어넣어 죽지 않았고 뒤에 **마굿간**에 옮겨 놓았지만 역시 그와 같이 하였다. 왕이 신령하게 여겨 그 아이를 기

| 건국의 요람과 여명 | 초고계열과 고이계열 | 근초고왕과 부여기마족 | 부여씨왕조의 수난 |

르게 하였다. **이름을 동명이라 하였다.** 장성하면서 활을 잘 쏘아 왕이 그 용맹을 꺼려하여 또다시 죽이려고 하였다. 이에 동명이 도망하여 **남쪽의 엄체수에 이르러 활로 물을 치니 물고기와 자라들이 모두 다리를 만들어 주었다. 동명이 이를 딛고 물을 건너 부여에 이르러 왕이 되었다.**

百濟之國 蓋馬韓之屬也 出自索離國 其王出行 其侍兒於後妊娠 王還欲殺之 侍兒曰 前見天上有氣如大鷄子來降 感 故有娠 王捨之 後生男 王置之豕牢 豕以口氣噓之 不死 後徙於馬閑 亦如之 王以爲神 命養之 名曰東明 及長 善射 王忌其猛 復欲殺之 東明乃奔走 南至淹滯水 以弓擊水 魚鼈皆爲橋 東明乘之得度 至夫餘而王焉

정리하면 이렇다. 동명은 색리국 출신이다. 색리국 왕의 시녀가 하늘에 감응되어 태어난다. 색리국 왕이 돼지우리, 마굿간 등에 버려 죽이려하나 오히려 도움을 받아 살아나고, 장성하며 활을 잘 쏘고 용맹해지자 왕이 이를 꺼려하여 다시 죽이려 한다. 이에 동명은 남쪽으로 달아나 물고기 자라 등의 도움을 받아 엄사수를 건너고 결국 부여에 이르러 왕이 된다. 이를 「동명신화」라 한다. 동명신화는 『북사』, 『수서』를 비롯하여 그 이전 문헌인 『논형』, 『위략』, 『후한서』, 『양서』 등에도 나온다.

색리국(索離國)은 고리국(槀離國), 탁리국(橐離國)으로도 쓴다. 일반적으로 前5세기~前2세기에 걸쳐 만주 송화강 북쪽에 존재한 나라로 이해하나, **동(東)몽골 바이칼호 근처의 코리국(kohri)으로 보기도 한다.** 몽골 징기스칸의 후예인 부리야트(buriyats)족의 구전에 따르면 **이 일대는 코리국 발원지로서 아주 옛날 부족의 한 일파가 동쪽으로 건너가 부여, 고구려의 뿌리가 되었다고 전한다.**

부여왕이 된 동명은 누구일까? 또한 동명이 건국한 부여는 어느 부여일까? 『북부여기』(범장 저술)는 동명을 북부여 천제^{天帝}(왕) 고두막^{高豆莫}으로 소개한다. 기록에 따르면 고두막은 前108년 갑자기 등장하여 한의 현도군을 서쪽으로 몰아내고 방대한 동북평원 일대를 차지한다. 그리고 스스로 동명이라 칭하며, 홀본(졸본, 요녕성 북진)에서 동명국을 출발시킨다. 이후 동명왕은 前86년 북부여의 해부루를 동쪽으로 밀쳐내고 북부여 강역 전체를 인수하며 북부여 5대 천제에 즉위한다. 이때부터 동명국은 북부여로 재탄생한다. 특히 동명왕 고두막에 의해 동쪽으로 밀려난 해부루는 동부여(길림성 길림)를 세운다.

『북부여기』 5세 단군 고두막. '23년(前86년) 을미에 북부여의 온 성읍이 항복하고 여러 번 나라를 보존해 주길 애걸하였다. 제(고두막)가 이를 듣고 해부루의 직급을 낮추어 후(候)로 삼고 차릉으로 옮기게 하였다. 제가 앞에서 북을 치고 나팔을 불면서 무리 수 만을 거느리고 도성으로 들어갔다. 나라 이름을 여전히 북부여라 하였다.'(乙未 二十三年 北夫餘擧城邑降 屢哀欲保 帝聽之 降封海夫婁爲候 遷之坌陵 帝前導鼓吹 率衆數萬而入都城 仍稱北夫餘)

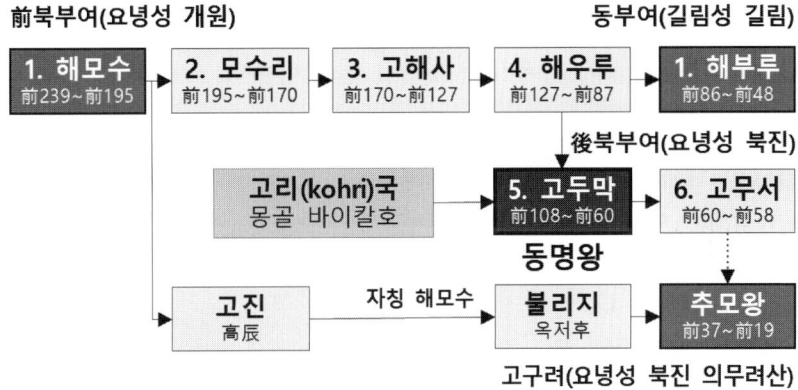

▲ 북부여 계보도 [『북부여기』 정리]

『태백일사』〈고구려국본기〉. '고리군왕 고진은 해모수의 둘째 아들이다. 옥저후 불리지는 고진의 손자다. 모두 도적 위만을 토벌한 공로로 봉함을 받았다. 불리지는 일찍이 서압록을 지나다가 하백의 딸 유화를 만나 장가들어 고주몽을 낳았다.'(槀離郡王高辰解慕漱之二子也 沃沮侯弗離支高辰之孫也 皆以討賊滿功得封也 弗離支嘗過西鴨綠 遇河伯女柳花 悅而娶之生高朱蒙)『삼국사기』는 주몽의 아버지 불리지를 자칭(自稱) 해모수로 표기한다. 실제 해모수(解慕漱)는 북부여 건국시조다.

그런데「동명신화」는『삼국사기』〈고구려본기〉의 시조 동명왕 편에 수록된 추모왕의「추모(주몽)신화」와 놀라울 정도로 신화체계가 유사하다. 다만 차이가 있다면 등장인물이 바뀐다. 색리국 왕은 동부여 금와왕과 대소로, 시녀는 하백의 딸 유화부인으로, 동명은 추모로 각각 대치된다. 특히 핍박을 받아 남쪽으로 도망하며 강을 건널 때, 동명은 활로 강을 내리친 반면 추모는 '나는 천제의 아들이요 하백의 외손이다.'(我是 天帝子 河伯外孫)라고 외쳐 물고기와 자라의 도움을 받는다.

이와 같은 신화체계의 유사성으로 볼 때 고구려 추모신화가 북부여 동명신화를 차용한 것으로 본다. 특히 연(천)개소문의 아들 천남산의《묘지명》기록은 동명과 추모(주몽)를 명확히 구분한다. '동명은 하늘의 기운에 감응되어 사천을 넘어 나라를 열었고, 주몽은 광명으로 잉태되어 패수에 임해 도읍을 열었다.'(東明感氣踰濿川而啓國 朱蒙孕日臨浿水而開都) 동명은 나라를 연 사람이고, 추모는 도읍을 연 사람이다.

1922년 중국 하남성 낙양에서 출토된《천남산묘지명》은 동명과 주몽(추모) 명확히 구분한다. **동명은 나라를 연 계국(啓國)자고, 주몽은 도읍을 연 개도(開都)자다.**《광개토왕릉비》도 **추모를 건국(建國)자가 아닌 창업의 기초를 놓은 창기(創基)자로 쓴다.** (惟昔始祖鄒牟王之創基也) 참고로 『삼성기』에는 북부여 건국자 해모수를 고구려 태조로 삼아 제사지낸 기록도 있다.(祠解慕漱爲太祖)

특히 고구려는 동명신화를 차용하면서 동명을 고구려 건국시조(계국자)로 격상시킨다.

백제 태조 도모왕 신화

그런데 일본 문헌은 동명을 도모(都慕,つもおう)로 표기한다. 또한「도모신화」의 존재도 알린다.『속일본기』연력8년(720년) 7월 기록이다.

무릇 백제 태조 도모대왕은 해신이 강령한 분으로 부여에서 나라를 세웠다. 천제(부여왕 칭호)가 록을 주니 여러 한을 거느리고 왕이라 일컬었다.
夫百濟太祖 都慕大王者 日神降靈 奄扶餘而開國 天帝授籙 惣諸韓而稱王

당시 일본으로 귀화한 백제 유민 출신 치부소보(治部少輔) 등이 일본 환무(桓武)왕(50대)에게 올린 표문에 기록한 내용이다. 도모(동명)를 백제 태조(太祖)로 소개한다.

특히 고대 일본의 족보인『신찬성씨록』에는 도모왕을 시조로 하는 씨족이 여럿 나온다. 화조신(和朝臣), 백제조신(百濟朝臣), 백제공(百濟

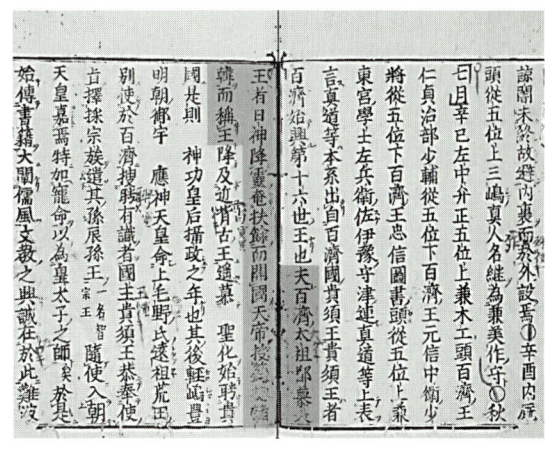
▲ 백제 태조 기록 [『속일본기』]

公), 관야조신(菅野朝臣), 백제기(百濟伎), 불파련(不破連) 등이다. 그런데 정작 있어야 할 온조와 비류를 시조로 하는 씨족은 단 한 명도 없다.

백제, 고구려의 동명왕에 대한 인식

동명왕은 前60년에 사망한다. 뒤를 이어 태자 고무서(高無胥)가 천제(왕)를 승계하나 급격히 통치력이 약화되며 해체 과정을 겪는다. 여러 제후가 각기 독립하며 소위 열국(列國)시대가 도래한다. 열국의 중심은 단연코 동명왕이 처음 터를 잡은 홀본(홀본국)이다. 주변의 열국은 요하를 기준으로 서쪽은 비류국, 황룡국, 행인국, 자몽국, 비리국, 구다국, 개마국

| 건국의 요람과 여명 | 초고계열과 고이계열 | 근초고왕과 부여기마족 | 부여씨왕조의 수난 |

등 7개 국이며, 동쪽은 순노국, 북옥저, 남옥저(낙랑국), 환나국, 섭라국 등 5개 국이 소재한다.

▲ 북부여 해체기의 열국(제후국) 분포

동명왕은 당대 최고의 영웅이다. 북부여를 다시금 부흥시킨 신화적인 존재다. 백제는 동명왕이 터를 잡은 홀본(요녕성 북진)에서 출발한다. 당연히 동명왕은 백제의 태조가 되어야 함이 마땅하다. 그래서 구태는 동명왕의 후손(후예)이 된다. 고구려 또한 마찬가지다. 추모왕은 홀본에서 고구려를 건국한다. 그래서 고구려는 동명신화의 차용을 통해 북부여 계승의 정당성을 확보한다.

백제와 고구려는 시작부터 홀본과 동명왕을 공유한다. 그런 까닭에 훗날 개로왕(21대)은 중원왕조 북위에 보낸 표문에다 '신(백제)은 고구려와 함께 근원이 부여에서 나왔다'(臣與高句麗 源出夫餘)고 명확히 기록한다.

동명왕은 백제와 고구려의 공통상수다.

처음 나라를 세운 대방고지 부여왕

두 번째, 구태는 처음 대방의 옛 땅에 나라를 세운다.(始立國于帶方故地) (②) '始'는 '처음'의 뜻이나 그 '처음'에는 '시작', '개시', '착수' 등의 의미를 담고 있다. '始立國'은 '대방고지'라는 특정 장소에 '비로소 나라의 간판을 달았다'로 풀이된다. 다시 말해 구태는 어디선가에서 줄곧 셋방살이하다가 대방고지에 내 집을 마련하고 비로소 자신만의 집주인 명패를 단다.

'처음'의 뜻을 가진 한자 始와 初는 쓰임이 약간 다르다. 始는 개시, 시작, 착수의 의미로 start, beginnig이며, 初는 시간적으로 가장 빠른 단계인 최초의 의미로 first다.

대방은 지금의 난하 하류 남쪽에 소재한 하북성 당산 일대다. 원래 이 지역은 한의 속현인 낙랑군의 일부다. 209년 공손씨정권의 공손강(2대)이 낙랑군 25개 현 중에서 7개 현 만을 따로 떼어내어 대방군을 설치한다. 그래서 이곳을 대방고지帶方故地로 표기한다. 구태가 처음 대방지역에 세운 나라는 어떤 나라일까?

부여왕과 위구태의 등장

『후한서』는 구태를 위구태尉仇台로 적는다. 다만 『후한서』는 동명신화를 먼저 기록하고 이어 위구태의 행적을 나열한다. 이는 위구태가 구태와 마찬가지로 '동명의 후손'임을 암시한다.

| 건국의 요람과 여명 | 초고계열과 고이계열 | 근초고왕과 부여기마족 | 부여씨왕조의 수난 |

『후한서』〈동이열전〉부여 편이다.

건무25년(49년), 부여왕이 사신을 보내 공물을 바쳐 광무제가 후하게 보답하였다. 이에 사절이 해마다 왕래하였다.
建武二十五年 夫餘王遣使奉貢 光武厚答報之 於是使命歲通

안제 영초5년(111년), 부여왕이 처음 보기 7~8천을 거느리고 낙랑을 노략하여 관리와 백성을 죽였다. 뒤에 다시 귀부하였다.
安帝 永初五年 夫餘王始將步騎七八千人寇鈔樂浪 殺傷吏民 後復歸附

영녕원년(120년) 사자(계승자) 위구태를 보내 궁궐에 와서 조공을 바치니 천자가 위구태에게 인수와 금채를 하사하였다.
永寧元年 乃遣嗣子尉仇台詣闕貢獻 天子賜尉仇台印綬金綵

모두 3개 기록이다. 먼저 49년(후한 건무25) 부여왕이 등장하여 후한 광무제(유수, 25~27)에게 공물을 바친다. 이때 부여는 어디에 있는 어떤 부여며, 왕의 이름도 알 수 없다. 그리고 60여 년이 지난 111년(후한 영초5) 이번에는 부여왕이 처음으로 보기步騎(보병,기병) 7~8천을 이끌고 후한 낙랑군을 침범하여 노략한 후 곧바로 후한에 다시 귀부한다.

두 기록은 매우 중요한 역사적 사실을 내포한다. 부여왕은 옛 비리국卑離國의 녹산鹿山(요녕성 건창현)지역에 거주한 북부여 왕족 계열의 왕이다. 그의 직계 후손인 또 다른 부여왕이 무리를 이끌고 비리국으로부터 독립한다. 그래서 부여왕이 낙랑군을 침범한 행위를 처음始으로 표현한다. 부여왕은 낙랑군 관리와 백성을 매몰차게 죽이는 격한 행동을 일삼는다. 모두 낙랑군 소속의 대방(하북성 당산)지역을 새로운 정착지로 확보해 나가는 과정이다. 또한 곧바로 후한에 귀부하며 후한 중앙정부로부터 대방지역 정착을 승인받는다. 이로서 부여왕은 옛 비리국의 녹산지역을 떠나 대방지역에 새로운 터전을 마련하며 새로운 부여(*대방부여)를 출발시킨다.

그리고 9년 후인 120년(후한 영녕1) 이번에는 부여왕의 사자嗣子(계승자) 위구태가 처음으로 기록에 등장한다. 후한에 파견된 위구태는 효안제(유호, 106~125)로부터 인수印綬(도장)와 금채金綵(비단)를 받는다. 후한 중앙정부는 위구태의 대방부여를 공식적으로 인정한다.

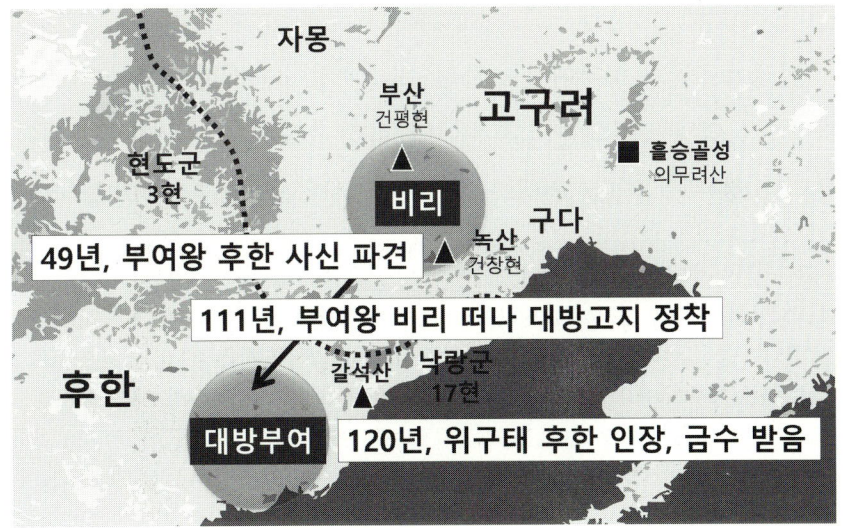

▲ 대방부여 건국 과정

위구태 출신의 의문

위구태 출신은 '부여왕의 사자'로 표기한 점에서 찾을 수 있다. 일반적으로 사자嗣子는 '대를 이을 아들'을 말한다. 그러나 꼭집어서 직계 혈통만을 가리키는 것은 아니다. 계승자 정도로 이해한다. 특히 주목할 부분은 위구태의 이름이다. 이병도는 위구태를 '구태를 닮았다'는 의미에서 尉(위)를 쓴 것으로 이해한다. 나름 합당한 해석이다.

위구태의 尉는 초고왕을 계승한 근초고왕의 近(근)과 맥락이 같다. 따라서 사자嗣子 위구태가 실제 부여왕족 출신인지에 대해서는 좀 더 검토가 필요하다.

| 건국의 요람과 여명 | 초고계열과 고이계열 | 근초고왕과 부여기마족 | 부여씨왕조의 수난 |

> 이병도가 「부여고」에 밝힌 위구태 설명. '공손도가 요동에 독자적인 세력을 형성하였을 때(190~204)에 그 종녀와 결혼하여 일종의 혼인동맹을 맺었던 부여왕 위구태(尉仇台)의 이름이 나오는데, 이 국왕 위구태는 2세기초의 왕자 위구태와는 연대상의 차이로 보아 다른 인물로 생각된다. 아마도 2세기초의 위구태는 단지 구태(仇台)였던 것 같은데, 2세기말의 그는 이 구태를 닮았다는 의미에서 고구려의 位와 음이 같은 尉를 관(冠)한 것이라는 견해가 타당할 것으로 보인다.'

원래 비리국은 북부여왕족 출신 소노素奴왕이 지배한 제후국이다. 소노왕은 동명왕 고두막한의 후손이다. 특히 소노왕은 고구려 추모왕과 북부여 적손嫡孫 논쟁을 벌이다 제거되며, 비리국은 고구려에 병합된다.

> 『고구려사략』〈추모대제기〉. '11년(前27년) 갑오 5월, 왕이 양맥곡에 이르러 비리왕 소노와 만났는데 그가 불경하여 동도(흘승골성)로 잡아 왔다. 송양이 북부여 선종(仙宗)을 망령되이 칭하더니 소노가 북부여 적손(嫡孫)을 망령되이 칭하였다.'(十一年 甲午 五月 上至梁貊谷 與卑離王素奴相見 以其不敬拿來東都 松讓妄稱北夫餘之仙宗 素奴妄稱北夫餘嫡孫)

이후 비리국은 고구려 출신이 왕을 맡는다. 고구려 개국공신 마리摩離가 소노의 뒤를 이으며, 이후 마리의 아들 의록義鹿, 의록의 아들 마락麻樂으로 이어진다. 특히 마락은 고구려 태보太輔(국무총리)를 겸한다.

위구태는 몰락한 소노왕의 후손이다. 『고구려사략』이 이때의 위구태를 '비리卑離의 반적反賊'으로 규정했기 때문이다. 다만 반적의 범위를 당시의 비리국 왕실로 국한하면 위구태는 마락의 후손일 가능성도 존재한다.

처음 대방고지에 나라를 세운 사건은 비리국을 탈출한 부여왕과 위구태의 합작품이다.

요동전쟁과 위구태 그리고 한반도 마한

 2세기 초반 고구려(태조왕)와 후한은 대륙 동북방의 요동지역에서 한바탕 충돌한다. 요동전쟁이다. 전투 장소는 후한의 현도군과 고구려가 국경을 맞대고 있는 지금의 하북성 승덕承德(청더) 일대다. 전투는 모두 3차례 벌어진다. 1차와 2차는 121년 2월과 12월, 3차는 122년 2월이다. 요동전쟁 기록은 『후한서』〈동이열전〉, 『삼국사기』〈고구려본기〉 태조왕 편에 나오며, 『고구려사략』도 이를 기록한다.

> 요동과 요서의 구분은 현재와 고대가 다르다. 현재는 동북평원을 가로지르는 요하를 기준으로 동쪽은 요동, 서쪽은 요서로 나눈다. 현재의 기준은 요(遼)때부터로 그 이전의 구분은 **현재의 요동과 요서 전체가 요동이고 그 서쪽이 요서다**.

 고구려 태조왕은 55년(태조3) 요동(*요서)지역에 10성을 쌓아 후한과의 국경을 명확히 한다. 10성은 지금의 연산燕山산맥 동쪽에 연하여 구축한 성으로 자몽紫蒙, 구려句麗, 거란車蘭, 하양河陽, 개마蓋馬, 구리丘利, 하성河城, 고현高顯, 남구南口, 서안평西安平 등이다. 이후 고구려와 후한은 국경을 사이에 두고 서너 차례 간헐적인 전투를 벌인다. 그런데 요광姚光이 후한의 현도태수로 부임하며 전투 양상이 확 달라진다.

▲ 고구려 태조왕 요동(*요서) 10성 축성

1차 요동전쟁 (121년 2월)

먼저 121년 2월에 발생한 1차 요동전쟁이다. 『삼국사기』(위)와 『고구려사략』(아래) 기록이다.

봄, 한 유주자사 풍환, 현도태수 요광, 요동태수 채풍 등이 병사를 이끌고 침략하여 예맥 거수를 죽이고 병마와 재물을 모두 빼앗았다. … 마침내 수성(차대왕)이 험한 곳에 의지하여 대군을 막고 몰래 군사 3천을 보내 현도와 요동 등 2군을 공격하여 그 성곽을 불사르고 2천여를 죽이거나 사로잡았다.
春 漢幽州刺史馮煥玄菟大守姚光遼東太守蔡風等 將兵來侵 擊殺穢貊渠帥 盡獲兵馬財物 … 遂成因據險以遮大軍 潛遣三千人 攻玄菟遼東二郡 焚其城郭 殺獲二千餘人 (*『후한서』〈동이열전〉과 동일)

2월, 요광이 유주에서 침입해 와서 **구리 거수 후돌을 죽였다.** 화직이 달려가 구원하고 요광을 크게 쳐부쉈다. **을어가 그 대군을 통로로 끌어들여 험지에 매복하고 있다가 모조리 멸하였다.** 획득한 그 병장기와 마필이 무수히 많았다.
二月 姚光自幽州來侵 殺丘利渠帥后突 禾直赴救大破之 乙魚誘其大軍于甬道而設伏嶮陁 以殄滅之 穫其兵仗馬匹無數

전쟁은 현도태수 요광이 중심이 된 후한의 지방관들이 군사를 이끌고 고구려를 침범하여 예맥穢貊 거수渠帥를 죽이며 시작한다. 예맥 거수는 구리丘利 거수 후돌后突이다. 구리는 태조왕이 쌓은 요동 10성 중 하나다. 이에 태조왕은 아우 수성遂成(차대왕)을 보내 후한군을 험지로 유인하여 크게 깨뜨린다. 다만 『삼국사기』는 이후의 상황도 적고 있다. 요광을 쳐부순 고구려는 내친걸음으로 후한의 현도군과 요동군으로 들어가 성곽을 불사르고 2천여 명을 죽이거나 사로잡는다. 1차 전쟁은 후한이 먼저 시작하였으나 고구려의 대승으로 막을 내린다.

2차 요동전쟁 (121년 12월)

다음은 121년 12월에 발생한 2차 요동전쟁이다. 마찬가지로 『삼국사기』(위)와 『고구려사략』(아래) 기록이다.

12월, 왕이 마한과 예맥의 1만여 기병을 거느리고 나아가 현도성을 포위하였다. 부여왕이 아들 위구태를 보내 병사 2만을 거느리고 한의 병사와 힘을 합쳐 막고 싸우니 우리 군사가 크게 패하였다.
十二月 王率馬韓穢貊一萬餘騎 進圍玄菟城 夫餘王遣子尉仇台 領兵二萬 與漢兵幷力拒戰 我軍大敗 (*『후한서』〈동이열전〉과 동일)

12월, 요광이 **구려 거수 도리**를 꼬드겨 현도도위로 삼고, 비리의 반적 위구태와 함께 모의하여 자몽의 옛 땅을 되찾으려 천서에 새로이 현도부를 설치하고 그곳에 머물렀다. 상(태조왕)이 친히 마한과 개마 1만여 기병을 이끌고 천서를 공격하였으나 이기지 못하고 돌아왔다.
十二月 姚光誘勾麗渠帥屠利爲玄菟都尉 與卑離反賊尉仇台謀 復紫蒙故地 新置玄菟府于川西而居之 上親率馬韓盖馬軍一萬騎 而攻川西不克而還

2차 전쟁은 1차로 달리 연합군이 편성된다. 후한에는 부여의 위구태가 참여하고, 고구려에는 마한과 예맥(개마)이 참여한다.

> 『삼국사기』의 예맥은 『고구려사략』의 개마다. 개마는 고구려 대무신왕(3대)때 패망하여 고구려에 흡수된다. 동일한 대상을 놓고 중국은 예맥으로 쓰고 고구려는 개마로 쓴다. 중국은 변방의 일이기에 통속적으로 써온 예맥으로 기록하고 고구려는 이들과 오랜 기간 관계를 맺고 있어 정확한 이름을 쓴다. 『삼국사기』는 중국 기록을 따른다. 개마는 지금의 하북성 관성(寬城)과 청룡(靑龍)의 만주족자치현 일대에 소재한다.

특히 『고구려사략』은 전투가 벌어진 배경을 자세히 설명한다. 후한의 현도태수 요광이 고구려의 구려勾麗 거수 도리屠利를 꼬드겨 고구려 땅인 천서川西에 새로이 현도부를 설치한다. 명분은 자몽紫蒙의 옛 땅을 되찾는 것이다. 이를 좀 더 보충 설명한다. 첫째, 구려는 태조왕이 쌓은

| 건국의 요람과 여명 | 초고계열과 고이계열 | 근초고왕과 부여기마족 | 부여씨왕조의 수난 |

▲ 고대 자몽지역 [내몽골자치구 적봉]

요동 10성 중 하나로 후한 현도군과 가장 인접한 지역에 소재한 고구려의 현이다. 둘째, 천서는 지금의 서요하(시라무렌강)의 남쪽 지류인 노합하^{老哈河}의 서쪽 지역으로 중국 내몽골자치구 적봉^{赤峰}시 이남의 영성^{寧城}(닝청)현 일대다. 셋째, 자몽고지는 노합하와 적봉시를 포함한 주변 일대의 대규모 평원이다. 고구려 유류왕(2대)때 정벌되어 고구려에 편입된다.

> 자몽국(紫蒙國)은 중국 대흥안령산맥 남단의 동쪽지역에 소재한 선비 계통의 북부여 제후국이다. 고구려 유류왕(2대) 때인 14년(유류33) 고구려에 멸망당한다. 『고구려사략』이다. '오이가 병사 2만을 이끌고 섭신(자몽왕)을 정벌하여 구려성을 빼앗고 섭신을 사로잡아 돌아왔다. 자몽땅 12읍국을 모두 평정하였다.'(烏伊領兵二萬伐涉臣拔勾麗城 虜涉臣而歸 紫蒙十二國悉平)

전투 장소는 요광이 고구려 땅에 설치한 천서의 현도부(*『삼국사기』현도성)다. 태조왕은 친히 마한과 개마(예맥)가 참여한 1만명의 기병 중심의 고구려연합군을 이끌고 공격하나 부여의 위구태가 이끄는 2만명의 후한연합군에게 대패한다.

특히 『고구려사략』은 위구태를 '비리의 반적(卑離反賊)'으로 규정한다. 이는 위구태의 출자가 관계가 깊다. 위구태는 원래 비리의 소속이나 비리를 벗어나 대방지역에서 부여(*대방부여)로 독립한다. 또한 특이한 점은 고구려연합군으로 참여한 마한^{馬韓}의 존재다. 한반도 마한이 뜬금없이 대륙에 출현한다. 마한은 위구태를 '비리 반적'으로 규정한 비리와 관계가 깊다. 대륙 요동지방의 비리는 북부여의 옛 제후국인 비리국卑離國(요동비리)이다. 지배영역은 북쪽으로 지금의 요녕성 건평建平현이며, 남쪽으로 지금의 요녕성 건창建昌현 주변일대다. 특히 북쪽의 요녕성 건평현에는 「홍산紅山문화」의 우하량牛河梁유적이 소재한다. 여신묘의 여신상, 원형의 제단, 방형의 적석총 등이 확인된 유적이다. 우리 민족의 시원인 단군조선(고조선) 문명과 깊은 연계성을 가진다. 요동비리는 고구려 추모왕 때에 병합되며 당시는 서쪽의 현도군과 남쪽의 낙랑군에 접하여 고구려와 후한의 중간지대를 점유한다.

▲ 우하량 유적 [요녕성 건평현]

특히 요동비리는 대륙 요동지방에 머무르지 않고 한반도에 새로운 거점을 마련한다. 『삼국지 위서』〈동이전〉에 나오는 마한연맹 소속의 한반도 비리국들이다. 비리(전북 군산), 여래비리(전북 익산), 내리비(전북 완주), 벽비리(전북 김제), 고비리(전북 부안), 초산도비리(전북 정읍), 모로비리(전북 고창), 감해비리(충남 홍성) 등 8개다. 감해비리를 제외하고 모두 전북지역에 소재한다. 이들은 대륙 요동비리의 후예들로 한반도로 건너와 마한의 비리국들(마한비리)로 거듭난다. 한마디로 전북지역은 한반도 마한비리의 거대도시 megalopolis다.

▲ 한반도 마한비리 [전북]

| 건국의 요람과 여명 | 초고계열과 고이계열 | 근초고왕과 부여기마족 | 부여씨왕조의 수난 |

> 『삼국사기』〈고구려본기〉는 고구려 태조왕이 114년(태조62) 8월~10월까지 3개월간 남해(南海)를 순행한 사실을 전한다.(秋八月 王巡守南海 冬十月 至自南海) 남해는 말 그대로 고구려 영역을 벗어나는 먼 남쪽 바다다. 3개월은 긴 시간이다. **태조왕은 전북지역까지 내려와 한반도 마한비리와 군사연합을 실현**한다. 그 결실은 121년 요동전쟁에서 고구려가 연합한 마한의 실체로 드러난다

3차 요동전쟁 (122년 2월)

마지막으로 122년 2월에 발생한 3차 전쟁이다.『삼국사기』(위)와『고구려사략』(아래) 기록이다.

왕이 **마한, 예맥**과 함께 요동을 침입하였다. 부여왕이 병사를 보내 구하고 우리를 격파하였다.

王與馬韓穢貊侵遼東 夫餘王遣兵救破之

2월, 왕이 다시 **마한, 구다, 개마** 3국의 군대를 이끌고 천서와 구려를 쳐서 빼앗았다. 요광은 도주하다가 자기 부하에게 살해당했다.

十一年 壬戌 二月 上復引馬韓勾茶盖馬三國兵 伐川西勾麗拔之 姚光逃走 爲其部下所殺

2차(121년 12월) 전쟁에서 패한 태조왕은 곧바로 이듬해인 122년 2월 후한을 공격한다.『삼국사기』는 월은 표기하지 않고 요동을 공격하여 패한 것으로 기록한다. 그러나『고구려사략』은 고구려가 2차 전쟁에서 되찾지 못한 천서와 구려를 다시 빼앗았다고 적는다. 더구나 요동전쟁의 주범인 후한의 요광姚光이 부하에게 살해당한 사실까지 소개한다. 명백한 고구려의 승리다. 또한 3차 고구려연합군에는 2차의 마한과 개마(예맥)와 더불어 구다勾茶가 추가된다. 구다국은 대릉하 하류인 지금의 요녕성 금주錦州지역에 소재한다. 개마국과 마찬가지로 초기 고구려에 흡수된다.

▲ 요동전쟁(121년, 122년) 전개 과정

특히 『삼국사기』는 기록의 말미에 주석을 단다. '마한은 백제 온조왕 27년(9년)에 멸망하였는데, 지금 고구려왕과 함께 군사 행동을 한 것은 아마도 멸망한 후 다시 일어난 것인가?'(馬韓以百濟溫祚王二十七年滅 今與麗王行兵者 盖滅而復興者歟) 김부식의 자조섞인 의문은 요동전쟁에 참여한 마한을 이해못했다는 얘기가 된다.

> 학계는 『삼국사기』〈고구려본기〉에 나오는 요동전쟁에 참가한 **마한을 김부식이 백제를 오기한 것으로 판단한다.** 소가 웃을 일이다. 요동전쟁은 백제가 개입한 사건이 아니다.

그런데 말이다. 3차 요동전쟁에서 패한 위구태는 어떻게 되었을까?

| 건국의 요람과 여명 | 초고계열과 고이계열 | 근초고왕과 부여기마족 | 부여씨왕조의 수난 |

| 위구태의 서부여 건국과 분화 과정 |

3차(122년 2월) 요동전쟁에서 패한 위구태는 고구려를 피해서 아예 본거지를 남쪽 발해연안의 대방帶方에서 북쪽으로 430여km 떨어진 대흥안령산맥 남단의 서쪽 초원지대인 서자몽西紫蒙으로 옮긴다.

위구태 서부여 건국

『고구려사략』〈태조황제기〉다.

> 11년(122년) 임술 2월, … 위구태는 서자몽으로 피해 들어가 서부여를 스스로 칭하였다. 후에 우문(우문선비)에게 쫓겨났다.
> 十一年 壬戌 二月 … 尉仇台逃入西紫蒙 自稱西夫餘 後爲宇文所逐

이 기록은 『고구려사략』이 남긴 가장 위대한 사건이다. 122년(태조11) 위구태의 서부여 건국이다. 특히 이 기록은 후한에서 삼국(위촉오)으로 넘어가는 중원왕조 교체 시기에 중원사서가 미처 담아내지 못한 위구태의 행적을 명확히 밝힌다. 그런데 『고구려사략』은 위구태의 서부여 건국을 두고 '스스로 칭하다'(自稱)는 표현을 쓴다. 한 마디로 "위구태 너 따위가 뭔데? 감히 국호를 서부여로 해?"라는 극도의 불신감이 깔려있다. 고구려는 위구태의 서부여 건국을 결코 인정하지 않는다. 무슨 이유일까? 고구려는 북부여의 적자다. 동명왕의 북부여를 계승한 유일한 적통이다. 그러한 측면에서 또 다른 부여의 탄생은 고구려에게 결코 용납될 수 없다.

서자몽, 내몽골자치구 다륜(둬룬)현 일대

태조왕은 즉각 위구태 응징에 나선다. 위구태의 서부여 건국 2년 후인 124년(태조13) 서부여의 본거지인 서자몽을 공격한다. 〈태조황제기〉다.

13년(124년) 갑자 5월, 화직이 자몽군을 이끌고 위구태를 정벌하였다. 월해에서 격파하고 월도에 이르렀다가 돌아왔다.
十三年 甲子 五月 禾直率紫蒙軍 伐尉仇台 破月海至月都 而還

고구려는 월해月海(반달에서 유래)에서 서부여를 격파하고, 이어 수도인 월도月都까지 침공하였다가 되돌아 간다. 위구태를 사로잡지 못하고 복귀한다. 월해는 지금의 내몽골자치구 적봉시에 소재하는 달리약니호達里諾爾湖다. 둘레 길이 100km가 넘는 해마모양(*당시는 반달모양)의 대형 호수다. 월도는 달리호 이남의 내몽골자치구 다륜현多倫縣(둬룬현)으로 추정된다. 서자몽은 바로 다륜현 일대다.

▲ 달리호 표지석 [내몽골자치구]

▲ 서부여 건국과 고구려 공격

건국의 요람과 여명 | 초고계열과 고이계열 | 근초고왕과 부여기마족 | 부여씨왕조의 수난

서부여의 계열분화 과정

위구태 사후 서부여는 서자몽을 떠나며 두 집단으로 계열분화한다. 한 집단은 왕위 승계에 반발하여 처음 나라를 세운 대방고지(하북성 당산)로 남하하여 대방세력이 되고, 또 한 집단은 우문선비(선비족 일파)의 공격을 받아 녹산지역(요녕성 건창현)으로 남하하여 녹산세력으로 거듭난다. 『삼국지 위서』〈동이전〉이다.

> **위구태가 죽자 간위거가 섰다.** 적자가 없고 **첩의 아들 마여가 있어 간위거가 죽자 여러 제가들이 함께 마여를 세웠다.** 우가의 형 아들 이름도 **위거인데 대사로 하였다.** 재물을 가벼이 여기고 선을 베푸니 **나라사람이 따랐다.** 세세토록 사신을 파견하여 경도에 이르러 공물을 바쳤다.
>
> 尉仇台死 簡位居立 無適子 有子麻余 位居死 諸加共立麻余 牛加兄子名位居 爲大使 輕財善施 國人附之 歲歲遣使詣京都貢獻

위구태의 사망과 간위거^{簡位居}의 즉위 시기는 『후한서』〈동이열전〉에 나온다. '순제 영화원년(136년)에 부여왕이 경사에 와서 조회하였다. 제가 황문고취와 각저희를 실시하고 보냈다.'(順帝永和元年 其王來朝京師 帝作黃門鼓吹角抵戲 以遣之) 136년이다. 위구태가 사망하자 왕위를 승계한 간위거가 직접 후한을 방문하여 자신의 즉위 사실을 알리자, 후한 순제는 축하행사를 실시한다. 또한 『후한서』는 간위거의 사망과 마여^{麻余}의 즉위 시기도 전한다. '환제 연희4년(161년)에 (부여가) 사신을 보내어 조하하고 공물을 바쳤다.'(桓帝延熹四年 遣使朝賀貢獻) 161년이다. 이번에는 후한에 사신을 보내 마여의 즉위 사실만을 전한다.

그러나 마여의 즉위는 서부여의 왕위 계승 정통성을 놓고 일대 파란을 일으킨다. 마여는 간위거의 서자다. 더구나 마여는 제가들의 추대로 왕위에 오른다. 이에 누군가가 반발한다. 바로 간위거의 동생 부태^{夫台}다.

먼저 대방세력의 계열분화다. 부태는 간위거의 서자 마여의 즉위에

반발하여 서부여를 떠난다. 마여를 옹립한 제가들의 견제가 부태의 독립을 촉발한다. 『후한서』〈동이열전〉이다.

영강원년(167년)에 왕 부태가 2만여를 거느리고 현도를 노략하였다. 현도태수 공손역이 이들을 격파하고 1천여의 머리를 베었다.
永康元年 王夫台將二萬餘人寇玄菟 玄菟太守公孫域擊破之 斬首千餘級

영제 희평3년(174년)에 이르러 (부여가) 다시 표장을 올리고 공물을 바쳤다.
至 靈帝熹平三年 復奉章貢獻

167년 부태는 2만여 명의 서부여인을 이끌고 남하하여 현도(하북성 승덕)에 도착한다. 이때 현도태수 공손역이 반발하며 오히려 공격하는 바람에 1천여 명이 희생되는 참사를 겪는다. 이에 부태는 다시 남하하여 옛 위구태의 땅인 대방고지에 도착한다. 이어 174년 후한 영제(영제, 168~189)에게 표장表章을 올리며, 대방고지에서의 서부여 승인을 요청한다. 그리고 188년 구지仇知가 즉위한다. 구지왕은 부태의 직계 아들이다.

▲ 서부여 대방세력의 분화과정

| 건국의 요람과 여명 | 초고계열과 고이계열 | 근초고왕과 부여기마족 | 부여씨왕조의 수난 |

다음은 녹산세력의 계열분화다. 부태를 퇴출시킨 서부여 제가들은 마여왕을 앞세우고 권력을 오로지한다. 특히 우가^{牛加}의 형 아들 위거^{位居}(*간위거와 이름이 같다 함)는 대사^{大使}가 되어 권력을 독점한다.

그러나 서부여는 235년 경 우문선비(선비족 일파)의 공격을 받는다. 마여왕과 위거는 우문선비에게 서자몽을 내주고 옛 비리국의 녹산으로 남하하여 정착한다. 녹산은 위구태의 출생지다. 또한 위거는 245년 서진의 유주자사 관구검이 고구려를 공격할 때 군량을 지원한다. 『삼국지 위서』〈동이전〉이다.

정시중(245년)에 유주자사 관구검이 고구려를 토벌하였다. 현도태수 왕기를 부여에 보내자 **위거가 대가를 보내 성밖에서 맞이하고 군량을 보탰다.**
正始中 幽州刺史毌丘儉討句麗 遣玄菟太守王頎詣夫餘 位居遣大加郊迎 供軍糧

이어 위거는 6세의 의려^{依慮}를 왕에 세운다.(麻余死 其子依慮年六歲 立以爲王-『삼국지 위서』〈동이전〉)

▲ 서부여 녹산세력의 분화과정

이처럼 위구태 사후 서부여는 두 계열로 분화한다. 「부태-구지」 계열의 '대방(하북성 당산)세력'과 「간위거-마여」 계열의 '녹산(요녕성 건창현)세력'이다. 다만 아쉽게도 두 세력 모두 처음 위구태가 서부여를 건국한 서자몽(내몽골자차구 다륜현)지역은 지키지 못한다.

녹산(鹿山)을 중국 흑룡강성 송화강 일대로 보는 견해도 있으나 이는 잘못된 비정이다. 『흠정대청일통지』의 녹산 기록이다. '포호도산, 건창현 객라심좌익 동쪽 30리에 있다. 즉 옛날의 백랑산이며, 한대의 녹산이다. 『한서』〈지리지〉에는 백랑현에 백랑산이 있어 현의 이름이 되었다고 한다.'(布祜圖山 在建昌縣屬喀喇沁左翼東三十里 即古白狼山也 漢名鹿山 漢書地理志白狼縣有白狼山故以名縣) 포호도산, 백랑산, 녹산은 모두 같은 이름이다. 지금의 요녕성 건창현에 백랑산이 소재한다.

위구태의 대방부여는 요동전쟁의 패배를 전화위복 삼아 서부여로 재탄생한다.

| 공손도 딸과 혼인한 구지왕 |

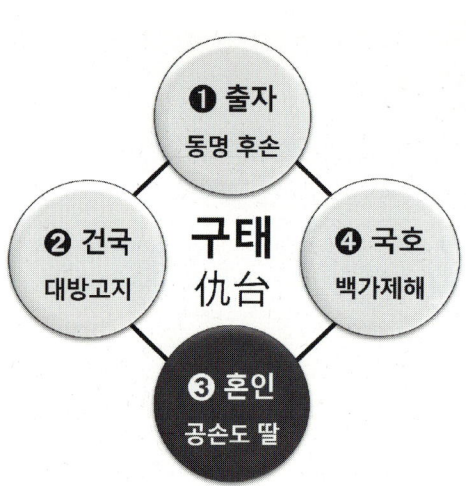

세 번째, 구태는 공손도의 딸과 혼인한다.(③) 그러나 이 기록은 설정 자체가 문제다. 무엇보다도 위구태의 활동 시기와 공손도의 활동 시기가 현격히 차이가 난다. 위구태는 136년에 사망하고, 공손도는 204년에 사망한다. 사망 시기만 고려하더라도 두 사람은 최소 2세대 차이가 난다. 더구나 위구태가 공손도 딸과 혼인했다면 위구태와 공손도 딸과는 3세대 차이가 난다. 결코 성립될 수 없는 명백한 오류다.

공손도의 딸과 혼인한 구지왕

그런데 공손도 딸과 혼인한 인물이 『백제왕기』〈B형〉(남당필사본)에 명확히 나온다. 구지仇知왕이다. 『백제왕기』〈B형〉 구지왕이다.

3년(190년) 경오 3월, 공손도왕이 딸 보루를 왕에게 시집보내며 말하길 "왕께서 아직 실가(가정)가 없다고 들어 감히 천한 자식을 보내니 건즐(처첩)로 삼으시되 행여 버리지는 말아 달라."하였다. 왕이 백마 3쌍을 폐물로 받고 보루를 취하였다.

三年 庚午 三月 公孫度王以女宝婁歸 王曰 聞王未有室家 故敢以賤息往 奉巾櫛 幸勿棄焉 王乃以白馬三雙爲幣 以娶焉

30년(217년) 정유 3월, 공손강왕이 대방왕을 칭하였다. 다시 여동생 보고를 왕에게 보냈다.
三十年 丁酉 三月 公孫康王始稱帶方王 更以其妹宝皐媵之

구지왕은 155년에 출생하여 225년 72세로 사망한다. 재위 기간은 188년~225년까지 39년간이다. 특히 구지왕은 재위 기간 중에 공손도의 딸과 두 차례 혼인한다. 재위 초기인 190년(구지3)에 첫째 딸 보루宝婁(173~222)를, 재위 말기인 217년(구지30)에 막내 딸 보고宝皐(201~257)를 각각 처로 맞이한다.

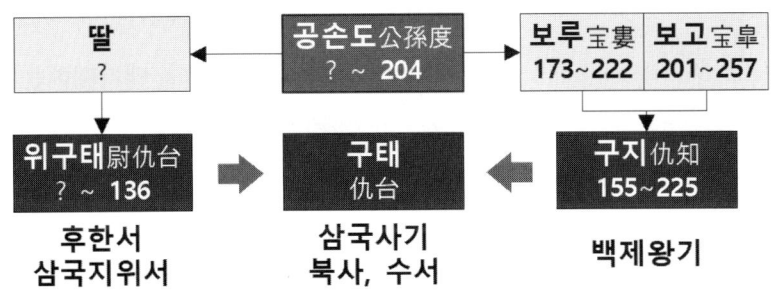

▲ 공손도 딸과 구지왕의 관계도

구지왕은 누구일까? 위구태의 손자다. 아버지는 서부여에서 계열분화하여 대방고지에 새로이 터전을 마련한 서부여 대방세력의 부태다. 구지왕은 부태의 뒤를 이으며 공손도 딸과 두 차례 혼인한다.

공손도의 딸과 혼인한 구태(③)는 위구태가 아니라 위구태의 손자 구지왕이다.

서부여의 수난과 백가제해

네 번째, 백제 국호의 유래가 된 백가제해百家濟海다.(④) 백가제해는 대륙 서부여 세력이 황해를 건너 한반도로 건너온 사건을 말한다. 백가의 규모는 정확히 알 수 없으나 최소 수만 정도는 될 것이다. 특히 기록은 백가제해 행위를 처음初 즉 '최초'라고 적는다.(初以百家濟海) 대규모 인력이 한꺼번에 황해를 건너온 최초의 사건이다. 백가제해는 일종의 '대량탈출Exodus'이다.

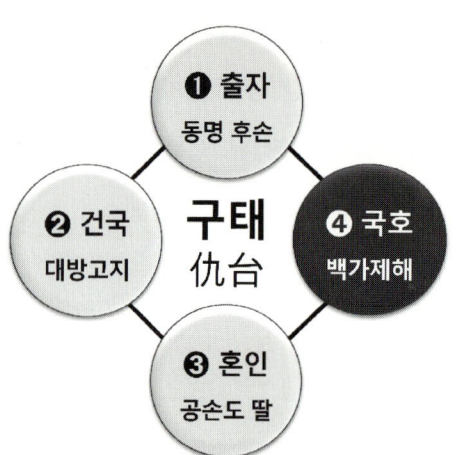

대방세력의 한반도 백가제해

백가제해의 주체는 서부여 대방세력이다. 『당회요』 기록이다.

> 백제는 본래 부여의 별종으로 마한의 옛 지역이다. 그 뒤 **구태라는 사람이 있었는데 고구려에 격파당하여 백가제해하였다. 백제의 국호는 이에 따른다.** 동북쪽으로 가면 신라가 닿는다.
> 百濟本夫餘之別種 當馬韓之故地 其後 有仇台者 高句麗所破 以百家濟海 因號百濟 東北至新

기록은 백가재해의 배경과 시기를 전한다. 배경은 고구려 침공이다. 대방고지가 고구려의 공격을 받아 격파당한다. 시기는 고구려가 서진의 대방군(*204년 공손강 설치)을 공격하여 소멸시킨 때다. 고구려 미천왕은 서벌西伐을 단행하여 서진의 낙랑군(313년)과 대방군(314년)을 공취하며, 그리고 현도성(315년)을 공략한다. 이때 서부여 대방세력도 대방군과 함

께 고구려에 격파당한다.(314년)

그런데 백제제해 사건을 기록한 『책부원귀』는 고구려에 격파당한 일이 한 차례가 아닌 두 차례라고 적는다.

> 『책부원귀』 외신부 종족. '백제는 본래 부여왕의 후손이다. **구태라는 자가 있었는데 재차(復) 고구려에게 격파당했다.** 이에 **백가제해하였는데** 백제의 국호는 이에 따른다.'(百濟 本夫餘王之後 有仇台者 復爲高麗所破 以百家濟海 因號百濟)

첫 번째 격파당한 일은 위구태가 서자몽지역에 서부여를 건국하고 고구려 태조왕의 공격을 받은 사건(124년)이며, 두 번째 격파당한 일은 바로 서부여 대방세력의 백가제해를 불러온 고구려 미천왕의 대방군 공취(314년)다.

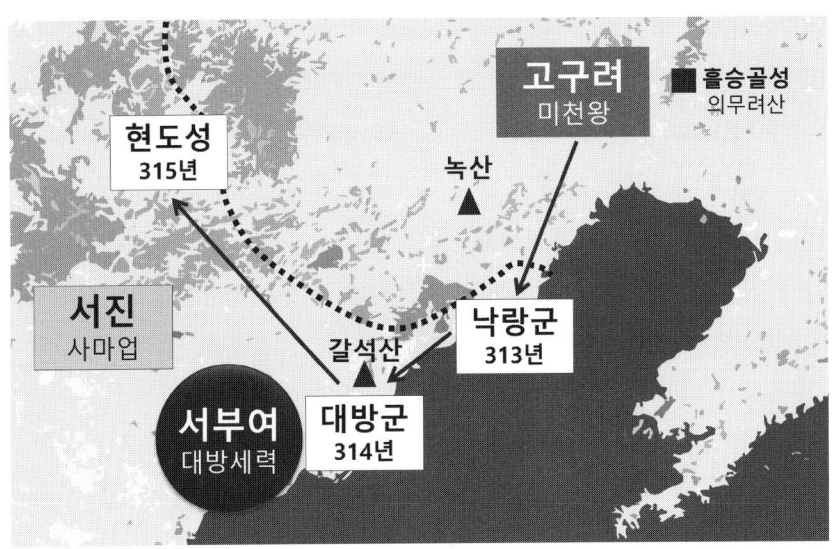

▲ 고구려 미천왕의 서벌 과정 (313년,314년,315년)

특히 『당회요』 기록은 백가제해 장소의 단서도 남긴다. '동북쪽으로 가면 신라에 닿는다.'(東北至新) 백가제해 세력의 한반도 정착지는 경기지역(한성백제)이 아닌 충청지역이다.

백가제해왕은 누구일까? 전하는 기록은 없다. 다만 『백제왕기』〈B형〉

| 건국의 요람과 여명 | 초고계열과 고이계열 | 근초고왕과 부여기마족 | 부여씨왕조의 수난 |

에 나오는 구지왕의 아들 여물餘勿(197~260)은 주목할 필요가 있다. 여물은 문헌상 최초의 부여씨다. 만약 백가제해왕이 구지왕 계열이라면 여물의 아들 정도로 추정된다.

녹산세력의 멸망과 복국

이에 반해 녹산세력은 모용선비(모용외)의 공격을 받고 처참히 무너지며 멸망과 복국의 과정을 겪는다. 이 내용은 『진서』〈동이열전〉 부여 편(앞)과 『고구려사략』〈서천대제기〉(뒤)에 자세히 나온다.(*『삼국사기』 기록하지 않음)

태강6년(285년)에 이르러 **모용외의 습격을 받아 패하여 부여왕 의려는 자살**하고 자제들은 옥저로 달아나 목숨을 보전하였다. 무제(서진 사마염)가 조서를 내려 말하길 "… 만약 유족 중에 복국시킬 자가 있다면 마땅히 방책을 강구하여 존립토록 하라."고 하였다. … 이듬해 **부여왕 의라가** 하감에게 사자를 보내 남은 무리를 이끌고 돌아가 옛 나라를 되찾기 원한다며 도움을 요청하였다. 하감이 전열을 정비하고 독우 가침을 파견하여 그를 호송케 하였는데 모용외가 그 길목을 지켰다. **가침이 모용외를 크게 패퇴시키니 모용외는 물러가고 의라는 나라를 되찾았다.**

至 太康六年 爲慕容廆所襲破 其王依慮自殺子弟 走保沃沮 帝爲下詔曰 … 若其遺類足以復國者 當爲之方計 使得存立 … 明年 夫餘後王依羅遣詣龕 求率見人 還復舊國 仍請援 廆又要之於路 沈與戰大敗之 廆衆退 羅得復國

16년(285년) 을사 정월, 비리왕 의려가 모용외에게 패하여 자살하고 그 자제들이 돌고에게 도망해오니 왕이 명을 내려 양羊을 나눠주고 편히 살게 하였다. 18년(287년) 정미 정월, 돌고를 양맥교위로 삼았다. 비리왕 의라가 서진의 가침과 함께 모용외를 쳐서 손정을 참하고 옛 땅을 되찾았다. 돌고에게 도움을 요청한 까닭에 맥을 보내 도와주었다.

十六年 乙巳 春正月 卑離王依慮爲慕容廆所敗而自殺 其屬來奔于咄固 命賜羊

安之 十八年 丁未 正月 咄固爲梁貊校尉 卑離依羅與晋賈沈伐廆斬孫丁 而復其
舊地 請援於咄固 故遣貊助之

때는 285년이다. 고구려 서천왕 재위 16년(백제 고이왕52)이다. 서부여 녹산세력이 모용선비(모용외)의 침공을 받아 멸망한다. 부여왕 의려依慮는 자살하고 아들 의라依羅는 남은 무리를 이끌고 옥저로 피신한다. 이후 서진의 도움을 받아 녹산으로 돌아와 다시 나라를 세운다.

그런데 『진서』와 『고구려사략』의 표현이 일부 다르다. 우선 서부여 녹산세력의 왕을 각각 부여夫餘왕과 비리卑離왕으로 적는다. 비리왕의 표현은 녹산세력이 옛 비리국 땅을 점유한 사실을 반영한다. 다음은 의라가 망명한 장소다. 『고구려사략』은 밝히고 있지 않으나, 『진서』는 옥저로 적는다. 학계는 옥저를 함경남도 함흥의 동옥저로 이해한다. 그러나 녹산에서 함흥까지는 직선거리로 670㎞다. 지금처럼 항공기를 전세내어 이동한 것도 아니고 더구나 고구려의 영토를 내륙으로 횡단한다는 자체가 성립될 수 없다. 명백한 오류다. 마지막으로 의라의 복국이다. 『진서』는 서진의 도움으로만 기록하나 『고구려사략』은 고구려가 지원

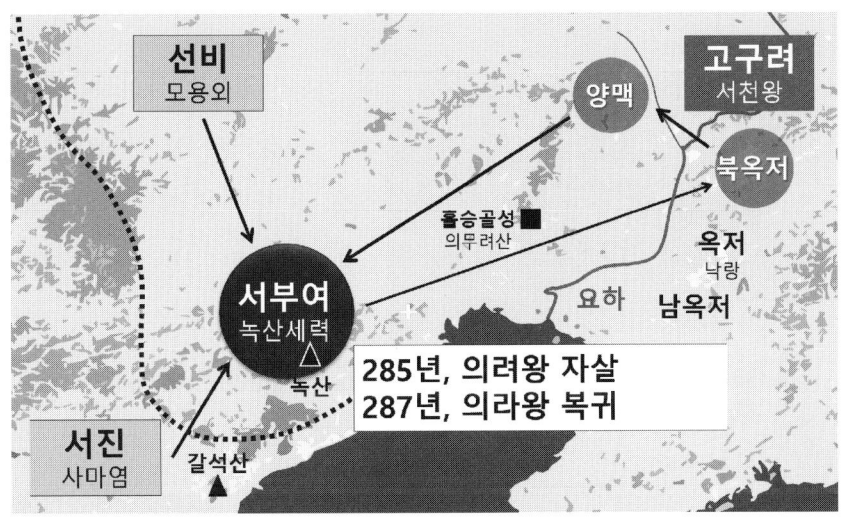

▲ 서부여 녹산세력의 수난

한 사실도 적는다.『진서』가 고구려 지원을 빼고 오로지 서진의 공으로만 포장한 것은 전형적인 춘추필법이다.

이와 달리 서부여 녹산세력의 의려왕과 의라왕의 멸망과 복국 과정을 전혀 다르게 정리한 문헌도 있다.『태백일사太白逸史』(이맥 찬술)다. 이에 따르면 서부여 의려왕은 모용외에 패한 후 자살하지 않고 수천의 무리를 이끌고 일본열도로 건너가 왜인을 평정하고 왕이 된다. 아들 의라왕도 북옥저로 피신한 후 돌아와 의려왕을 뒤쫓아 일본열도로 건너간다.

> 『태백일사』〈대진국본기〉. '정주는 의려국의 도읍지다. 선비 모용외에게 패하자 핍박받을 것을 우려하며 말하길 "내 혼이 아직 살아있거늘 어디 간들 이루지 못할 것이 있으랴!"하고, 은밀히 **아들 부라**(의라)**에게** 뒷일을 맡기고 백랑산을 넘어 밤에 해구로 빠져나갔다. 따르는 자가 수천이었다. 마침내 바다를 건너 왜인을 평정하고 왕이 되었다. … 혹은 이르길 의려왕은 선비에게 패한 후 바다를 건너간 후 돌아오지 않고 자제들은 북옥저로 도망쳐 보존하다가 이듬해 아들 의라가 즉위하였다고 한다. 후에 모용외가 또다시 침략해 오자 의라는 수천의 무리를 이끌고 바다를 건너 왜인을 평정하고 왕이 되었다고 한다.'(正州 依慮國所都 爲鮮卑慕容廆所敗 憂迫欲自裁 忽念我魂尙未滅 則何往不成乎 密囑于子扶羅 踰白狼山 夜渡海口 從者數千遂渡 定倭人爲王 … 或云 依慮王 爲鮮卑所敗 逃入海而不還 子弟 走保北沃沮 明年 子依羅立 自後慕容廆 又復侵掠國人 依羅率衆數千越海 遂定倭人爲王)

▲ 대의라신사 [일본 오사카]

이의 역사적 사실성은 단정할 수 없으나 설사 의려와 의라 두 사람이 아니더라도 두 왕을 따르던 일부 무리가 녹산을 탈출하여 일본열도로 망명했을 개연성은 존재한다. 현재 일본 오사카 스미요시住吉구에 대의라大依羅(오오요사미)신사와 의망지依網池(의라 저수지)가 있다.

『신찬성씨록』에 따르면 **의라씨**는 본 성씨인 **요사미**(依羅)와 분파 성씨인 **하루타**(治田), **쿠사카베노**(日下部), **카루**(輕), **카모**(鴨), **야마카와**(山河) 등이 있다.

특히 『태백일사』는 『진서』와 『고구려사략』의 기록을 일부 보완한다. 의려가 남은 무리를 이끌고 피신한 장소 옥저를 북옥저로 쓴다. 북옥저는 지금의 요녕성 심양(선양) 일대다. 또한 의려의 행로에서 언급된 백랑산白狼山이다. 백랑산은 지금의 요녕성 건창현 녹산이다. 「의라-의려」 계열의 소재지가 녹산임이 다시 한 번 확인된다.

위구태의 서부여는 대방세력과 녹산세력으로 계열분화한다. 또한 두 세력집단은 고구려와 모용선비(모용외)의 공격을 받아 각각 와해되며, 대륙의 터전과 기반이 송두리째 흔들리는 극단적인 상황으로 내몰린다. 다행히 녹산세력은 재기에 성공하나, 대방세력은 한반도로의 백가제해를 선택한다.

특히 대방세력의 백가제해는 한반도 역사에 일대 파란을 일으킨다. 이들로 인해 백제와 신라 등 한반도 남부지방 전체가 거대한 소용돌이에 휩싸이며, 한반도 역사는 또 다른 진화과정에 돌입한다.

백가제해, 한반도 역사의 새로운 출발을 알리는 신호탄이다.

세 번째 시조 구태의 실상

지금까지 『삼국사기』가 『북사』, 『수서』를 인용한 세 번째 시조 구태에 대한 여러 문헌 기록의 파편들을 조합하여 조목조목 사실 관계를 살펴보았다. 다시 한 번 『북사』 기록을 인용하면 이렇다.

'① 동명의 후손으로 구태가 있었는데 어짐과 신의가 돈독하였다. ② 처음에 나라를 대방의 옛 땅에 세웠다. ③ 한의 요동태수 공손도가 딸을 처로 주어 드디어 동이의 강국이 되었다. ④ 처음으로 백가가 바다를 건너와서 백제라 하였다.'(*원문생략)

구태의 다양한 스펙트럼

『북사』가 정리한 세 번째 시조 구태의 실체다. ① 구태의 선조 동명왕은 북부여 5대 천제(왕) 고두막이다. 활동 시기는 前2세기 초반이다. ② 처음 대방고지에 나라를 세운 사람은 2세기 초반의 부여왕(대방고지왕)이다. 뒤를 이어 위구태가 정식으로 서부여를 건국한다. ③ 공손도公孫度 딸을 처로 맞이한 사람은 2세기 후반의 위구태의 손자 구지왕이다. ④ 백제百濟 국호의 유래가 된 백가제해百家濟海 시기는 4세기 초반이다. 백가제해왕은 ②의 대방고지왕처럼 이름은 전하지 않는다.

이처럼 구태는 시기에 따라 다양한 스펙트럼을 갖는다. 마치 태양빛이 프리즘을 통과하여 무지개색으로 분해되는 것과 같다. 또한 사건의 주체도 시기에 따라 각기 다르다. 굳이 이들을 무지개색에 대비시키면 빨간색은 동명왕, 노란색은 대방고지왕, 초록색은 위구태왕, 파란색은 구지왕, 마지막 보라색은 백가제해왕 정도는 될 것이다.

구태, 우태의 또 다른 표현

그렇다면 구태는 가공 인물일까? 아니면 실존 인물일까? 만약 실존 인물이라면 누구를 지칭할까?

구태仇台는 우태優台를 말한다. 『해동역사』(한치윤 저술)는 구태와 우태는 같다고 설명한다. '구태를 살펴보면 혹은 우태로도 쓴다. 대개 仇는 優가 음전한 것이다.'(按仇台 或作優台 蓋仇與優音轉也) 아래는 『백제서기』의 시조 우대優臺(우태)왕 기록이다.

북부여 **해부루왕의 서손이다. 해신**(동명왕)**이 강령한 이후로 덕을 베풀어 북방 천하가 태평하였다.** 해부루왕은 왕자들을 열국에 나누어 보내 백성의 질병과 고통을 살피게 하였다. 이때 졸본태수 연타발에게는 소서노라 불리는 딸이 있었는데 무척 아름다웠다. 우태가 그 소문을 듣고 졸본에 가길 청하였다. 해부루왕은 우태의 어머니가 미천하여 허락하지 않았으나 **우태가 몰래 졸본 여산에 이르러 소서노와 상통하였다.** 연타발이 해부루왕이 허락하지 않는다하여 만나지 못하게 하니 두 사람은 태백산 골짜기 비류천 상류로 도피하였다. 물의 신에게 제사를 올리고 아들을 낳아 비류라 이름하였다. 연타발이 그 소식을 듣고 사람을 보내 돌아오게하여 맞이하였다. **마침내 졸본 땅이 우태에게 속하였다.** 때는 한 효원제 초원2년(前47년) 갑술의 해다. 이때에 해부루왕의 태자 금와가 섰다. 즉 우태의 아버지다. 우태를 졸본(졸본부여) 왕에 명하였다.

北夫餘解夫婁王之庶孫也 解夫婁王以日神降靈之後 布德北方天下泰平 分遣王子于列國 以監民疾苦 時卒本太守延陀勃有女曰召西奴 甚美 優台聞之 請往卒本 王以優台母微不許 優台乃私行 至卒本與山 西奴相通 延陀勃以王不許 欲

| 건국의 요람과 여명 | 초고계열과 고이계열 | 근초고왕과 부여기마족 | 부여씨왕조의 수난 |

禁之 乃相逃避太伯山谷沸流川上 祀河神 而生子曰沸流 延陀勃聞之 使人迎歸 遂以卒本之地歸之 時漢孝元帝初元二年甲戌歲也 時解夫妻王太子金蛙立 卽 優台之父也 命優台 王于卒本

우태는 동부여 금와왕의 아들이다. 어머니는 을씨다. 우태는 前47년 홀본국 왕녀 소서노와 정을 통하며 비류를 낳고, 정식으로 홀본부여를 출발시키며 왕이 된다. 이어 前44년 온조를 낳는다. 우태는 시조 온조와 비류의 생부다. 다만 아쉽게도 우태는 前39년 소서노가 동부여에서 홀본부여로 건너온 추모를 선택하면서 소서노로부터 버림받고 기록에서 사라진다.

> 『유기추모경』 권3. '임오년(前39년) … 소서노는 구태와 정분이 나서 좋아하다가 딸 아이를 낳았으나, 구태가 졸본의 세족으로 아름다우나 용맹함이 없어 점차 애정이 식기에 이르렀다. 이에 소서노가 추모에게 개가하고자 사람을 시켜 구태에게 자살하라 권하고서 지아비가 죽었다고 칭하였다.'(召西奴與仇台情好生女阿爾 仇台以卒本世族美而無勇遂至愛衰 召西奴欲改嫁于鄒牟使人勸仇台自殺而稱喪夫)『유기추모경』은 우태를 구태로 적는다.

이후 우태는 어떻게 되었을까? 『삼국사기』는 '우태가 죽어 소서노가 졸본에서 과부로 살았다.'(優台死 寡居于卒本)고 적는다. 그러나 이는 어디까지나 소서노의 선택을 정당화하기 위한 기록상의 표현이다. 우태는 소서노가 추모를 선택하면서 홀본을 떠난다. 그리고 비리국 녹산(요녕성 건창현 백랑산)지역에 새로운 터전을 마련한다. 이후 우태의 손자가 비리국을 벗어나 처음 대방고지에 나라를 세운 부여왕(대방고지왕)이 되며, 이어 서부여를 건국한 위구태가 우태(구태)를 계승한다.

백제 시조의 본질적 문제

특히 『삼국사기』는 『해동고기』에 백제 시조가 동명 또는 우태로 기록된 사실도 소개한다. 이는 백제 시조가 온조(비류) 뿐 아니라 우태와 동명도 있다는 얘기다.

> 『삼국사지』〈잡지〉 백제. 『해동고기』를 살펴보면 "혹은 시조는 동명이라고 하고 혹은 시조는 우태라고도 한다."고 써있고, 『북사』와 『수서』에는 모두 "동명의 후예 구태가 대방에 나라를 세웠다."하였다. 여기에는 시조를 구태라 하였으나 동명이 시조인 것은 사적(事跡)에 명백하므로 그 밖의 것은 믿을 수 없다.(按海東古記 或云始祖東明 或云始祖優台 北史及隋書皆云 東明之後 有仇台 立國於帶方 此云始祖仇台 然東明爲始祖 事跡明白 其餘不可信也)

이는 어떻게 이해하고 받아들여야 할까? 크게 보면 백제는 우태(구태)를 시조로 하는 위구태 계통과 온조를 시조로 하는 온조 계통이 뒤섞인 혼합왕조다. 또한 두 계통은 발원지가 공히 홀본이라는 특정공간을 공유한다. 홀본은 동명왕이 북부여를 부흥시킨 정착지다. 두 계통이 동명(도모)왕을 태조(원조)로 삼은 것은 당연한 역사 정리의 결과다.

특히 주목해야 할 부분은 두 계통의 한반도 정착 시기가 확연히 다른 점이다. 온조 계통이 먼저(前18년) 들어오고, 위구태 계통이 나중(316년)에 들어온다. 그런 까닭에 두 계통간의 시조 문제는 하나로 통합되지 못하고 각각의 전승 기록으로 존재하게 된다. 『백제서기』(남당필사본)는 그 연유를 밝힌다.

백제는 습속이 무를 중시하여 문(기록)을 정리하지 않았다. 또한 기휘하는 것이 많았다. 그런 연유로 오랫동안 사서가 없다가 근초고왕 때에 이르러 고흥이 처음 사서를 만들고 『서기』라 불렀다.
百濟俗重武而不修文 且多忌諱 故久無史 至近肖古王時 高興始作史 曰書記

기록 정리의 통합은 별개로 치더라도 서로 기휘(忌諱)하는 즉 '숨기는 것이 많았다'는 표현은 적어도 당시 위구태 계통과 온조 계통이 시조 설정 문제를 놓고 대립하지 않았다는 사실을 반증한다.

『삼국사기』는 온조 계통의 전승 기록을 받아들여 온조를 시조로 확정한다. 그래서 위구태 계통은 부정하게 된다. 특히 온조신화에 천손, 난생 개념이 삽입되지 않은 점 또한 어느 정도 이해할 수 있다. 두 계통이 동명왕을 태조로 받아들인 이상 온조 계통이 온조신화를 거대하게 포장하는 것 자체가 무의미했을 것이다. 태조 동명왕(도모왕)은 해신^{日神}(천손)과 난생(알)의 「동명신화」를 동시에 가지고 있다.

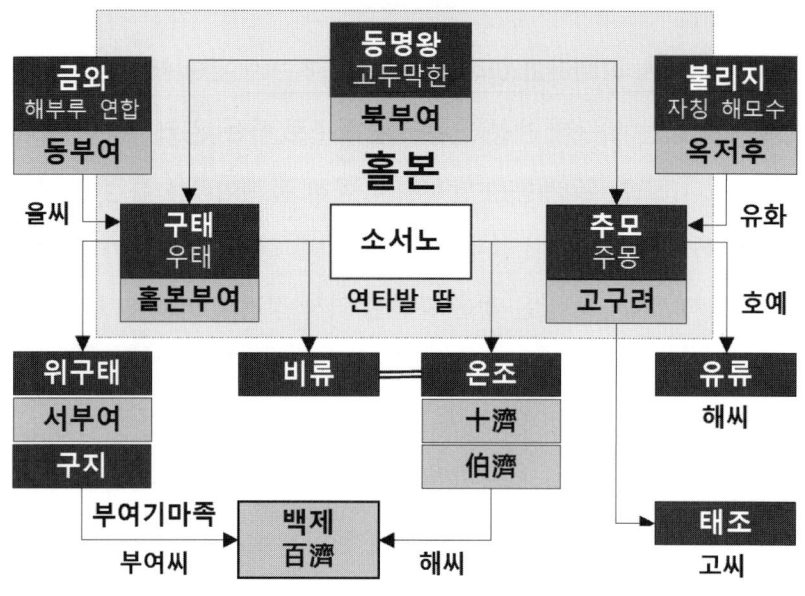

▲ 위구태 계통과 온조 계통의 관계도

우태(구태)는 위구태 계통과 온조 계통의 교집합이다. 위구태 계통은 우태의 계승이고, 온조 계통은 우태의 혈통이다. 이 점 또한 두 계통이 병립하게된 근본 배경은 아닐까?

세 번째 시조 구태는 위구태 계통과 온조 계통의 통합 시조다.

| 미스터리 인물 백제 구지왕 |

남당南堂 박창화朴昌和(1889~1962)의 필사본 중에 백제사 관련 문헌은 『백제서기』와 『백제왕기』가 있다. 『백제서기』는 시조가 우태며, 우태왕부터 비류왕, 온조왕으로 이어지는 3대 기록이다. 『백제왕기』는 시조가 비류며, 비류왕부터 온조왕에 이어 의자왕까지의 32대 기록이다. 내용은 『삼국사기』〈백제본기〉와 대부분 동일하다.

▲ 남당 박창화(1889~1962)

아래는 『삼국사기』〈백제본기〉와 『백제왕기』의 비교표다.

대수	『삼국사기』〈백제본기〉		『백제왕기』(남당필사본)			
			〈A형〉		〈B형〉	
	왕명	재위기간	왕명	재위기간	왕명	재위기간
			비류왕	前18~前2		
1	온조왕	前18~28	온조왕	前2~28		
2	다루왕	28~77	다루왕	28~77		
3	기루왕	77~128	기루왕	77~128		
4	개루왕	128~166	개루왕	128~166		
-	-		-		구지왕	188~226
5	초고왕	166~214	초고왕	166~214	초고왕	226~254
6	구수왕	214~234	구수왕	214~234	구수왕	254~264
7	사반왕	234	사반왕	234	사반왕	264
8	고이왕	234~286	고이왕	234~286	고이왕	264~286
9	책계왕	286~298	책계왕	286~298		

『백제왕기』〈A형〉 시조 비류왕. '17년(前2년) 기미 봄, 낙랑이 쳐들어와서 위례성을 불질렀다.〔미추홀이다〕 왕이 전투에서 패해 걱정하며 고뇌하다 훙하였다. 왕의 동생 온조가 비류의 무리를 통솔하고 왕위를 이었다. 새로운 도읍을 위례성이라 한다.'(十七年 己未 春 樂浪來侵 焚慰禮城〔彌鄒忽也〕王戰敗 憂懣以薨 王弟溫祚統其衆 而繼立爲王 以新都爲慰禮城) 비류는 前2년에 사망한다.(前47~前2, 45세)

| 건국의 요람과 여명 | 초고계열과 고이계열 | 근초고왕과 부여기마족 | 부여씨왕조의 수난 |

『백제왕기』〈B형〉의 존재

그런데 『백제왕기』는 〈A형〉과 〈B형〉 2개 판본이 있다. 〈A형〉은 『삼국사기』〈백제본기〉와 대부분 같다. 다만 시조 온조왕 부문을 비류왕과 온조왕으로 분리하여 서술한 점만 다르며 나머지 왕들은 동일하다. 그러나 〈B형〉은 구지왕부터 초고왕, 구수왕, 사반왕, 고이왕까지의 5대 기록이다. 구지왕은 『삼국사기』〈백제본기〉 왕력에 포함되지 않으며, 개루왕(4대)과 초고왕(5대) 사이에 존재한다. 특히 『백제왕기』〈B형〉 기록은 『삼국사기』〈백제본기〉 기록과는 상당한 차이를 보인다. 또한 『백제왕기』〈B형〉은 대륙 기록과 한반도 기록으로 이원화되어 있다.

구지왕, 미스터리 백제왕

『백제왕기』〈B형〉의 구지왕 즉위전사卽位前史다.

휘(이름)는 백고다. 기루왕의 일곱째 아들이며 개루왕의 배다른 동생이다. 너그럽고 인자하며 성덕이 있다. 나라사람이 경모하여 말하길 "**구대왕이 다시 왔구나.**"하였다. 이때 개루왕의 동모 동생들이 모두 왕의 은총을 믿고 위세를 마음대로 하여 인심을 얻지 못하였다. 개루왕이 이를 심히 걱정하여 죽음에 임하여 왕후 사씨에게 말하길 "내 아우들이 비록 많으나 **오로지 백고가 제일 현명하다.** 내가 죽고 나면 너의 아들은 모두 어린 데다 만약 여러 아우들이 뜻을 이루려 하면 필시 너의 아들들에게 불리할 테니 **백고를 맞아들여 너의 계부로 삼는 것이 좋겠다.**"하였다. 사씨는 깊은 밤에 몰래 궁중을 접수하였다. 이날 밤 눈이 한 길 넘게 내려서 왕의 여러 동생은 모두 알 수가 없었다.

諱伯古 己婁王第七子 而盖婁王之異母弟也 寬仁有聖德 國人敬慕之曰 仇臺王復來矣 時盖婁王同母弟 皆持寵擅威 不得人心 盖婁王深疾之臨崩 謂其后沙氏曰 吾弟雖多 唯伯古最賢 吾死而汝子皆幼若 諸弟得志必不利 於汝子未若迎伯古 以爲汝繼夫 沙氏乃以深夜密納宮中 是夜雪深丈餘 諸王弟皆不能知

구지왕의 이름諱은 백고伯古다. 아버지는 기루왕(3대)이며, 개루왕(4대)은 배다른 동생이다. 개루왕이 죽음을 앞두고 왕후 사씨沙氏에게 형 백고를 계부繼夫(새남편)로 삼아 왕위를 잇도록 주문하자, 사씨가 이를 받아들여 백고(구지왕)를 선택한다. 특히 당시 국인國人(지배층)이 구지왕을 경모하며 **"구대왕이 다시 왔구나."**(仇臺王復來矣)라고 말한 대목이 눈이 띤다. 구대왕은 바로 세 번째 시조 구태 즉 우태를 말한다.

▲『백제왕기』〈B형〉 구지왕

대륙 기록의 시사점

구지왕의 대륙 기록을 살펴보면 공손씨정권과 교류한 내용이 대부분이다. 공손씨정권은 후한 말에서 삼국(위,촉,오)시대까지 요동지역에 근거지를 두고 활동한 세력집단이다. 공손연公孫燕 또는 동연東燕이라고 부른다. 창업자 공손도公孫度는 후한의 요동태수로 있다가 189년 연왕燕王을 자처하며 독립한다. 이후 공손도 → 공손강 → 공손공 → 공손연 등 4대로 이어오며 283년 위魏 사마의司馬懿에게 토벌당하며 멸망한다.

아래는『백제왕기』〈B형〉 구지왕의 대륙 기록이다.

2년(189년) 기사 2월, **요동태수 공손도왕**이 사신을 보내와 화친을 청하였다. 왕 또한 포제 대지를 파견하여 방물을 보냈다.
二年 己巳 二月 遼東太守公孫度王遣使請和 王亦遣胞弟大知獻方物

3년(190년) 경오 3월, **공손도왕이 딸 보루를 왕에게 시집보내며** 말하길 "왕께서 아직 실가(가정)가 없다고 들어 감히 천한 자식을 보내니 건즐(처첩)로 삼으

건국의 요람과 여명 | 초고계열과 고이계열 | 근초고왕과 부여기마족 | 부여씨왕조의 수난

시되 행여 버리지는 말아 달라."하였다. 왕이 백마 3쌍을 폐물로 받고 보루를 취하였다. 10월, 왕이 **요부산에서 군대를 도와 승리하고** 많은 전리품을 얻었다.

三年 庚午 三月 公孫度王以女宝妻歸王曰 聞王未有室家 故敢以賤息往 奉巾櫛 幸勿棄焉 王乃以白馬三雙爲幣 以娶焉 十月 王助遼富山之軍 大獲捷利

10년(197년) 정축 5월, 고구려 연우가 형을 내쫓고 형수를 빼앗았다. **공손도왕**이 죄를 묻고자 우리에게 출병을 요구하였으나 왕은 조상이 같은 나라끼리는 서로 싸울 수 없다며 거부하였다. **공손도왕**이 좋아하지 않았다.

十年 丁丑 五月 麗延優逐其兄 而奪其嫂 公孫度王欲問罪 命我出兵 王謝仁祖之國不忍相殘 公孫度王不悅

17년(204년) 갑신 9월, **공손도왕**이 훙하였다. 태자 **공손강**이 즉위하였다. 왕이 사신을 보내어 조문하고 위로하였다.

十七年 甲申 九月 公孫度王薨 太子康立 王遣使吊慰之

22년(209년) 을축 10월, 고구려왕 연우(산상왕)가 환도로 도읍을 옮겼다. 비리의 사신이 화친을 청하였다. 왕이 **공손강왕**을 꺼려하여 감히 드러내놓고 대접을 못하였다. 태자 백인에게 명하여 사신을 국경에서 은밀히 대접하고 돌려보냈다.

二十二年 乙丑 十月 麗延優移都丸都 卑詞請和 王畏公孫康王 不敢顯待 而令太子苩仁密待其使於境上 以送之

30년(217년) 정유 3월, 공손강왕이 비로소 대방왕을 칭하였다. 다시 **여동생 보고를 왕에게 보냈다.** 이때 조정은 한인을 자못 기용하였는데 요동왕을 많이 따랐다. 이런 연유로 보루와 보고를 아꼈으나 아들이 없었다.

三十年 丁酉 三月 公孫康王始稱帶方王 更以其妹宝皐媵之 時朝廷頗用漢人 多依遼東王 以此重宝婁宝皐 而無子

34년(221년) 신축 7월, **대방왕 공손강**이 훙하고 동생 **공손공**이 즉위하였다. 공손강의 아들 **공손황**을 한왕에게 볼모로 보냈다. 사신을 보내 조문하였다.

三十四年 辛丑 七月 帶方王康薨 弟恭立 以康子晃質于漢王 遣使吊問之

모두 7개 기록이다.(189년~221년) 대륙 공손씨정권의 역사적 부침을 한 눈에 펼쳐보는 듯하다. 공손씨와의 처음 만남은 구지왕이 즉위한 이듬해인 189년부터 시작한다. 공손도가 왕을 칭하고 후한으로부터 독립한 직후 구지왕에게 사신을 보내 화친을 제안하고 구지왕 또한 이에 답례한다. 그리고 이듬해인 190년 공손도는 자신의 딸 보루宝婁를 구지왕에게 시집보내며 양국은 혼인동맹을 맺는다. 혼인동맹은 곧바로 효력을 발휘한다. 구지왕은 공손도를 도와 요부산遼富山에서 승리하고 전리품까지 챙긴다. 요부산은 요동의 부산富山으로 《광개토왕릉비》에도 나오는 지명이다. 요동지방의 옛 비리국(요동비리) 땅이다. 지금의 요녕성 건평현 부산향富山鄕이다.

> 《광개토왕릉비》. '영락5년(395년) 을미, 왕은 비려가 ▨▨을 멈추지 않아 친히 군사를 이끌고 토벌하였다. 부산(富山)과 부산(負山)을 지나 염수에 이르러 부락 6~7백 영을 깨뜨렸다.'(永樂五年 歲在乙未 王以碑麗不息▨▨躬率往討 過富山負山至鹽水上 破其丘部落六七百營) 부산(富山)은 고구려 광개토왕이 비려(비리)를 토벌하면서 확보한 지역이다.

이어 197년 공손도를 이은 공손강이 고구려를 공격하며 출병을 요구하나 구지왕은 고구려와의 동조同祖임을 내세워 거부한다. 이들 기록의 역사 공간은 모두 대륙 요동과 요서지방이다.

또한 구지왕의 아내가 된 공손도 딸은 한 명이 아닌 두 명(보루,보고)이다. 이는 『삼국사기』가 설정한 세 번째 시조 구태의 기록을 보완한다.

한반도 기록과 가계도

이에 반해 구지왕의 한반도 기록은 신라 길선의 백제 망명사건이 핵심이다. 그 연장선상에서 구지왕은 신라 출신 물씨勿氏와 전씨田氏를 비로 맞이하며, 신라 일성왕(7대)이 죽자 동생 고시古尸를 신라에 파견하여 조문하기도 한다.(212년) 또한 『신라사초』에는 구지왕이 백제 왕녀 천을

天乙과 지을地乙을 신라 아달라왕(8대)과 벌휴(9대,벌휴왕)에게 시집보낸 기록도 나온다.(213년) 모두 『삼국사기』에는 없는 기록들이다.

> 『신라사초』〈아달라기〉 '원년(213년) 10월, 부여(백제)의 미희 천을과 지을이 왔다. 부여는 2군(아달라왕/벌휴왕)을 칭찬하며 아첨하고 부여의 골녀 중에서 아름다운 자를 뽑아 왕(아달라)과 벌휴에게 바쳤다.'(元年 十月 夫餘美姬天乙地乙來 夫餘歎媚二君 擇其骨女之美者 獻于上及伐休也)

아래는 구지왕의 가계도다.

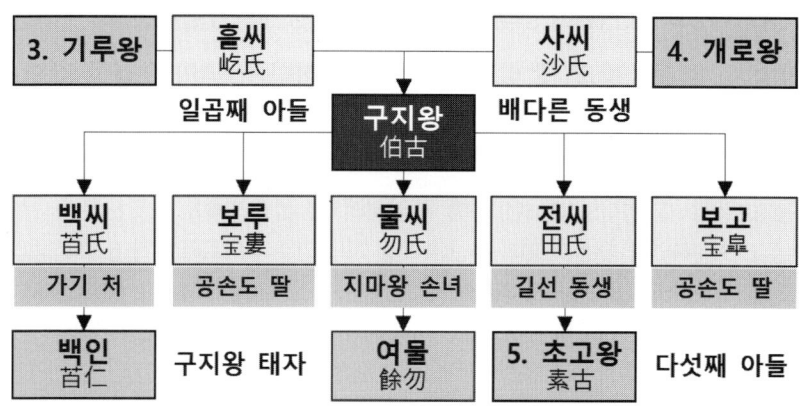

▲ 『백제왕기』〈B형〉 구지왕 가계도

구지왕은 자신을 옹립한 개로왕의 왕후 사씨沙氏를 왕후로 삼는다. 구지왕은 사씨왕후를 제외하고 기록상으로 모두 5명의 부인妃을 둔다. 백씨苩氏는 잠저 시절 사인舍人 가기賈杞의 처를 구지왕이 취하여 태자 백인苩仁을 낳으며, 보루宝婁와 보고宝皐는 공손도의 첫째 딸과 막내 딸로 아들을 낳지 못한다. 물씨勿氏와 전씨田氏는 신라 출신이다. 물씨는 지마왕(6대)의 딸 밀화密華공주의 소생으로 길선의 여동생이며, 전씨는 길선의 딸이다. 물씨는 여물餘勿을 낳고, 전씨는 소고素古(초고왕)를 낳는다. 여물은 구지왕이 즉위 후 얻은 적자(둘째 아들)고, 소고는 다섯째 아들이다. 특히 여물은 문헌 기록상에 나오는 최초의 부여夫餘씨다. 197년(구지10)

출생하여 260년(구수7) 64세로 사망한다.

> 『백제왕기』〈B형〉 구수왕. '7년(260년) 경진 10월, **백부 여물공이 죽었다. 태왕**(초고왕)**의 형으로서 태백의 덕이 있었다. 나라**(왕위)**를 양보하고 한가로이 지내며 사람의 장단점을 따지는 것을 좋아하지 않았다. 오로지 방사 무리와 어울려 선도만을 탐구하였다. 태왕이 경모하여 스승이 되었는데 그의 셋째 딸을 소후로 삼았다. 그를 선구태상에 존호하고 나라사람은 북원대왕이라 불렀다.**'(七年 庚辰 十月 伯父餘勿公薨 以太王之兄 有泰伯之德 讓國 閑居不喜論人長短 唯與方士輩潛究仙道 太王敬以師之 以其三女爲小后 尊之日 仙舅太上 國人號以北院大王)

구지왕을 어떻게 볼 것인가?

구지왕은 서부여 대방세력의 핵심이다. 『삼국사기』의 외면은 별개로 치더라도 중원사서마저 애매하게 표기한 부여기마족의 상징적 인물이다. 다만 『백제왕기』〈B형〉이 구지왕을 백제왕 계보에 편입하고, 대륙 기록과는 별도로 한반도 기록까지 남긴 것은 이들 구지왕의 대방세력이 한반도로 백가제해하여 훗날 백제의 부여씨왕조로 재탄생하였기 때문이다.

그럼에도 여전히 의문은 남는다. 만약 백제 왕으로서의 구지왕의 존재와 기록이 모두 사실이라면, 우리가 아는 백제 역사는 처음부터 다시 써야 한다.

백제 구지왕, 실체는 존재하나 역사는 알 수 없다.

2 초고계열과 고이계열

비류 계통의 초고왕

북방 계통의 고이왕 등장

한반도에 출현한 부여기마족

| 백제왕통 교체, 초고 계열의 등장 |
| 한반도 대방 지명의 성립 과정 |
| 마한 신미제국의 독자 외교 |
| 월출산과 포상8국의 시초 월나국 |

| 북방 계통의 고이왕 출현 |
| 기리영 전투와 마한의 실체 |
| 한성위례성을 개발한 책계왕 |
| 책계왕과 한반도 대방국 |
| 분서왕의 죽음과 칼춤의 효시 황창량 |
| 대단한 여걸 보과왕후 |

| 비류왕의 은유적 표현 기록 |
| 한반도에 출현한 부여기마족 |
| 중원왕조에서 활약한 부여씨들 |
| 김제 벽골제를 축조한 세력집단 |
| 서울 석촌동고분군의 무덤주인 |

백제왕통 교체, 초고 계열의 등장

초고왕과 구수왕은 5대, 6대 왕이다. 부자 관계인 두 왕은 『삼국사기』 기록 내용보다 왕통 계보상으로 중요한 위치를 점한다. 항상 한 묶음으로 다뤄진다. 『일본서기』에 종종 인용되며, 『신찬성씨록』에는 두 왕을 시조로 하는 일본의 고대 씨족가문이 적잖이 나온다. 특히 정복군주로 자리매김한 근초고왕(13대)은 공식적으로 초고왕을 계승하며, 아들 근구수왕(14대) 역시 구수왕을 따른다.

초고 계열은 시조 비류 계통

일반적으로 초고왕, 구수왕은 이전 3루왕(다루왕,기루왕,개루왕)과는 다른 계열로 이해한다. 다시 말해 초고왕부터 왕통 계보에 변화가 생겼다고 보는 것이 통설이다. 다만 초고 계열이 시조(비류,온조,구태) 중 어느 계통인지에 대해서는 갑론을박이 있다.

『삼국사기』는 초고왕을 개루왕(4대)의 '아들子'로 설정한다. 원자나 장자 또는 하다못해 몇째 아들도 아닌 그냥 아들이다. 초고왕이 개루왕의 혈통이 아닐 수 있다는 의미다. 초고왕은 시조 온조 계통이 아닌 비류 계통이다.

> 『백제왕기』〈B형〉은 초고왕을 구지왕의 다섯째 아들로 설정한다. '휘는 속고다. 구지왕의 다섯째 아들이다. 체격은 보통이상으로 크며 앞을 내다보는 식견을 가졌다. 정사를 결정함에 경솔하지 않았다.'(諱素古 仇知王第五子也 體鴻大有遠識 臨事不輕決) 구지왕은 시조 구태계통이다.

신라와의 영토 전쟁

초고왕의 재위 전반기는 주로 신라와의 전쟁이다. 즉위 이듬해인

167년(초고2) 전격적으로 신라를 공격한다. 이는 165년(개루38) 발생한 신라 길선의 백제 망명사건의 연장선이다. 초고왕을 옹립한 세력의 입김이 크게 작용한다. 전쟁은 신라의 2개 성을 공격하여 남녀 1천을 포로로 잡는 전과를 올리지만 곧바로 역공을 당한다. 신라가 대대적으로 군사를 동원한다. 처음 홍선興宣이 이끄는 신라군 2만이 쳐들어오고, 이어 아달라왕(8대)이 친히 8천 군사를 이끌고 합류하여 한수(남한강)까지 밀어닥친다. 이에 초고왕은 신라 군사가 너무 많아 대적할 수 없다고 판단하여 포로들을 돌려준다.

『삼국사기』〈신라본기〉 아달라왕. '백제는 크게 두려워하여 잡아갔던 남녀를 돌려주고 화친을 구걸하였다.'(百濟大懼 還其所掠男女 乞和)『삼국사기』는 화친을 '청하다'의 '請'자가 아닌 '구걸하다'의 '乞'자를 쓴다. 참으로 불편한 단어 선택이다.

이후에도 전쟁은 계속 이어진다. 모산성(충북 진천), 구양성(충북 옥천), 와산성(충북 보은) 등 기존의 충북지역은 물론이고 원산향(경북 예천), 부곡성(경북 군위), 요거성(경북 상주) 등 경북 내륙 서쪽지역까지 전선이 확대된다. 모두 소백산맥 동쪽이다.

그런데 전쟁 양상이 이전과는 사뭇 다르다. 전쟁에 참가한 장수들의 이름이 꼬박꼬박 나온

▲ 백제-신라 전투 [충북/경북 지역]

다. 단순 교전이 아닌 전면전의 양성을 띤다. 백제와 신라 양국이 길선의 망명사건을 계기로 본격적으로 영토 전쟁을 시작한다.

말갈과의 전투

재위 후반기는 말갈과의 전투다. 210년(초고45)이 전환점이다. 초고왕은 전격적으로 적현성(황해 금천)과 사도성(황해 토산)을 쌓고 동부 백성을 이주시킨다. 2개 성은 황해도 동부지역에 소재한다. 초고왕은 2개 성을 영토로 편입하며 말갈과의 경계를 명확히 한다. 그러나 말갈이 즉각 반발하며 사도성을 공격하여 성문을 불태운다. 이에 초고왕은 진과眞果를 보내 말갈 영역 깊숙이 석문성(황해 서흥)까지 쳐들어가 빼앗는다. 이에 질세라 말갈 역시 백제 영역 깊숙이 술천성(경기 파주)까지 쳐들어온다.

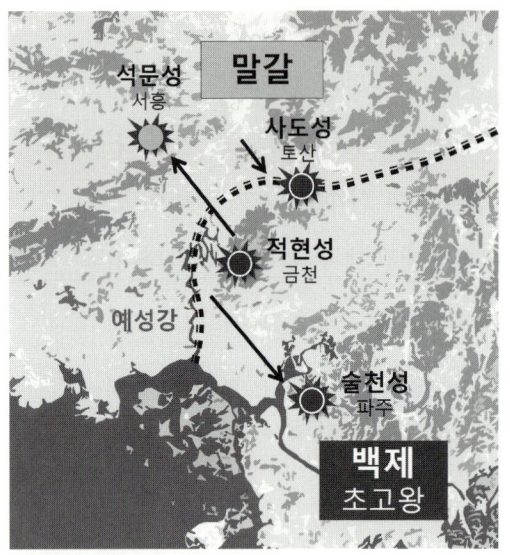

▲ 백제-말갈 전투 [황해/경기 지역]

그런데 말갈은 기병騎兵을 동원한다. 기병이 갑자기 출현한다. 지금까지 말갈은 기병을 동원한 전례가 없다. 처음 있는 일이다. 이전에 없었던 '새로운 말갈'이다. 북방 기마민족의 냄새가 물씬 풍긴다. 더구나 말갈 기병이 술천성까지 쳐들어오는데 초고왕이 갑자기 사망한다. 다만 『삼국사기』는 초고왕의 죽음에 대해 구체적인 사유를 명기하지 않고 있으나 말갈 기병과 벌인 술천성 전투가 죽음의 직접적인 원인으로 추정된다.

> 『백제왕기』〈B형〉 초고왕. '왕이 태자 구수에게 선위하고 스스로 산궁과 구원에 거처하며 제사를 주관하였다. 호는 태상신왕이다.'(王禪位於太子仇首 而自處於山宮及狗原 而主祭祀 號曰太上神王)『백제왕기』는 초고왕이 스스로 양위하고 물러난 것으로 나온다. 또한 초고왕은 아들 구수왕보다 오래 산다.

구수왕, 초고왕의 정책 계승

구수왕은 초고왕의 장자^{長子}다. 『삼국사기』는 '신장은 7척이며 풍채가 남달리 뛰어나다.'(身長七尺 威儀秀異)고 평한다. 대단한 무골이다. 구수왕은 아버지 초고왕의 정책을 계승한다. 신라와 말갈과의 전쟁을 계속 이어간다. 특히 신라와의 전쟁은 전투 장소에서 변화를 보인다. 장산성(경북 영주), 우두진, 웅곡 등이다. 우두진과 웅곡은 강원도 춘천지역이다. 이들 지역은 백제와 신라 공히 최전방에 위치한다. 전쟁 사유는 단순한 영토 분쟁인지 아니면 영향력 확대 과정에서 파생된 군사 충돌인지 명확하지 않으나 양국의 대결 전선이 강원도 지역까지 확대된 점이 특징이다.

말갈과의 전투는 더욱 격화된다. 전투 장소는 초고왕 때 접전을 벌인 황해도 동부지역의 적현성(황해 금천)과 사도성(황해 토산)이다. 사도성의 경우 목책을 따로 설치하고 적현성의 군사를 사도성으로 이동시키는 등 구수왕은 말갈을 방어하는 데 급급하다. 말갈이 힘이 부쩍 강하다.

그리고 『삼국사기』는 이 대목에서 7백년 백제 역사의 한 획을 긋는 중대한 사건 하나를 남긴다. '말갈이 우곡의 경계에 들어와 사람과 재물을 노략질하였다. 왕이 날쌘 군사 3백을 보내 막았으나 적의 복병이 협공하여 우리 군사가 대패하였다.'(靺鞨入牛谷界奪掠人物 王遣精兵三百拒之 賊伏兵夾擊我軍大敗) 이 해는 226년(구수16)이다. 백제는 말갈에게 대패^{大敗}한다. 지금까지 말갈과의 전투는 줄곧 백제가 승리하며, 설사 패하더라도 '大敗'의 용어는 사용하지 않는다. 이 사건 이후로 백제와 말갈의 전쟁은 기록에서 사라진다. 오히려 말갈 지도자가 백제에 선물을 보내는 등 적극적인 화해무드가 조성된다. 전투에서 대승한 말갈세력이 백제에 흡수된다. 더 정확히 표현하면 말갈이 백제의 상층부를 접수한다.

『삼국사기』의 '大敗' 기록은 위대한 왕의 출현을 예고한다.

| 한반도 대방 지명의 성립 과정 |

우리 고대사 지명 중에 대방帶方이 있다. '帶'는 기다란 띠, '方'은 네모(방형)를 가리킨다. 대방은 기다란 띠로 둘러싸인 너른 평지를 말한다. 다만 '方'자의 갑골문은 '강 언덕에 배가 나란히 있는 모양'을 상형화한 것이어서, 대방은 여러 척의 배들이 띠처럼 줄지어 정박한 장소 즉 항구를 가리키기도 한다.

공손씨의 대방군에서 처음 언급

▲ 고대 대방지역 [하북성 당산]

대방 명칭은 『삼국지 위서』〈동이전〉에 처음 등장한다. 공손강公孫康이 둔유현屯有縣 남쪽 황무지에 대방군을 설치한 기록이다.(公孫康分屯有縣以南荒地爲帶方郡) 이 해는 209년으로 백제는 초고왕 재위 44년에 해당한다. 공손강은 삼국(위,촉,오)시대 대륙 동북방지역에 소재한 공손씨정권(공손도)의 2대 왕이다. 둔유현은 낙랑군 속현의 하나로 지금의 하북성 창려현昌黎縣(갈석산 남쪽)이다. 『진서』〈지리지〉에 대방군의 설명이 구체적으로 나온다. 대방군은 공손강이 낙랑군 25개 속현 중 7개를 따로 떼어내어 둔유현 이남에 설치한 군이다. 7개 속현은 대방, 열구, 남신, 장잠, 제해, 함자, 해명 등이다.(帶方郡 公孫度置 統縣七 戶四千九百 帶方 列口 南新 長岑 提奚 含資 海冥) 이들 대방군 속현은 지금의 하북성 난하 하류지역 남쪽인 당산

唐山 일대에 소재한다. 다만 공손강이 군의 명칭을 대방이라 한 것은 이전부터 이 지역을 대방으로 불렀기 때문이다.

『삼국지 위서』는 대방의 거주민을 한예韓濊로 표기한다. 한韓은 마한인, 예濊는 예인을 가리킨다. 이들 한예인은 요동전쟁 이후 대방지역에 정착한 사람들이다. 요동전쟁은 공손강의 대방군 설치 이전인 121년(1차), 122년(2차)에 걸쳐 태조왕의 고구려연합군과 위구태의 후한연합군이 벌인 전쟁이다. 이때 고구려연합군으로 참가한 세력이 마한과 예맥이다. 마한은 한반도 비리국(전북지역)의 마한비리며, 예맥은 대륙 개마국, 비리국(요동비리), 구다국 출신자를 지칭한다. 전쟁 결과는 고구려연합군의 승리로 끝나며, 이때 상당수 마한인과 예인이 대방지역에 정착한다. 문제는 공손강의 대방군 설치와 한예인의 압박에 반발하여 일부가 한반도로 이동하면서 한반도에도 대방 명칭이 생겨난다.

> 『삼국지 위서』 한전. '건안(196~220)중에 공손강이 둔유현 이남의 황무지를 분할하여 대방군으로 만들고, 공손모, 장창 등을 파견하여 한(漢)의 유민을 모아 군대를 일으켜 한(韓)과 예(濊)를 정벌하자 옛 백성들이 차츰 돌아왔다.'(建安中 公孫康分屯有縣以南荒地 爲帶方郡 遣公孫模·張敞等收集遺民 興兵伐韓濊 舊民稍出)

북대방(황해도) 예인 출신의 망명지역

먼저 북대방이다. 우리는 대방을 황해도로 이해한다. 이유는 이병도가 대방군 설치 지역인 둔유현을 황해도 황주黃州로 비정했기 때문이다. 이병도의 잘못은 공손강의 대방군 설치 장소를 처음부터 대륙이 아닌 한반도로 고정시킨 점이다. 이로 인해 공손씨정권의 지배영역이 바다 건너 한반도 황해도 지역까지 확대되는 해석이 뒤따른다. 존재할 수 없는 역사다. 황해도 대방 명칭은 사람의 이동에 따라 필연적으로 파생된 지명의 이동이다.

한반도 북대방은 황해도 남부지역을 일컫는다. 『백제왕기』에 초고왕이 대방인 3천명을 서쪽지역에 이주시키며 또한 서쪽 패하구(예성강 하구)를 순행한 기록이 있다.(移帶方人三千于國西 七月 王西巡至浿河口) 이는 대륙에서 건너온 대방인의 정착지역이 황해도 해주를 포함하는 옹진반도 일대임을 설명한다. 이들 대방인은 공손강의 대방군 설치에 반발하여 한반도로 건너온 한예인이다. 주로 예濊인이다.

남대방(전북 남원) 마한인의 복귀지역

다음은 남대방이다. 한예인 중 한韓(마한)인은 전북 남원지역으로 이동한다. 『삼국유사』〈기이〉다. '조위 때 처음으로 남대방군(지금의 남원부이다)을 설치하였기 때문에 남대방이라 하였다.'(曹魏時 始置南帶方郡〔今南原府〕故云帶方之南) 이 내용은 『고려사』〈지리지〉, 『세종실록』〈지리지〉에도 동일하게 나온다. 남대방은 한반도에 설치된 것이 아니라 명칭이 생긴 것이다. 이는 한반도 마한비리(전북지역) 출신들이 요동전쟁(121년/122년) 이후 대륙 대방지역에 정착하였다가 다시금 한반도로 복귀한 사실을 증언한다. 다만 일연은 공손강의 대방군이 마치 한반도에 설치된 것처럼 표현한 점은 아쉬움이다.

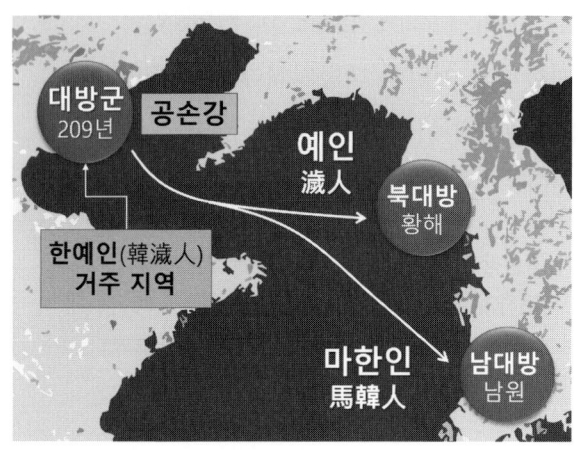
▲ 대륙 한예인 한반도 이동과 대방지명 성립

북대방(황해도)은 예인 출신의 망명지역이며, 남대방(전북 남원)은 마한인의 복귀지역이다.

| 마한 신미제국의 독자외교 |

3세기 후반 마한의 한 세력집단이 중원왕조 서진西晉(사마염)에 사신을 파견하며 홀연히 우리 역사 앞에 등장한다. 『진서』〈장화열전〉이다.

> 동이마한의 신미 등 여러 나라는 산을 의지하고 바다를 끼고 있으며 유주에서 4천여 리 떨어져 있다. 역대로 내부하지 않던 20여 국이 함께 사신을 보내 조공하였다.
> 東夷馬韓 新彌諸國 依山帶海 去幽州四千餘里 歷世未附者二十餘國 並遣使朝獻

신미국 등 20여 개국으로 구성된 신미제국新彌諸國이다. 이 해는 282년으로 백제는 고이왕 재위 49년에 해당한다.

신미제국, 영산강 마한연맹 왕국

물론 마한의 이름으로 서진을 방문한 사례는 더 있다. 신미제국 방문 이전인 280년, 281년, 그리고 이후인 286년, 289년, 290년 등이다. 『진서』 마한전에 나오는 기록이다. 모두 3세기 후반에 집중해서 중원왕조를 방문한다. 신미제국은 『일본서기』가 침미다례忱彌多禮로 표기한 마한연맹의 영산강세력이다. 신미제국의 대표인 신미국은 전남 나주, 해남집단으로 추정된다.

> 침미다례의 '침(忱)'은 '신(新)'으로 읽을 수 있으며, '례(禮)'는 '고을(나라)'의 '라(羅)'이다. **침미다례는 신미의 여러 나라 즉 신미제국(新彌諸國)을 말한다.** 특히 『일본서기』는 침미다례를 **남만(南蠻**-남쪽 오랑캐)으로 표기한다. 남만은 비호의적 표현이다. 당시 신미제국의 국력과 위상이 남만으로 표기할 정도로 대단하다는 의미다.

참고로 백제가 최초로 중원왕조에 사신을 파견한 시기는 근초고왕 때인 372년이다.(*신라는 내물왕 때인 381년임) 마한의 신미국이 백제보다 90년을 앞서 중원왕조와 외교관계를 맺는다.

한반도를 대표한 신미제국의 외교 활동

▲ 신촌리9호분 옹관 [전남 나주]

신미제국의 독자적인 외교는 무얼 의미할까? 고고학적으로 대략 3세기 중반(250년~)부터 영산강 유역에 대형 독무덤(옹관묘)이 출현한다. 막강한 경제력을 가진 세력집단이 등장한다. 일반적으로 경제력이 커지면 정치가 발전하고 외교가 활발해진다. 신미제국의 독자적인 외교행위는 마한연맹의 대표 축이 목지국(충남 천안)에서 신미국(전남 나주,해남)으로 이동한 사실을 설명한다. 또한 당시 한반도의 대표권이 백제나 신라가 아닌 신미국임을 부연한다.

> 대형옹관묘는 한반도 전남지역을 비롯하여 중국 산동지역, 베트남 호이안지역, 일본 규슈지역 등에서 발견된다. 다만 옹관묘의 매장방법은 각기 다르다. 한반도와 중국은 와(臥-0°)식, 베트남은 입(立-90°)식, 일본은 각(角-45°)식이다.

특히 『고구려사략』은 신미제국이 고구려를 방문한 사실도 전한다. 〈서천대제기〉다. '장화가 사신을 보내서 입조하였다. 마한이 장화와 함께 왔다.'(張華遣使來朝 馬韓及附於華) 이 해는 282년이다. 앞의 『진서』〈장화열전〉에 나오는 신미제국 사신단은 서진 방문에 이어 곧바로 장화와 함께 고구려도 방문한다. 참으로 놀라운 역사가 아닐 수 없다.

동아시아 해상세력의 중심, 영산강 마한세력

한마디로 신미제국은 "나 여기 있승께 다들 까불지 말더랑께!" 하고 외치며 역사의 문을 박차고 뛰쳐나온다. 다만 이들 영산강세력의 기원은 명확하지 않다. 한반도 토착세력인지 아니면 외부 유입세력인지를 추정할 만한 기록 자체가 없다. 그럼에도 3세기 후반만큼은 동아시아 해상세력의 중심으로 한반도 대표 노릇을 톡톡히 한다.

전남지역에서 발견되는 무덤의 외형은 다양하다. 원형, 방형(네모꼴), 사다리꼴형, 방대형(피라미드) 등이다. 특히 아파트식 무덤으로 알려진 방대형은 고구려 적석총과 외형이 비슷하다. 다른 점은 돌이 아닌 흙으로 쌓은 점이다. 또한 방형과 원형을 결합한 장고형도 있다. 일본의 대표 무덤 양식인 전방후원분前方後圓墳, Keyhole shaped mound의 원형이다. 전남지역의 무덤 문화의 다양성은 우리의 상상을 초월한다.

▲ 대안리고분군 [전남 나주]

전방후원분은 앞부분이 방형이고 뒷부분이 원형인 무덤으로 일본열도에서 많이 발견된다. 장고형고분이라고도 한다. 한반도 전방후원분은 주로 전남지역에서 분포한다. 영암의 자라봉고분, 함평의 장고산고분, 영광의 월산리고분, 해남 용두리, 방산리고분, 광주의 월계동, 명화동고분 등이 있다.

▲ 월계동고분 [전남 광주]

신미제국의 역사는 모두 어디로 간 것일까? 기록은 사라지고 무덤만 남아있다.

월출산과 포상8국의 시초 월나국

▲ 월출산 큰바위얼굴 [전남 영암]

전남 영암에 '달이 뜨는 산' 월출산月出山이 있다. 나주평야 동남쪽에 위치한다. 우뚝 솟은 기암괴석의 봉우리들은 한 폭의 동양화를 연상시킨다. 남국南國의 소금강으로 불린다. 특히 월출산 구정봉 정상의 '큰 바위 얼굴'은 호남을 지키는 영원한 수호신이다.

월출산은 조선시대부터 불리어진 이름이다. 이전 고려시대에는 월생산月生山, 삼국시대에는 월나산月奈山이다. 월출산은 월나月奈에서 유래한다.

부여 계통의 월나국, 포상8국 시초

월나는 월나국에서 유래한다. 월나국은 전남 영암에 소재한 마한연맹체와는 다른 별개의 소국이다. 신라 화랑의 전신인 선도仙徒의 형성과 계보를 정리해 놓은 『위화진경魏華眞經』(남당필사본)에 월나국의 기원이 나온다.

그 글에 이르길 유원 연못에 유하던 금와가 양유(버드나무)신을 사모하여 나무 아래에서 기원하고 버들잎 위로 올라와 수궁에서 노니 유서(버들개비)신이 설의를 입고 맞이하였다. 그 참眞을 받아들여 백토대왕을 낳으니 이가 곧 월나국의 시조다. 해상 여러 섬의 신을 다스리니 이는 곧 포상8국의 시초다.

其文曰 柳園之池有金蛙 慕楊柳神 祈願樹下 躍上柳葉 遊於樹宮 柳絮神以雪衣迎之 授其眞 乃生白兎大王 是爲月奈國始祖 治海上諸島 神乃浦上八國之始也

월나국의 건국시조는 백토^{白兎}대왕이다. 백토는 고구려 건국시조 추모왕의 생모 유화^{柳花}부인이 동부여 금와왕(2대)에게 재가하여 낳은 아들이다. 동부여계인 백토가 한반도 남쪽으로 내려와 월나국을 건국한다. 덧붙여 기록은 백토의 월나국이 포상8국^{浦上八國}의 시초라고 부연한다.

> 『유기추모경』(남당필사본)에 동부여 금와왕과 고구려 추모왕의 어머니 유화부인 사이에 태어난 자식이 여럿 나온다. **해불**(解弗), **해화**(解花), **해주**(解朱), **해백**(解百), **해소**(解素), **해만**(解万) 등 6명이다. **이 중 해백**(前46년생)**이 월나국의 시조 백토대왕으로 추정**된다. 월나국의 건국시기는 대략 **前10년~10년 정도**다.

포상8국은 포구를 끼고 있는 8개의 소국을 지칭한다. 섬진강 하류지역을 중심으로 전남 동쪽지역과 경남 서쪽지역에 펼쳐있는 남해안의 중간지대에 위치한 포상국가다. 특히『삼국사기』는 이 일대를 역사기록의 공백지대로 처리한다. 다만『삼국사기』는 딱 한 번 포상8국을 언급한다. 때는 209년이다. 백제는 초고왕(5대) 시기, 신라 내해왕(10대) 시기다. 포상8국과 금관가야(경남 김해)가 남해안의 해상지배권을 놓고 충돌한다. 소위 '포상8국의 난'이다. 당시 금관가야는 신라의 도움을 받아 가까스로 포상8국을 물리친다.

> 『삼국사기』 내해이사금. '14년(209년) 가을 7월, **포상8국이 모의하여 가라를 침범하자 가라 왕자가 와서 구원을 청하였다. 왕이 태자 우로와 이벌찬 이음에게 명하여 6부의 병사를 이끌고 가서 구원하게 하였다. 8국의 장군을 공격하여 죽이고 포로 6천을 빼앗아 돌려주었다.**'(十四年 秋七月 浦上八國謀侵加羅 加羅王子來請救 王命太子于老與伊伐飡利音 將六部兵往救之 擊殺八國將軍 奪所虜六千人 還之)

포상8국은『삼국사기』〈열전〉과『삼국유사』〈피은〉의 물계자 편에 5개가 나온다. 보라^{保羅}(섬진강 하구), 사물^{史勿}(경남 사천), 골포^{骨浦}(경남 마산), 칠포^{漆浦}(경남 칠원), 고사포^{古史浦}(경남 고성) 등이다. 섬진강 하류를 중심으로 동쪽 경남 서부 해안에 소재한다. 또한『고구려사략』에는 초팔^{草八}(경남 합천 초계),

성산土山(경북 고령 성산), 가리加利(경북 고령 다산) 등 3개가 추가되어 나온다. 경상도 내륙지방인 낙동강 중상류 지역의 포구에 위치한다. 다만 이들 3개는 포상국의 항구적 연맹체인지 아니면 일시적 연합체인지는 다소 불분명하다.

▲ 포상8국과 소재지

섬진강문화권을 형성한 포상8국

월나국은 포상8국의 시초며 또한 모체다. 전남 영암의 월나국은 섬진강 하류지역으로 세력권을 확장하면서 포상8국으로 분화한다. 다만 월나국은 431년(비유5) 전남 남해안 일대까지 영토를 확장한 비유왕(20대)에 의해 백제에 병합된다. 이로 인해 월나국은 전남 영암에서 섬진강 하류인 전남 여수(원읍)로 도읍을 옮긴다. 현재 여수에는 월나에서 파생된 행정지명 월내月內동이 남아있다.

> 『신라사초』〈눌지천왕기〉. '15년(431년) 백양 3월, **비유가 월나를 쳐서 그 서남부 땅을 취하고 군으로 삼았다. 월나가 도읍을 원읍으로 옮기고** 그 아우 오인을 보내와 화친을 청하였다.'(十五年 白羊 三月 毗有伐月奈取其西南地爲郡 月奈移都猿邑遣其弟吳人請和)

『삼국사기』는 월나국에 대한 기록을 일체 남기지 않는다. 그런 까닭으로 우리는 월나국의 존재와 역사에 대해 전혀 알지 못한다. 그러나 『신라사초』에는 월나국과 관련된 기록이 25개나 나온다. 주로 신라와 교류한 내용으로 『삼국사기』가 외면한 소중한 역사 기록이다.

월나국은 대략 5백여 년간 명맥을 유지해오다 신라 소지왕(21대) 때인 492년(동성14) 평정되어 신라에 편입되며, 우리 역사에서 완전히 자취를 감춘다.

> 『신라사초』〈소지명왕기〉. '14년(492년) 수원 12월, **거숙이 월나를 평정하였다**. 세득, 고귀, 해를 사로잡았다. 해는 고귀의 어머니다. 고귀를 월나군주로 삼았다.'(十四年 水猿 十二月 車宿平月奈 虜世得高貴海 海乃高貴母也 以高貴爲月奈郡主)

고대 한반도 남해안은 잃어버린 역사 공간이다. 강력한 해상세력이 출현할 수 있는 요건을 갖추고 있음에도 고대국가의 한 축으로 성장하지 못한다. 영산강문화권의 신미마한 20국은 369년 한반도 부여기마족(부여백제)에 의해 멸망하며, 섬진강문화권의 포상8국과 낙동강문화권의 가야6국은 각각 492년, 562년 신라에 흡수된다.

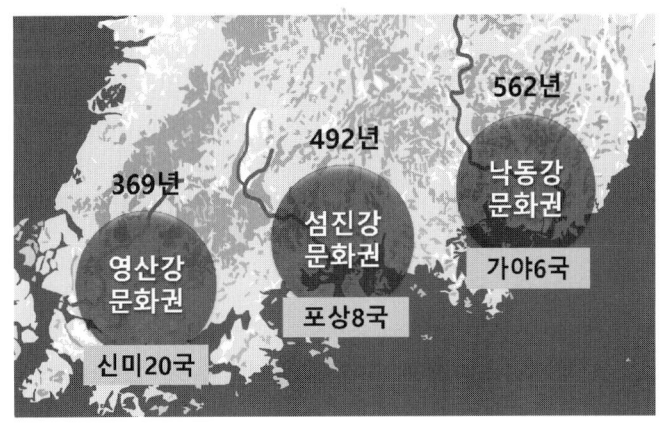

▲ 고대 한반도 남해안 세력분포

월출산에는 포상8국의 시초인 월나국이 있다.

| 북방 계통의 고이왕 출현 |

3세기 초반 백제 지배층에 일대 단층 변화가 일어난다. 북방 계통의 고이왕 계열이 출현하여 기존의 시조 온조(비류) 계통의 초고왕 계열을 흡수하고 신왕조를 탄생시킨다. 고이왕 계열의 신왕조는 기존의 도읍인 한산(하남위례성)이 아닌 한성(송파위례성)에 새로운 터전을 마련하며 지금의 서울과 경기도(북부-철원, 남부-평택) 일대를 장악하고 한반도 중심국가로 발돋움한다.

고이왕(8대)은 「6좌평 16관등」의 중앙관제를 정비한다. 마한연맹의 일원인 부족국가 백제가 고이왕 때부터 비로소 국가체제를 갖춘 왕정국가로 발돋움한다. 특히 고이왕은 관리의 뇌물 수수를 금지하는 범장지법犯贓之法을 제정하고 이를 위반하는 자는 3배로 배상하게 하는 등 강력한 법치시스템을 만들어 시행한다.

> 좌평 명칭은 『주례』에 나오는 6관(官) 가운데 정무를 담당하는 하관(夏官), 사마(司馬)의 임무인 '왕을 도와 나라를 다스린다.'(以佐王平邦國)에서 따왔다고 한다. 그렇다고 한다.

고이왕은 북방 계통의 우씨 집단

『삼국사기』는 고이왕을 개루왕(4대)의 둘째 아들二子로 설정한다. 특히 초고왕(5대)의 손자인 사반왕(7대)이 나이가 어려서 고이왕이 왕위를 승계한 것으로 설명한다.(長子沙伴嗣位 而幼少不能爲政 古尒卽位) 그러나 당시 사반왕은 결코 어린 나이가 아니다. 40대 전후로 추정된다. 따라서 사반왕의 작은 할아버지뻘인 고이왕이 왕위를 승계한 자체가 지극히 부자연스럽다. 고이왕은 시조 온조(비류) 계통의 해解씨가 아니다. 활쏘기에 능숙하고 북과 피리 등을 사용하는 등 전형적인 북방 계통의 습속을 가진 우優씨다. 활, 북, 피리 등은 고구려 고분 벽화에서 흔히 볼 수 있다. 특히 고이왕 시기 좌평에 임용된 사람은 우수(고이왕 동생), 우두, 고수, 곤노, 유기 등이다. 모두 기존의 백제에 없던 성씨들로 고이왕과 함께 출현하여 백제 지배층을 형성한다.

▲ 수렵도 [무용총, 길림성 집안]

『삼국사기』에 '우씨(優氏)'는 고이왕(8대)때의 우수(優壽)와 우두(優豆), 비류왕(11대)때의 우복(優福), 무령왕(25대)때의 우영(優永) 등이 나온다. **백제 우씨의 기원을 시조 비류와 온조의 생부인 우태(優台)로 보는 견해도 있다.**

고이왕집단의 출신은 『삼국사기』에 단서가 나온다. 고이왕 즉위(234년) 5년 전인 229년(구수16) 구수왕이 우곡에서 말갈에게 대패大敗한다. 말갈은 건국 초기부터 백제를 지속적으로 괴롭힌 세력으로 이때 등장한 말갈은 강한 기병騎兵을 보유한 새로운 말갈이다. 이들이 바로 백제왕실을 점령한 고이왕집단과 직간접적으로 연결된다. 이후 말갈은 더 이상 백제를 괴롭히지 않는다. 오히려 좋은 말 10필을 고이왕에게 선물한다.(靺鞨長羅渴獻良馬十匹)

『고구려사략』〈중천대제기〉. '11년(258년) 무인 춘2월, 말갈 장라탕 등이 고이와 상통하여 첨해(신라 12대)를 치려하였다. 왕이 명을 내려 **장라탕을 토벌하고 목을 베었다.** 고이의 사신과 토산물을 빼앗아 첨해에게 보내니 고이가 이전에 받아두었던 해마 10필로 사신을 바꿔갔다.'(十一年戊寅 春二月 末曷長羅湯等 與古爾相通 欲伐沾解 命伐長羅湯斬之 捕古爾使及其土物送于沾解 古爾以其所受海馬十匹換使) **말 10필의 최종 주인은 고구려 중천왕**(12대)이다.

이는 고이왕집단과 말갈집단간의 깊은 유대관계를 미루어 짐작케하는 사례다.

압록강 중류세력과 연결

▲ 석촌동고분 돌무지무덤 [서울 송파]

고이왕 때인 3세기 중반부터 한강유역(서울 송파 석촌동)에는 고구려의 대표적인 무덤 양식인 기단식 돌무지무덤(적석총)이 갑자기 출현한다. 기단식 돌무지무덤은 황해도와 평안도 등 한반도 북부에는 없고 주로 압록강 중류지역(길림성 집안)에 집중 분포한다. 이는 백제 고이왕세력과 압록강 중류세력간의 친연성을 보여주는 고고학적인 증거다.

특히 석촌동고분군의 돌무지무덤은 외형만 고구려식이지 내부는 전혀 다른 백제식이다. 고구려식은 계단식 적석부 내부를 돌로 채우고 돌덧널(석곽)이나 돌방(석실)을 매장주체로 한 반면, 백제식은 계단식 적석부 내부를 돌이 아닌 흙으로 채우고 매장주체도 나무널(목관)이다. 석촌동고분군의 돌무지무덤은 고이왕 계열의 왕실묘역으로 추정된다.

북부여 제후국인 비류국의 후국

돌무지무덤을 사용한 압록강 중류세력은 누구일까? 이들의 단서가 고구려 광개토왕(19대) 때 활약한 아리모려阿利牟呂의 묘지명에 나온다. 《아리모려묘지명》 비문의 일부다. '선조는 왕을 따라 파저강 상의 비류소국과 싸우고 행인국을 다시 정벌하였다. 관나패자 달가를 보내어 조나를 쳤다.'(先祖隨王又戰 婆猪江上沸流小國 再伐荇人國來之 遣貫那沛者達賈伐藻那) 아리모려의 선조가 파저강婆猪江 상에서 비류소국沸流小國과 싸운 내용이다. 파저강은 요녕성 환인현에 소재한 전체길이 80㎞인 지금의 동가강(佟佳江)이다. 압록강 지류의 하나인 동가강은 압록강 중류로 합류한다. 발생년도는 비문의 '관나패자 달가를 보내어 조나를 쳤다.'는 내용에서 확인된다. 이는 『삼국사기』〈고구려본기〉 태조왕(6대) 기록에도 나오며 발생년도는 72년(태조20)이다. 따라서 파저강의 상에서 고구려와 비류소국이 전투를 벌인 시기는 70년 정도로 추정된다. 비류소국이 바로 압록강 중류세력인 돌무지무덤 집단이다.

《아리모려묘지명》비문.【1면】五黃 桂婁大人之小兄 阿利牟呂 奴客 文曰 先祖 隨王錚 於鴨綠水之上源 戰 於爲野 而破 人臣服 王威大赫 衆來賀輵王 赦 又庚午 盖馬國東 彈弩攻城 賊見大敗 오황 계루대인의 소형 아리모려 노객의 글이다. 선조는 왕을 따라 압록수 상원의 들에서 싸워 깨트리고 인신이 왕에게 복종하여 무리가 왕의 수레를 끌어 사면을 받았다. 또 경오년(70년) 개마국 동쪽에서 노를 쏘며 성을 공격하여 적을 대패시켰다.【2면】先祖 隨王 又戰 婆猪江上 沸流小國 再伐 荇人國 來之 遣 貫那沛者達賈 伐藻那 內田自給 智慮 淵深 傳至 十世子孫 承繼 祖先 恩德 奉王官拜 小大兄 領總 一地 以 선조는 왕을 따라 파저강 상의 비류소국과 싸우고 행인국을 다시 정벌하였다. 관나패자 달가를 보내어 조나를 쳤다.(72년) 안으로는 스스로 깨닫고 사려가 깊어 잘 다스리니 10세손이 승계하였다. 조부는 봉왕의 은덕으로 소대형에 이르렀고 한 지방을 다스려 왕은에 크게 감격하였다.

비류소국은 송양의 비류국(요하 중류 서쪽)에서 기원한 일종의 후국(後國)이다. 비류국은 추모왕이 고구려를 건국하자마자 가장 먼저 병합한 옛 북부여 제후국 중 하나다. 비류국이 고구려에 정복되자(前36년) 상당수 유민이 압록강 중류지역으로 피해 들어와 후국인 비류소국으로 재출발한다.

이후 비류소국은 태조왕(5대) 때에 고구려와 전투를 벌이며(72년), 위험에 처하자 또다시 일부가 한반도로 남하한다. 바로 돌무지무덤 양식을 한반도로 가져와 석촌동고분군을 조성한 고이왕집단이다. 다만 고

▲ 비류소국 위치

이왕집단은 한반도 남하 과정에서 경기 북부 지역의 말갈집단 진(眞)씨와 연합하며, 이후 점진적으로 세를 불리며 마지막에는 백제왕실마저 접수한다.

고이왕 시기 활약한 진(眞)씨는 우보(국무총리) 진충(眞忠), 좌장(국방부장관) 진물(眞勿), 내두좌평 진가(眞可) 등이 있다. 이들 3명은 고이왕과 함께 등장하여 백제 최고 지배층을 형성한다. 신라에는 내해왕 시기 일벌찬(각간)에 임명되어 국정을 총괄한 진충(眞忠)이 있다. **진씨는 모두 한반도 말갈 출신이다.**

고이왕은 백제시조에 편입되지 않은 북방 계통의 시조다.

| 기리영 전투와 마한의 실체 |

고이왕 때 마한의 한 세력집단이 위魏의 낙랑군, 대방군과 충돌하는 사건이 발생한다. 소위 기리영崎離營 전투다. 전투 결과는 마한세력이 패하며 2군(낙랑군,대방군)에게 멸망당한다. 중원사서에 나오는 내용으로『삼국사기』에는 기록 자체가 없다.

중원사서의 기리영 전투 기록

『삼국지 위서』〈동이전〉 기록이다.

경초연간(237~239)에 명제(조예)가 몰래 **대방태수 유흔과 낙랑태수 선우사를 파견하여 바다를 건너 2군을 평정하였다.** 여러 한국의 신지에게는 읍군의 인수(도장)를 주고 그 다음 사람에게는 읍장을 주었다. 그 풍속에 의책을 좋아하여 하호가 군에 조알할 적에 모두 의책을 빌렸다. 스스로 인수를 차고 의책을 갖춰 입은 자가 1천여.
景初中 明帝 密遣帶方太守劉昕樂浪太守鮮于嗣越海定二郡 諸韓國臣智加賜邑君印綬其次與邑長 其俗好衣幘下戶詣郡朝謁皆假衣幘 自服印綬衣幘千有餘人

부종사 오림은 낙랑이 본래 한국을 다스렸다는 이유로 진한8국을 분할하여 낙랑에 넣으려고 하였다. 그때 통역관이 말을 옮기면서 틀리게 전달하는 부분이 있어 **신지가 격분하고 한이 분노하여 대방군의 기리영을 공격하였다.** 이때 대방태수 궁준과 낙랑태수 유무가 군사를 일으켜 이들을 정벌하는데 **궁준은 전투 중에 사망하였으나 마침내 2군이 한을 멸하였다.**
部從事吳林以樂浪本統韓國 分割辰韓八國以與樂浪 吏譯轉有異同 臣智激韓忿 攻帶方郡崎離營 時太守弓遵樂浪太守劉茂興兵伐之 遵戰死 二郡遂滅韓

내용 자체가 다소 황당하다. 정리하면 이렇다.

먼저 앞 기록이다. 때는 경초^{景初}연간이다. 경초는 위^{魏} 명제(조예)의 연호로 경초연간은 237년~239년에 해당한다. 대방태수 유흔^{劉昕}과 낙랑태수 선우사^{鮮于嗣}는 위 대방군과 낙랑군의 태수다. 그런데 두 태수가 바다를 건너와서 2군을 평정하고, 마한의 수장인 신지^{臣智}와 읍차^{邑借}에게 읍군과 읍장의 인수(도장)를 준다. 인원은 1천여 명이다.

> 『삼국지 위서』〈동이전〉 한조. '마한은 서쪽에 있다. … 각각 장수가 있는데 큰 자는 스스로를 신지라 하고 그 다음은 읍차라 한다.'(馬韓在西 … 各有長帥 大者自名爲臣智 其次爲邑借) **신지**(臣智)는 마한연맹을 대표하는 목지국(目支國) 진왕(辰王)의 직접지배를 받는 큰 나라의 거수(渠帥,長帥) 칭호며, 읍차(邑借)는 간접지배를 받는 작은 나라의 거수 칭호다.

다음은 뒷 기록이다. 기리영 전투의 직접적인 배경과 결과다. 시기는 대략 240~245년 사이다. 배경은 진한8국의 낙랑예속 문제를 놓고 위^{魏} 태수가 파견한 부종사 오림과 마한의 신지들 사이에 갈등이 벌어진다. 위의 입장은 낙랑이 이전에 한국^{韓國}(삼한)을 다스렸다는 명분이다. 마한의 신지들은 비록 진한의 문제이나 거칠게 반발한다. 결정적인 발단은 통역의 오류다. 통역관은 마한의 신지들이 진한의 낙랑예속을 받아들인 것으로 오역한다. 이로 인해 협상은 결렬되고 마한의 신지들은 위의 대방태수 궁준^{弓遵}과 낙랑태수 유무^{劉茂}와 기리영에서 한판 붙는다. 전투결과는 대방태수 궁준의 전사로 막을 내리나 마한이 멸망한다(?).

중원사서 기록의 문제점

『삼국지 위서』 기록은 일부가 모순이다. 첫째는 경초연간에 발생한 한반도 2군(대방군,낙랑군)을 평정한 내용이다. 중원의 위^{魏} 대방군(태수 유흔)과 낙랑군(태수 선우사)이 바다를 건너와 또 다른 한반도의 위^{魏} 대방군과 낙랑군을 평정한다. 자신이 자신을 평정하는 웃지 못할 상황이 연출된다. 있을 수 없는 일이다. 다시 말해 한반도 2군은 위^{魏}의 2군과는 전혀 다른 존재다. 둘째는 기리영 전투의 배경이다. '낙랑이 본래 한국을 다스렸다.'(樂浪本統韓國)는 표현이 나온다. 이는 중원의 입장을 대변한 상내약외^{詳內略外} 필법이다. 중원사서 마저도 이 기록 말고는 낙랑이 한국(마한)을 통치했다는 기록이 전혀 없다. 이는 결코 역사적 사실이 아니다. 진한8국을 낙랑에 예속시키기 위한 명분에 불과하다. 셋째는 기리영 전투의 결과다. '궁준이 전사하고 2군이 한을 멸하였다.'(遵戰死二郡遂滅韓)는 표현이다. 적장 궁준이 죽었는데 마한이 패배할 이유는 성립되지 않는다. 더구나 '滅韓'은 객기에 가까운 억지 표현이다.

『고구려사략』의 기리영 전투

그런데 기리영 전투 관련 기록이 『고구려사략』〈동양대제기〉에 나온다.

11년(237년) 정사 춘3월, 유흔, 선우사, 오림 등이 대방, 낙랑 등 소국을 침략하여 **공손연과 표리되었다.** 공손연은 연왕을 자칭하고 교만하게 거드름을 피웠다. 상이 위에 사신을 보내 공손연을 함께 토벌하는 계획을 상의하였다. 위는 관구검을 유주자사로 삼아 선비, 오환 등과 함께 요수에 진을 치고 공손연을 징치하려 하였으나 공손연이 출정하여 이들을 격파하였다.
十一年 丁巳 春三月 劉昕鮮于嗣吳林等侵帶方樂浪等小國與淵表裡 淵自稱燕王而驕傲 上乃遣使如魏議討淵之計 魏使毋丘儉爲幽州刺使與鮮卑烏桓等屯遼隊徵淵 淵出擊破之

14년(240년) 경신, **대방인 궁준이 위 태수를 자칭하더니** 변방을 침략하고 신라, 왜와 통하며 크게 말썽을 일으켰다. 상(동천왕)이 **어관에게 한의 신지 등을 이끌고 나아가 이들을 쳐죽이라 명하였다.**
十四年 庚申 帶方人弓遵 自稱魏太守 略邊 通羅倭 生梗甚多 上命於灌率韓臣智等 擊殺之

기본적인 구성과 내용은 『삼국지 위서』 기록과 같다. 정확한 사건 발생년도는 237년과 240년이다. 고구려 동천왕(11대) 때다.

먼저 237년 기록을 보면 위魏 대방태수 유흔과 낙랑태수 선우사의 행위가 나온다. 두 사람은 한반도로 건너와 대방국과 낙랑국 2국을 침입한다. 이는 『삼국지 위서』 기록의 한반도 2군 실체를 명확히 설명한다. 한반도 2군은 위의 2군이 아닌 2국이다. 이름만 같은 대방국과 낙랑국이다. 또한 두 태수의 행위도 '平定'(또는 定)이 아닌 그냥 '侵'이다.

그렇다면 한반도 대방국과 낙랑국의 실체는 무엇일까?

먼저 대방국이다. 단서는 '공손연과 표리되었다.'(淵表裡)는 기록에서 찾을 수 있다. 공손연公孫淵은 공손씨정권의 4대 왕이다. 표리表裡는 일반적으로 겉과 속이 다른 경우를 말하나 여기서의 표리는 위 2군의 침입을 받아 대방국이 공손씨정권에서 분리되었다는 의미다. 다시 말해 한반도 대방국은 위의 대방군이 아닌 공손씨정권의 후국後國이다. 고이왕과 혼인동맹을 맺은 공손소公孫沼의 대방국이다.

다음은 낙랑국이다. 위의 낙랑군과는 전혀 관계없는 군郡이 아닌 나라國다. 『고구려사략』은 당시 한반도 평안남도 지역에 자술子術의 낙랑국이 있다고 적고 있다.

> 『고구려사략』〈미천대제기〉. '9년(308년) 무진 5월, 조문, 뉴벽, 부협, 고식 등에게 명하여 낙랑을 쳐서 그 군들을 빼앗고 남녀 3백을 사로잡았다. 낙랑왕 자술이 아들 자룡을 보내어 신하를 칭하며 말과 토산물 12가지를 바치고 화친을 청하니 선방이 동생 선담으로 하여금 자술의 딸과 혼인하여 2개 군의 주인이 되었다.'(九年 戊辰 五月 命祖文紐碧芙莢高植等伐樂浪 其郡虜男女三百人 樂浪王子述遣其子龍稱臣 貢馬及其土物十二 而請和 仙方使其弟淡娶子述女 以爲二郡之主)

다만 자술의 낙랑국 기원은 명확하지 않다. 고구려 대무신왕(3대) 때인 54년(대무신27) 고구려에 정복된 '호동왕자와 낙랑공주' 설화의 배경이 된 최리崔理 낙랑국(요녕성 요양일대)의 한반도 후국後國인지 아니면 중원왕조 진秦, 한漢 망명객 유민집단이 만든 별국別國인지 분명하지 않다.

다음은 240년 기록이다. 대방인(대방국 출신) 궁준弓遵이 위의 대방태수를 자칭한다. 궁준은 앞서 마한의 신지들에게 인수(읍군 도장)를 준 대방태수 유흔을 대처한 인물이다. 그런데 궁준이 평지풍파를 일으킨다. 전임 태수 유흔의 유화적 방법이 아닌 공격적인 방법을 선택한다. 고구려 변방을 침략하고 신라, 왜와 통교하는 등 노골적으로 고구려를 거슬리며 크게 말썽을 일으킨다. 이에 고구려 동천왕은 궁준을 응징할 결심을 굳히고 마한의 신지들과 함께 기리영에서 한판 붙는다.

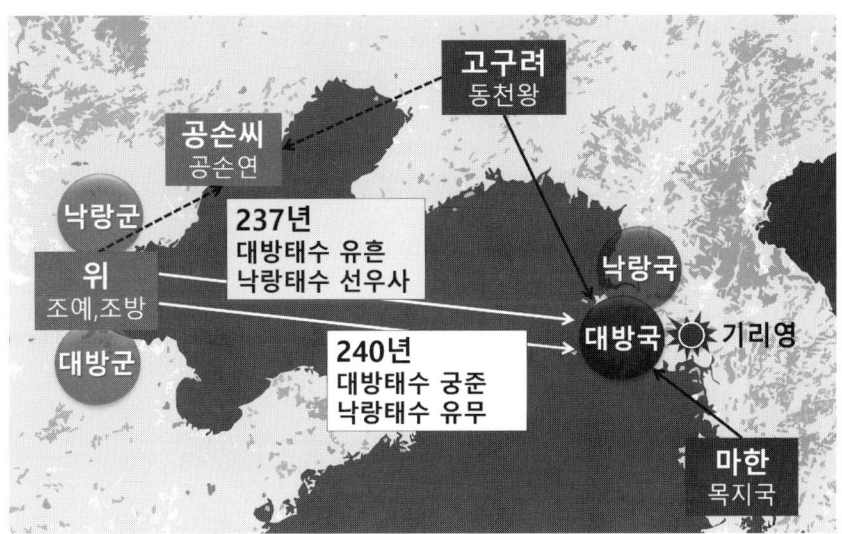

▲ 기리영 전투의 진행과정

기리영 전투의 실체

기리영 전투는 엄연한 역사적 사실이며 또한 마한의 승리다. 다만 배경을 두고 위魏는 진한8국을 예속시키는 과정으로 보고, 고구려는 위의 앞잡이가 된 대방태수 궁준을 응징한 것으로 설명한다. 결과는 위의 입장이든 고구려의 입장이든 마한의 신지들이 기리영 전투에 참가하여 대방태수 궁준을 죽이며 승리한다. 전투 장소 기리영은 정확히 특정할 수 없으나 대방국이 소재한 황해도의 한 곳으로 추정된다.

> 기리영 전투에 참가한 마한의 실체에 대해서는 여러 해석이 있다. **첫째는 백제로 보는 설이다.** 고이왕이 주축이 되어 마한의 신지들과 함께 위의 낙랑, 대방에 대항했다고 보는 견해이다. **둘째는 마한의 목지국(目支國)으로 보는 설이다.** 마한의 대표는 목지국의 진왕(辰王)이다. 진왕이 주축이 되었다고 보는 견해이다. **셋째는 마한의 신분고국(臣濆沽國)으로 보는 설이다.** 경기도 파주 적성면에 육계토성을 신분고국의 흔적으로 보고 비교적 가까운 거리에 있었을 것으로 추정되는 황해도 기리영에서 신분고국의 신지가 주동이 되어 전투를 벌였다고 보는 설 등이다. **둘째 마한의 목지국이 유력하다.**

기리영 전투는 위^魏 대방군과 낙랑군이 한반도 북부지역에 영향력을 행사하려다 되래 축퇴^{縮退}를 맞은 사건이다.

| 한성시대를 개막한 책계왕 |

책계왕(9대)은 고이왕의 아들子이다. 『삼국사기』가 설정한 계보다. 이 계보에 대한 설명이 『백제왕기』〈B형〉에 구체적으로 나온다. 시조 비류 계통인 초고왕(5대)은 아들 구수와 딸 소내素嬭를 얻는다. 뒤를 이은 구수왕(6대)은 여동생 소내를 왕후로 삼으며, 소내는 구수왕의 아들 사반왕을 낳는다. 그러나 사반왕이 실각하면서 고이왕이 즉위한다. 이때 고이왕은 구수왕의 왕후 소내를 자신의 왕후로 그리고 구내仇嬭를 부후副后로 삼는다.(立素嬭后爲后 仇嬭爲副后) 책계왕은 왕후 소내가 아닌 부후 구내가 낳은 아들이다. 그래서 『삼국사기』는 그냥 아들子로 적는다.

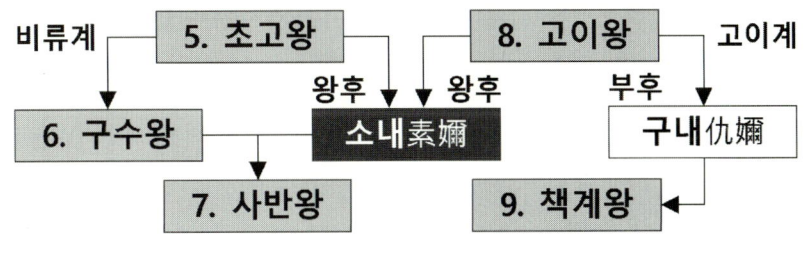
▲ 책계왕 가계도

한성은 몽촌토성과 풍남토성

책계靑稽왕은 혹은 청계靑稽(『삼국사기』), 혹은 청체靑替(『삼국유사』)로도 소개한다. 다만 靑稽와 靑替는 責稽와 한자 모양이 비슷하여 오기誤記된 표현으로 이해한다. 책계왕의 재위 기간은 286년~298년까지 13년간이다. 책계왕은 즉위하자마자 '장정을 징발하여 위례성을 수습하고(徵發丁夫葺慰禮城)' 또한 '아차성과 사성을 수리한다.'(修阿旦城蛇城) 위례성, 아차성, 사성 등을 대대적으로 보수한다. 아차성은 한강 이북인 지금의 서울시 광진구에 소재한 아차산성이다. 위례성과 사성은 어느 성을 말할까?

위례성은 서울 송파구 방이동의 몽촌토성^{夢村土城}이다. 해발 45m의 낮은 구릉지대에 쌓은 둘레 2.7km의 토성이다. 1920년 '이리토성^{二里土城}'으로 보고된 이후로 1983년~1989년에 주변 지역이 88서울올림픽 체육시설 부지로 확정되면서 모두 6차례에 발굴 조사한다.

▲ 몽촌토성 [서울 송파]

성벽은 자연지형을 최대한 살려 만든다. 낮은 지대는 점토와 사질토를 이용하여 판축법^{板築法}으로 다져 축조하며, 경사가 완만한 곳은 흙을 깎아내어 급경사를 만들어 보완하고, 일부는 목책^{木柵}을 설치하여 성벽을 보강한다. 또한 성벽밖의 서쪽과 북쪽, 동북쪽에 해자^{垓字}를 두른다. 성문은 동문, 남문, 북문 등 3개다. 지금까지 여러 차례 발굴 조사를 통해 대형 포장도로와 집수지, 건물지, 집자리 등의 주요 시설물을 확인한다. 토기는 한성시대에 제작된 굽다리접시^{高杯}, 세발토기^{三足器}, 계란모양토기^{長卵形土器}, 짧은목항아리^{短頸壺}, 원통형그릇받침^{圓筒形器臺} 등과 네귀달린 긴목항아리^{四耳長頸甕} 등 고구려 토기도 다수 출토한다.

몽촌토성 북문지에서 출토된 **'宮'자명 곧은입 짧은목항아리**(直口短頸壺)**의 파편**이다. 토기는 갈회색으로 몸체 상단은 2줄의 띠를 음각하고 그 안에 물결무늬(波狀)가 새겼다. 특히 **宮자를 2번 찍어 새긴 것이 특징**이다. 宮자명은 몽촌토성내에 왕궁(궁궐)의 존재를 실증하는 고고학적 증거다.

사성蛇城은 서울 송파구 풍납동의 풍납토성風納土城이다. 사성은 뱀蛇의 모습과 같다하여 붙여진 이름이다. 풍납風納은 '바람드리'의 한자로 '배암드리'의 속어다.

풍납토성은 둘레 3.5km인 방형(또는 타원형)의 평지성이다. 성벽은 몽촌토성과 마찬가지로 판축법板築法으로 축조한다. 높이는 10.8~13.3m이며, 폭은 30~40m로 가히 백제 최대의 토성이라 할 수 있다.

▲ 풍납토성 [서울 송파]

출토 유물은 청동 자루솥鐎斗, 허리띠장식銙帶金句을 비롯하여 다양한 토기류, 그리고 다양한 문양의 수막새 등 수만 점에 이른다. 또한 유구는 백제 한성시대 최초의 도로, 초대형 수혈건물지, 백제 최초의 지상식 기와건물지 등이 있다. 특히 呂자형 건물지는 제사유구로서 주변에서 '大夫', '井'자 등이 새겨진 항아리와 다수의 말머리뼈를 출토한다.

풍납토성의 축조연대는 1세기 무렵이다. 성벽을 쌓는데 사용된 목재 등에 대한 방사성 탄소연대 측정치와 성벽의 토루土壘(흙구조물) 사이에서 나온 수많은 무문토기들의 제작연대가 1~2세기로 추정되기 때문이다.

풍납토성에서 출토된 수막새는 초화(草花), 수목(樹木), 원문(圓文), 능형(菱形), 연화(蓮花) 등 문양이 다양하다. **수목은 4그루 나뭇가지 막새면에 십자 모양(⊕)을 배치**한 것으로 나뭇가지에 열매만을 매단 것도 있다. 원문은 막새면을 4구획하여 작은 원(○)을 배치한다. 둘 다 백제에서만 사용된 특이한 문양이다.

위례성과 사성, 백제 한성시대의 도성

『삼국사기』는 책계왕이 위례성, 사성, 아차성 등을 보수한 연유를 밝힌다. 대방국을 군사지원한 책계왕의 행위에 대한 고구려의 보복성 공격에 대비한 사전 준비로 설명한다.

> 『삼국사기』 책계왕. '고구려가 대방을 쳐서 대방이 우리에게 구원을 청하였다. 이에 앞서 왕이 대방왕의 딸 보과를 부인으로 삼았기에 … 드디어 병사를 내어 구원하니 고구려가 원망하였다. 왕은 고구려의 침략을 두려워하여 아차성과 사성을 수리하여 대비하였다.'(高句麗伐帶方 帶方請救於我 先是 王娶帶方王女寶菓 爲夫人 … 遂出師救之 高句麗怨 王慮其侵寇 修阿旦城蛇城 備之)

▲ 몽촌토성, 풍납토성, 아차산성 위치

그럼에도 책계왕의 보수는 단순히 보수차원으로 끝나지 않는다. 백제 한성시대 개막으로 연결된다. 이로서 백제의 중심 축이 온조가 처음 터를 잡은 하남위례성에서 한성위례성으로 재편된다. 특히 한성은 훗날 고구려 장수왕(20대)의 공격을 받은 개로왕(21대)의 행적에서 나타난다. 개로왕은 아차성이 고구려에게 점령당하자 북성(풍납토성)에서 남성(몽촌토성)으로 피신하며, 또한 북성마저 점령당하자 남성을 탈출하다가 사로잡혀 아차성으로 끌려가 참수당한다.

책계왕은 백제 한성시대를 개막한 왕이다.

책계왕과 한반도 대방국

책계왕은 재위 초기인 286년(책계1) '구생지국^{舅甥之國}(장인의 나라)'인 대방국을 구원하기 위해 군대를 출동시킨다. 이보다 앞서 고이왕은 대방국과 혼인동맹을 맺는다. 대방국 공손소^{公孫沼}왕의 딸 보과^{寶菓}를 아들 책계의 비로 맞아들이고, 자신의 딸 오고리^{烏古里}를 공손건^{公孫虔}(공손소 아들)에게 시집보낸다. 고대국가의 왕실간 혼인동맹은 상호 군사지원을 전제로 한 일종의 공수^{攻守}동맹이다. 책계왕이 대방국의 구원요청을 받고 즉각 군대를 출동시킨 이유다.

> 『백제왕기』〈B형〉 고이왕. '19년(282년) 임인 6월, 태자 책계가 대방왕의 딸 보과를 맞이하였다. 20년(283년) 계묘 2월, 대방왕 소가 훙하여 아들 건이 섰다. 왕에게 혼인을 청하니 다섯째 딸 오고리를 처로 주었다.'(十九年 壬寅 六月 太子責稽納帶方王女寶果 二十年 癸卯 二月 帶方王沼薨 子虔立 請婚王 以第五女烏古里妻之)

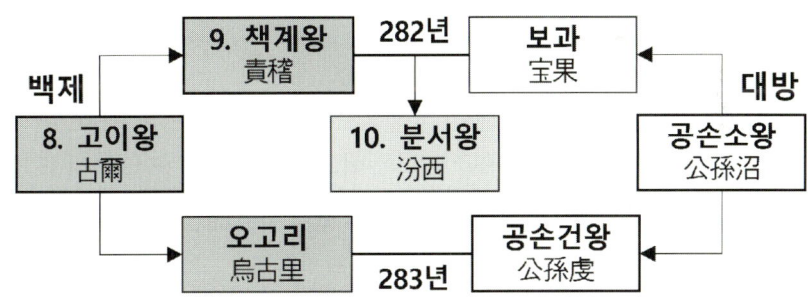

▲ 백제-대방국 혼인 관계도

한반도 대방국은 대륙 공손씨정권의 후국

대방국은 공손씨정권이 한반도 황해도 지역에 세운 일종의 후국^{後國}이다. 원래 공손씨정권은 후한 말 혼란기를 틈타 삼국(위,촉,오)과는 별도로 대륙 동북방을 장악한 군벌정권이다. 공손연^{公孫燕}(동연)이라고도 한다. 189년 공손도에 의해 건국된 공손씨정권은 이후 공손강, 공손공, 공손연으로 이어져 내려오다 238년 위^{魏} 사마의^{司馬懿}에게 멸망당한다. 4대

50년간이다. 이때 공손씨정권의 후손인 공손소가 유민을 이끌고 한반도 황해도지역으로 건너와 대방국을 건국한다. 치소는 서도^{西都}(서현)로 지금의 황해도 송화로 추정된다.

> 대방국왕 공손소와 공손건은 중국 기록에는 나오지 않는다. 고이왕이 혼인동맹을 맺은 대방국의 소재지가 대륙이 아닌 한반도이기 때문이다.

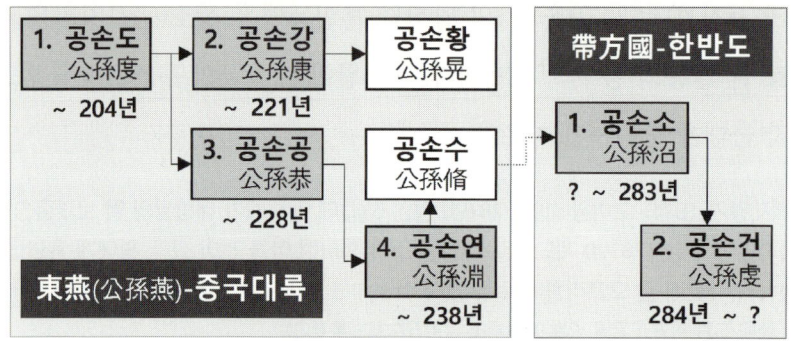

▲ 대륙 공손연과 한반도 대방국 관계도

대방국 소속의 한맥부락

책계왕은 재위 13년인 298년 9월 뜻밖의 죽음을 맞는다. 그것도 전투 중에 사망한다. 『삼국사기』와 『고구려사략』 기록이다.

> 13년(298년) 가을9월, 한과 맥인이 함께 침범하였다. 왕이 나아가 막다가 적병에게 해를 입어 훙하였다. ☞ 『삼국사기』 책계왕
> 十三年 秋九月 漢與貊人來侵 王出禦 爲敵兵所害薨

> 7년(298년) 무오 9월, 책계가 대방의 한맥 5부락을 공격하다가 복병을 만나 전사하였다. ☞ 『고구려사략』〈봉상제기〉
> 七年戊午 九月 責稽攻帶方漢貊五部 遇伏兵而死

동일한 사건을 두고 기술 내용이 차이가 난다. 먼저 대상에 있어 『삼국사기』는 한^{漢}과 맥인^{貊人}이고, 『고구려사략』은 한맥^{漢貊} 5부락이다. 또

한『삼국사기』는 책계왕이 한과 맥의 침입을 막다가 사망하고,『고구려사략』은 책계왕이 한맥을 공격하다가 사망한다. 선후 관계가 정반대다.

한맥은 한인과 맥인을 합친 말이다. 한인은 중원왕조 한漢의 한반도 망명객(유민)이며, 맥인은 강원도 춘천의 맥국 출신자다. 한맥은 두 세력의 연합집단으로 5부락은 지금의 재령강 동쪽의 황해도 사리원과 봉산군 일대다.(*대방태수 장무이묘 소재) 당시는 대방국 소속이다. 그래서『고구려사략』은 대방의 한맥 5부락으로 적는다.

책계왕이 한맥을 공격한 이유는 대방국 공손건왕의 요청에 따른 조치다. 그러나 책계왕은 한맥의 복병을 만나 갑자기 전사한다.

▲ 책계왕 대방국 군사지원(286년, 298년)

책계왕의 시작과 끝에는 한반도 대방국이 있다.

분서왕 죽음과 칼춤의 효시 황창랑

▲ 쌍검대무 [풍속도화첩, 신윤복]

우리의 전통 춤 검무劍舞는 역사만큼이나 연원이 깊다. 상고시대 수렵이나 의례 혹은 전투의 무용에서 유래한다. 공연형태 검무는 삼국시대 신라의 황창랑黃昌郎 설화에 기인한 황창검무黃昌劍舞가 효시다. 황창검무는 고려에 전승되며 조선 초기까지 처용무處容舞와 함께 공연된다. 숙종 때에는 가면을 벗고 여기女妓(기녀)가 추는 여기검무女妓劍舞가 출현하며 정조 때부터는 궁중연회에 등장한다. 이후 여기검무는 궁중무용에 국한하지 않고 각 지방의 기녀들에 의해 적극 수용되어 전국적으로 전파되며 지역별로 다양한 형태의 검무로 발전한다.

『동경잡기』의 황창랑 설화

검무의 효시인 황창랑 설화는 『동경잡기』에 나온다.

황창랑은 신라 사람이다. 민간에 전하길 나이 7세에 백제로 들어가 칼춤을 추니 구경꾼이 담처럼 모였다. 백제왕이 소문을 듣고 불러들여 마루에 올라와 칼춤을 추라고 명령하였다. **황창랑은 칼춤을 추다가 백제왕을 찔러 죽였다.** 이에 백제사람이 그를 죽였다. **신라 사람이 가엾게 여겨 그의 형상을 본떠 가면을 만들어 쓰고 칼춤을 추었다고 한다.** 지금까지 그 칼춤이 전해 내려온다.

黃倡郎新羅人也 諺傳年七歲 入百濟 市中舞劍 觀者如堵 濟王聞之 召觀 命升堂舞劍 倡郎因刺王 國人殺之 羅人哀之 像其容 爲假面 作舞劍之狀 至今傳之

그런데 설화는 황창랑의 칼춤이 백제왕을 죽였다고 설명한다. 황창랑이 죽인 백제왕은 누구일까? 전해지는 속설은 분서왕(10대)이다. 『삼국사기』는 분서왕이 '낙랑태수가 보낸 자객에게 살해당했다.'(樂浪太守所遣刺客賊害)고 적는다. 『삼국사기』의 낙랑태수가 보낸 자객은 『동경잡기』의 신라 황창랑일 가능성이 높다. 대관절 무슨 곡절이 있는 것일까?

『고구려사략』의 사건 내막

『고구려사략』에 사건 내막이 상세히 나온다. 〈미천대제기〉다.

> 5년(304년) 갑자 2월, 분서가 낙랑의 서도를 습격하여 깨뜨리고 그 땅을 군으로 삼았다. 본래 그 땅은 분서의 모친 보과의 나라(대방국) 도읍이다. 분서가 모친을 위하여 빼앗은 것이다. 낙랑왕 자술이 장막사에게 사신을 보내 화친을 청하였다. 상(미천왕)은 장막사에게 분서와 모의하여 낙랑을 나눠갖기로 하니 자술은 화가 치밀어 화친 제의를 거절하고 분서가 서도를 빼앗은 것을 분하게 여겨 원수를 갚고자 하였다. 이해 10월 계림사람으로 예쁘고 담력과 용기가 있는 자술의 신하 황창랑이 미녀처럼 꾸미고 분서를 찾아갔다. 분서가 그 미모에 빠져 수레 안으로 불러들이니 황창랑이 분서를 칼로 죽였다.
>
> 五年 甲子 二月 汾西襲樂浪西都破之 以其地爲郡 其地本汾西母宝果之國都也 汾西爲其母奪之 樂浪王子述遣使于長莫思請和 上命長莫思 與汾西相通謀分樂浪 述怒而斥和 憤汾西之襲取西都 而欲報仇 是年十月 述臣黃倡郎者 鷄林人也 美而有膽勇 飾以美女而往見汾西 汾西愛其美 納于車中 黃刺汾西殺之

몇 가지를 검토한다. 첫째는 분서왕이 빼앗은 서도西都다. 서도는 한반도 대방국의 옛 수도로 『삼국사기』는 서현西縣으로 표기한다. 지금의 황해도 송화 정도로 추정된다. 분서왕이 모친 보과를 위해 다시금 회복한 지역이다. 둘째는 낙랑왕 자술子述이다. 『삼국사기』가 낙랑태수로 표기한 인물이다. 낙랑국은 지금의 평안도 평양 일대에 소재한 자술의 낙랑국이다. 셋째는 백제와 고구려의 밀약이다. 낙랑왕 자술이 고구려에 화친을 제안하자 고구려 미천왕(15대)은 오히려 분서왕과 낙랑 땅을 나눠갖는 밀약을 체결한다. 이 사실을 알게 된 낙랑왕은 분개하여 분서왕 암살을 계획한다. 넷째는 분서왕을 죽인 황창랑이다. 계림(신라)출신으로 낙랑왕 자술의 신하이다. 그런데 황창랑이 분서왕을 죽인 장면은 『동경잡기』기록과 사뭇 다르다. 칼춤 얘기는 아예 없다. 대신 황창랑이 여성처럼 예쁘다는 표현이 나온다. 다만 분서왕이 동성연애자인지 아니면 황창랑을 정말로 미모의 여성으로 인식한 것인지는 확실치 않다. 여하히 분서왕은 황창랑을 수레 안으로 끌어드리고 그의 칼에 목숨을 잃는다. 『동경잡기』기록과 『고구려사략』기록은 분명한 차이가 있다. 그럼에도 백제 분서왕을 죽인 사람은 황창랑이 명백하다. 또한 암살수단은 칼이다. 황창량은 칼을 상당히 잘 다루는 인물임에 틀림없다. 특히 『동경잡기』는 황창랑이 7세부터 백제로 들어가 칼춤을 추었다고 설명한다. 그러나 이는 사실은 아닐 것이다. 굳이 사실 여부를 따진다면 황창랑은 처음 낙랑왕의 눈에 들어 어린 시절부터 칼잡이로 길러졌을 개연성이 높다. 『동경잡기』는 분서왕의 죽음에 초점을 마추다 보니 황창랑의 어린 시절 활동을 낙랑이 아닌 백제로 설정한다. 『고구려사략』이 황창랑을 낙랑왕의 신하로 표기한 점이 이를 대변한다.

> 한반도 대방국(공손건)은 낙랑국(자술)의 공격을 받아 멸망하며, 분서왕이 이를 회복한다. 다만 이후 대방국에 대한 기록이 더 이상 나오지 않아 이때 백제에 편입된 것으로 추정된다. 『고구려사략』은 분서왕이 304년 낙랑국을 몰아내고 대방국 땅을 취한 후 2군을 설치하였다고 기록한다.

우리의 전통 춤 검무에는 황창랑의 칼춤에 비명횡사한 분서왕의 슬픈 역사가 숨겨져 있다.

| 대단한 여걸 보과왕후 |

백제 역사를 통틀어 가장 손꼽는 여성은 단연코 소서노다. 시조 비류와 온조의 어머니 소서노는 실질적으로 백제를 창업한 여걸이다. 그러나 소서노 못지않게 백제 역사의 한 획을 그은 여성이 있다. 대방국(황해도) 왕녀 출신 보과寶果,寶菓왕후다.

불운한 고이왕의 후계자들

보과는 백제와 대방국이 왕실간 혼인동맹을 체결하며 처음으로 백제왕실과 인연을 맺는다. 고이왕(8대,234~286)은 대방국 왕녀 보과를 며느리로 맞이한다. 이후 고이왕의 아들 책계왕(9대,286~298)이 즉위하면서 보과는 왕후가 되며 왕실권력의 중심에 선다. 그런데 보과의 남편 책계왕은 '구생지국舅甥之國(장인의 나라)' 대방국을 지원하다 적병에게 해를 입어 사망한다. 이어 즉위한 보과의 아들 분서왕(10대,298~304) 역시 '모후지국母后之國(어머니의 나라)' 대방국을 지원하다 낙랑국의 사주를 받은 계림(신라) 사람 황창랑에게 살해당한다. 보과는 자신의 나라(대방국)를 지키려다 남편 책계왕과 아들 분서왕을 잃는다.

비류왕과 근초고왕을 옹립

그런데 분서왕 사후 뜻밖의 반전이 일어난다. 보과는 분서왕 아들인 손자 계契를 제쳐두고 비류왕(11대,304~344)을 옹립한다. 『삼국사기』는 '분서왕이 죽고 아들이 있었으나 모두 어려 왕으로 세울 수가 없어서 신민이 추대하여 즉위하였다.'(及汾西之終 雖有子皆幼不得立 是以爲臣民推戴卽位)로 기록하나, 『고구려사략』은 '보과가 총애하던 비류를 왕으로 세웠다.'(宝果立其所嬖比流爲王)고 적는다.

비류왕은 40년간을 재위하고 사망한다. 그런데 비류왕 사후 또 한 번의 반전이 일어난다. 보과의 손자 계왕(12대,344~346)이 재위 3년만에 갑자기 사망한다. 당시 계왕의 나이는 40대 중반이어서 직계 아들이 있었을 것으로 추정된다. 그러나 계왕의 뒤를 이은 왕은 계왕의 아들이 아니라 비류왕의 둘째 아들 근초고왕(13대,346~375)이다. 『신라사초』는 '부여왕 계가 갑자기 죽었다. 비류의 둘째 아들 근초고는 보과가 낳았다. 보과가 그를 세웠다.'(夫餘君契暴殂 比流二子近肖古宝果生也 宝果立之)고 기록한다. 보과는 비류왕과 사이에서 낳은 자신의 혈육인 근초고왕을 옹립한다.

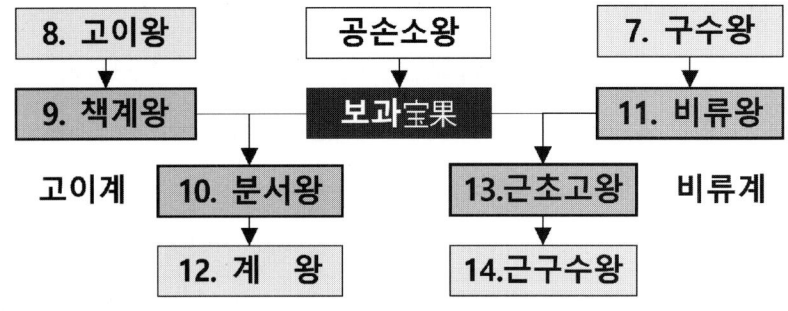

▲ 보과왕후 계보도

이후 보과에 대한 기록은 더 이상 나오지 않는다. 다만 근초고왕이 즉위할 때 보과의 나이는 대략 75세 전후로 추정되어 근초고왕 재위 시기에 자연사했을 가능성이 높다.

보과왕후는 백제 왕조를 고이왕 계열에서 시조 비류 계통으로 바꾼 대단한 여걸이다.

| 비류왕과 은유적 표현 기록 |

역사 기록의 은유적 표현 기법은 사건의 실체성을 우회적으로 나타낼 때 사용한다. 예를 들어 '용이 출현하다'는 표현은 쿠데타적 사건 발생을 가리킨다. 그런데 백제 왕들 중에 유독 은유적 표현을 집중해서 기록한 왕이 있다. 4세기 전반기를 이끈 비류^{比流}왕(11대)이다. 재위 기간은 304년~344년까지 41년간으로 비교적 길다. 비류왕의 왕명은 시조 비류^{沸流}와 한자가 다르다. 그러나 『백제왕기』는 '비류^{比流}와 비류^{沸流}는 뜻이 같다.'(比流與沸流同義也)고 설명하고 있어 비류왕이 시조 비류의 계승자임에는 의심의 여지가 없다. 그럼에도 왕명에 시조 이름을 직접 쓸 정도인가는 다소 의문이다. 피치 못할 역사적 사정이 존재한다.

비류왕 출신의 의문

『삼국사기』는 비류왕을 구수왕(6대)의 둘째 아들^{二子}로 설정한다. 그러나 구수왕은 234년에 사망하고 비류왕은 304년에 즉위한다. 따라서 70년의 시간 격차는 구수왕과 비류왕의 생물학적 연관성을 급격히 떨어뜨린다. 그럼에도 『신라사초』는 비류왕을 구수왕의 왕후 소내^{素嬭}의 소생이 아닌 후궁 여음^{餘音}의 소생으로 소개한다. 문헌 기록상의 편년 설정이 잘못되지 않았다면 구수왕의 둘째 아들 역시 완전히 배제하기는 어렵다.

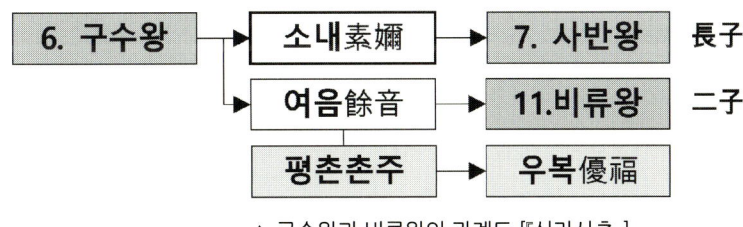

▲ 구수왕과 비류왕의 관계도 [『신라사초』]

| 건국의 요람과 여명 | **초고계열과 고이계열** | 근초고왕과 부여기마족 | 부여씨왕조의 수난 |

> 『신라사초』〈미추니금기〉. '13년(337년) 주조 9월, 처음에 비류 어머니 여음은 소내에 의해 쫓겨나 평촌에 숨어 살았다. 그곳 촌주와 사통하여 아들 우복을 낳았다.'(十三年 朱鳥 九月 初 比流母餘音爲素嬭所逐 隱于平村 與其村主私通 生子優福)

특히 『삼국사기』는 비류왕이 '신민의 추대로 즉위하였다.'(臣民推戴卽位)고 기록한다. 통상적으로 『삼국사기』는 후임 왕의 승계가 특별할 경우 '국인 추대'의 표현을 쓴다. 국인國人은 일반 백성이 아닌 지배층을 가리킨다. 국인 추대는 왕통 승계가 다소 비정상적인 경우다. 이에 반해 신민臣民은 지배층 뿐 아니라 일반 백성도 포함된다. 신민 추대는 국인 추대보다 한 발 더 나아간 경우로 백제 왕 중에는 비류왕이 유일하다. 다만 『삼국사기』는 '오랫동안 민간에 살아 칭찬이 널리 퍼졌다.'(久在民間 令譽流聞)하고, 『고구려사략』은 '고이시절 민간에 숨어 지내 민정을 잘 알았다.'(古爾之時 避于民間 熟知民情)고 적는다. 비류왕은 즉위 전에 이미 일반 백성에게도 널리 알려진 인물이다. 오늘날로 치자면 기성 정치세력이 아닌 재야 정치세력의 거물급 인사다.

비류왕을 옹립한 사람은 보과왕후다. 대방국 왕녀 출신인 보과왕후는 고이왕→책계왕→분서왕으로 이어지는 고이왕 계열과 함께한 왕실 권력의 핵심인물이다. 『고구려사략』은 '보과가 총애하던 비류를 왕으로 세웠다.'(宝果立其所嬖比流爲王)고 기록한다. '폐嬖'는 단순한 총애가 아니다. 비류는 보과왕후의 정부情夫다. 보과왕후와 특별한 관계가 비류왕이 즉위하는데 결정적인 영향을 끼친다. 비류왕은 보과왕후 뿐 아니라 지배층과 백성의 탄탄한 지지를 확보한다. 그래서 『삼국사기』는 '분서왕이 죽고 아들이 있었으나 모두 어려서 왕으로 세울 수 없기에 신민의 추대로 즉위하였다.'(及汾西之終 雖有子 皆幼不得立 是以 爲臣民推戴卽位)고 적는다. 비류왕은 고이왕 계열로 넘어간 왕통을 다시금 비류 계통으로 회복시킨 왕이다. 그래서 과감히 시조 비류와 뜻이 같은 왕명을 차용한다.

은유적 표현 기록의 재해석

『삼국사기』 비류왕 기록의 은유적 표현은 크게 3개다.

① 13년(316년) 봄, 큰 별이 서쪽으로 흘렀다. 4월, 왕도의 우물물이 넘치더니 흑룡이 그 속에서 보였다.
十三年 春 大星西流 夏四月 王都井水溢 黑龍見其中

② 22년(325년) 겨울 10월, 하늘에서 소리가 났는데 풍랑이 서로 부딪치는 것 같았다. 11월, 왕이 구원 북쪽에서 사냥을 하다가 손수 사슴을 잡았다.
二十二年 冬十月 天有聲 如風浪相激 十一月 王獵於狗原北 手射鹿

③ 24년(327년) 가을 7월, 붉은 까마귀처럼 생긴 구름이 해를 감쌌다. 9월, 내신좌평 우복이 북한성에서 반란을 일으켜 왕이 군사를 보내 토벌하였다.
二十四年 秋七月 有雲如赤烏夾日 九月 內臣佐平優福 據北漢城叛 王發兵討之

비록 발생 월에 있어 다소 시간 차이가 나지만 원인과 결과가 분명하다. 특히 마지막 ③은 실체가 명확하다. 비류왕의 이복동생 우복이 북한성에 의거하여 반란을 일으킨 전조현상을 빗댄 표현이다. 붉은 까마귀 구름은 우복을 가리킨다. 그러나 ①과 ②는 사건의 실체가 명확하지 않다. 먼저 ①이다. 316년이다. 큰별^{大星}이 서쪽으로 흐른다.(원인) 서쪽에 큰 별이 출현한다. 백제 서쪽지방에 큰별 집단이 도착한다. 이어 왕도의 우물이 넘치며 흑룡이 보인다.(결과) 큰별 집단의 출현으로 백제가 혼란에 빠진 상황을 빗댄 표현이다. 큰별이 바로 흑룡이다. 백제를 위협할 수 있는 강력한 존재가 등장한다.

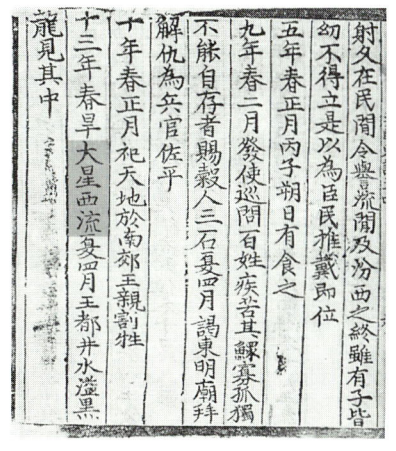
▲『삼국사기』大星西流 기록

> 큰별 집단이 출현한 서쪽은 지금의 인천지역이다. 또한 왕도 우물에 흑룡이 보인 것은 큰별 집단이 백제 수도 한성에서 비류왕과의 정치적 타협이 실패했음을 의미한다. 타협은 큰별 집단의 한반도 백제 땅 안착이다. 그러나 비류왕이 이를 거부하고 큰별 집단은 다시금 남쪽으로 내려간다. 큰별 집단이 최종 정착한 곳은 지금의 공주를 중심으로 한 충청도 일대다.

다음은 ②이다. 325년이다. 큰별 집단이 서쪽에 출현한 지 9년 째가 되는 해다. 하늘에서 풍랑이 서로 부딪치는 소리가 난다.(원인) 이어 비류왕은 구원(경기 김포)에 가서 사냥을 하며 손수 사슴을 잡는다.(결과) 전자는 큰별과 비류왕이 격하게 대립한 것을, 후자는 비류왕이 구원을 찾아가 큰별과 손을 잡은 것을 말한다. 아마도 이때 비류왕의 백제는 큰별 집단에게 예속되는 절차를 밟은 것으로 추정된다.

> 일반적으로 왕의 사냥은 '전렵'이라는 단어를 쓴다. 다만 한자는 田獵과 畋獵으로 구분한다. 田獵은 병사를 훈련시킬 목적으로 시행하는 군사용 목적의 사냥이고, 畋獵은 순수한 사냥에 바탕을 둔 비군사용(정치용) 목적의 사냥이다.

비류왕의 은유적 표현은 큰별 집단의 한반도 출현 기록이다. 또한 한반도 백제가 큰별 집단의 출현으로 격랑에 휩싸이게 될 것을 예고한다. 『삼국사기』는 큰별 집단의 실체에 대해서는 일절 언급하지 않는다. 대신 비류왕 때의 은유적 표현만을 기록으로 남긴다.

한반도에 출현한 큰별 집단은 어떤 세력일까?

한반도에 출현한 부여기마족

부여기마족은 부여족과 기마족의 합성어로 동양사학자 존 카터 코벨$^{John\ Carter\ Covell}$(1910~1996)이 처음으로 사용한 용어다. 코벨은 일본 고대국가 야마토^{大倭,大和}의 건국세력 기원을 밝힌 에가미 나미오^{江上波夫}(1906~2002)의 「기마민족정복왕조설」을 보완한다. 에가미가 주장한 퉁구스 계통의 기마민족을 좀 더 구체화한다. 코벨은 북방 기마민족 문화를 흡수한 대륙의 부여족으로 규정하고, 이들 부여기마족이 대륙을 떠나 한반도를 거쳐 일본열도로 건너간 사실을 학문적으로 고증한다.

「기마민족정복왕조설」은 에가미 나미오(江上波夫)가 주장한 일본 고대국가의 기원을 밝힌 학설이다. 일본 고분(古墳)시대는 전기와 후기로 나눈다. 전기 고분의 부장품이 전통적, 주술적, 농경문화적이라면 후기 고분은 현실적, 전투적, 기마유목민족적이다. 이를 근거로 후기 고분 문화의 주인공을 천손민족(天孫民族) 혹은 천황족(天皇族)으로 이해하고, 북방 유라시아 퉁구스 계통의 기마민족 유목문화를 흡수한 세력집단이 일본열도에 상륙하여 기나이(畿內)지방에 야마토정권을 세웠다고 보는 설이다.

부여기마족의 원류집단 서부여의 분화

부여기마족의 원류는 서부여다. 서부여는 위구태가 대흥안령산맥 남단의 서쪽 초원지대인 서자몽(내몽골자치구 다륜현)지역에 건국한 나라다. 원래 위구태의 부여족 본거지는 대륙 대방지역이다. 그러나 후한과 연합한 위구태는 요동전쟁(121년,122년)에서 한반도 마한(마한비리)과 연합한 고구려 태조왕(6대)에게 패하면서 대방지역에서 서자몽지역으로 본거지를 옮기며, 정식으로 서부여를 출발시킨다(122년). 이후 서부여는 대방세력(하북성 당산)과 녹산세력(요녕성 건창현)으로 계열분화한다. 중원사서는 대방세력과 녹산세력의 왕 계보를 따로따로 설명한다.『후한서』에는 대방세력의 계보가 나오고,『삼국지 위서』와 『진서』에는 녹산세력의 계보가 나온다.

대방세력 계보는 위구태(122년) → 부태(167년) → 구지(188년) 순이다.『후한서』에는 위구태의 뒤를 이은 부태^{夫台}가 나오고,『백제왕기』〈B형〉에는 부태의 뒤를 이은 구지^{仇知}가 나온다. 부태는 무리를 이끌고 서자몽(내몽골자치구 다륜현)을 떠나 후한의 현도군(하북성 승덕)을 통과하여 남쪽 대방지역으로 이동, 정착하며, 뒤를 이은 구지는 때마침 출현한 공손씨정권과 집중적으로 교류한다.『삼국사기』가 중원사서를 인용하여 설정한 백제 세 번째 시조 위구태의 후손집단이다. 공손도의 딸을 처로 맞이한 대방세력이다.

녹산세력 계보는 위구태(122년) → 간위거(204년) → 마여 → 의려(285년) → 의라(286년) 순이다.『삼국지 위서』에는 위구태의 뒤를 이은 간위거^{簡位居}와 마여^{麻余}가 나오며,『진서』에는 의려^{依慮}와 의라^{依羅}가 나온다. 간위거, 마여는 서자몽지역이 본거지고, 의려, 의라의 본거지는 녹산지역이다.

서부여의 수난과 백가제해

그러나 서부여 대방세력은 커다란 변화를 맞는다. 4세기 초엽(314~316)에 고구려의 공격을 받아 대규모 인원이 바다를 건너 한반도로 이동한다. 백제^{百濟} 국호의 유래가 된 '백가제해^{百家濟海}'를 단행한다. 이후 한반도로 건너온 대방세력은 316년 큰별 집단으로 한성백제 비류왕에게 목격된다.

처음 백가제해 장소는 큰별 집단이 출현한 지금의 인천지역이다. 그러나 대방세력은 비류왕과의 타협이 실패하자 다시금 남쪽으로 내려간다. 이들이 최종 정착한 곳은 지금의 충청도 일대다. 서부여 대방세력은 거발성(충남 공주)을 수도로 삼고 '부여백제夫餘百濟'로 재탄생한다.

> '**부여백제**(夫餘百濟)' 명칭은 한반도로 백가제해한 부여기마족의 대방세력이 스스로를 '**백제**(百濟)'라 칭하였기에 붙여진 이름이다. 훗날 한반도 서남부지방 전체인 삼한 땅을 점유한 사실에 근거하여 '**삼한백제**(三韓百濟)'라고도 부르며, 백제 세 번째 시조 위구태를 원조로 한 까닭에 '**구태백제**(仇台百濟)'라고도 한다. 기록은 이들 한반도 부여기마족을 모두 '**백제**(百濟)'로 쓴다.

서부여 녹산세력 역시 변화를 겪는다. 3세기 초중엽(235년 경) 우문선비의 공격을 받아 서자몽을 떠나 남쪽으로 이동하여 녹산지역(요녕성 건창현)에 안착한다. 그러나 녹산세력은 모용선비의 발흥으로 인해 존폐 위기를 맞는다. 285년 녹산세력의 의려왕은 모용선비 모용외慕容廆의 공격을 받고 처참히 무너진다. 의려왕은 자살하고 뒤를 이은 의라왕은 고구려로 피신하며, 서진 무제(사마염)와 고구려 서천왕(13대)의 도움을 받아 가까스로 모용외를 물리치고, 286년 녹산지역으로 되돌아와 서부여를 재건한다.

부여백제의 대륙 백제군 설치

한반도로 백가제해하여 부여백제(충남 공주)로 재탄생한 서부여 대방세력은 자신들의 옛 본향인 대륙 대방지역에 요서백제군遼西百濟郡을 설치한다. 설치 시기는 대략 320년~330년 경이다. 요서백제군은 부여백제의 분국이다. 이어 부여백제는 서부여 녹산세력을 밀어내고 그곳에 진평백제군晉平百濟郡을 설치한다.

『자치통감』〈진기〉 현종성황제(동진 3대 사마염)다.

> 영화2년(346년) 춘정월, … 처음 부여는 녹산에 거주하였으나 백제가 침범하여 부락이 쇠잔해져 서쪽으로 연(전연)과 가까운 곳으로 이주하였다.
> 永和二年 春正月 … 初 夫餘居於鹿山 爲百濟所侵部落衰散 西徙近燕而不設備

서부여 녹산세력을 공격한 백제는 부여백제다. 시기는 대략 340년 경으로 추정된다. 한반도 부여백제는 대륙의 서부여 녹산세력마저 제압하고 또 하나의 백제군을 설치한다. 이로서 부여백제는 요서군과 진평군 두 개의 백제군을 설치하며, 과거 위구태가 지배한 대륙의 땅 모두를 흡수한다.

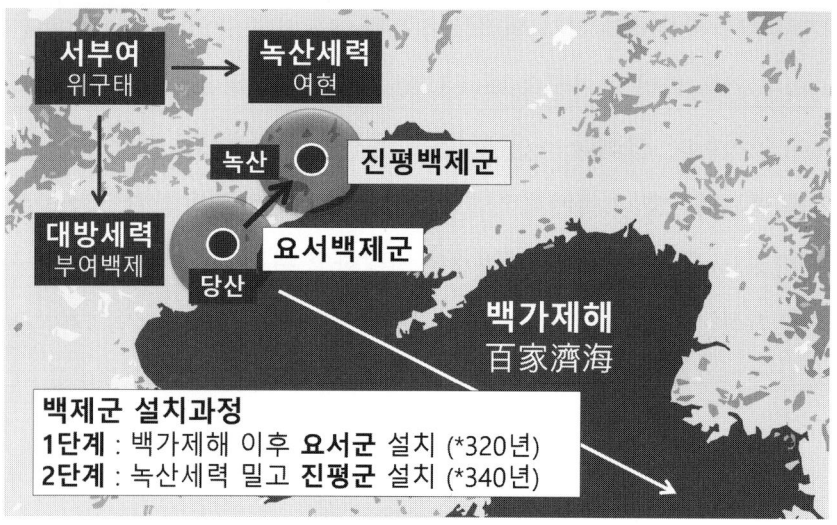

▲ 부여백제의 백제군 설치과정

부여백제가 서부여를 공격한 이유는 양분된 위구태 계통의 부여기마족을 하나로 묶는 통합작업의 일환이다. 하늘에 두 개의 해가 존재할 수 없는 이치다. 또한 이는 한반도로 백가제해한 부여백제가 위구태의 유일한 계승자임을 만천하에 선포한 사건이다.

『양서』〈동이열전〉백제. '그 나라는 본래 고구려와 더불어 요동의 동쪽에 있었다. 서진 때에 고구려가 이미 요동을 경략하자, **백제 역시 요서와 진평 2군의 땅을 점거하고 스스로 백제군을 설치하였다.**'(其國本與句驪在遼東之東 晋世句驪旣略有遼東 百濟亦據有遼西晋平二郡地矣 自置百濟郡) 이 내용은 『송서』〈이만열전〉백제 편에도 나온다.

백제 천문관측 기록의 시사점

일반적으로 천문현상은 국가체제를 갖춘 집단만이 관측하고 기록으로 남긴다. 또한 최적의 관측장소는 수도가 위치한 중심지를 포함한다.

『삼국사기』와 『삼국유사』의 천문현상 기록은 모두 240개다. 일식 67개, 행성 운행 40개, 혜성 출현 65개, 유성과 운석의 낙하 42개, 오로라 출현 12개 등이다. 이 중 일식 기록 67개를 천문고고학자 박창범 박사(KIST 교수)가 천체역학적 방법으로 최적의 관측장소를 계산한 바 있다.(*『하늘에 새긴 우리 역사』-김영사, 2002년) 그런데 결과가 너무 뜻밖이다. 삼국 일식의 최적 관측장소는 모두 한반도가 아니다.

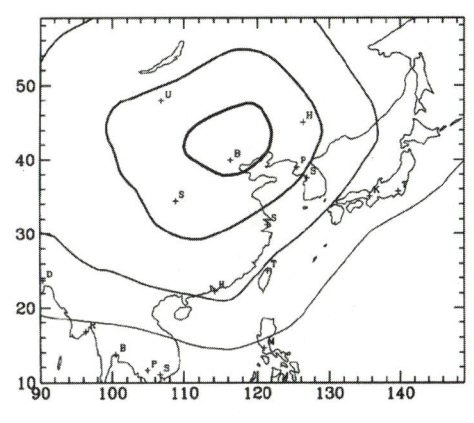
▲ 백제 일식 최적 관측지

고구려 일식의 최적 관측지는 내몽골지역이다. 이는 고구려의 중심지가 대륙 동북방 지역임을 나타낸다. 또한 국내성(길림성 집안) 이전의 고구려 수도가 대륙에 존재한 사실을 설명한다. 최초 도읍인 흘승골성(요녕성 북진)을 비롯하여 위나암성(요녕성 철령), 환도성(요녕성 해성), 평양성(요녕성 요양) 등이다. 신라 일식의 최적 관측지는 시대에 따라 둘로 구분된다. 상대(~201년)는 대륙 장강유역이며 하대(787년~)는 한반도 경주 지역이다. 특히 상대의 일식 기록은 장강유역에서 신라로 귀화한 집단이 가져온 것으로 추정된다.

특히 백제는 한반도 한강유역이 아닌 대륙 요동지방을 포함하는 발해만 주변일대다. 이는 한반도로 백가재해한 부여기마족이 가져온 기록이다. 바로 부여백제의 기록이다. 훗날 한반도 부여기마족(부여백제)은 온조 계통의 해씨왕조를 무너뜨리고 구태 계통의 부여씨왕조를 세운다. 그런 까닭으로 『삼국사기』와 『삼국유사』는 이들이 가져온 천문 기록을 모두 남긴다.

대륙백제의 주인공

흔히 대륙에 설치한 백제군(요서군,진평군)을 「대륙백제」로 이해한다. 과거 한반도 백제가 대륙 땅을 점령하고 통치한 사실에 근거한다. 그러나 대륙의 백제군을 설치한 주인공은 우리가 아는 온조 계통의 한성백제가 아니다. 대륙 부여기마족이 한반도 부여기마족으로 전환되며, 대륙의 옛 땅을 온전히 보존한 백가제해세력(서부여 대방세력)인 구태 계통의 부여백제다.

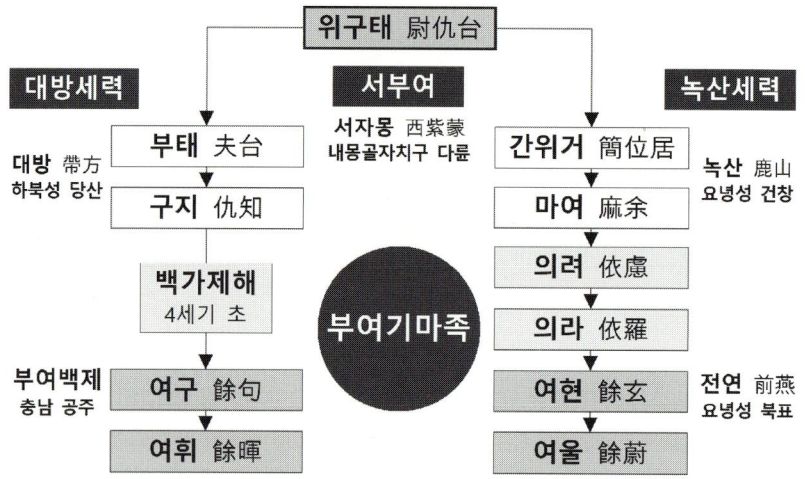

▲ 대륙 부여기마족(서부여) 분화과정

백제百濟(백가제해)는 한반도 부여기마족을 상징하는 국호다.

| 중원왕조에서 활약한 부여씨들 |

부여夫餘씨는 백제왕족의 고유 성씨다. 『삼국사기』 건국서문에 부여씨의 기원이 나온다. '그 세계(온조 조상)는 고구려와 같이 부여에서 나왔으므로 성씨를 부여로 삼았다.'(其世系與高句麗 同出夫餘 故以夫餘爲氏) 『삼국사기』는 부여씨 원조를 시조 온조로 설명한다.

최초의 부여씨 서부여왕 여현

중원 문헌이 기록한 최초의 부여씨는 『자치통감』에 나오는 서부여 녹산세력의 여현餘玄왕이다. 〈진기〉 현종성황제(동진 3대 사마염)다.

> 영화2년(346년) 춘정월, … 연왕 모용황이 세자 모용준으로 하여금 모용군, 모용각, 모여근 등 3명의 장군과 1만 7천의 기병을 거느리고 **부여를 습격하였다.** … 드디어 **부여왕 현과 그 부락민 5만여를 사로잡아 돌아왔으며,** 모용황이 부여왕 현을 진군장군으로 삼고 자신의 딸을 처로 주었다.
>
> 永和二年 春正月 … 燕王皝遣世子俊帥慕容軍慕容恪慕輿根三將軍 萬七千騎 襲夫餘 … 遂拔夫餘 虜其王玄及部落五萬餘口而還 皝以玄爲鎭軍將軍 妻以女

서부여 녹산세력 여현왕은 백제(한반도 부여백제)의 침범을 받아 녹산지역을 버리고 전연前燕(모용황)에 가까운 곳으로 이동한다. 이어 346년 여현왕은 모용황의 공격을 받고 멸망한다. 이때 모용황은 여현왕을 진군장군에 봉하여 자신의 딸을 아내로 준다. 『자치통감』은 여현왕의 아들 여울餘蔚도 소개한다. 전연의 산기시랑 '부여왕자'(胡三省: 餘蔚 夫餘王子)다. 특히 여울은 370년 전연의 업성鄴城 북문을 열어 전진前秦(부건) 군사를 맞아들이며 전연 멸망에 결정적 기여를 한다. 여현과 여울은 부자지간으로 대륙 부여기마족을 대표하는 서부여(녹산세력)의 왕과 왕자다.

또한 『진서』에는 동진 황제가 수여한 관작명에 부여백제 왕의 이름도 나온다. 372년 '진동장군영낙랑태수'의 관작을 받은 여구餘句왕과 386년 '사지절도독진동장군백제왕'의 관작을 받은 여휘餘暉왕이다. 여구와 여휘는 부자지간으로 한반도 부여기마족을 대표하는 부여백제 왕이다.

중원왕조의 망명객 부여씨들

그런데 부여씨는 전연 멸망 이후에도 모용선비 국가들에서 계속해서 나타난다. 후연後燕(모용수)에는 건절장군 여암餘巖을 비롯하여 진동장군 여숭餘嵩, 건위장군 여숭餘崇(*한자 다름), 산기상시 여초餘超가 있으며, 남연南燕(모용덕)에는 진서대장군 여울餘鬱, 수광공 여치餘熾가 있다.

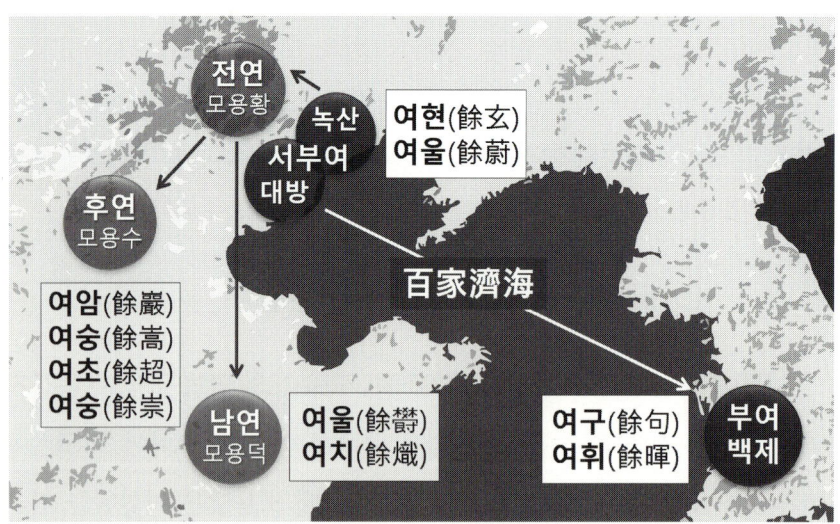

▲ 중원왕조에서 활약한 부여씨

모두 『자치통감』 기록에 나오는 인물들이다. 이들의 공통점은 연燕(후연,남연)에 부용하여 큰 벼슬을 받는다. 부여 성씨와 이름으로 중원사서에 기록을 남긴 것은 이 시기가 유일하다.

특히 후연의 건절장군 여암餘巖은 꼭 기억해야 할 인물이다. 385년

7월 무읍(하북성 형수)에서 갑자기 봉기한 여암은 한때 유주(하북성 북경)를 점령하며 기세를 올린다. 그러나 난하유역의 영지(하북성 천안)로 본거지를 옮긴 직후인 그해 11월 후연 모용농의 공격을 받고 진압된다. 서부여왕족 출신 여암은 4개월이라는 극히 짧은

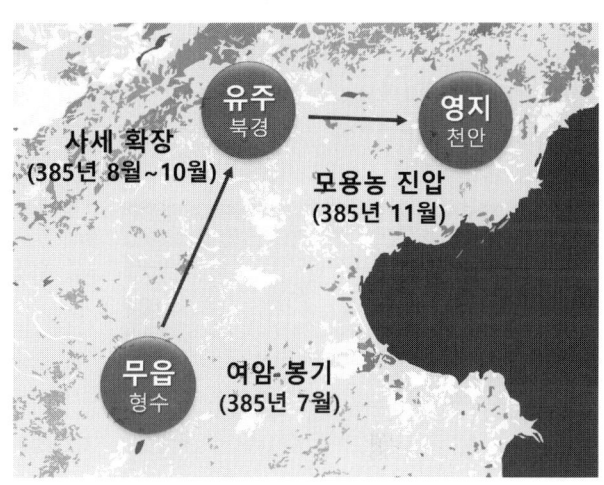

▲ 여암의 봉기 과정

기간 동안 대륙을 종횡무진 휩쓸고 다닌다. 우리 역사가 기록하지 않은 또 하나의 걸출한 영웅이다. 혹여 여암은 멸망한 서부여의 재건을 꾀한 것은 아닐까?

부여씨는 부여기마족을 상징하는 성씨다. 부여씨의 성립 시기는 4세기 초반으로 추정된다. 대방세력이 대륙을 떠나 한반도로 백가제해한 시기로 부여기마족이 본격적으로 대륙과 한반도로 양분화하는 과정에서 부여씨가 탄생한다.

백제 부여씨 기원은 온조가 아니다. 서부여 건국자 위구태다. 온조 계통은 해씨왕조며, 구태 계통은 부여씨왕조다. 다만 『삼국사기』는 온조를 시조로 확정하며 구태 계통의 부여씨를 온조 계통의 성씨로 편입한다.

백제 역사는 적잖은 부분이 잘못 해석되고 있다.

김제 벽골제를 축조한 세력집단

▲ 벽골제 수문 발굴 [전북 김제]

전북 김제의 벽골지는 의림지(충북 제천), 수산지(경남 밀양)와 함께 고대 삼한시대를 대표하는 저수지다. 동진강(원평천)을 끼고 펼쳐진 우리나라 최대 곡창지대인 만경평야에 위치한다.

축조 당시 벽골지의 제방길이는 1,800보^步다. 1보는 주척^{周尺} 6자(주척1자=20cm)로 현대 길이로 환산하면 2.2km에 해당한다.(*당척 적용시 3.3km) 이는 연인원 32만이 동원된 대규모 토목공사로 최소 수천 명이 장기간에 걸쳐 축조한다.『신증동국여지승람』에 벽골제 수문이 나온다. 수여거, 장생거, 중심거, 경장거, 유통거 등 5개다. 현재는 일부 제방과 장생거, 경장거가 남아있다.

벽골제를 축조한 세력집단의 의문

『삼국사기』가 기록한 벽골제 축조 연대는 330년이다. 이 시기 백제는 비류왕(11대)이며, 신라는 흘해왕(16대)이다. 그런데 『삼국사기』는 〈백제본기〉 아닌 〈신라본기〉에만 벽골제 축조 사실을 전한다. 특히 신라가 벽골지를 개통하였다고 분명히 기록한다. '21년(330년) 처음으로 벽골지를 개통하였다. 둑의 길이는 1,800보다.'(二十一年 始開碧骨池 岸長一千八百步) 그러나 전북 김제지역은 백제가 멸망하기 전까지는 결코 신라의 영토가 된 적이 없다. 벽골제는 신라가 축조한 것은 맞으나 엄밀히 말하면 신라인이 동원되어 만든 제방이다. 그렇다면 신라인을 동원한 세력은 누구일까? 대체적으로 백제로 이해한다. 그러나 당시 전북지역은 백제의 지배영역이 아니다. 백제가 전북지역을 병합한 시기는 1백여 년이 지난 비유왕(20대) 때다. 이런 까닭으로 과거 전북 김제지역에 소재한 마한의 벽비리辟卑離로 보기도 한다. 그러나 이 역시 무리한 해석이다. 마한의 일개 소국이 신라를 동원한다는 자체가 어불성설에 가깝다.

신라를 동원한 부여백제 (한반도 부여기마족)

그런데 『신라사초』는 벽골제 축조 연대를 371년으로 적는다. 〈흘해이사금기〉다. '2년(371년) 백양 3월, 벽골지를 개통하였다. 준설한 둑의 길이는 1,800보다.'(二年 白羊 三月 碧骨池開 浚岸長 千八百步) 특히 『신라사초』

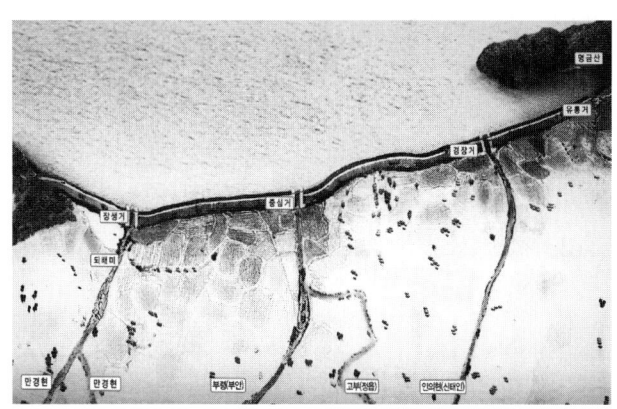

▲ 벽골제 조감도

기록은 『삼국사기』 기록과 다소 차이를 보인다. 『삼국사기』는 벽골제 개통이 처음始이라 못박고 있으나, 『신라사초』는 처음이란 표현은 없다. 또한 둑의 길이에 대해서도 『삼국사기』는 그냥 1,800보나, 『신라사초』는 1,800보를 준설浚했다고 한다. 삼한시대 만들어진 벽골지의 제방을 이 시기 대대적으로 개축한 것으로 보인다.

벽골제 축조(개축)에 신라인을 동원한 세력은 부여백제(*《광개토왕릉비》 왜잔국)다. 4세기초 대륙 대방지역에서 한반도 서부지방으로 백가제해 한 위구태의 후손집단인 한반도 부여기마족이다. 이들은 충남의 마한을 일거에 흡수하고, 이어 369년 '목라근자의 삼한정벌'을 통해 서남부 전체로 지배영역을 확대한다. 『일본서기』에 부여백제 강역이 구체적으로 나온다. 곡나谷那(충북), 지침支侵(충남), 현남峴南(전북), 침미다례枕彌多禮(전남), 동한東韓(경남 남해안) 등 5개 지역이다. 이 중 목라근자가 삼한정벌을 통해 병합한 지역이 현남, 침미다례, 동한 등이다. 이때 신라도 부여백제에 종속되는 과정을 겪는다.

▲ 부여백제 한반도 강역

벽골제를 개축한 이유

벽골지는 부여백제 강역 중 현남(전북)지방에 속한다. 이전 마한의 벽비리(벽중)가 운영하고 관리한 저수지다. 부여백제는 한반도 최대 곡창지대인 만경평야의 안정적인 곡물 생산을 위해 대대적으로 벽골지를 축조(개축)한다. 그래서 부여백제에 종속된 신라 뿐 아니라 새로이 병합한 부여백제 강역내에서 차출한 대규모 인원을 공사에 투입한다. 벽골지 축조에는 비단 신라인 뿐 아니라 백제인, 마한인, 가야인 등도 포함되었을 것이다.

신라의 벽골제 축조는 4세기 중후반 한반도 서남지방의 신흥강자로 급부상한 부여백제에 종속되어 발생한 일이다. 신라는 자신과 무관한 일로 머나먼 타지인 전북 김제지역으로 건너와 벽골제를 축조한다.

김제 벽골제 축조에는 약소국 신라의 설움과 애한의 역사가 담겨있다.

| 서울 석촌동고분군의 무덤주인 |

서울 송파구의 「석촌동고분군」은 백제 한성시대를 대표하는 무덤떼다. 1912년 일제가 조사한 분포도를 보면 갑총^{甲塚}(봉토분) 23기, 을총^{乙塚}(적석총) 66기 총 89기를 표시하고 있으나, 1917년 정밀조사 등을 통해 제작한 실측도면를 보면 무려 290여 기 이상이 존재한 것으로 확인된다. 한마디로 석촌동고분군은 백제의 네크로폴리스 necropolis(사자 도시)다. 다만 이후 도시개발이 본격화되면서 대부분 소멸되고 극히 일부만 보존하고 있다.

▲ 석촌동일대 백제고분군 실측도면 [1917년]

> 현재까지 확인된 길림성 집안일대의 고구려고분은 11,354기며, 경주 대릉원일대의 신라고분은 1,267기다. 두 곳의 무덤 숫자로만 비교하면 고구려고분이 신라고분보다 열배 정도 많다.

석촌동고분군의 백제식 적석총

현재 봉분을 복원하여 보존하고 있는 무덤은 6기다. 적석총(돌무지무덤)이 4기, 봉토분이 1기, 그리고 적석총과 봉토분이 결합된 특이한 형태의 무덤이 1기다. 적석총의 경우, 돌을 기단으로 쌓는 방식은 고구려 적석총과 같으나 무덤방의 배치가 다르다. 고구려 적석총은 중간 기단에 무덤방이 있는 반면, 백제 적석총은 무덤방이 하단 기단에 있다. 그래서 고구려 적석총과 구분하기 위해 백제식 적석총이라 부른다. 무덤의 주요 재원이다.

무덤명	양식	크기(m) 길이×너비×높이	특징	비고
1호분	적석총	9.9×8.9×? (북분) 9.6×9.8×? (남분)	기단 1단 4개 석곽	쌍무덤 연접묘 다수
2호분	적석총	16.4×16.5×3.5	기단 3단	고배(3C말),직구호 흙무지무덤
3호분	적석총	50.8×48.4×4.5	기단 3단	청자반구병(4C중) 금제 영락,옥연석
4호분	적석총	17.2×17.2×3.5	기단 3단	벽돌,기와,수막새 흙무지무덤
5호분	즙석 봉토분	지름17.0, 높이3.0		목관토광묘
A호분	봉토분 적석총	지름18.0 (원형) 16.0×16.0 (방형)	내원외방형	연접묘 다수

왕릉으로 추정되는 무덤은 3단 기단의 적석총인 2호분, 3호분, 4호분 등 3기다. 나머지 1호분과 A호적석총은 귀족의 무덤이며, 5호분은 후대의 목관토광묘다. 특히 1호분과 A호적석총은 흔히 왕릉에서 볼 수 있는 능원을 구성하는 배타적 독립공간이 없다. 대신 수십 기의 적석총과 목관묘가 주변공간을 밀집된 형태로 가득 채워져 있다. 이는 경주 대릉원 쪽샘지구 고분군에서 확인된다. 다량의 밀집된 연접무덤은 귀족가문의 묘역을 나타낸다.

▲ 석촌동고분군 연접묘

석촌동고분군의 적석총 조성 시기는 대략 3세기 중반에서 4세기 중반까지다. 발굴 결과를 분석한 고고학적 판단 기준이다. 이 시기의 왕은 고이왕 계열의 고이왕, 책계왕, 분서왕, 계왕과 시조 비류 계통의 비류왕 등 5명이다.

▲ 석촌동고분군 고분 분포

3호분 근초고왕 무덤?

3호분은 한변 길이 50m로 현존하는 백제 무덤 중에서 가장 규모가 크다. 이에 반해 2호분과 4호분은 한변 길이 16~17m로 3호분보다 월등히 작다. 무덤의 조성 시기는 2호분과 4호분은 3세기 후반, 3호분은 4세기 중반 정도로 추정한다. 2호분에서는 3세기 후반 양식의 굽다리토기高杯, 곧은입항아리直口壺 등을 출토하고, 4호분에서는 건축물과 관련된 기와, 특이한 문양의 수막새 등을 출토된다. 또한 3호분에서는 4세기 중반의 중

▲ 4호분 출토 수막새

원 남조 동진 계통의 청자반구병盤口瓶을 비롯하여 구슬을 꿰어 만든 장신구 영락瓔珞(달개), 그리고 옥연옥, 석추石錐(돌송곳) 등을 출토한다.

일반적으로 2호분과 4호분은 고이왕 계열의 왕 무덤, 3호분은 비류계통의 근초고왕 무덤으로 본다. 특히 근초고왕의 판단은 무덤 규모가 석촌동고분군에서 가장 크고, 청자반구병이 4세기 중반의 양식이며, 석촌동고분군의 적석총 중에서 가장 늦게 조성된 점 등을 근거로 든다. 그러나 이 근거는 반론의 여지가 존재한다. 근초고왕의 경우 한산 천도이

후 사망하여 귀장歸葬이 적용되었다고 보기 어려우며, 또한 청자반구병을 제외한 영락, 옥연옥, 석추 등은 여성의 물건이기 때문이다.

3호분 무덤주인 보과왕후

3호분은 보과왕후의 무덤으로 추정된다. 대방국 출신 보과는 책계왕(고이계열)의 왕후가 되어 아들 분서왕을 낳는다. 특히 보과는 비류왕(비류계열)을 옹립하고 아들 근초고왕을 낳는다. 비류왕 사후 계왕이 즉위하나 보과는 손자 계왕을 실각시키고 대신 아들 근초고왕을 옹립한다. 보과는 근초고왕 재위 전반기인 4세기 중반에 사망한다. 이 시기는 근초고왕의 한산 천도 이전이다. 또한 2호분과 4호분은 각각 책계왕과 분서왕의 무덤일 가능성이 높다. 책계왕은 보과의 前남편이고, 분서왕은 보과가 책계왕을 통해 낳은 아들이다.

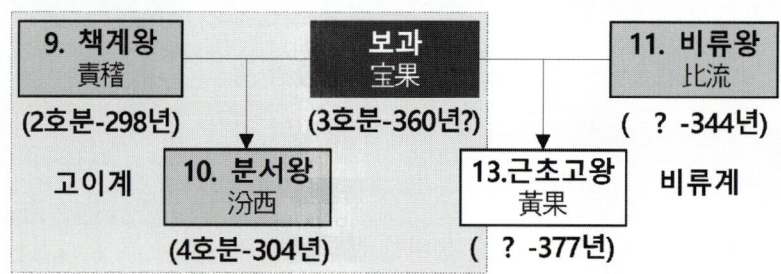

▲ 석촌동고분군 무덤주인 추정

그런데 말이다. 근초고왕의 무덤은 어디에 있을까?

3 근초고왕과 부여기마족

정복군주 근초고왕의 실상

근초고왕의 후예들

광개토왕릉비와 한반도 부여기마족

| 정복군주 근초고왕 | 고국원왕 전사와 근초고왕 |
| 신공왕후 삼한정벌론과 근초고왕 |
| 칠지도와 근초고왕 | 요서경략설과 근초고왕 |
| 정복군주 근초고왕의 실상 | 근초고왕의 한산 천도 |

| 근구수왕과 아이왕후 | 불교를 받아들인 침류왕 |
| 백제 관미성의 역사적 상징성 |
| 진사왕 사망의 미스터리 |
| 권력의 화신 신라 출신 아이부인 |

| 광개토왕릉비가 기록한 한반도 부여기마족 |
| 충주고구려비와 부여기마족의 행방 |
| 한반도 부여기마족의 야마토 건국 과정 |
| 왜국에 볼모로 간 전지태자 |
| 우리 역사 최대의 엑소더스 사건 |
| 왜왕실 출신 팔수부인의 운명 |
| 하남 감일동고분군의 무덤주인 |
| 하남 이성산성과 시조묘 제사 |
| 대성팔족 목씨에 대하여 |

| 정복군주 근초고왕 |

근초고왕(13대)은 백제를 대표하는 정복군주의 표상이다. 「정복군주 근초고왕」. 우리는 이 타이틀을 의심하지 않는다. 그렇게 배웠고 또한 그렇게 믿는다.

근초고왕의 출신 검토

근초고왕은 비류왕(11대)의 둘째 아들二子이다. 어머니는 『삼국사기』에는 나오지 않으나 남당필사본 『고구려사략』, 『신라사초』에는 대방국 왕녀 출신 보과宝果로 나온다. 근초고왕은 아버지 비류왕이 보과왕후의 폐신嬖臣이 되면서 낳은 아들이다.

원래 근초고왕은 왕이 될 위치가 아니다. 그러나 고이왕 계열의 계왕(12대)이 갑자기 사망하면서 기회가 찾아온다. 『신라사초』〈미추니금기〉다.

22년(346년) 화마 10월, 부여(백제)왕 계가 갑자기 죽었다. 비류의 둘째 아들 근초고는 보과가 낳았다. 보과가 그를 세웠다.
夫餘君契暴殂 比流二子近肖古宝果生也 宝果立之

근초고왕을 옹립한 사람은 어머니 보과왕후다. 특히 기록은 계왕의 죽음을 '暴殂(폭조)'로 표현한다. 폭조는 살해 또는 암살 등을 동반한 비정상적인 죽음을 말한다. 근초고왕은 쿠데타적 사건을 일으켜 계왕을 실각시키고 왕위를 찬탈한다. 보과왕후의 옹립은 차후의 승인 절차다.

근초고왕, 시조 비류계의 계승자 천명

근초고近肖古는 시조 비류 계통인 초고왕(5대)의 계승을 천명한 사후의 시호(諡號)다. 『고구려사략』은 근초고를 대초고(大肖古)로 표기한다. 근(近)은 대(大)와 같이 '크다'는 뜻이다.

> 『백제왕기』 근초고 설명. '근초고는 초고의 뜻을 펼친 것이며, 또한 대초고의 뜻이 있다.'(近肖古者演肖古之義而 亦有大肖古之義也)

근초고왕의 이름은 알려져 있지 않다. 다만 일본 문헌인 『고사기』, 『일본서기』, 『신찬성씨록』 등이 조고(照古), 속고(速古), 초고(肖古)로 쓰고 있는 점을 착안하여 이름을 고(古)로 보는 견해도 있다. 또한 372년 동진(東晉) 간문제로부터 '진동장군영낙랑태수' 관작을 받은 백제왕 여구(餘句)를 근초고왕으로 이해하고,

▲ 일본 고대 족보 『신찬성씨록』

이름을 구(句)로 추정하기도 한다. 그러나 백제왕 여구는 근초고왕이 될 수 없다. 근초고왕은 여(餘)씨가 아닌 해(解)씨다. 『흠정만주원류고(欽定滿洲源流考)』는 백제왕 여구를 위구태의 후손으로 명확히 적는다.

『책부원귀』에 동진 간문제 함안2년(372년) 정월, 백제가 사신을 보내 조공하고 방물을 바쳤다. 6월, (간문제가) **사신을 보내 백제왕 여구를 배알하고**〔생각하건데 백제는 부여왕 위구태의 후손이다. 고로 부여를 성씨로 삼았다〕진동장군영낙랑태수 관작을 주었다.
册府元龜 晉 簡文帝 咸安二年 正月 百濟遣使貢方物 六月 遣使拜百濟王餘句 [按百濟爲夫餘王尉仇台之後 故以夫餘爲姓] 爲鎭東將軍領樂浪太守

여구는 비류 계통이 아니다. 한반도 부여기마족인 부여백제의 구태 계통 왕이다. 신라 왕족의 족보인 『상장돈장(上章敦牂)』(남당필사본)에 근초고왕의 이름을 추정할 수 있는 단서가 나온다. 어머니 보과의 계보를 보면, 보과는 첫 번째 남편 책계왕(9대)을 통해 분서왕(10대) 뿐 아니라 용과

龍果, 봉과鳳果, 홍과紅果 등을 낳는다. 또한 두 번째 남편 비류왕(11대)을 통해 청과靑果와 근초고를 낳는다. 모두 보과寶果의 모계 이름을 딴 '果'자 돌림자다. 청과는 근초고의 형이다. 근초고가 시호인 점을 감안하면 근초고왕의 생전 이름은 '~果'일 것이다. 청적황백흑靑赤黃白黑은 음양오행과 짝을 이루는 오방색이다. 이 중 청적황靑赤黃은 천지인天地人에 대비된다. 청靑과 홍紅,赤은 이미 이름에 사용했으니 나머지는 황黃이다. 근초고왕의 이름은 황과黃果다. 특히 근초고왕은 군대를 사열하며 모두 황색黃色 깃발을 사용한다.(大閱於漢水南 旗幟皆用黃-『삼국사기』) 황색은 근초고왕의 상징색이다. 혹여 황색은 자신의 이름에서 따온 것이 아닐까?

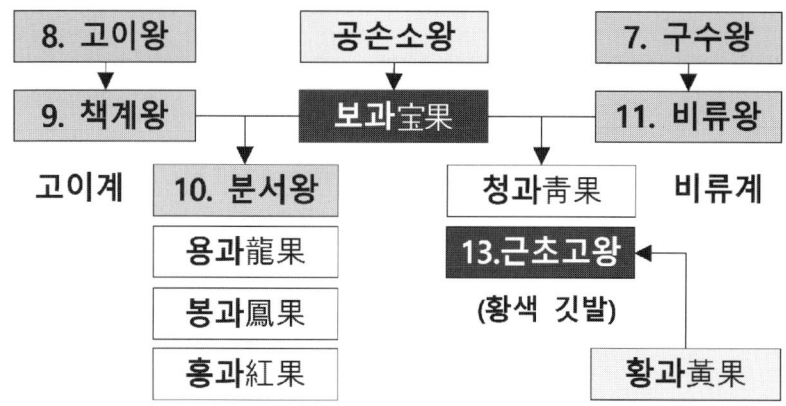

▲ 보과왕후 계보도

　근초고왕은 초고왕의 계승을 공식적으로 천명한다. 초고왕(5대)은 『삼국사기』가 왕력에 포함시킨 시조 비류 계통의 최초 왕이다. 아버지 비류왕이 시조 비류 이름과 같은 왕명을 썼기에 근초고왕은 비류 계통 최초 왕의 왕명을 차용한다. 그래서 근초고왕이다. 근초고는 고이왕 계열인 계왕으로 넘어간 왕통을 다시금 시조 비류 계통으로 회복시키면서 붙인 승자의 왕명이다.

근초고왕의 정복사업 내용

근초고왕의 정복사업은 크게 다섯 가지다. ① 고구려 공격(고국원왕 사망), ② 마한연맹 복속, ③ 가야 진출, ④ 일본열도 왜국 지배, ⑤ 대륙 요서지방 경략 등이다. 근초고왕은 동으로 가야와 일본열도에 진출하며, 서로는 대륙 요서지방을 공격하여 점령하고, 남으로는 마한연맹을 복속하며, 북으로는 고구려의 남진을 억제하며 오히려 백제 영토를 넓힌다. 한 마디로 근초고왕은 동서남북 사방으로 백제의 영토를 확장하며 지배력을 강화한다. 이 해석이 맞다면 당연히 정복군주 타이틀은 근초고왕 몫이다.

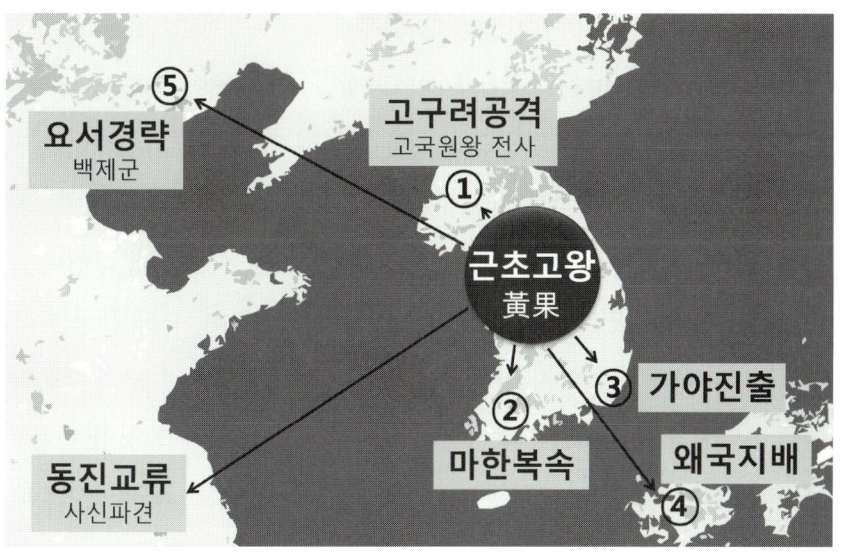

▲ 근초고왕 정복사업 분류

그러나 『삼국사기』가 기록한 근초고왕의 정복사업은 단지 ①번 뿐이다. 나머지 ②~⑤번은 일본 및 중국 기록에 근거한다. 그럼에도 ②~⑤번이 근초고왕의 실제 정복사업인지는 면밀한 검토가 필요하다.

근초고왕의 정복군주 타이틀과 실상은 재정립해야한다.

건국의 요람과 여명 | 초고계열과 고이계열 | **근초고왕과 부여기마족** | 부여씨왕조의 수난

| 고국원왕 전사와 근초고왕 |

근초고왕의 정복사업 중 『삼국사기』가 기록을 남긴 사건은 고구려와의 전쟁 승리다. 백제와 고구려 두 나라는 건국 이후 처음으로 만나 격하게 싸운다. 대륙 동북방의 강자 고구려가 한반도로 영향력을 확대하며 두 나라는 새로운 국면을 맞는다. 바야흐로 영토 분쟁의 서막이 역사 무대에 본격적으로 오른다.

고국원왕을 전사시킨 평양성 전투

당시 고구려는 미천왕(15대)의 서벌남정西伐南征정책에 힘입어 남쪽인 한반도 평안도(낙랑국)와 황해도(대방국)를 고구려 영토에 편입시키는 성과를 거둔다. 이로 인해 백제와 고구려는 필연적으로 국경을 맞댄다. 미천왕의 뒤를 이은 고국원왕(16대) 역시 서벌남정을 추진한다. 그러나 고국원왕은 서쪽 전연前燕 모용황의 침공을 막지 못하며, 수도 환도성(요녕성 해성)이 유린되고 아버지 미천왕의 시신이 탈취당하는 수모를 겪는다. 이에 고국원왕은 주력을 서쪽에 집중하는데 근초고왕이 그 틈을 이용해 고구려 남쪽을 공격한다. 전투는 크게 369년과 371년 두 차례 벌어진다.

먼저 369년(근초고24) 전투다. 장소는 수곡성(황해 신계)과 치양성(황해 배천)이다. 두 곳 모두 백제가 승리한다. 당시 백제군을 통솔한 장수는 막고해莫古解와 근구수태자다. 특히 막고해는 수곡성 전투 승리 이후 '만족할 줄 알면 욕되지 않고 그칠 줄을 알면 위태롭지 않다.'(知足不辱 知止不殆)는 도가道家의 말을 인용해 근구수태자의 공격 의지를 꺾고 회군한다. 그런데 막고해는 369년 전투에만 나온다. 전투를 승리로 이끌며 태자의 의지마저 꺾은 대단한 장수가 이후의 기록에 일체 나오지 않는다. 막

고해는 한성백제(근초고왕)의 장수가 아닌 부여백제(여구왕)의 장수이기 때문이다.

> 『일본서기』〈신공왕후기〉에는 비슷한 시기인 364년 백제 사신으로 기록된 구저(久氐), 미주류(彌州流), 막고(莫古) 등이 나온다. 막고해와 막고는 같은 씨족이다. 두 사람은 모용선비 시조 막호발(莫護跋)의 후예로 부여백제 출신이다.

또한 백제는 치양성 전투를 앞두고 해로(海路)(바닷길)를 통해 추가적으로 병력을 지원받는다. 멀리서 왔다는 얘기다. 추가 병력은 근초고왕의 군사가 아니다. 충남 공주에서 해로를 통해 보충된 부여백제의 군사다.

> 『고구려사략』〈고국원제기〉. '39년(369년) 기사 9월, 적(백제)은 해로를 통해 군사를 증원받고 치양을 습격하였다. 이때 우리 군은 피로로 지쳐 죽는 자가 속출하였다. … 적은 우리 군이 지친 것을 알고 새로운 정예병으로 돌파하니 우리 군은 크게 무너졌다.'(三十九年 己巳 九月 敵自海路增軍襲雉壤 時我軍大疲 死者相繼 … 敵知我疲 以新銳突出 我軍大潰)

특히 근초고왕은 치양성 전투 승리 이후 직접 군대를 사열하며 전리품을 장병들과 나눈다. 군대사열은 통상 전투 전에 행하는 일종의 단결의식이다. 전투 후에 군대를 사열하는 경우는 매우 이례적이다. 근초고왕은 부여백제 장병들과 전리품을 배분하는 논공행상을 벌인다.

다음은 371년(근초고26) 전투다. 장소는 평양성이다. 평양성은 지금의 평안도 평양이 아니다. 남평양으로 불린 황해도 재령(『고려사』〈지리지〉) 또는 고구려의

▲ 고국원왕의 전사장소

▲ 황해도 장수산성 [북한, 남평양성]

북한산군으로 불린 서울 부근의 북한산성(『삼국사기』〈지리지〉)이다. 『고구려사략』에는 북한성의 서쪽산西山으로 나온다. 평양성 전투는 근초고왕이 직접 나서서 친정親征한다. 이때 근초고왕은 3만 군사를 추가로 보충한다. 3만은 당시 한성백제가 독자적으로 동원할 수 있는 군사 규모가 아니다. 상당수 부여백제 군사도 참가한다. 평양성 전투의 핵심은 고국원왕의 사망이다. 고국원왕은 전투 중에 날아온 화살에 맞는 비극이 발생한다. 근초고왕은 승리의 나팔을 불며 회군한다.

> 『고구려사략』〈고국원제기〉. '41년(371년) 10월, 백제가 우리 군이 서쪽을 정벌한다는 소식을 듣고 그 허를 찔러 공격해왔다. … 대구수(근구수)가 북한성을 공격해 오자 우리 군은 한수에 복병을 깔아놓고 이들을 깰 무렵에 대초고(근초고) 또한 3만 정병을 이끌고 와서 아들을 도우니 대구수 군사의 사기가 크게 올랐다. … 상이 친히 4위군을 이끌고 달려가 앞장서서 장수와 군사를 독려하니 상하가 모두 따랐다. 이에 이르러 **한성의 서쪽 산에서 크게 싸웠는데 상이 화살 두 대를 맞았다. 하나는 어깨, 다른 하나는 가슴이다.** … 해명이 상을 은밀히 보호하여 **고상령으로 물러났으나 상이 극심한 고통 끝에 붕하였다.**'(四十一年 十月 百濟聞我移兵征西 欲勝虛來攻 … 大仇首來攻北漢城 我軍伏兵於漢水而大破之未幾 大肖古又引精兵三萬自來助其子 大仇首士氣大振 … 上自將四衛軍 躬詣陳前督勵將士 故上下飯之 至是 大戰于漢城西山 上中二流矢 一肩一胷 當解明密扈上 躬退至高相岑 痛極而崩)

두 차례 전투는 처음부터 고구려가 패할 수밖에 없는 구조다. 근초고왕은 고구려 내부 사정을 꿰뚫고 군사를 충분히 준비한다. 준비된 자에게 승리는 당연히 따르는 보상이다. 『삼국사기』가 근초고왕을 가리켜 '원대한 식견을 가졌다.'(有遠識)고 평한 대목은 결코 허언虛言이 아니다.

근초고왕의 알 수 없는 행위

그런데 근초고왕은 평양성 전투 승리 이후 이상한 행적을 보인다. 논공행상도 없이 곧바로 수도를 한성위례성(서울 송파)에서 한산(하남위례성)으로 옮긴다. 근초고왕은 누군가에 쫓기듯 천도를 서두른다. 특히 당시는 고구려 역공이 충분히 예상되는 상황이다. 대관절 무슨 사정이 있는 걸까?

근초고왕은 북쪽의 고구려가 아닌 남쪽의 부여백제를 경계하여 보다 안전한 장소를 선택한다. 그래서 천도를 서둘러 단행한다. 『신라사초』는 근초고왕의 한산 천도에는 '교오(교만하고 건방짐)한 뜻이 있다.'(移都 漢山 有驕傲之志)고 설명한다. 교오의 대상은 북쪽 고구려가 아니다. 바로 남쪽 부여백제다. 특히 근초고왕은 한산 천도 이듬해인 372년(근초고27) 정월 전격적으로 동진에 사신을 파견한다. 한성백제가 처음으로 중원왕조와 교류를 시작하며 국제 외교무대에 등장한다. 근초고왕의 교오행위는 동진과의 외교 수립을 통해 부여백제를 견제하는 것이다. 그러나 그해(372년) 6월 동진은 한성백제 근초고왕이 아닌 부여백제 여구왕에게 사신을 보내 '진동장군영낙랑태수'의 관작을 준다.

정리하면 이렇다. 고구려와의 전쟁은 근초고왕의 단독 작품이 아니다. 처음부터 부여백제가 개입된 전쟁이다. 또한 평양성 전투 승리 이후의 근초고왕이 행한 한산 천도와 동진과의 교류 등 일련의 의문스러운 행동은 모두 한반도 신흥강자로 급부상한 부여백제의 압박으로부터 벗어나기 위한 일종의 고육책이며 또한 독립선언이다.

고구려 고국원왕 전사사건 뒤에는 한반도 부여기마족 부여백제가 있다.

「신공왕후 삼한정벌론」과 근초고왕

근초고왕이 신라를 제외한 한반도 남쪽지역 전체에 걸쳐 백제의 지배력을 강화한 내용이다. 지금의 전라도에 해당하는 서남부지방의 마한연맹을 복속하고, 경상도 동남부지방의 가야까지 진출하여 영향력을 확대했다고 보는 해석이다. 이는 근초고왕이 정복군주 타이틀을 갖게 된 가장 큰 이유며 근거다.

목라근자의 삼한정벌

▲ 신공왕후가 새겨진 일본지폐

일본학자들이 '역사의 신神'으로 떠받드는 기록이 『일본서기』〈신공왕후기〉에 나온다. 4세기 일본이 한반도 남부지방을 정벌했다는 소위 「신공왕후 삼한정벌론」의 근거가 되는 핵심 기록이다. 신공神功왕후는 일본 고대국가 야마토의 실질 시조인 응신應神왕(15대)의 어머니다. 이름은 기장족희氣長足姬다. 기장氣長은 경남 양산의 기장機張을 말한다. '족足'은 고대어 '벌'이다.(*양주동 해석) 따라서 기장족희는 '기장벌의 여인姬'을 이른다. 신공왕후는 한반도(임나) 출신이다.

> 신공왕후는 『삼국지』〈위서〉 왜인전에 나오는 3세기초반 일본 규슈지방의 고대 소국인 야마대국(邪馬臺國)의 여왕 히미코(卑弥呼)와 일본 고대국가 야마토를 실질 창업한 4세기후반 응신(應神)왕의 계보상 어머니를 결합한 가공인물로 본다.

『일본서기』〈신공왕후기〉다.

49년(*369년) 봄3월, 황전별과 녹아별을 장군으로 삼아 구저 등과 함께 군대를 거느리고 건너가 탁순국에 이르러 신라를 치려고 하였다. … 곧 **목라근자와 사사노궤에게**[이 두 사람은 그 성을 모르는데 다만 목라근자는 백제 장군이다] 정병을 이끌고 사백, 개로와 함께 가도록 명하였다. 함께 탁순국에 모여 **신라를 격파하고, 비자발, 남가라, 녹국, 안라, 다라, 가라 등 7국을 평정**하였다. 또 군대를 옮겨 서쪽으로 돌아 **고혜진에 이르러 남만 침미다례를 도륙**내어 백제에게 주었다. 이에 백제왕 소고와 왕자 귀수가 군대를 이끌고 와서 만났다. 이때 **비리, 벽중, 포미지, 반고 등 4읍이 스스로 항복**하였다. 그래서 **백제왕 부자와 황전별, 목라근자 등이 의류촌**[지금은 주류수라 한다]**에서 서로 만나 함께 기뻐하고** 후하게 대접하여 보냈다. 오직 **천웅장언과 백제왕은** 백제국에 이르러 벽지산에 올라가 맹세하였다. 다시 **고사산에 올라가 함께** 반석 위에 앉아서 백제왕이 "… 지금 이후로는 천년 만년 영원토록 늘 서쪽 번국이라 칭하며 봄가을로 조공하겠다."고 맹세하였다.

四十九年 春三月 以荒田別鹿我別爲將軍 則與久氐等共勒兵而度之 至卓淳國 將襲新羅 … 卽命木羅斤資沙沙奴跪〔是二人不知其姓人也 但木羅斤資者 百濟將也〕領精兵與沙白盖盧共遣之 俱集于卓淳 擊新羅而破之 因以平定比自㶱南加羅喙國安羅多羅卓淳加羅七國 仍移兵西廻至古爰津 屠南蠻彌多禮 以賜百濟 於是 其王肖古及王子貴須 亦領軍來會 時 比利辟中布彌支半古四邑自然降服 是以百濟王父子及荒田別木羅斤資等 共會意流村〔今云州流須祇〕相見欣感 厚禮送遣之 唯千熊長彥與百濟王 至于百濟國登辟支山盟之 復登古沙山 共居磐石上 時百濟王盟之曰 … 是以自今以後 千秋萬歲 無絶無窮 常稱西蕃 春秋朝貢

때는 369년 3월이다. 근초고왕 재위 24년에 해당한다. 백제장수 목라근자^{木羅斤資}가 등장한다. 걸출한 용장이다. 목라근자는 먼저 경남에 진출하여 가야 7국을 평정^{平定}한다. 비자발(경남 창녕), 남가라(경남 김해), 녹국(경남 영산), 안라(경남 함안), 다라(경남 합천), 탁순(경남 창원), 가라(경남 고령) 등이다. 이어 목라근자는 서쪽으로 방향을 돌려 고혜진(전남 강진)에 상륙하여 침미다례를 도륙^{屠戮}낸다. 침미다례는 영산강유역(전남)의 20개 마한연맹

왕국인 신미제국이다. 이어 목라근자는 북쪽으로 기수를 돌린다. 이때 비리(전북 군산), 벽중(전북 김제), 포미지(전북 부안), 반고(전북 정읍) 등 전북지역 4개 마한소국이 목라근자의 위용에 눌려 항복^{降伏}한다. 이 시기 근초고왕은 아들 근구수태자를 데리고 남쪽으로 내려온다. 목라근자와 근초고왕 부자는 의류촌(전북 부안 주류성)에 만나 두터운 예를 쌓는다. 이후 근초고왕 부자는 왜신 천웅장언^{天熊長彦}과 함께 벽지산(전북 김제 모악산)과 고사산(전북 정읍 두승산)에 올라 연거푸 맹세를 한다. 여기까지가 백제장수 목라근자의 삼한정벌 내용이다.

▲ 목라근자 삼한정벌 경로

그런데 이 사건을 해석하는 한일 사학계의 시각은 정반대다. 가장 큰 차이는 백제장수 목라근자를 보내 삼한정벌을 단행한 주체의 문제다. 일본학자는 야마토 신공왕후로 보고, 한국학자는 백제 근초고왕으로 본다. 기존「신공왕후 삼한정벌론」에 대응하는 새로운 해석의「근초고왕 삼한정벌론」이다. 상반된 시각은 한일 역사학계가 쉬이 접점을 찾지 못하는 평행선이다. 특히 이 문제는 한일 고대사의 최대 쟁점이다.

그럼에도 상반된 해석이 적정한지는 의문이다. 다른 판단과 해석이 존재할 수 있다.

삼한정벌의 새로운 해석

먼저 목라근자의 출신이다. 『일본서기』는 분명히 '백제장수(木羅斤資者百濟將也)'로 기록한다. 목라근자의 출신지는 백제 대목악大木岳이다. 지금의 충남 천안 목천木川이다. 이는 중요한 역사적 사실을 설명한다. 당시 충남 천안은 한성백제의 지배영역이 아니다. 충남 공주(거발성)에 기반을 둔 부여백제의 영역이다. 따라서 목라근자는 한성백제 근초고왕의 장수가 될 수 없다. 부여백제 여구왕의 장수다.

다음은 삼한정벌에 참가하는 근초고왕의 행적이다. 근초고왕은 목라근자가 삼한정벌을 단행한 그해(369년 3월) 고구려 고국원왕과 수곡성(황해 신계)과 치양성(황해 배천)에서 전투 중이다.(369년 9월) 물론 당시 부여백제 여구왕은 막고해를 보내 근초고왕과 연합전선을 펴서 두 곳 전투에서 모두 승리한다. 그리고 근초고왕은 부여백제 장병들과 전리품을 나눈 뒤 곧바로 남쪽으로 내려와 목라근자를 만난다. 이는 삼한정벌에 임하는 근초고왕의 위상을 단적으로 보여준다. 근초고왕은 삼한정벌의 주체가 아닌 객체다.

마지막으로 삼한정벌이 완료된 직후 근초고왕이 벽지산과 고사산에 올라 맹세한 부분이다. 『일본서기』는 근초고왕의 맹세 대상을 신공왕후로 설명하나 이는 사실과 다르다. 근초고왕의 맹세 대상은 신공왕후가 아니라 부여백제 여구왕이다. 여구왕은 삼한정벌이 완료될 즈음 근초고왕을 불러들여 한 번도 아니고 두 번이나 맹세를 받는다. "봐라! 짐이 삼한 땅을 정벌하여 진정한 주인이 되었으니 너희 한성백제는 짐의 속국으로 그 소임을 다하라." 근초고왕의 맹세는 부여백제에 대한 일종의 항복조인식이다.

삼한정벌의 주체는 부여백제

목라근자의 삼한정벌은 근초고왕의 작품이 아니다. 근초고왕은 단지 다 된 밥에 숟가락 하나 얹은, 말 그대로 손님이다. 이는 『삼국사기』가 부여백제 존재를 삭제했기 때문에 벌어진 일이다. 그런 까닭에 같은 시기 활동한 근초고왕의 업적에 이 모두를 포함시키는 어정쩡한 해석이 만들어진다.

또한 『일본서기』가 삼한정벌을 주도한 주체를 신공왕후로 설정한 것도 잘못이다. 그럼에도 『일본서기』 삼한정벌 기록은 나름의 의미가 있다. 이 시기 『일본서기』 한반도 기록은 모두 부여백제의 역사 기록이기 때문이다. 부여백제는 훗날 고구려 광개토왕에게 처참히 패해 일본열도 망명하며 야마토(열도 부여기마족)로 재탄생한다. 그런 연유로 부여백제의 한반도 역사는 야마토의 일본열도 역사로 재편된다. 바로 『일본서기』 기록이다.

▲ 목라근자 정벌 지역

목라근자의 삼한정벌 이후의 부여백제 한반도 영역이 『일본서기』에 구체적으로 나온다. 곡나(충북), 지침(충남), 현남(전북), 침미다례(전남), 동한(경남 남해안) 등 5개 강역이다. 이 중 곡나와 지침은 원래의 부여백제 영역이며, 현남과 침미다례, 동한 등은 목라근자가 부여백제 여구왕의 명을 받고 추가적으로 정벌하여 확보한 지역이다.

목라근자의 삼한정벌 주체는 한성백제가 아니라 부여백제다.

| 칠지도와 근초고왕 |

근초고왕이 고대 일본을 제후국諸侯國으로 삼아 지배한 내용이다. 현존하는 칠지도七支刀와 칠지도의 존재를 언급한 『일본서기』 기록에 근거한다.

칠지도 명문의 해석과 이해

칠지도는 좌우로 각 3개씩의 칼날이 가지모양으로 뻗어 있는 단철鍛鐵의 칼이다. 전체 길이는 74.9cm다. 1874년 일본 나라현 텐리天理시의 이소노카미石上신궁에서 대궁사 간마사토모菅政友에 의해 처음 발견되며, 1953년 일본 국보로 지정된다. 칼의 양면에는 금상감金象嵌 기법으로 새긴 60여 자의 명문이 있다.

▲ 이소노카미신궁 [일본 나라현 텐리市]

【앞면】 泰▨四年五月十六日丙午正陽造百鍊鐵七支刀 出辟百兵宜供供侯王 ▨▨▨▨作

태▨4년 5월16일 병오일 한낮에 백 번 단련한 철로 칠지도를 만들다. 이 칼은 온갖 적병을 물리칠 수 있으니 **마땅히 후왕에게 줄 만한다.** ▨▨▨▨가 제작하다.

【뒷면】 先世以來未有此刀 百濟王世子奇生聖音 故爲倭王旨 造傳示後世

지금까지 이런 칼이 없었는데 **백제 왕세자 기생성음이 이에 왜왕에 책봉하니 명을 받들어 후세에 길이 전하라.**

몇 가지를 검토한다. 첫째, 제작 시기는 '泰▨四年(태▨4년)'이다. '泰▨'는 동진東晉 폐제(사마혁)의 연호인 '태화太和'로 이해한다.

> 연호 '泰▨'에 대하여 과거에는 3세기 泰初·泰始說로 보았으나 이후 東晉太和說, 百濟 年號說, 南宋泰始說 등이 제기된다. 현재는 동진태화설이 학계의 주류다. 필자는 백제 연호설에 무게를 둔다. 다만 **한백성백 근초고왕이 아닌 부여백제 여구왕의 연호로 이해한다.**

'태화4년'은 369년으로 근초고왕 재위 24년에 해당한다. 이유는『일본서기』〈신공왕후기〉에 372년 백제왕이 칠지도를 왜국에 보낸 기록이 있기 때문이다. '섭정52년(372년) 구저 등이 천웅장언을 따라 이르러 칠지도 1구와 칠자경 1면을 바쳤다.'(攝政五十二年 久氐等從千熊長彥詣之 則獻七枝刀一口 七子鏡一面) 칠지도는 369년 제작되어 3년 후인 372년 일본에 보내진다. 둘째, 칠지도를 보낸 주체다. 백제 왕세자 '**奇生聖音**(기생성음)'이다.

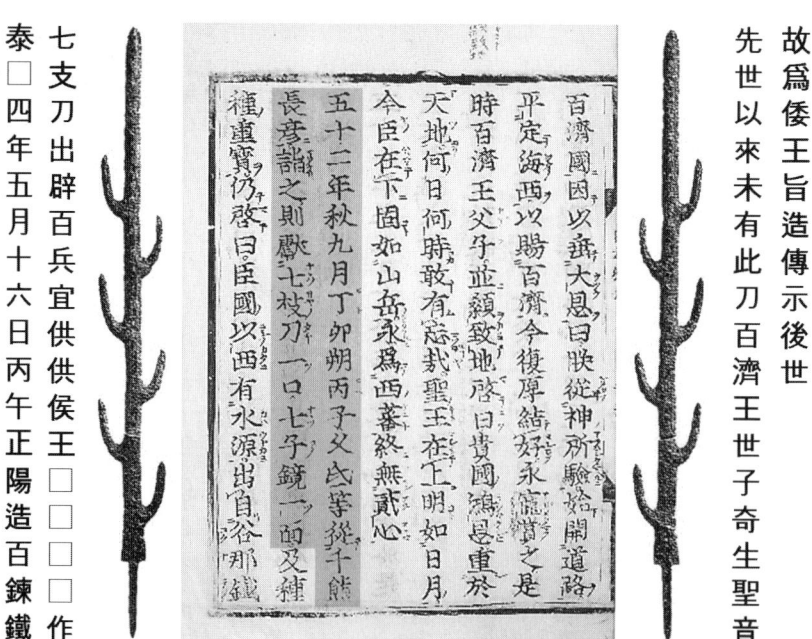

▲ 칠지도 명문과『일본서기』칠지도 기록

기생성음을 일종의 길상어^{吉祥語}로 보는 견해도 있으나 잘못된 해석이다. 기생^{奇生}은 사람 이름이며, 성음은 삼한 소국의 수장을 지칭하는 거수^{渠帥}의 존칭인 성엄을 말한다. 셋째, 칠지도를 보낸 목적이다. 백제왕세자 기생이 왜왕을 후왕^{侯王}에 책봉하며 보낸다. 명문 뒷면의 '爲倭王'는 '왜왕을 위하여~'로 해석하기도 한다. 그러나 '爲'자는 외교문서의 직책 앞에 놓이면 '~위하여'가 아닌 '책봉하다'는 뜻으로 쓰인다. 칠지도는 일종의 책봉문서다.

> 爲倭王에 연결되는 旨造를 붙여 爲倭王旨造로 보고 '왜왕 지(旨)를 책봉하며 만들다(造)'로 번역하기도 한다. 그러나 이 역시 잘못된 해석이다. 旨造의 旨는 사람 이름이 아닌 '천자의 명(또는 뜻)'을 가리킨다. 또한 造는 일반적으로 '만들다'는 뜻이나 앞면에 동일한 표현의 作을 썼으니 造는 달리 해석해야 한다. 여기서의 造는 '받들다', '따르다'는 뜻이다. **旨造는 '(천자)의 명을 받들다'이다.**

왜왕은 누구일까? 단서는 칠지도를 보관하고 있는 이소노카미^{石上}신궁에서 찾을 수 있다. 신궁의 제신은 모노노베^{物部}씨의 조상신인 요속일^{饒速日}이다. 요속일은 『일본서기』「신무동정기^{神武東征記}」에 등장하는 인물로 일본 건국시조 신무^{神武}(진무)왕이 동정^{東征}(동쪽 정벌)할 때 요속일이 규슈^{九州}에서 혼슈^{本州} 기나이^{畿內}지방(나라현 일대)으로 이동한 사실을 알고 뒤쫓아간다. 요속일이 바로 칠지도를 수여받은 당시 규슈지역의 왜왕이다.

▲ 요속일 분묘 [일본 나라현]

칠지도를 보낸 주체는 부여백제

칠지도에 대해서는 여러 설이 있으나 대체적으로 근초고왕 때에 백제가 왜왕에게 준 하사품으로 이해한다. 더 나아가 근초고왕의 백제가 일본을 제후국으로 삼았다고 해석한다. 과연 이 해석은 적절할까?

> 칠지도 제작 목적은 ㉮ 백제왕이 왜왕에게 바쳤다는 설, **㉯ 백제왕이 왜왕에게 하사하였다는 설**, ㉰ 동진왕이 백제를 통해 왜왕에게 하사했다는 설, ㉱ 대등한 관계에서 백제왕이 왜왕에게 선물로 주었다는 설 등이 있다.

칠지도를 보낸 주체인 백제 왕세자 기생奇生에 답이 있다. 『진서』를 보면, 비슷한 시기인 386년 백제 왕세자 여휘餘暉가 동진東晉 효무제로부터 '사지절도독진동장군백제왕'의 관작을 받은 기록이 나온다.(以 百濟王世子餘暉 爲使持節都督鎭東將軍百濟王) 이때 여휘를 백제 진사왕(16대)으로 보기도 한다. 그러나 386년은 진사왕 재위 2년에 해당한다. 이미 즉위한 진사왕이 더구나 왕도 아닌 왕세자 신분으로 관작을 받을 순 없다. 여휘는 진사왕이 아니며 될 수도 없다. 특히 백제는 후계자를 지칭하는 용어로 태자를 사용하지 왕세자는 쓰지 않는다.

여휘는 한성백제 태자가 아니라 부여백제 왕세자다. 칠지도에 나오는 기생은 어릴 때(369년)의 아명兒名이며, 여휘는 성년이 된 후(386년) 성씨가 부여된 휘명徽名이다. 여휘(기생)는 부여백제 여구왕의 아들이며 또한 공식 후계자다. 그렇다면 부여백제는 무슨 이유로 왜왕의 책봉문서인 칠지도를 왜국에 보낸 것일까? 더구나 여구왕이 아닌 왕세자 기생(여휘)의 이름으로 제작한 이유는 무엇일까?

부여백제 왕세자 명의 해석

칠지도의 제작연대는 369년이다. 369년은 부여백제 여구왕이 목라근자를 시켜 삼한정벌을 완성한 해다. 이때 여구왕은 한성백제 근초고왕 부자를 불러들여 왜신 천웅장언千熊長彦과 함께 벽지산과 고사산에서 항복맹세를 받는다. 단서는 바로 왜신 천웅장언이 가지고 있다. 천웅장언은 한성백제 근초고왕과 마찬가지로 왜국을 대표하며 여구왕에게 항복한다. 한성백제와 왜국은 부여백제가 한반도 삼한 땅의 여러 소국들을 일거에 정벌하는 모습을 보고 여구왕의 위세와 위엄에 눌려 스스로 굴복한다.

그래서 여구왕은 칠지도를 만들어 왜왕 요속일饒速日을 후왕侯王에 책봉하는 절차를 밟는다. 칠지도는 책봉문서이면서 또한 항복문서다. 물론 칠지도는 왜국 뿐만 아니라 한성백제 근초고왕에게도 별도로 제작되어 수여되었을 것으로 본다. 다만 『일본서기』는 369년 제작된 칠지도가 3년 후인 372년 천웅장언이 귀국할 때 왜국으로 가져갔기 때문에 기록이 남게 된다.

문제는 책봉 주체를 여구왕이 아닌 왕세자 기생(여휘)으로 표기한 점이다. 부여백제 왕실내의 정치적 속사정이 개입될 여지는 있으나 확실치는 않다. 혹여 여구왕은 어린 아들 여휘를 왕세자에 봉하면서 자신의 유일한 후계자임을 대내외에 천명한 것은 아닐까? 칠지도는 명확히 '후세에 전하라'(傳示後世)라고 적고 있다.

칠지도의 '지(支,枝)'는 나뭇가지가 아닌 벼 이삭을 지칭한다. 『사기』〈열전〉 사마상여 편에 하나의 줄기에 이삭이 6개 달린 벼를 '좋은(상서로운) 벼' 즉 '도(櫐)'라 칭한 기록이 있다(櫐―莖六穗於庖). 마찬가지로 『추모경』(남당필사본)은 '부여는 좋은(상서로운) 벼에서 이름하였다.'(夫餘以佳禾爲號)고 설명한다. '櫐(道+禾)'와 '佳+禾'는 같은 의미다. 이삭이 6개 달린 상서로운 벼가 바로 부여의 이름이다. 칠지도는 부여의 상징물이다.

칠지도는 부여백제가 왜왕을 후왕에 책봉한 공식문서다.

건국의 요람과 여명 | 초고계열과 고이계열 | **근초고왕과 부여기마족** | 부여씨왕조의 수난

|「요서경략설」과 근초고왕|

근초고왕이 대륙을 경략하고 지배한 내용이다. 이는 백제가 대륙 요서지방에 진출하여 백제군百濟郡을 설치했다는 중원사서 기록에 근거한다.『양서』에 따르면, 백제는 요서지방을 공격하여 차지하고 2개의 백제군을 설치한다. 요서백제군과 진평백제군이다. 이를 백제의「요서경략설遼西經略說」이라고 한다.

> 『양서』백제전. '그 나라(백제)는 본래 고구려와 함께 요동의 동쪽에 있었다. 진(서진)시기에 고구려가 이미 요동을 공격하여 차지하자 **백제 또한 요서, 진평 2군의 땅을 점거하고 스스로 백제군을 설치**하였다.'(其國本與句驪在遼東之東 晉世句驪旣略有遼東 百濟亦據有遼西晉平二郡地矣 自置百濟郡)

「요서경략설」의 근거와 내용

『자치통감』에 백제군 설치 배경이 나온다.

영화2년(346년) **처음 부여는 녹산에 거주하였으나 백제가 침범하여 부락이 쇠잔해져 서쪽으로 연과 가까운 곳으로 이주**하였다.
永和二年 初 夫餘居于鹿山 爲百濟所侵 部落衰散 西徙近燕

백제가 대륙에 갑자기 출현하여 녹산지역의 서부여를 공격한다. 서부여는 구태 계통으로 당시 왕은 여현餘玄이다. 녹산지역은 진평현으로 지금의 요녕성 건창현에 소재한 백랑산 주변일대다. 서부여를 공략하여 전연前燕 쪽으로 밀쳐낸 백제는 곧바로 녹산지역에 진평백제군을 설치한다.

「요서경략설」의 핵심은『자치통감』기록의 백제를 근초고왕의 한성백제로 이해하는데 따른다. 그러나 이 해석은 결코 적절하다고 볼 수 없

다. 한성백제가 요서지방에 진평백제군을 설치한 해는 346년이다. 이 해는 근초고왕의 즉위 원년이다. 근초고왕이 즉위하자마자 밑도 끝도 없이 바다 건너 대륙으로 건너가 서부여를 공략하여 요서지방을 빼앗았다는 얘기가 된다. 선뜻 이해하기 어렵다. 원래 전쟁은 명분이 필요하고 또한 반드시 사전 준비가 선행되어야 한다. 적어도 국가간의 명운이 걸린 대규모 전쟁은 더욱 그렇다. 그러나 이 경우는 갓 즉위한 근초고왕의 한성백제가 서부여를 공략할 명분이 전혀 없다. 더구나 바다를 건너기 위해서는 수많은 군선과 물자를 확보해야 하는 등 사전 철저한 준비가 필요하다. 적어도 근초고왕은 두 가지 사항(명분,준비)에 대한 역사적 근거를 가지고 있지 않다. 그렇다면 서부여를 공략하여 밀어내고 진평백제군을 설치한 『자치통감』 기록의 '백제'는 누구일까?

「요서경략설」, 한반도 부여백제의 작품

4세기 초엽(314~316), 대륙에서 한반도로 부여기마족이 바다를 건너온다. 백가제해百家濟海한 까닭에 스스로를 '백제百濟'라 칭한 부여백제다. 원래 서부여는 구태를 계승한 위구태가 창업한 나라다. 위구태는 122년 요동전쟁에서 고구려 태조왕(6대)에 패해 서자몽(내몽골자치구 다륜현)으로 본거지를 옮겨 서부여를 건국한다. 이후 위구태의 후손집단은 다시금 남쪽으로 내려와 요서지방의 대방세력(하북성 당산)과 요동지방의 녹산세력(요녕성 건창현)으로 계열분화한다. 녹산세력은 서부여를 계승하고, 대방세력은 한반도로 백가제해하여 거발성(충남 공주)을 기반으로 부여백제를 건국한다. 그리고 본향인 대방지역에 요서백제군을 설치한다.

이후 한반도 부여백제(대방세력)와 대륙 서부여(녹산세력)는 위구태의 적통 문제를 놓고 갈등을 일으킨다. 이에 346년 부여백제는 대방지역 요서백제군 군사를 동원하여 녹산지역 서부여를 공략하여 밀어내고 그

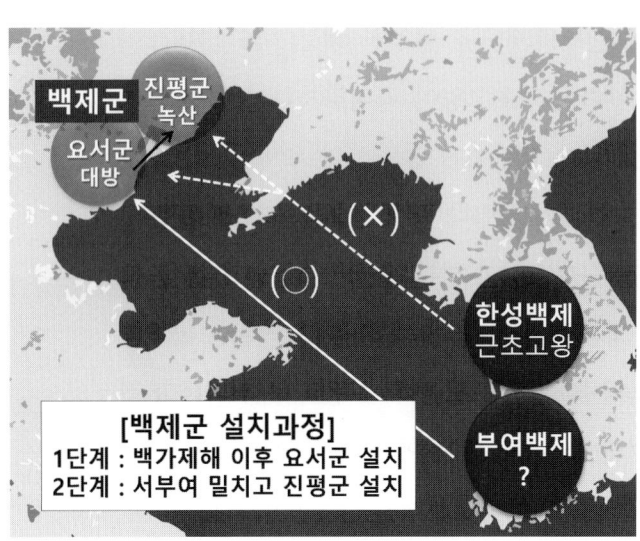

▲ 백제군(요서/진평) 설치과정

자리에 진평백제군을 설치한다. 『자치통감』 기록의 증언이다.

대륙에 설치된 백제군(요서군,진평군)은 한성백제 근초고왕과는 무관하다. 모두 부여백제의 작품이다. 부여백제야말로 「요서경략설」의 실제 주인공이며 또한 주체다. 최근에는 「요서경략설」을 한 단계 더 확대하여 아예 「대륙백제」로 규정하려는 경향이 있다. 이 또한 지나친 해석이다.

「요서경략설」의 주체가 근초고왕의 한성백제로 해석된 이유는 『자치통감』 기록의 '백제'라는 단어 하나 때문이다. 『삼국사기』가 백가제해한 한반도 부여기마족인 부여백제 존재를 아예 삭제함에 따라 『자치통감』에 나오는 백제의 실체가 모호해진다. 그래서 같은 시기 활동한 근초고왕의 정복사업에 포함시키는 어정쩡한 해석이 만들어 진다.

4세기 초중반 부여백제에 의해 설치되어 명맥을 유지해온 대륙 요서지방의 백제군은 6세기 초반인 무령왕(25대) 때에 백제군의 치소인 고마성을 한반도 거발성(충남 공주)으로 옮기며 급격히 세력이 약화된다.

「요서경략설」의 실제 주인공은 단연코 부여백제다.

| 정복군주 근초고왕의 실상 |

　지금까지 '근초고왕의 정복사업'으로 분류된 역사를 하나하나 살펴보았다. 다시 한 번 정리하면 이렇다. ① 고구려 공격(고국원왕 사망), ② 마한연맹 복속, ③ 가야 진출, ④ 일본열도 왜국 지배, ⑤ 대륙 요서지방 경략 등이다. 이 중 근초고왕의 실제 정복사업은 ①번이 유일하다. 나머지 ②번~⑤번은 부여백제 여구왕의 정복사업이다. ②번과 ③번은 『일본서기』〈신공왕후기〉의 '목라근자 삼한정벌' 기록에 ④번은 칠지도의 현존과 『일본서기』의 칠지도 기록에 근거한다. 또한 ⑤번은 『양서』와 『자치통감』의 요서지방 백제군(요서군,진평군) 설치 기록에 근거한다.

근초고왕에 대한 오해와 진실

　근초고왕이 정복군주 타이틀을 갖게 된 결정적인 이유는 한반도 신흥강자로 급부상한 부여백제 때문이다. 대륙에서 한반도로 백가제해한 부여기마족이 본격적으로 한반도 내의 지배력을 확장하면서 한성백제 근초고왕과 겹치게 된다. 특히 이들 부여기마족은 스스로를 '백제百濟'라 칭했음에도 불구하고 『삼국사기』는 그 존재마저 철저히 외면한다. 그래서 우리는 같은 시기 일본과 중국 문헌에 간헐적으로 남아 있는 부여기마족의 실존기록을 근초고왕 역사로 편입하는 오류를 범한다. 참으로 안타까운 역사해석이다.

　근초고왕의 정복사업 외의 활동은 크게 3가지다. 모두 『삼국사기』 기록에 근거한다.

　첫째(⑥)는 신라와의 관계 개선이다. 근초고왕은 실질적인 치세가 시작되는 366년(근초고21) 전격적으로 신라에 사신을 파견한다.(遣使聘新

羅) 이는 단순히 신라와의 우호적인 관계를 수립하기 위한 조치가 아니다. 전적으로 부여백제를 견제하기 위한 어쩔 수 없는 선택이다. 이를 단적으로 보여주는 사건이 있다. 373년 백제 독산성 성주가 성민 3백을 이끌고 신라로 망명하는데 당시 근초고왕은 신라 내물왕(17대)에게 제대로 항의조차 못한다. 신라를 우군으로 확보해야 하는 절실함 때문이다.

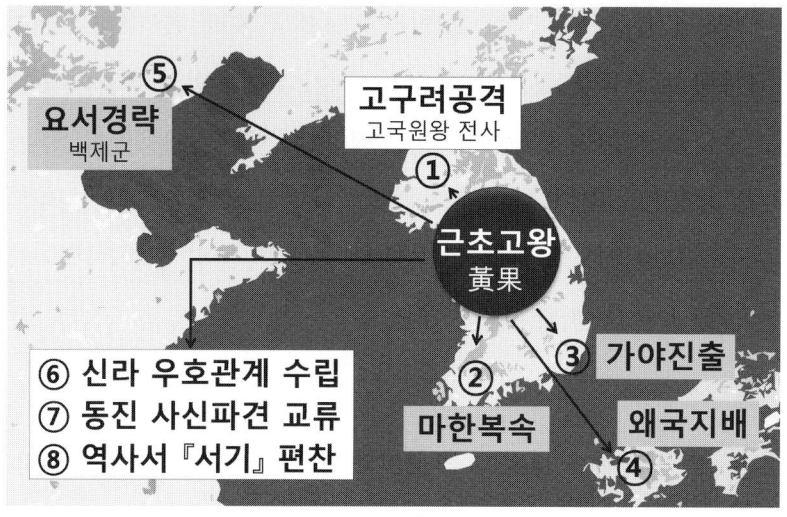

▲ 근초고왕의 업적 정리

둘째(⑦)는 중원의 남조 동진東晉과의 외교관계 수립이다. 372년과 373년 연거푸 동진에 사신을 파견한다. 백제가 중원왕조에 사신을 파견한 최초 사건이다. 이때는 근초고왕이 고구려 고국원왕과의 대결에서 승리하자마자 급히 한산(하남위례성) 천도를 단행한 직후다. 사신 파견 역시 부여백제를 견제하기 위한 어쩔 수 없는 외교활동이다.

셋째(⑧)는 백제 역사서 『서기書記』의 편찬이다. 근초고왕의 명에 의해 박사 고흥高興이 편찬한 『서기』는 시조 비류(온조)부터 근초고왕까지의 역사를 일목요연하게 정리한 기록이다. 현존하지 않는다. 다만 『삼국사기』〈백제본기〉에 수록된 근초고왕 이전 역사는 상당부분 『서기』 기록을 차용하였을 것으로 본다. 특히 남당필사본 중에 『백제서기』가 있다. 백제 초기 역사를 시조 비류 계통 중심으로 재편한 기록이다.『백제서기』가 근초고왕의『서기』라 단정할 수는 없지만, 근초고왕이 시조 비류 계통의 계승자를 천명한 점으로 보아『백제서기』역시『서기』의 일부 기록일 개연성이 높다.

> 『고구려사략』〈소수림대제기〉. '5년(375년) 7월, 백제는 **태사 고흥**을 사서편찬담당 은솔로 삼아『서기』50권과『장경』12권을 편찬하였다.'(濟以太史高興爲修史恩率 編書記五十卷將鏡十二卷)『**장경**』은 근초고왕 이전 12명 왕의 개별 실록으로 추정된다.

근초고왕 이후의 역사 기록은『일본서기』가 집중적으로 인용한『백제기』,『백제본기』,『백제신찬』등에 나온다.「백제삼서百濟三書」로 분류된 이들 역사서는 백제 멸망 이후 유민에 의해 일본으로 방출되어『일본서기』에 적극 반영된 백제 역사 기록이다. 그래서 혹자는『일본서기』를 백제 역사서로 이해하기도 한다.

> 『일본서기』가 인용한『백제삼서』중에『**백제기**』는 대개 초기인 **한성시대**,『**백제신찬**』은 중기인 **웅진시대**,『**백제본기**』는 말기인 **사비시대**의 백제사를 기록하고 있다.

정복군주 근초고왕, 만들어진 역사

근초고왕의 정복군주 타이틀은 만들어진 역사다. 방송매체가 사극과 역사다큐멘터리 등을 통해 과대 포장하고 언론출판이 관련기사와 역사소설 등을 통해 뒷받침한다. 특히 무엇보다도 역사학계가 이를 방임放任 또는 방조幇助한 과오가 가장 크다 할 수 있다. 물론 정복군주로 검증된 고구려 광개토왕(19대)과 신라 진흥왕(24대)과 같은 모델이 백제 역사에도 요구된다 할 수 있다. 그렇다고 해서 근초고왕을 정복군주의 표상으로 해석하는 것은 지나친 역사 왜곡이다.

정복군주 근초고왕의 역사는 반드시 재정립해야 한다.

| 근초고왕의 한산 천도 |

근초고왕은 재위 26년인 371년에 전격적으로 한산漢山으로 천도한다. 이때는 평양성(남평양,북한산성) 전투에서 고구려 고국원왕을 사망케 하는 말 그대로 대승을 거둔 직후다. 근초고왕은 승리의 나팔을 불며 평양성에서 회군하자마자 곧바로 수도를 한산으로 옮긴다.

근초고왕의 천도 기록
근초고왕의 천도를 기록한 문헌이다.

『삼국사기』	〈백제본기〉	26년(371년) 겨울 … 한산漢山으로 도읍을 옮겼다.
	〈잡지〉 백제	고전기古典記를 살피니 … 13세 근초고왕에 이르러 고구려의 남평양을 취하고 한성漢城으로 도읍하였다.
『삼국유사』	〈왕력〉	백제 근초고왕. 신미(371년)에 북한산北漢山으로 도읍을 옮겼다.
	남부여·前백제	고전기古典記를 살피니 … 백제 13세 근초고왕 함안원년(371년) 고구려의 남평양을 취하고 북한성北漢城 今楊州으로 도읍을 옮겼다.
『신증동국여지승람』	경도	백제 중엽 한산漢山으로 이거한 후 얼마 지나지 않아 남쪽으로 옮겼다.
	한성부	본래 고구려의 북한산北漢山군인데 … 근초고왕이 남한산으로부터 도읍을 옮겼다.
	경기도 광주	근초고왕 26년(371년) 또 수도를 남평양성南平壤城으로 옮겼다.

『삼국사기』는 한산(또는 한성), 『삼국유사』는 북한산(또는 북한성), 『신증동국여지승람』은 한산, 북한산(또는 남평양성) 등이다. 『삼국사기』는 한강을 기준으로 이남인지 또는 이북인지 명확하지 않으나, 『삼국유사』는 한강 이북이라 하고 지금의 경기도 양주를 지목한다. 『신증동국여지승람』은 『삼국사기』와 『삼국유사』 기록을 둘 다 수용하는 입장이다. 특히 조선후기 다산 정약용은 『아방강역고』에서 『삼국유사』 기록을 수용하여 북한산을 '하북위례성'으로 명명한다. 현재 학계도 정약용의 주장을 받아들이는 입장이다. 다만 위치는 여러 장소를 비정하나 확실하지 않다.

> 『역주 삼국사기』 주석편(한국학중앙연구원) '위례성에는 하북위례성과 하남위례성이 있다. **온조집단이 고구려지역에서 남하하여 처음으로 나라를 세운 곳인 위례성이 하북위례성이고, 한강 남쪽으로 정치적 중심지를 옮긴 이후의 위례성이 하남위례성이다.**' 이병도의 주장이다.

그러나 하북위례성의 명명과 그 위치비정은 근초고왕 당시의 역사적 상황과는 전혀 맞지 않는다. 오히려 모순이 발생한다. 근초고왕은 평양성 전투(371년)에서 고국원왕을 사망케 하는 대승을 거두지만, 당시는 고구려와의 전쟁이 계속 진행되는 상황이다. 따라서 설사 천도를 한다 할지라도 한강 이남의 수도 한성(서울 송파)을 놓아두고 고구려와 좀 더 가까운 한강 이북으로 수도를 옮긴다는 자체가 상식에 위배된다. 특히 한강은 천혜의 자연 장애물로 북쪽 고구려 공격에도 수도 한성을 지켜낼 수 있는 최상의 방어선이다.

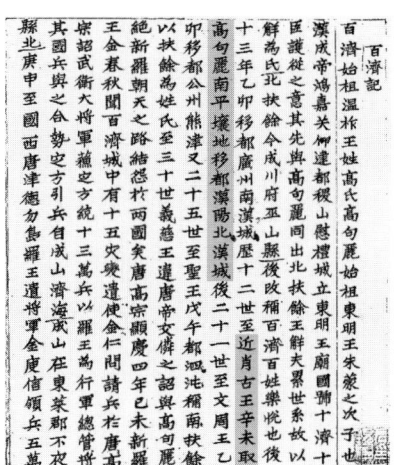

▲ 한양북한성 기록 [『백제기』]

일반적으로 한 국가의 천도는 오늘날과 같이 용달차를 불러 하루아침에 뚝딱 옮길 수 있는 이사가 아니다. 정치적, 경제적 기반이 한꺼번에 이동하기에 무엇보다도 사전 철저한 준비가 선행되어야 한다. 최소 수년간은 천도를 위해 국가역량을 집중해야 한다. 특히 고대에는 새로운 천도지에 적어도 왕의 거처인 궁궐이 반드시 마련되어야 한다. 그러나 『삼국사기』 기록 어디에도 한강 이북에 궁궐을 조성한 기록이나 단서가 나오지 않는다. 그러한 측면에서 일연(『삼국유사』)의 북한성과 이를 계승한 정약용의 하북위례성은 마땅히 재검토되어야 한다.

한산은 온조의 하남위례성

근초고왕이 천도한 한산漢山은 남한산南漢山을 말한다. 시조 온조가 한강유역에 도읍으로 정한 남한산성이 위치한 하남위례성(경기 광주)이다. 『삼국사기』 시조 온조왕 편에 나오는 최초 도읍지 한산이 바로 근초고왕이 천도한 한산이다. 근초고왕은 고이왕 계열이 조성한 한성위례성(서울 송파)에서 다시금 온조 계통의 한산(하남위례성)으로 다시 돌아간다. 그런 까닭으로 근초고왕은 별다른 준비없이 급히 천도를 단행하게 된다. 특히 한산은 북쪽으로 한강이 가로막고 동쪽과 서쪽, 남쪽은 산으로 둘러 쌓인 마치 분지와 같은 곳이다. 당연히 방어가 용이한 최적의 장소다.

그렇다면 근초고왕이 한산 천도를 급히 단행한 이유는 무엇일까? 단순히 고구려의 반격을 의식하여 보다 방어에 용이한 장소를 선택한 걸까? 이 질문의 대답은 일견 당연하고 타당한 듯 보이나, 이 역시 다른 해석의 여지가 존재한다. 승자인 백제가 패자인 고구려를 극도로 경계하여 보다 안전한 장소를 선택한다는 것이 결코 보편적인 역사의 흐름이 아니기 때문이다.

근초고왕의 한산 천도는 북쪽의 고구려를 의식한 천도가 아니다. 남쪽의 부여백제(한반도 부여기마족)를 의식한 천도다.

| 근구수왕과 아이왕후 |

근구수왕(14대)은 근초고왕의 계승을 천명한 왕이다. 시조 비류 계통인 이전 초고왕(5대)과 구수왕(6대)의 경우처럼 근초고왕과 근구수왕은 한 묶음으로 다룬다. 다만 두 왕의 부자관계는 다르다. 구수왕이 초고왕의 첫째 아들長子인 반면 근구수왕은 근초고왕의 아들子이다.

근구수왕 출신 의문

근구수近仇首는 근초고와 마찬가지로 사후 시호의 성격이 강하지만 생전의 휘호일 가능성도 존재한다. 이름은 수須(『삼국사기』), 귀수貴須,貴首(『일본서기』), 근수謹須(『신라사초』) 등으로 쓴다. 어머니는 기록이 없어 알 수 없다. 다만 『삼국사기』 기록에 근초고왕이 즉위 후 얻는 정실왕후 진후眞后(진씨 왕후)가 나온다. 진후는 근초고왕을 옹립한 진씨세력의 수장인 내신좌평 진의眞義의 딸이다. 근구수는 근초고왕이 왕이 되기 이전에 태어난 아들이다. 그래서 근구수는 정실왕후 진후의 소생이 아니기에 그냥 근초고왕의 아들子로 기록한다. 근구수는 근초고왕 재위 초기에 태자에 봉해진다. 공식적인 책봉기록은 없으나, 근구수는 근초고왕 재위 중기인 369년(근초고24) 고구려와의 치양성 전투에서 태자자격으로 참전한다.

그렇다면 정실왕후 소생이 아닌 근구수는 어떻게 해서 태자가 될 수 있었을까? 이는 근초고왕 재위 초기 벌어진 진씨세력과의 정치적 타협의 결과물로 이해한다. 근초고왕은 자신을 옹립한 진씨세력의 진후를 왕후로 삼고 자신의 아들 근구수를 태자로 삼는 일종의 정치적 거래다.

신라 귀족 출신 아이(阿爾)와 혼인

그런데 놀랍게도 『신라사초』에 근구수가 근초고왕 재위 초기에 태자가 된 기록이 있다. 더구나 근구수는 신라귀족 여성과 혼인까지 한다. 〈미추니금기〉다. '25년(349년) 황계 3월, 부여태자 근수(근구수)가 입조하여 백발의 딸 아이를 처로 하였다. 포사(포석정)에서 길례를 행하였다.'(夫餘太子謹須入朝 以白發女阿爾妻之 行吉鮑祠) 이 해는 근초고왕 재위 4년인 349년이다. 이 시기는 『삼국사기』가 근초고왕 전체 재위 기간 30년(346~375) 중 초기 20년간을 기록의 부재不在로 처리한 부분이다. 아이阿爾는 신라귀족 백발白發의 딸이다. 근수謹須(근구수)가 태자신분으로 직접 신라로 건너가 혼례를 치른다.

> 『신라사초』 기록에 아이(阿爾)의 출생년도가 나온다. 331년이다. 아이는 19세(346년)에 근구수와 혼인한다. 근구수 역시 아이와 엇비슷한 나이라고 보면 **근구수의 출생년도는 330년 전후**가 된다. 근초고왕이 즉위한 346년은 근구수의 나이 15세 전후다. **근구수는 결코 진후(眞后)의 소생이 될 수 없다.**

근초고왕이 근구수를 신라귀족 여성과 혼인시킨 이유는 두 가지로 압축된다. 내적으로는 근구수의 태자 입지를 확고히 구축하는 것이고, 외적으로는 당시 한반도 신흥강자로 급부상한 부여백제(한반도 부여기마족)의 압박을 적극 견제하는 것이다. 근초고왕은 신라라는 우군을 확보하며 '꿩 먹고 알 먹는' 일거양득一擧兩得의 목적을 달성한다.

그런데 『신라사초』는 백제가 이후 또 한번 신라귀족 여성과 혼인한 사실을 전한다. 〈기림니금기〉다. '4년(367년) 적토 9월, 강세의 딸 천강을 길수의 처로 하였다.'(以康世女千康妻吉須) 이 해는 근초고왕 재위 22년인 367년이다. 이번에는 길수吉須가 신라귀족 강세康世의 딸 천강千康과 혼인한다. 길수는 누구일까?

길수는 근초고왕의 정실왕후 진후眞后가 낳은 근초고왕의 적자嫡子

다. 근구수태자의 이복동생이다. 길수왕자와 신라귀족 여성과의 혼인을 추진한 사람은 진후다. 앞서 근구수(근수)의 경우는 근초고왕의 의지가 반영된 선택이라면, 길수의 경우는 진후의 입김이 반영된 결과다. 혹여 진후는 자신이 낳은 길수를 태자에 세우려 한 것은 아닐까? 그러나 근구수는 진후의 압박에 굴하지 않고 당당히 태자위를 지킨다.

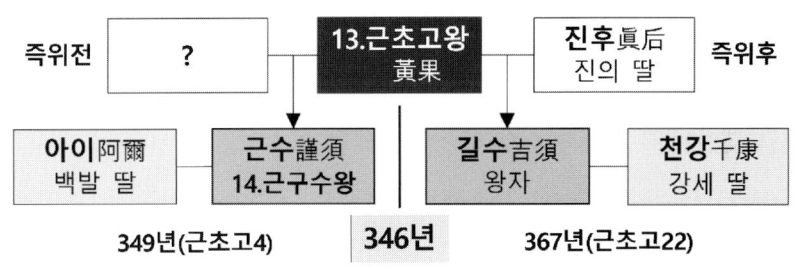

▲ 근수(근구수왕), 길수 계보도

근구수왕은 근초고왕이 사망하자 왕위를 승계한다. 대략 나이는 45세 전후다. 그리고 375년~384년까지 10년간을 재위한다. 『삼국사기』는 근구수왕의 죽음을 자연현상에 빗대어 표현한다. '10년(384년) 봄2월, 해에 세 겹의 햇무리가 생기고 궁궐의 큰 나무가 저절로 뽑혔다. 4월, 왕이 훙하였다.'(十年 春二月 日有暈三重 宮中大樹自拔 夏四月 王薨) 세 겹의 햇무리는 쿠데타를 일으킨 자들이며, 궁궐의 큰 나무가 뽑힌 것은 근구수왕의 실각을 묘사한다. 근구수왕은 384년 2월에 왕위에서 물러나 4월에 사망한다.

그런데 근구수왕을 실각시킨 세 사람 중의 한 사람이 근구수왕의 왕후 아이阿爾다. 아이왕후는 근수수왕의 왕위를 만들기도 하지만 또한 근구수왕의 왕위를 무력화시키기도 한다.

도대체 아이왕후는 남편 근구수왕을 왜 버렸을까?

| 불교를 받아들인 침류왕 |

　　침류왕(15대)은 근구수왕의 원자元子다. 어머니는 신라귀족 출신 아이부인(왕후)이다. 재위 기간은 2년(384~385)으로 비교적 짧다. 그럼에도 침류왕은 백제 역사에서 중요한 위치를 점한다. 불교를 처음으로 받아들였기 때문이다. 불교佛敎는 일제강점기 일본인이 처음 만들어 사용한 용어로 원래 명칭은 불법佛法이다.

백제 불법의 전래 시기

　　『삼국사기』 침류왕 재위 원년(384년) 기록이다. '9월, 인도 승려 마라난타가 동진에서 오자, 왕이 맞이하여 궁내에 모시고 공경하였다. 이때부터 불법이 시작되었다.'(九月 胡僧摩羅難陁自晉至 王迎之致宮內禮敬 焉佛法始於此) 한성백제에 불교가 전래된 시기는 384년이며, 불교를 전파한 사람은 인도 승려 마라난타摩羅難陁다.

　　그러나 이는 어디까지나 왕실차원에서 받아들인 불교의 전래다. 민간차원에서의 전래는 다소 다를 수 있다. 전남 영광에 법성포와 불갑사가 있다. 법성포法聖浦는 '불법을 전파한 성스러운 곳'이다. 최초 불교 도래지로 마라난타가 처음 도착한 장소다. 불갑사佛甲寺는 '처음 세워진 절'로 마라난타가 법성포에 도착한 직후 창건한 사찰로 알려져 있다.

> 『불갑사사적기』. '마라난타가 동진에서 칠산 바다를 거쳐 법성포항에 상륙하여 불갑사를 최초로 창건하였다. 법성이라는 말도 이때 생겨났다.' **법성포의 이전 이름은 아무포(阿無浦), 부용포(芙蓉浦)다. 이 역시 불교와 관련된 명칭으로 마라난타가 오기 이전부터 불교가 유입되었을 가능성을 시사**한다.

　　이는 마라난타의 도착 시기를 추정할 수 있는 단서다. 마라난타는 한성백제로 들어오기 이전에 이미 전라도 지역에 도착하여 불갑사를 창건하고 포교 활동을 벌인 것으로 추정된다. 또한 마라난타의 포교 활동이 비교적 원만하게 진행된 점은 마라난타 도착 이전부터 전라도 지역에는 민간 차원에서 불교가 이미 유입되어 있기에 가능했을 것이다. 특히 전남 곡성지역에는 4세기(300년)를 전후하여 불사가 창건된 기록이 있다. 마라난타가 한성에 도착한 384년과 비교하면 대략 80~90년 정도 앞선다.

> 길상암(전남 곡성 도상면)의 『나한전 중수기』에는 '이 절은 서진 혜황제(263~307)때 당승 원명법사가 와서 창건하였다'고 나와 있으며, 관음사(전남 곡성)의 『관음사사적기』(1729년)에는 '백제 분서왕 재위3년(300년) 성덕보살이 낙안포에서 금동관세음보살상을 모셔다가 절을 지었다'는 창건 설화가 있다.

그렇다면 마라난타는 전라도 지역을 벗어나 경기도 지역의 한성백제까지 찾아올 수 있었을까? 또한 침류왕은 처음 방문하는 마라난타의 불교를 거리낌없이 받아들인 이유는 무엇일까? 전하는 기록에 따르면, 마라난타는 불갑사(전남 영광)뿐 아니라 불회사(전남 나주), 용흥사(전남 담양), 관음사(전남 곡성), 불주사(전북 군산) 등의 창건에도 깊이 관여한 것으로 나온다. 이는 마라난타가 오로지 불교 전파를 위해 전라도 지방을 휩쓸고 다녔다는 의미로 읽혀진다. 아무리 마라난타가 뛰어난 고승이라고 하지만 당시 사람들이 이방인 마라난타를 쌍수를 들어 환영했다고 보기에는 무리가 따른다. 이들 지역을 지배하고 있는 누군가의 비호와 후원이 있지 않고서야 마라난타의 불사 창건의 행적을 쉬이 설명할 수 없다.

마라난타를 후원한 세력은 부여백제로 추정된다. 372년 부여백제 여구왕은 한성백제 근초고왕이 동진과의 외교관계를 수립하려 하자 서둘러 사신을 파견하여 동진으로부터 '영낙랑태수백제왕'의 관작을 받는다. 이때 동진에 거주하던 마라난타가 부여백제 영역인 전라도 지방으로 흘러 들어와 부여백제의 후원하에 불사를 창건하며 적극적인 포교 활동을 벌인다. 부여백제가 한성백제보다 앞서 불교를 받아들인다.

또한 한성백제 침류왕이 불교를 받아들인 이유도 부여백제와 연관된다. 두 가지 가능성이 존재한다. 하나는 부여백제 강압에 못이겨 마라난타를 받아들여 왕실차원에서 불교를 수용하였거나, 또 하나는 부여백제가 불교를 공식적으로 수용하자 한성백제 또한 이를 자발적으로 따라했을 가능성이다. 형이 가니 아우도 간다는 식이다. 다만 강압적이든 자발적이든 간에 침류왕으로서는 불교를 받아들일 수밖에 없는 정치적 상황에 직면하였을 것이다.

> 『고구려사략』〈소수림대제기〉. '14년(384년) 갑신 4월, 근구수가 죽자 그의 아들 침류가 섰다. 그의 어머니 아이가 동진에서 호승을 맞이하여 멸난타가 9월에 왔다. **불법을 불러들였다.**'(十四年甲申 四月 近仇首死子枕流立 其母阿爾迎胡僧于晋滅難陀九月來 招佛法)

한성백제 최초의 사찰 법륭사

384년 9월 불교를 공식적으로 받아들인 침류왕은 이듬해인 385년 2월 한산漢山에 불사를 짓고 승려 10명을 둔다.(創佛寺於漢山 度僧十人-『삼국사기』) 마라난타가 한성백제에 들어온 지 6개월 만에 전격적으로 최초의 불사가 한산에 창건된다. 한산은 근초고왕이 천도한 한산으로 시조 온조가 터를 잡은 최초 도읍지 하남위례성이다.

그런데 『삼국사기』가 별도의 정보를 제공하지 않음에도 한성백제 최초의 사찰명을 추정할 수 있는 단서가 있다. 일제강점기 도리이 류조鳥居龍藏가 경기도 하남의 고골(하남시 춘궁동/향동/교산동 일대)마을에서 발견한 '法隆寺(법륭사)' 명문 기왓장이다. 『남한비사』(구민회 저술)는 이때 출토된 법륭사 명문 기왓장의 행방을 소개한다.

고골의 일부인 서부면 향리 뒷산에 무수한 불상 깨어진 것이 있고 왜정시대(일제강점기) **일본인 도리이 류조 박사가 이를 발굴하였는데 상형문자와 같**

은 것이 발견되었다. 한자 범자는 아니고 도리이 류조 박사는 백제시대 글자라 하면서 가져가더니 그 후 공진회 때 참고관에 진열하였다. … 또 **그때 깨어진 기왓장에서 法隆寺가 새겨진 것을 발견하였는데** 일본 법륭사 벽화글씨와 필법이 동일하다는 도리이 류조 박사의 감정鑑定이며, **이곳에 법륭사가 있을 때 백제인이 일본으로 건너가서 나라**奈良**지방에 법륭사를 건축한 것이 아닌가 생각된다.** 이 기왓장은 도리이 류조 박사가 가져갔다.

고골마을의 법륭사는 침류왕이 한산에 창건한 최초의 사찰로 추정된다. '法隆'은 '불법을 융성하게 한다'는 뜻으로 불교의 시작을 의미한다. 신라의 경우 불교를 처음 받아들인 법흥왕(23대)의 왕명 '法興'도 '불법을 흥하게 한다' 뜻으로 '法隆'과 일맥 상통한다. 607년 쇼토쿠聖德태자에 의해 창건된 일본 나라현 법륭사(호류지)도 같은 차원으로 이해된다.

다만 도리이 류조가 고골마을의 법륭사 기왓장 명문글씨가 일본 법륭사의 벽화글씨와 필법이 동일하다고 판단한 점은 지나친 유사화類似化일 수도 있다. 그럼에도 고골마을에서 출토된 법륭사 명문

▲ 오중목탑 [일본 호류지]

기왓장은 침류왕이 창건한 최초의 한산 불사를 떠올리는 데에 결코 부족하지 않다. 특히 이곳에서는 8.15광복 이후 '**慈化寺**(자화사)' 명문의 기왓장도 추가로 발견되었다고 한다.(*수집가 김종규) 아마도 백제 멸망이후 법륭사는 폐사되고 그 자리에 자화사가 다시 세워진 것은 아닐까?

백제 최초의 사찰은 하남시 고골마을의 옛 법륭사일 가능성이 높다.

백제 관미성의 역사적 상징성

관미성^{關彌城}은 392년 고구려 광개토왕이 점령한 백제 성이다.『삼국사기』의 관미성 설명이다.

> 그 성은 **사면이 절벽이고 바다로 감싸있다**. 왕이 군사를 나누어 **일곱 방면으로 공격하여 20일** 만에 점령하였다.
> 其城四面峭絶海水環繞 王分軍七道攻擊 二十日乃拔

관미성은 말 그대로 천험^{天險}의 요새로 난공불락이다.

일반적으로 관미성은 한강 하류지역에 소재한 성으로 본다. 역사학자들마다 비정이 다르나 대략 다섯 곳으로 압축된다. ㉮ 파주 오두산성, ㉯ 강화도 북단, ㉰ 교동도, ㉱ 예성강 남안, ㉲ 임진강 남안 등이다. 이 중 김정호(*『대동여지도』)가 비정한 파주 오두산성(㉮)이 가장 유력하다. 특히 오두산성은 당시 백제 영역에 속하는 성으로 '사면이 절벽이고 바다로 감싸있다.'(四面峭絶 海水環繞)는 자연조건에 가장 부합하다.

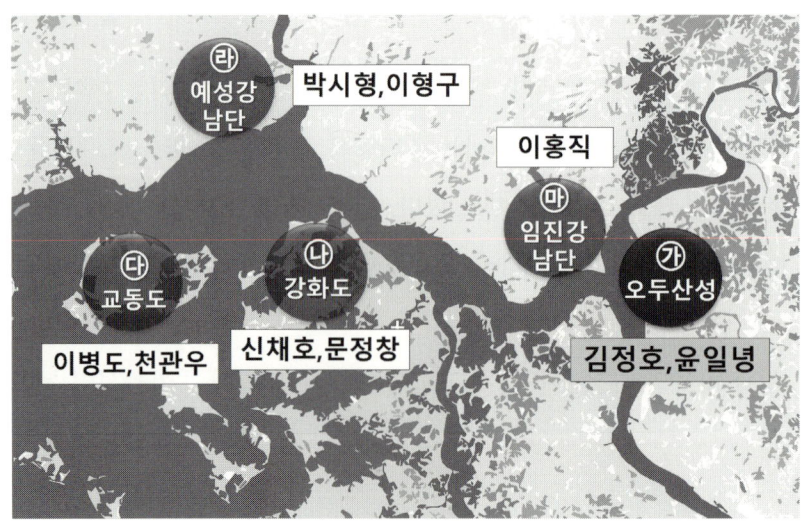

▲ 관미성 비정 장소

부여백제 정벌을 위한 해상 전초기지

광개토왕이 무리를 해가며 관미성을 빼앗은 이유는 무엇일까? 광개토왕은 관미성 점령을 통해 한성백제의 해상진출로를 차단한다. 한성백제가 바다로 나갈 수 있는 유일한 통로인 한강 하류지역을 완전히 봉쇄한다. 그리고 4년 후인 396년 광개토왕은 대대적인 남벌을 단행한다. 〔병신년(396년) 대원정大遠征〕이다. 《광개토왕릉비》에 따르면, 광개토왕은 먼저 관미성을 포함하여 한강 이북의 한성백제(백잔) 18개 성을 수苜(미리) 공취한다. 그리고 관미성을 전초기지로 삼아 직접 수군을 이끌고 부여백제(왜잔국) 토벌에 나선다. 광개토왕은 충남 어느 해안가에 상륙하여 파죽지세로 밀고 들어가 부여백제 수도인 거발성(충남 공주)을 포함하여 충남 일대의 여러 성들을 점령한다. 이후 북상하며 충북과 경기 남부일대의 성을 추가로 공략한다. 이때 광개토왕에게 공취된 부여백제 성은 40개다. 광개토왕은 〔병신년 대원정〕을 통해 한성백제 18성과 부여백제 40성 등 도합 58성 700촌을 공취한다.

결국 광개토왕이 관미성을 장장 20일에 걸쳐 집중 공격하여 함락시킨 이유는 명확하다. 부여백제를 정벌하기 위한 전략적 판단이다. 우리가 광개토왕을 높게 평가하는 이유는 단순히 무패의 전승全勝 기록 때문은 아니다. 광개토왕의 전승은 사전에 철저히 준비하고 계획된 실행의 결과물이다. 광개토왕의 전승 역사가 마치 파노라마처럼 펼쳐진 진짜 이유다.

관미성의 역사적 상징성

396년 〔병신년 대원정〕의 최대 피해자는 부여백제 여휘餘暉왕이다. 왜왕(요속일)에게 칠지도(책봉문서)를 보내 왜국을 제후국諸侯國으로 삼은 부여백제 왕세자 기생奇生이다(372년). 그래서 광개토왕에게 처참하게 패한 여휘왕은 급히 한반도를 탈출하여 제후국이 있는 일본열도로 건너간다. 그리고 부여백제 망명정권인 일본 고대국가 야마토^{大倭,大和}를 지금의 나라^{奈良}현에 건국한다. 이 해는 397년이다. 여휘왕은 만세일계 일본 천왕가의 실질 시조인 야마토 응신^{應神}(오진)왕으로 재탄생한다.

▲ 오두산성, 통일전망대 [경기 파주]

광개토왕이 점령한 관미성은 고대 한반도 역사를 격동의 용광로 속으로 몰아넣은 시발지다. 또한 대륙에서 시작하여 한반도를 거쳐 일본열도로 건너간 부여기마족의 파란만장한 역사를 증언하는 상징적인 장소다.

현재 파주 오두산성에는 남북분단의 상징인 통일전망대가 있다.

| 진사왕 사망의 미스터리 |

　진사왕(16대)은 근구수왕(14대)의 둘째 아들二子이다. 어머니는 신라귀족 출신 아이阿爾왕후다. 원래 진사왕은 왕이 될 위치가 아니다. 근구수왕의 첫째 아들元子인 형 침류왕(15대)이 즉위하자, 동생 진사왕은 쿠데타를 일으켜 형 침류왕의 왕위를 찬탈한다. 이때 진사왕은 형수(침류왕 왕후) 진가리眞佳利와 딜deal을 한다. 진사왕은 진가리가 낳은 침류왕의 아들 아신을 후계자로 삼으며 진가리를 왕후로 맞이한다. 그래서 진가리는 침류왕과 진사왕 두 형제의 왕후가 되는 특이한 이력을 갖게 된다. 특히 진사왕은 즉위 이후 궁궐을 중수하며 연못을 파서 산을 만들고 각종 진금이초珍禽異草를 기른다. 진사왕은 진가리를 위해 일종의 '궁중정원'을 만든다. 이는 진사왕이 쿠데타를 일으킨 이유이기도 한 다. 진사왕은 형수 진가리를 무척 사랑한 것이다.

▲ 진사왕 연못 추정지 [경기 하남 교산동]

　진사왕은 385년~392년까지 8년간을 재위한다. 그런데 그의 죽음을 두고 문헌 기록마다 각기 다르게 설명한다.

진사왕 사망에 관한 기록들

　『삼국사기』는 진사왕이 392년 구원狗原(경기 김포) 행궁行宮에서 사망한 사실만을 전한다(薨於狗原行宮). 392년은 고구려 광개토왕이 백제 관미성(경기 파주 오두산성)을 함락시킨 해다. 광개토왕은 백제의 해상 교통로인 한

| 건국의 요람과 여명 | 초고계열과 고이계열 | **근초고왕과 부여기마족** | 부여씨왕조의 수난 |

강 하류지역을 봉쇄하며 4년 후에 단행된 396년의 〔병신년 대원정〕을 본격적으로 준비한다.

『고구려사략』은 당시 상황을 좀 더 상세히 기술한다. 진사왕은 391년 서해의 큰 섬(강화도)으로 사냥을 나가는데 이때 왜를 만나며 급히 횡악橫岳(북한산)으로 피신한다. 왜가 갑자기 강화도에 출현한다. 〈고국양대제기〉다.

8년(391년) 4월, ① 이때 왜가 가라, 신라에 침입하고 백제의 남쪽에 이르렀는데도 진사는 가리와 함께 궁실에서 사치하며 연못을 파고 산을 만들어 특이한 새를 기르고 있었다. ② 이세가 죽자 이 소식을 듣고 서쪽 큰 섬으로 피해 들어갔으나 거기에는 이미 왜가 와있는지라 물러나 횡악으로 들어가 사람들이 비웃을까 겁내어 사슴을 잡는다는 핑계를 대었다.
八年 十月 時 倭侵加羅至濟南 辰斯與佳利奢其宮室 穿池造山以養奇禽 異世卒 聞此報 逃入國西大島 已而倭 退還入橫岳 恐人之笑 假托射鹿 其不振甚矣

> ①은《광개토왕릉비》의「신묘년 기사」에 해당하며, ②의 이세(異世) 즉 '다른 권력자'는 『일본서기』가 신공왕후로 기록한 부여백제 여구왕의 왕후로 추정된다.

이어 이듬해인 392년 진사왕은 왕후 진가리와 함께 구원에서 사냥을 하며 지내다가 관미성이 광개토왕에게 함락되었다는 소식을 듣고 놀라 자빠져 사망한다. 이에 진가리는 아들 아신왕을 세운다. 〈영락대제기〉다.

2년(392년) 10월, 또다시 수군과 육군을 이끌고 일곱 길로 나누어 관미성을 주야로 공격하여 빼앗았다. 그 성은 사면이 가파르고 험하여 물로 둘러싸여 있었다. 그리하여 진사는 이 성이 함락되지 않으리라 여겨 그의 처 가리와 함께 구원에서 사냥하면서 열흘 여를 우리가 물러나길 기다렸다가 함락되었다는 소식을 듣고 놀라 자빠져 끝내 일어나지 못하고 죽었다. 가리가 침류의 아들 아신으로 대신하였다.

二年 十月 又 引水陸軍分 七道攻關彌城 晝夜不休二十日而拔之 其城四面峭絶 海水圍繞 故 辰斯以爲不落而與其妻佳利 獵于狗原經旬而待我退 至是聞陷而 驚倒仍不起而死 佳利乃以枕流子莘代之

그런데 『일본서기』는 전혀 다르게 기술한다. 진사왕이 예를 범하자 왜왕(부여백제 여휘왕)은 기각숙니紀角宿禰 등 4명의 사신을 보내 문책한다. 이때 백제는 진사왕을 죽이고 왜의 사신들은 아신왕을 세우고 돌아간다. 〈응신기〉다.

3년(392년), 이 해에 백제 진사왕이 서서 귀국 천황에게 예를 범하였다. 그래서 **기각숙니, 우전실대숙니, 석천숙니, 목토숙니**를 파견하여 예를 버린 상황을 실책하였다. 그리하여 백제국은 진사왕을 죽여 사죄하였다. 기각숙니 등은 **아화**(아신)을 왕으로 세우고 돌아왔다.

三年 是歲 百濟辰斯王立之失禮於貴國天皇 故遣紀角宿禰 羽田矢代宿禰 石川宿禰 木菟宿禰 嘖讓其无禮狀 由是 百濟國殺辰斯王以謝之 紀角宿禰等便立阿花爲王而歸

어느 기록이 사실일까? 둘 다 맞다. 다만 『고구려사략』은 고구려의 시각이고, 『일본서기』는 왜의 시각이다. 두 기록을 겹쳐보면 다음의 시나리오가 가능하다. 진사왕은 391년 강화도로 사냥을 나갔다가 왜를 만난다. 이때 왜의 사신들로부터 문책을 당하자 진사왕은 급히 북한산(횡악)으로

▲ 진사왕 이동 경로와 죽음

도망간다. 이어 이듬해인 392년 진사왕은 김포(구원)의 행궁에 머물다가 관미성 함락 소식을 듣고 놀라 쓰러진다. 다만 당시 왜의 사신들과 백제 지배층이 밀약하여 진사왕의 죽음을 방조하거나 또는 살해했을 가능성도 있다.

진사왕 사망에 관여한 왜의 실체

왜는 누구일까? 일본열도 세력일까? 아니다. 왜는 한반도 부여기마족인 부여백제다. 거발성(충남 공주)을 수도로 삼아 한반도 서남부지방을 일거에 장악한 한반도 삼한 땅의 진정한 맹주다.『고구려사략』이 왜로 표기한 이유는 부여백제가 광개토왕의 〔병신년(396년) 대원정〕에서 패배하여 일본열도의 망명정권 야마토大倭로 재탄생(397년)하였기 때문이다. 《광개토왕릉비》도 왜로 표기한다.《광개토왕릉비》가 세워질 당시(414년)의 부여백제는 이미 일본열도의 왜로 전환된 상태다. 진사왕 사망 당시(392년) 왜는 일본열도가 아닌 한반도에 위치한다.『일본서기』는 당연히 왜가 되어야 한다. 왜의 전신인 한반도의 부여백제이든 아니면 부여백제의 후신인 일본열도의 왜이든 간에 둘 다 왜이기 때문이다. 적어도 이 시기『일본서기』기록은 모두 부여백제의 역사 기록이다.

진사왕의 죽음에는『일본서기』가 왜로 표기한 한반도 부여기마족 부여백제가 있다.

| 권력의 화신 신라 출신 아이왕후 |

『삼국사기』가 기록한 백제 왕후는 3명이다. 보과^{宝果}, 아이^{阿爾}, 팔수^{八須} 등이다. 그런데 이들은 공통점이 있다. 모두 백제의 내부 출신이 아닌 외부 출신이다. 보과는 대방국 왕녀 출신이며, 팔수는 왜(야마토) 왕실 출신이다. 또한 이들은 왕자를 생산하며, 그 왕자는 남편왕의 뒤를 이어 즉위한다. 이런 까닭으로 이들 3명은 여성임에도 불구하고 왕실권력의 중심에 선다. 그렇다면 아이는 어디 출신일까?

신라 귀족 출신 아이왕후

아이왕후는 『삼국사기』가 침류왕(15대)의 어머니로 기록한 여성이다. 『신라사초』에 그녀의 출신이 나온다. '부여태자 근수(근구수)가 입조하여 백발의 딸 아이를 처로 하였다. 포사에서 길례를 행하였다.'(夫餘太子謹須 入朝 以白發女阿爾妻之 行吉鮑祠)

아이왕후는 신라 귀족 백발^{白發}의 딸이다. 근초고왕의 아들 근구수 태자가 직접 신라로 건너가 포사(포석정)에서 혼례를 치른다. 이 해는 349년(근초고4)으로 부여백제가 본격적으로 한반도 내 영향력을 확장하는 시기다. 근구수와 아이왕후의 혼인은

▲ 포석정 [경주 배동]

부여백제를 견제하기 위한 근초고왕의 고육책(혼인동맹)으로 이해된다.

| 건국의 요람과 여명 | 초고계열과 고이계열 | **근초고왕과 부여기마족** | 부여씨왕조의 수난 |

아이왕후는 권력의 화신

아이왕후는 근구수를 통해 2명의 아들을 낳는다. 침류왕과 진사왕이다. 이후 근초고왕이 사망하고 남편 근구수왕이 즉위하면서 왕후가 된다. 근구수왕은 375년~384년까지 10년간 재위한다. 그런데 『신라사초』에 아이왕후의 위상을 추정할 수 있는 기록들이 줄줄이 나온다.

379년(근구수5) 신라는 백제에 사신을 파견하는데, 이때 신라 사신이 백제 정치상황을 본 내용이다. '이때 발강의 누이 아이가 근수(근구수왕)의 처가 되었는데 그 나라를 오로지 하였다.'(時發康女兄阿爾 爲謹須妻 專其國) 아이왕후가 정사政事를 좌지우지한다. 왕후의 신분임에도 불구하고 근구수왕을 능가하는 권력을 행사한다.

특히 4년 후인 383년(근구수9) 기록은 더욱 놀랍다.

> 3월, 부여유민 30호가 또 항복하여 왔다. 부여와 왜가 상통하니 해마다 그 백성을 받아들여 도성과 시골에 분산 배치하였다. **왜신 웅언은 잘 생기고 말솜씨가 좋아 아이와 서로 정을 통하니 그 말을 많이 따랐다.** 국인이 이반하여 혹은 우리에게 오고 혹은 고구려에 귀속하였다.
> 三月 夫餘流民三十戶又來降 夫餘與倭相通年年受其民散置都鄙 倭臣熊彦美而善辯與阿爾相通多聽其言故 國人異反或歸於我亦歸于麗

아이왕후는 왜신倭臣 웅언熊彦을 정부情夫로 둔다. 또한 웅언의 말을 쫓아 정사를 결정하는 일이 잦아지자 이에 반발한 국인國人(지배층)이 신라나 고구려로 망명한다. 한 마디로 아이왕후는 남편 근구수왕을 제쳐두고 정부 웅언과 함께 권력을 독식한다.

웅언은 천웅장언千熊長彦이다. 근초고왕 때인 369년 부여백제 여구왕이 목라근자를 시켜 삼한정벌을 단행한 후 벽지산(모악산)과 고사산(두승산)에서 근초고왕 부자와 함께 항복맹세를 받은 왜신이다. 천웅장언은 항복맹세 3년 후인 372년 왜왕을 부여백제의 후왕으로 책봉하는 칠지도(책봉문서)를 수령하여 왜로 가지고 간다. 그런 천웅장언이 10년이 지난 시점에 한성백제로 들어와 아이왕후의 정부가 된다.

근구수왕은 이듬해인 384년(근구수10) 사망한다. 그런데 『삼국사기』는 근구수왕의 죽음에 대해 흥미로운 기록을 남긴다. '봄 2월, 해에 세 겹의 햇무리가 생기고 궁궐의 큰 나무가 저절로 뽑혔다. 가을 4월, 왕이 훙하였다.'(春二月 日有暈三重 宮中大樹自拔 夏四月 王薨) 세 겹의 햇무리는 쿠데타를 일으킨 사람들이며, 궁궐의 큰 나무가 뽑힌 것은 근구수왕이 실각을 묘사한다. 근구수왕은 쿠데타로 인해 쫓겨나며 유폐幽閉된 후 사망한다. 세 겹의 햇무리는 바로 아이왕후와 천웅장언이며, 또 한 사람은 당시 진씨귀족의 수장인 내신좌평 진고도眞高道로 추정된다.

이후의 아이왕후 행적이 『신라사초』에 계속해서 나온다. '부여의 근수가 죽고 침류가 섰다. 그 어머니 아이가 집정하였다.'(夫餘謹須殂枕流立 其母阿爾執政) 아이왕후는 침류왕을 옹립하고 섭정한다. 남편 근수구왕 때의 권력을 아들 침류왕 때에도 계속 유지한다. 그러나 침류왕은 재위 2년 만에 동생 진사왕에 의해 실각한다. 진사왕은 385년~392년까지 8년간을 재위한다. 진사왕의 뒤를 이은 왕은 침류왕의 아들 아신왕이다. 『신라사초』는 '진사가 구원에서 죽으니 이에 아이가 아신을 왕으로 삼았다.'(辰斯卒于狗原 阿爾乃立阿莘爲君)고 기록한다. 아이왕후는 손자 아신왕의 옹립에도 적극 관여한다. 다만 이후 행적은 더 이상 기록에 나오지 않는다.

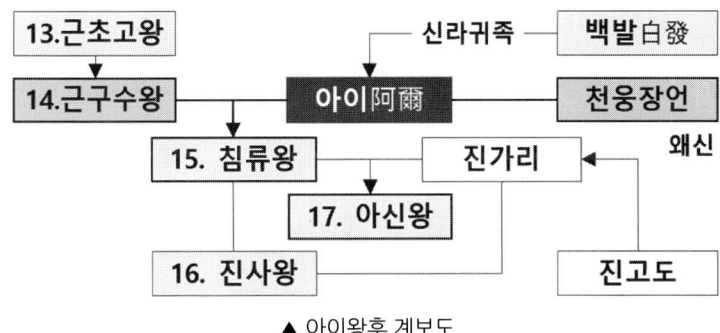

▲ 아이왕후 계보도

아이왕후는 349년 근초고왕 며느리로 처음 백제왕실과 인연을 맺은 이후 손자 아신왕을 옹립한 392년까지 무려 4대에 걸쳐 43년간을 왕실 권력의 중심에 서서 정계를 좌지우지한다. 왜신 천웅장언을 정부로 둔 까닭에 남편 근구수왕을 매몰차게 버리며, 두 명의 아들 침류왕과 진사왕 치세는 물론이고 손자 아신왕 때에 이르기까지 권력을 놓지 않는다.

신라 출신 아이왕후가 4대에 거쳐 권력을 행사한 배경에는 신라 왕조의 특수성이 있다. 삼국 중 여성의 힘이 무척 강했던 **신라는 남왕과 여왕의 공동통치시스템으로 운영**된다. 특히 여왕이 남왕보다 정치적 힘이 월등히 강할 때는 여왕이 남왕을 바꿔가며 권력을 행사한다. 대표적인 예가 『신라사초』가 기록한 **석씨왕조 후반기에 활약한 자황**(雌皇,여황제) **광명**(光明)이다. 광명여왕은 처음 미추왕의 왕후로 출발하여 미추왕, 유례왕, 기림왕, 흘해왕, 내물왕 등에 이르기까지 5명의 왕을 부제(夫帝, 남편왕)로 삼아 남왕을 바꿔가며 이들 남왕들으로부터 모두 19명의 자녀를 얻는다. 광명여왕은 우리역사 최고의 다산녀. 신라가 선덕, 진덕 등 왕력에 포함된 여왕을 배출한 것은 특별한 경우가 아니다. 과거 전례에 따라 여왕이 탄생한 특수한 경우다.

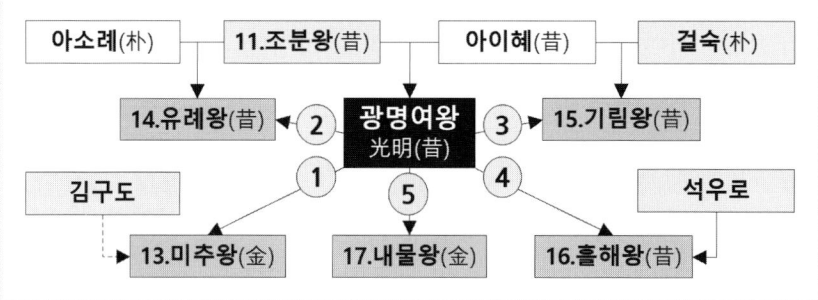

아이왕후는 권력의 화신이다. 『삼국사기』가 제대로 기록하지 않은 신라출신 여성이다.

《광개토왕릉비》가 기록한 한반도 부여기마족

《광개토왕릉비》 비문에 왜(倭)는 9~10번 나온다. 왜가 비문의 핵심이다. 이는 당시 고구려가 왜를 가장 강력한 경쟁상대로 인식한 증거다. 비문기록은 독특한 서술형식을 가진다. 전쟁의 명분과 결과를 명확히 구분한다. 예를 들어 '○○가 △△을 하여 광개토왕이 ○○를 정벌한다.'는 식의 구성이다. 고구려의 천하지배관을 반영한 필법이다.

광개토왕의 정복사업 중에 가장 많은 지면을 할애하여 정리한 기록이 있다. 〔영락6년(396년) 왜잔국 정벌〕이다. 이는 광개토왕이 한반도 서남부지방을 쑥대밭으로 만든 정벌 전쟁이다. 이 결과로 왜잔국(백제 포함)의 58성 700촌이 광개토왕의 말발굽 아래 떨어진다.

「신묘년 기사」에 등장하는 왜

먼저 전쟁 명분이다. 광개토왕이 〔영락6년(396년) 왜잔국 정벌〕을 단행하게 된 배경이다.《광개토왕릉비》 비문이다.

> 百殘新羅 舊是屬民 由來朝貢 而倭以辛卯年 來渡海破 百殘▨▨新羅 以爲臣民
> 백잔과 신라는 옛적부터 속민으로써 조공을 바쳐왔다. 왜가 신묘년에 바다를 건너와 백잔, ▨▨, 신라를 파하고 신민으로 삼았다.

전쟁 명분은 왜의 잘못된 행위다. 고구려의 속민인 백제와 신라를 왜가 신묘년(391년)에 출현하여 신민으로 삼자 광개토왕이 왜의 행위를 바로잡기 위해 군사적 징벌(懲罰)에 나선다.

> 속민(屬民)은 과거 동족관계이나 현재는 분리되어 있는 나라나 집단이며, 신민(臣民)은 현재 예속의사를 밝힌 나라나 집단을 말한다.

| 건국의 요람과 여명 | 초고계열과 고이계열 | **근초고왕과 부여기마족** | 부여씨왕조의 수난 |

이는 당시 한반도 국가들의 역학관계를 단적으로 보여준다. 약소국인 백제(백잔)와 신라를 사이에 두고 강대국인 고구려와 왜잔국이 서로의 영향력을 확대하며 충돌한다.

특히 왜가 신묘년(391년)에 바다를 건너와 백잔, ▨▨, 신라를 파한 기록을 「신묘년 기사」라고 한다. 일제가 《광개토왕릉비》 탁본을 입수하고 이를 쌍구가묵본雙鉤加墨本으로 만들어 공개한 내용의 핵심이다. 이를 근거로 일제는 고대 일본이 한반도 남쪽지방을 점령하여 통치했다는 소위 「임나일본부설」을 만들어 우리 고대사를 난도질하며 일제강점(한국병탄)을 정당화하는 수단으로 활용한다.

> '來渡海破' 4글자는 일제의 비문변조가 가장 심각한 부분이다. 일찍이 재일사학자 **이진희**는 「석회도말조작론(石灰塗抹造作論)」을 제기하며 일본이 고의로 석회를 발라 조작한 사실을 지적한 바 있다. '來渡海破'에 대해 김병기는 '來入貢于'로, 이형구는 '不貢因破'로 본다.

▲ 신묘년기사, 〔영락6년〕 기록

그런데 「신묘년 기사」가 『고구려사략』에 나온다. 〈고국양대제기〉다. '8년(391년) 4월, 이때 왜가 가라와 신라에 침입하고 백제의 남쪽에 이르렀다.'(八年 辛卯 四月 時倭侵加羅至濟南) 이를 통해 비문의 결자 '▨▨'는 '加羅'임이 확인된다. 다만 〈국강호태왕기〉는 가라加羅가 아닌 임나任那로 적는다. '영락4년(394년) 8월, … 지금 서북쪽에는 연(후연)과 계주(거란)가 있고, 남쪽에는 백잔, 임나, 신라가 있다.'(永樂四年 八月 … 今 西北有燕及契丹 南

有百殘任那新羅) 이들은 394년 당시 광개토왕이 정벌해야 할 대상으로 지목한 나라들이다. 이 중 남쪽의 3개 나라인 백잔, 임나, 신라는 비문의 3개 나라와 배열 순서까지도 정확히 일치한다. 결자 '▨▨'는 '任那'임이 분명하다.

특히 『고구려사략』은 비문의 '도해파渡海破'를 '침侵'으로 표기한다. 일반적으로 '건너다'는 뜻을 가진 한자는 '渡(건널 도)'와 '濟(건널 제)'가 있다. 渡는 강이나 하천 등 소규모의 물을 건널 때 사용하지만,(渡江,渡河) 濟는 바다와 같은 대규모의 물을 건널 때 사용한다.(濟海) 한자의 용례로 본다면 왜는 일본열도에서 바다를 건너온 것이 아니라 한반도내의 어떤 강을 건널 수도 있고, 또한 한반도 남해 연안을 따라 건너갈 수도 있다. 따라서 '도해파渡海破'의 대상을 일본열도 왜로 고정시키는 것은 크나큰 잘못이다. 당시 왜는 분명히 한반도에 존재한다. 왜는 누구일까?

▲ 『고구려사략』〈국강호태왕기〉

〈병신년 대원정〉의 왜잔국과 왜는 동일한 존재

신묘년(391년) 왜의 잘못된 행위는 5년 후인 병신년(396년) 왜잔국 정벌로 이어진다. 《광개토왕릉비》 비문이다.

六年 丙申 王躬率水軍 討倭殘國 軍▨▨ 首攻取壹八城 … 而殘主因逼獻▨ 男女生口一千人 細布千匹 跪王自誓 從今以後 永爲奴客 … 於是 取五十八城 村七百 將殘主弟 幷大臣十人 旋師還都
6년(396년) 병신 왕이 친히 수군을 이끌고 왜잔국을 토벌하였다. 군사를 ▨하여 먼저 18성을 공취하였다. … [58성 나열] … 이에 잔주는 곤핍해져 남녀 1천인과 세포 1천필을 바치고 금후로 영원히 노객이 되겠다고 맹세하였다. … 이때에 58성 700촌을 취하고 잔주 동생과 대신 10인을 데리고 도성으로 돌아왔다.

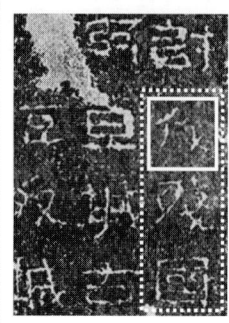

討倭殘國의 부연 설명이다. 기존의 倭자 판독은 利 또는 伐이다. 利는 1889년 일본의 「쌍구가묵본」이 만들어진 이후 줄곧 적용되어 온 글자다. 討利殘國은 '이잔국을 토벌하다.'이다. 그러나 利國은 문헌에 나오지 않는 실체가 모호한 나라다. 伐은 1980년 이후 「주은태탁본」 등이 나오면서 알려진 글자다. 討伐殘國 즉 '잔국을 토벌하다'이다. 그러나 討伐의 討와 伐은 둘 다 동사로 중복된다. 『삼국사기』를 비롯한 어느 문헌에도 討伐을 붙여 쓴 사례는 없다. 討와 伐은 각기 따로 쓰며 둘 다 토벌 또는 정벌로 해석한다. 倭는 최근 원석탁본의 정밀 분석을 통해 확인된 글자다. 왼쪽 'イ'변이 선명하고 오른쪽 위의 禾와 아래의 女가 일부 보인다. 倭자가 분명하다. 다만 倭殘國을 倭와 殘國으로 분리하고 또한 殘國을 百殘으로 이해하여 '왜와 백잔을 토벌하다'로 번역한다. 그러나 이는 무리한 해석이다. 《광개토왕릉비》는 殘國과 百殘을 명확히 구분하며 더구나 百殘에 國를 붙여 百殘國으로 쓰지 않는다.

396년 광개토왕은 친히 수군을 이끌고 충청도 어느 해안가에 상륙하여 왜잔국 토벌에 나선다. 이때 미리^舊 공취한 백잔(백제) 18개 성과 왜잔국 40개 성 등 도합 58성 700촌이 광개토왕에 의해 정벌된다. 왜잔국 40개 성은 결자^{缺字}가 적잖이 나오나 주로 충청도와 경기도 남부에 소재한 성들이다. 특히 『태백일사』(이맥 찬술)는 이때 광개토왕이 정벌한 지역이 충청도의 웅진(공주)을 비롯한 7개 성이며, 또한 귀국 길에 속리산에 올라 하늘에 제사를 지낸 내용도 소개한다.

『태백일사』〈고구려국본기〉. '제(광개토왕)는 몸소 수군을 이끌고 웅진(충남 공주), 임천(충남 임천), 와산(충북 보은), 괴구(충북 괴산), 복사매(충북 영동), 우술산(대전 대덕), 진을례(충남 금산), 노사지(대전 유성) 등의 성을 공격하여 빼앗고 도중에 속리산에서 아침

일찍 하늘에 제사를 지내고 돌아왔다.'(帝躬率水軍 攻取壹林城蛙山槐口伏斯買雨述山進 乙禮奴斯只登城 路次俗離山期早朝祭天而還)

그런데 전쟁 결과는 전쟁 명분의 「신묘년 기사」에 나오는 바다를 건너왔다는 왜는 온데간데없고 대신 충청도의 왜잔국이 토벌된다. 왜가 바로 왜잔국이다. 광개토왕이 공취한 40개 성이 소재한 한반도 충청지방을 장악하고 있던 왜다. 이어 광개토왕은 왜잔국 토벌을 완료하고 북상하여 백제(백잔)마저 공격한다. 그리고 남녀 1천명과 세포(삼베) 1천필의 전리품을 챙기며, 백제 아신왕(17대)으로부터 '노객 맹세'를 받는다. 또한 왕의 동생과 대신 10명을 인질로 잡고 돌아간다.

광개토왕의 〔영락6년(396년) 왜잔국 정벌〕은 『고구려사략』에도 나온다.

▲ 영락6년 왜잔국 정벌

'6년(396년) 3월, 상이 몸소 수군을 이끌고 대방과 백제를 토벌하여 10여 성을 떨어뜨리고 그 동생을 인질로 잡아 돌아왔다.'
六年 丙申 三月 躬率水軍討帶方及濟 下十餘城質其弟而歸.

비문과의 차이점은 왜잔국 토벌 부분은 빠지고 귀국 길의 백제 상황만을 전한다.

《광개토왕릉비》의 왜는 한반도 부여기마족

광개토왕이 정벌한 왜잔국은 일본열도의 왜가 아니다. 한반도의 왜다. 한반도 서남부지방을 장악하고 있던 부여백제다. 이들은 〔영락6년(396년) 왜잔국 정벌〕에서 광개토왕에게 처참히 패해 급히 일본열도로 망명한다. 그리고 이듬해인 397년 일본 고대국가 야마토^{大倭,大和}로 재탄생한다. 그런 까닭으로 비문은 명확히 구분한다. 전쟁 명분에는 이후의 왜로 표기하고, 전쟁 결과에는 당시의 왜잔국으로 표기한다. 왜잔국은 일본열도의 왜가 성립되기 이전의 한반도 부여기마족(부여백제)이다.

특히 전쟁 명분을 기술한 「신묘년 기사」의 해석은 당시의 한반도 부여기마족을 이후의 일본열도 왜로 잘못 인식했기 때문이다. 「신묘년 기사」는 일본이 우리 역사에 채운 족쇄가 아니다. 우리가 일본 역사에 채운 족쇄다. 일본은 「신묘년 기사」로 인해 만세일계 천왕가의 기원이 한반도라는 사실을 자신들도 모르게 스스로 인정한 꼴이다.

◀『회여록』 제5집 [1889년]

1883년 일본 육군참모본부 소속 사코(酒勾景信) 중위가 길림성 집안현에서 《광개토왕릉비》 비문 탁본을 떠서 일본으로 가져가 「쌍구가묵본」을 만든다. 그리고 이를 바탕으로 1889년 요코이(橫井忠直)가 일본의 국수주의 기관지 『회여록(會餘錄)』 제5집에 「고구려고비고(高勾麗古碑考)」의 특별논고를 발표한다.

《광개토왕릉비》의 왜는 일본열도로 망명한 한반도 부여기마족이다.

|《충주고구려비》와 부여기마족의 행방 |

《충주고구려비》(중원고구려비, 국보 제205호)는 한반도에서 발견된 유일한 고구려 석비다. 크기는 높이 203㎝, 너비 55㎝로 직사각형 화강암 4면에 글자를 새겨 놓아《광개토왕릉비》와 형태, 글자 배치 등의 방식이 동일하다. 가히《광개토왕릉비》의 축소판이다. 글자는 앞면과 좌면은 비교적 마모가 덜하고 우면과 뒷면은 마모가 심하다. 앞면은 10행에 23자씩이고, 좌면은 7행에 23자씩으로 중간에 확인이 불가한 글자가 더러 있어 대략 400자 정도만 판독이 가능하다. 또한 우면과 뒷면은 마모로 인해 글자 판독 자체가 어려우나 부분적으로 일부는 확인된다. 전체 글자수는 528자로 추정된다.

▲《충주고구려비》[충주 중앙탑면]

석비의 제작년도는 397년

문제는 석비의 제작 시기다. 비문은 년도 표기가 없고 대신 '**五月中**'으로 시작한다. 월만 5월이 확인된다. 다만 본문 중에 '**十二月廿三日甲寅**' 즉 '12월 23일 갑인'이라는 기록이 있어, 이를 근거로 고구려 장수왕 시기인 449년과 481년을 제작년도로 추정한다.

그런데 2019년 뜻밖의 반전이 일어난다. 동북아역사재단과 고대사학회가 공동으로 진행한 연구에서 최첨단 기술인 '3-D 스캐닝'과 'RTI 촬영' 등을 통해 비문 앞면 상단에서 '**永樂七年歲在丁酉**'의 8글자를 추가로 확인한다. '영락7년 정유'는 397년이다. 특히 397년 12월 23일이

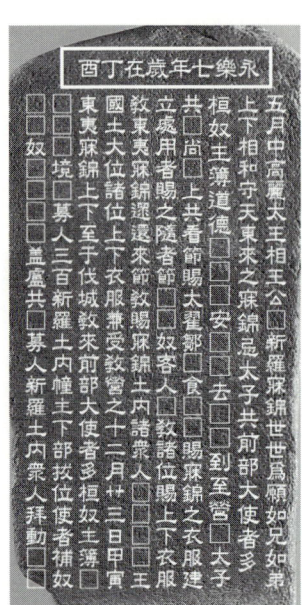

▲《충주고구려비》비문 앞면

갑인일이기도 하여 본문 기록과도 정확히 일치한다. 현대 과학기술이 고고학의 진실을 밝혀낸 놀라운 쾌거다. 다만 '永樂七年歲在丁酉'는 본문과 같은 세로쓰기 아닌 가로쓰기며, '丁酉'는 가로쓰기가 아닌 세로쓰기로 쓰여진 점이다. 처음 비문을 새길 때 가로쓰기로 진행하다가 여의치 않아 세로쓰기로 전환한 듯 보인다.

고구려-신라의 국경 수호조약

《충주고구려비》는 고구려 광개토왕과 신라 내물왕이 맺은 일종의 국경 수호조약이다. 비문 앞면의 일부다.

永樂七年 歲在丁酉 五月中 高麗太王相王公▨新羅寐錦 世世爲願如兄如弟 上下相和 守天東來之 寐錦忌 太子共 前部大使者多桓奴 … 至營▨ 十二月 卄三日甲寅東夷寐錦上下至于伐城 … 新羅土內幢主下部拔位使者補奴▨ … 新羅土內衆人拜動▨▨

영락7년(397년) 세재 정유 5월중에 고구려 태왕의 상왕 공이 신라매금과 ▨만나서 세세로 형처럼 아우처럼 위아래를 서로 알게하고 수천(조약)을 맺기 위해 동쪽으로 왔다. 매금이 꺼려하자 태자 공과 전부 대사자 다환노 … 영▨에 이르렀다. … 12월 23일 갑인에 동이매금의 상하(신하)가 우벌성으로 왔다. … 신라토내 당주 하부 발위사자 보노 … 신라 영토안의 무리를 배(굴복)시키고 ▨▨로 옮겼다.

397년(영락7) 5월, 광개토왕을 대리한 상왕相王(특명전권대사)인 고추가 공☆태자(왕자 지칭)가 내물왕(신라매금,동이매금)과 고구려 신라간 국경 수호조약 체결을 위해 신라를 방문하고 내물왕이 꺼려하자 조약 체결이 늦어진다. 이어 12월 13일 신라 대표단이 우벌성^{于伐城}에 도착하나 어떤 사유가 생겨 신라 영토의 고구려 당주^{幢主}(주둔군 사령관)가 이들을 제압한다.

아래는 글자 마모가 심한 뒷면의 일부다.

> 東夷寐錦土 …… 斯色 ▨▨古鄒加共軍至于伐城 ▨▨▨古牟婁城守事下部大兄耶▨
>
> 동이매금(내물왕)이 … (영토문제에 대해 고구려 제안을) … 사절(거절)하니 이에 **고추가 공의 군사가 우벌성에 이르고** (뒤를 따라) **고모루성 수사 하부 대형 야**▨**의 군사도 왔다.**

내물왕이 계속해서 국경 수호조약 체결을 거부하자 고구려 공태자는 군사를 움직여 우벌성에 당도하고, 고모루성 수사^{守事}의 군사도 뒤따라와 신라의 조약 체결을 군사적으로 압박한다.

우벌성과 고모루성의 위치비정

비문에 언급된 우벌성과 고모루성의 위치 비정이다. 먼저 우벌성은 충북 충주, 경북 상주, 경북 순흥 등의 설이 있다. 이 중 마지막 순흥이 유력하다. 이유는 당시 신라 주둔군 사령관인 당주^{幢主}의 무덤으로 추정되는 고분이 순흥에 있기 때문이다.

경북 영주시 순흥의 '순흥벽화고분'은 한반도 남쪽지방에 발견된 고구려식 벽화무덤이다. 돌방내에는 봉황, 역사(力士), 구름과 연꽃 등이 그려져 있다. 특히 남벽에는 '己未中墓像人名▨▨'의 묵서가 있다. 간지 '己未'는 419년으로 **무덤주인은 '신라토내당주'와 관련된 인물**이다.

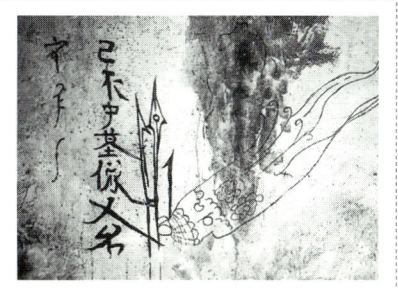

건국의 요람과 여명 | 초고계열과 고이계열 | **근초고왕과 부여기마족** | 부여씨왕조의 수난

다음 고모루성은 충남 덕산, 충북 음성 고산성, 멀리는 경기 포천 고모리산성 등의 설이 있다. 그러나 이는 모두 잘못된 비정이다. 고모루성의 위치는 《광개토왕릉비》 비문에서 찾을 수 있다. [영락6년 왜잔국 정벌] 기록에 고모루성이 나온다.(*[수묘인 연호]기록에도 나옴) 광개토왕이 정벌한 왜잔국(백잔 포함) 58성 중에 고모루성과 앞뒤 성의 배치가 거발성^{居拔城} → 고모루성 → 윤노성^{閏奴城} 순이다. 거발성은 당시 왜잔국(부여백제)의 수도인 충남 공주며, 윤노성은 충남 청양이다. 따라서 고모루성은 충남 공주와 청양 사이 또는 인근 지역에서 크게 벗어나지 않는다.

특히 비문은 '古牟婁城守事下部大兄耶▨'로 적는다. 수사^{守事}는 광개토왕이 정복지역에 파견한 지방관를 이른다. 대형^{大兄}은 고구려의 12 관등 중 2~3품에 해당하는 고위직이다. 수사^{守事} 관직은 길림성 집안의 고구려 무덤인 모두루총의 《모두루묘지명》에서 확인된다. 모두루의 관직이 북부여수사^{北夫餘守事}다. 옛 북부여 지역을 다스린 지방관이다. 마찬가지로 고모루성수사^{古牟婁城守事}는 광개토왕의 정복지인 옛 왜잔국의 충남지역 전체를 다스리는 지방관이라 할 수 있다.

모두루총은 길림성 집안의 고구려무덤떼인 하해방고분에 속하는 **돌방흙무지무덤**(石室封土墳)이다. 돌방 정면 윗벽에 800여 자의 묵서(墨書)가 있다. 「모두루묘지명」이다. 묵서에는 **고구려인의 천하지배관, 고구려 왕실의 출자, 대형**(大兄)**, 대사자**(大使者) **관등명, 영북부여수사**(領北夫餘守事), 그리고 **성민**(城民), **곡민**(谷民)**의 지방제도 관련 내용**을 담고 있다.

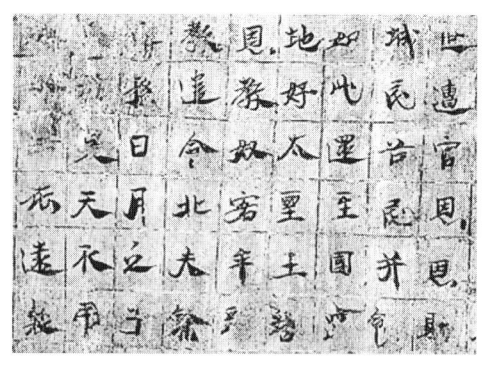

고모루성수사의 존재 의미

397년 고모루성수사古牟婁城守事의 존재는 매우 중요한 역사적 사실을 증언한다. 396년 광개토왕에 의해 정벌된 충남지역의 왜잔국이 사라지고 그 자리에 고구려 지방관인 수사가 파견된 점이다. 다시 말해 왜잔국 왕조는 광개토왕에 의해 정벌된지 채 1년도 안되어 본거지인 충남지역에서 흔적도 없이 사라진다. 대관절 어디로 간 것일까?

광개토왕의 왜잔국 정벌 시기는 396년 정월 경으로 추정된다. 광개토왕이 왜잔국을 정벌한 이후 북상하여 한성백제 아신왕으로부터 '노객 맹세'의 항복을 받은 달이 3월이기 때문이다. 특히 『고구려사략』은 왜잔국의 한반도에서의 마지막 장면을 남긴다. 〈영락대제기〉다.

> 6년(396년) 병신 5월, 왜가 사신을 보내 토산물과 미녀 5인을 바치고 선록을 구하였다.
> 六年 丙申 五月 倭使來獻土物及美女五人 以求仙籙.

광개토왕에게 정벌된 왜잔국은 그해(396년) 5월 미녀 5명을 바치며 선록仙籙(선도 관련 서적)을 구한다. 이는 완전한 복속의 징표며 무한의 약속이다. 또한 역으로 이는 완전한 저항의 표식이며 강한 부정이다. 왜잔국은 일종의 연막煙幕을 펴서 광개토왕을 안심시키고 은밀히 한반도를 빠져나간다. 그래서 왜잔국왕조가 사라진 충남지역에 광개토왕은 수사를 파견하여 직접 통치에 나선다.

《충주고구려비》는 광개토왕에게 정벌된 왜잔국이 한반도를 빠져나간 사실을 증언한다.

| 한반도 부여기마족의 야마토 건국 과정 |

▲ 「기마민족정복왕조설」 도서

일본 천왕가의 15대 응신應神(오진)왕은 고대국가 야마토의 실질 시조다. 일반적으로 이전 왕들은 가야 계열로 보며, 응신왕부터 백제 계열로 본다. 응신왕은 일찍이 에가미 나미오江上波夫가 주장한 「기마민족정복왕조설」의 실제 주인공이다. 고대 일본의 대표적인 무덤 양식인 거대한 전방후원분前方後圓墳을 조성한 세력집단이다.

『일본서기』 응신왕 즉위전사 기록에 출생지가 나온다. 축자筑紫의 문전蚊田이다. 지금의 일본 북규슈 후쿠오카福岡다. 특히 기록은 '처음 응신왕이 뱃속에 있을 때 천신지기(천신,지신)가 삼한 땅을 주었다.'(初天皇在孕而 天神地祇授三韓)고 표현한다. 이는 응신왕이 일본열도로 건너가기 전에 한반도 삼한 땅을 지배한 사실을 부연한다. 후쿠오카는 응신왕의 출생지가 아니라 일본열도 최초 도착지다.

일본 고문헌 『상기(上記)』. '단군(檀君)의 73세손 응신(應神)이 일본의 첫 왕이 되었다.' 또한 이노우에 미쓰사다(井上光貞)는 '응신(應神)천왕은 4세기 중엽 이후 일본의 정복자로 보는 것이 보다 합리적이다.'고 자신의 저서 『日本國家の起源』(岩波書店,1967)에 밝히고 있다.

「신무동정기」의 일본열도 정착과정

응신왕은 한반도 부여기마족인 부여백제의 여휘餘暉왕이다. 369년 칠지도를 제작하여 왜왕 요속일饒速日을 후왕侯王에 책봉한 백제 왕세자 기생兒名이다. 386년 거발성(충남 공주)에서 여구왕의 뒤를 이어 즉위한 여휘왕은 재위 11년째가 되던 해인 396년 광개토왕의〔영락6년 왜잔국 정벌〕에 의해 무참히 패해 일본열도로 급히 건너간다. 여휘왕은 부여백제가 후국侯國으로 삼은 일본열도 왜를 망명지로 선택한다. 그런데 여휘왕의 최종 정착지는 혼슈本州 나라현 일대다. 최초 도착한 규슈九州 후쿠오카가 아닌 수천 리 떨어진 나라奈良현 지역까지 밀려서 정착한다. 무슨 이유일까?

여휘왕은 396년 5월경 충남 공주(거발성)를 출발한다. 3월은 『고구려사략』이 고구려 광개토왕에게 백제 아신왕이 행한 '노객 맹세' 사건을 기록한 달이다. 또한 여휘왕이 규슈 후쿠오카에 도착한 시기는 같은 해 6월경이다. 당시 일본열도에 도착한 여휘왕의 사정이 『일본서기』「신무동정기神武東征記」에 나온다. 신무神武(진무)왕은 일본의 건국시조인 초대 왕으로 일본학자들 조차 가공의 인물로 본다. 신무동정기는 신무왕의 규슈에서 혼슈 기나이畿內지역에 이르는 동정東征(동쪽 정벌) 기록이다. 신무동정기는 응신왕의 동정기로 이해한다. 이를 근거로 여휘왕(응신왕)의 동정東征 과정을 살펴보면 이렇다.

396년 6월경 왜가 있는 규슈 후쿠오카에 도착한 여휘왕은 낙담한다. 당시 규슈지역은 여휘왕의 책봉문서 칠지도를 받아간 왜는 온데간데없이 사라지고 여러 읍군과 촌장이 난립하며 서로 다투고 있다. 여휘왕은 이들을 제압할 군사력을 가지고 있지 않다. 충남 공주를 떠나올 때 일부 인원만 데리고 급히 탈출했기 때문이다. 이때 한 노인(염토노옹)이 나타나 동쪽의 아름다운 청산사주靑山四周땅을 소개하며 칠지도를 받아 간 요속일饒速日의 왜가 그곳으로 갔다는 정보를 알려준다. 기나이畿內 나라현 지역이다. 여휘왕은 요속일을 뒤쫓아 동쪽으로 향한다. 시모노세끼下關 해협을 지나 히로시마廣島를 거친 후 세토내해를 따라 이동하여 오사카만에 다다른다. 그러나 요도가와淀川 급류로 상륙하지 못하고 남쪽으로 우회한다. 이때 여휘왕은 선주先住세력인 장수언長髓彦 집단의 완강한 저항에 부딪친다. 일신명^{日神命}과 대래목^{大來目}의 도움을 받아 가까스로 장수언 집단을 물리치고 천조대신^{天照大神}(아마테라스 오미카미)이 보내준 팔척조^{八咫烏}(삼족오)의 안내를 받아 아스카에 도착한다. 그리고 397년 1월 나라현 가시하라^{橿原} 신궁에서 즉위하니, 이가 곧 일본 고대국가 야마토의 신왕조 창업자 응신왕이다. 『일본서기』가 예전^{譽田}(호무다)으로 기록한 부여백제 여휘왕이다. 후쿠오카를 출발한 지 7개월째며, 충남 공주를 떠나온 지 9개월째다. 386년 한반도에서 부여백제 왕으로 즉위한 여휘왕은 11년 후인 397년 일본열도에서 야마토 응신왕으로 재탄생한다.

▲ 응신왕(부여백제 여휘왕) 동정기

야마토 수도 이하레의 기원

당시 응신왕의 야마토 지배영역은 지금의 나라현 일대다. 수도 이름은 이하레^{いはれ}다. 『고사기』는 '이파례^{伊波禮}', 『일본서기』는 '반여^{磐余}'로 쓴다. 이하레는 우리말 '이파르'다. 이파르는 부여백제의 도성인 거발^{居拔}(충남 공주)과 같다. '居'의 훈독이 '이'니, 거발은 '이발' 또는 '이파르'가 된다.(*게리 레드야드 해석) 응신왕은 일본열도로 망명하면서 부여백제 수도 명칭도 함께 가져간다. 이하레의 『일본서기』표기 '磐余'의 '余'는

'夫餘'의 '餘'와 같다. 이 역시 응신왕이 부여와 연관됨을 나타낸다. 또한 이하레는 백제의 초기 수도 위례慰禮, 고구려의 두 번째 수도 위나慰那(위나암성)와도 어원적으로 유사하다. 모두 우리말 '둘레'를 나타내는 도성의 다양한 표현이다. 특히 『삼국사기』는 응신왕의 죽음을 전한다.

12년(403년) 봄 2월, 왜국에서 사신이 왔다. 왕(아신왕)이 이들을 환영하고 위로하였으며 특별히 대우하였다.
十二年 春二月 倭國使者至 王迎勞之 特厚

때는 403년이다. 백제 아신왕은 야마토 사신단을 맞이하여 특별히 위로하고 대우한다. 야마토가 응신왕의 부고訃告를 알려왔기 때문이다. 아마도 응신왕(여휘왕)은 야마토 궁궐에서 한반도 삼한 땅 쪽을 쳐다보며 쓸쓸히 눈을 감았을 것이다.

일본 오사카 일대에 조성된 전방후원분 무덤들은 피장자의 매장 방향이 각기 다르다. 특히 하비키노羽曳野시에 소재한 응신왕릉譽田山古墳(콘다야마고분)은 서북쪽 방향인 한반도를 향하고 있다.

▲ 콘다야마고분(응신왕릉) [일본 하비키노市]

한때 한반도 삼한 땅을 호령한 진정한 맹주 부여백제 여휘왕 그리고 한반도를 평정한 고구려 광개토왕, 두 영웅의 피할 수 없는 운명은 한반도와 일본열도를 용광로 속으로 몰아넣으며 새로운 역사의 진화를 촉발한다.

역사는 물과 같다. 한 곳에 머무르지 않고 계속해서 흐르며 또한 반드시 자취를 남긴다.

| 왜국에 볼모로 간 전지태자 |

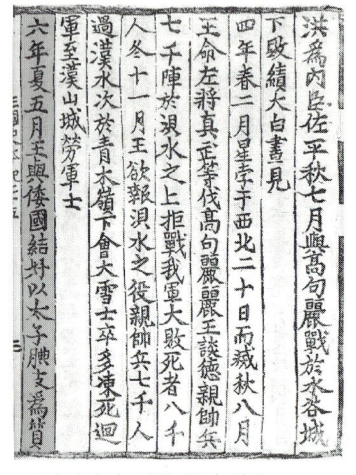
▲『삼국사기』 왜국 등장 기록

『삼국사기』 아신왕(17대) 기록이다. '6년(397년) 여름 5월, 왕이 왜국과 우호관계를 맺고 태자 전지를 볼모로 보냈다.'(六年 夏五月 王與倭國結好 以太子腆支爲質) 이 기사는 『삼국사기』〈백제본기〉가 남긴 가장 위대한 기록이다.

왜국倭國. 〈백제본기〉가 처음으로 언급한 왜다. 적어도 〈백제본기〉는 지금까지 백제 역사를 기록하면서 왜를 언급한 적이 없다. 더구나 하늘에서 뚝 떨어지듯 갑자기 출현한 왜는 그냥 왜가 아니다. 국가체제를 갖춘 강력한 세력집단인 왜국이다.

한반도 삼한 땅을 인수한 한성백제

〈백제본기〉의 왜국은 한반도 부여기마족 부여백제가 일본열도로 건너가 세운 국가다. 일본은 왜倭 앞에 '大'자를 붙여 '대왜大倭'로 쓴다. 또한 한자의 멋을 한껏 살려 '대화大和'로도 쓴다. 모두 '야마토やまと'로 읽는다. 왜국은 바로 일본열도 부여기마족인 야마토다.

> 야마토의 한자표기는 大倭와 大和를 병용해서 쓴다. 대왜는 4세기 말부터 7세기 말까지 수도와 궁궐에 소재한 나라(奈良)분지로 기나이(畿內)의 중심지역이다. 기나이에는 야마토(大倭)를 중심으로 야마시로(山城), 가와치(河內), 이즈미(和泉), 셋쯔(攝津) 등 5개국(國-행정구역)이 존재한다. 효덕(孝德-36대)때 까지만 하더라도 '倭'로 표기하고 '야마토'로 읽었다. 이후 '大和'로 고쳐 쓰다가 천지(天智-38대) 때인 670년 '일본(日本)'으로 개명하여 오늘에 이른다.

때는 397년 5월이다. 백제 아신왕은 전격적으로 태자 전지腆支를 왜국에 보낸다. 그것도 파견이 아닌 볼모다. 명분은 우호관계 수립이다. 도대체 무슨 일이 벌어진 걸까?

396년 정월 고구려 광개토왕의 〔영락6년 왜잔국 정벌〕에서 무참히 패한 부여백제 여휘왕은 이듬해인 397년 정월 일본열도 야마토 응신왕으로 재탄생한다. 이때 부여백제가 지배한 한반도 삼한 땅은 일시적으로 주인이 없는 무주공산이 된다. 이에 한성백제 아신왕은 부여백제의 옛 한반도 삼한 땅을 완전히 인수하면서 태자 전지를 야마토에 볼모로 보낸다. 두 나라의 우호관계 수립은 당연한 후속조치다.

> 『일본서기』〈응신기〉. '8년(397년) 백제인이 내조하였다. 『백제기』에 이르길 아화(아신)가 왕이 되어 귀국에 예가 없었다. 이에 우리의 침미다례 및 현남, 지침, 곡나, 동한의 땅을 빼앗았다. **이에 왕자 직지(전지)를 천조에 보내 선왕의 우호를 닦게 하였다.**'(百濟人來朝 百濟記云 阿花王立无禮於貴國 故奪我枕彌多禮 及峴南支侵谷那東韓之地 是以 遣王子直支于天朝 以脩先王之好也)

부여기마족의 실체를 연구한 학자들

부여기마족은 일본 고대국가 야마토 건국세력의 기원을 찾는 데서 시작한다. 에가미 나미오江上波夫의 「기마민족정복왕조설」이다. 4세기 중후반 퉁구스 계통의 북방 기마민족이 대륙에서 일본열도로 직접 건너왔다는 주장이다. 그런데 이를 보완한 서양학자가 있다. 게리 레드야드Gary Ledyard와 존 카터 코벨Jon Carter Covell이다. 두 사람은 에가미가 정의한 기마족을 '대륙의 부여 전사戰士들'로 이해하고, 그 실체는 '4세기 중·후반에 한반도 서남부지방을 거쳐 일본을 점령한 백제세력'으로 규정한다. 바로 이 백제 세력집단이 한반도 부여기마족인 부여백제다. 또한 이후 일본으로 건너간 일본열도 부여

▲ 게리 레드야드

기마족인 야마토다.

국내학자 중에도 야마토 건국세력을 깊이 있게 연구한 분이 있다. 김성호와 홍원탁이다. 김성호金聖昊(1938~)는 웅진(충남 공주)을 거점으로 한 비류백제(시조 비류계통)의 한 부류로, 홍원탁洪元卓(1940~2012)은 백제 진眞씨 귀족의 후예로 각각 야마토 건국세력을 이해한다. 다만 두 사람은 부여기마족의 기원을 레드야드와 코벨과는 달리 대륙이 아닌 한반도 세력집단에서 찾은 점이 다르다. 그럼에도 두 분의 연구업적만큼은 길이 남을 것이다.

▲ 부여기마족을 연구한 학자들: 코벨, 김성호, 홍원탁

『삼국사기』〈백제본기〉의 왜국 출현 기사는 한반도 부여백제의 실존과 일본열도 야마토의 실체를 증언한다. 또한 『삼국사기』가 부여기마족의 존재를 알린 유일한 기록이다.

김부식과 『삼국사기』 편찬자에게 경의를 표한다.

| 우리 역사 최대의 엑소더스 사건 |

엑소더스^{Exodus}는 '대량 탈출'이다. 구약성경에 나오는 모세가 히브리 민족을 이끌고 애굽(이집트)을 탈출하여 홍해를 건넌 사건은 너무나도 유명한 엑소더스 사례다. 그런데 우리 역사에도 이에 버금가는 엑소더스가 있다.

궁월군과 120현민의 실체

때는 399년이다. 『일본서기』〈응신기〉다.

> 14년(399년) 이 해에 궁월군이 백제로부터 내귀하여 고하길 "신이 120현의 인부를 이끌고 귀화하려 하는데 신라인이 방해를 하여 모두 가라에 머물고 있습니다." 하였다. 이에 갈성습진언을 보내 가라에 있는 궁월군의 인부를 불렀다.
> 十四年 是歲弓月君自百濟來歸 因以奏之曰 臣領己國之人夫百廿縣而歸化 然因新羅人之拒 皆留加羅國 爰遣葛城襲津彦 而召弓月之人夫於加羅

궁월군^{弓月君}이 이끄는 120현의 인부^{人夫}가 나온다. 어림잡아 수십만의 삼한백성이다. 이들은 일본열도로 건너가기 위해 한꺼번에 경남 남해안에 집결한다. 그런데 신라가 방해를 해서 일본열도로 건너가지 못하고 모두 가라에 머문다. 이때 야마토 응신왕은 급히 갈성습진언^{葛城襲津彦}을 보내 삼한백성의 엑소더스를 돕게 한다. 《광개토왕릉비》는 당시 상황을 상세히 기록한다. 경남 남해안에 수십만의 삼한백성이 일시에 모여든다. 흡사 6·25 한국동란 때의 부산에 모인 피난민 행렬

▶ 6.25 한국동란 피난민 행렬

과 흡사하다. 사람이 차고 넘치니 자연스레 신라 국경을 범하게 되고, 이에 위기의식을 느낀 신라 내물왕(17대)은 급히 고구려 광개토왕에게 SOS를 친다.

> 《광개토왕릉비》. '영락9년(399년) 기해, **백잔이 맹세를 어기고 왜와 화통**하였다. 왕이 평양으로 행차하여 내려오니 신라 왕이 사신을 보내 아뢰길 **왜인이 국경에 가득 차서 성과 못을 파괴하니 노객은 백성으로서 왕명을 내려달라** 하였다. 태왕은 인자하여 그 충성심을 칭찬하고 사신을 돌려보내며 밀계를 내렸다.'(九年 己亥 百殘爲誓 與倭和通 王巡下平壤 而新羅遣使白王云 倭人滿其國境 潰破城池 以奴客爲民 歸王請命 太王恩慈 矜其忠誠 特遣使還 告以密計)

이듬해인 400년 내물왕의 구원 요청을 받은 광개토왕은 5만 군사를 신라에 급파한다.《광개토왕릉비》비문이다.

> 十年 庚子 敎遣步騎五萬 往救新羅 從男居城 至新羅城 倭滿其中 官軍方至 倭賊退 ▨▨▨▨▨▨▨ 自倭背急追至任那 加羅 從拔城 城卽歸服 安羅人戍兵
>
> 10년(400년) 경자, 교시를 내려 **보기 5만을 보내 신라를 구원**하였다. 남거성으로 나아가 신라성에 이르니 왜가 그 속에 가득하였다. 관군이 도착하자 왜적이 물러났다. ▨▨▨▨▨▨▨ 왜의 뒤를 급히 추적하여 임나에 이르렀다. 가라가 뒤따라와 성을 공격하자 성은 즉시 귀복하였다. 이에 안라인 술병을 두었다.

광개토왕의 보기(보병,기병) 5만명은 광개토왕이 동원할 수 있는 최대 규모의 병력이다. 이는 광개토왕이 경남 남해안에 집결한 궁월군과 수십만의 삼한백성 존재를 심상치 않게 본 증거다. 이어 고구려군은 남진하여 신라 영토에 들어온 삼한백성을 몰아내고 내친걸음으로 임나에까지 쳐들어간다. 이때 가라(금관가야)가 고구려군을 뒤따라와 임나성을

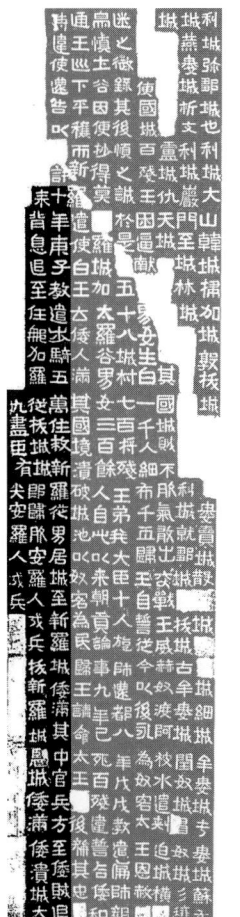

▲〔영락10년〕기록

공격하고 임나성은 즉시 항복하며 고구려에 귀복한다. 귀복의 표현은 과거 고구려 속민인 임나가 신묘년(391년)에 한반도 왜(왜잔국,부여백제)의 신민이 되었다가 다시 고구려의 속민이 된 사실을 말한다. 또한 고구려는 귀복한 임나성에 안라 출신으로 편성한 술병(수비병)을 따로 배치한다. 이 내용은 『고구려사략』 기록에도 나온다. 〈영락대제기〉다.

10년(400년) 경자 2월, 왜가 신라에 들어왔다는 소식을 듣고 서구와 해성 등에게 5만 군사를 이끌고 가서 구원하여 왜를 물러나게 하였다. 임나, 안라, 가락 등 모두가 사신을 보내 입조하였다. 남방이 모두 평정되었다.
十年 庚子 二月 聞倭入羅 遣胥狗解猩等將五万 徃救退倭 任那安羅加洛等 皆遣使來朝 南方悉平

광개토왕은 왜(궁월군과 삼한백성)뿐 아니라 임나도 평정한다. 또한 가야세력인 안라, 가락은 자연스레 광개토왕에게 굴복한다. 안라는 아라가야(경남 함안)며, 가락은 금관가야(경남 김해)다. 이 결과로 광개토왕은 이들 3개 나라로부터 입조^{入朝}를 받는다.

▲ 삼한백성 집결지역 [경남 남해안]

무슨 의미일까? 광개토왕의 군사활동 단면을 엿볼 수 있다. 이는 도륙^{屠戮}과 같은 대규모 살상행위를 동반한 무력행사가 아니다. 상대는 무장한 군대가 아닌 비무장의 삼한백성이다. 그래서 『고구려사략』은 평정^{平定}의 단어를 쓴다. 광개토왕의 군사활동은 일종의 소요사태를 진압하는 정도다. 이에 세 나라는 군사적 저항보다 복속을 선택하며 그 증표로 광개토왕에게 사신을 보내 입조한다. 또한 광개토왕은 평정 이후 이들 지역에 안라 출신의 술병(수비병)을 따로 두기도 한다.

이는 또 무슨 의미일까? 광개토왕이 파견한 5만명의 정예군사 대부분은 철수한다. 그래서 고구려는 자체적으로 술병을 두지 않고 안라 출신으로 술병을 편성하여 배치한다. 3개 나라 중 안라는 비교적 고구려에 협조적이었을 것으로 추정된다.(*『태백일사』에 '안라는 본래 홀본사람이다.'(安羅本忽本人也)는 기록 있음)

『삼국사기』도 [영락10년 신라 구원]사건을 축약해서 기록한다. 〈열전〉 박제상 편이다. '백제인이 앞서 왜에 들어와 "신라와 고구려가 왕의 나라를 침입하려 모의한다."고 참언하였다. 왜가 마침내 군사를 보내 신라 국경 밖에서 순찰하였는데 때마침 고구려가 들어와 침략하여 왜의 순찰병을 잡아 죽였다.'(百濟人前入倭讒言新羅與高句麗謀侵王國 倭遂遣兵邏戍新羅境外 會高句麗來侵 幷擒殺倭邏人) 다만 『삼국사기』는 광개토왕이 신라를 구원하기 위해 파견한 군대의 행동을 침략來侵으로 표기한 점이다. 아쉬운 부분이다.

삼한백성의 엑소더스 완결

그렇다면 광개토왕의 평정 이후 궁월군과 삼한백성은 어떻게 되었을까? 일본열도로의 엑소더스는 성공했을까? 실패했을까? 이후의 상황이 『일본서기』에 나온다. 때는 삼한백성 평정 이듬해인 401년이다. 야마토 응신왕은 갈성습진언이 궁월군의 삼한백성 엑소더스渡倭를 제대로 수행하지 못하자 평군목토平群木菟와 적호전的戶田에게 군사를 주어 추가로 파견한다. 이에 평군목토는 군사를 이끌고 신라 국경에 이르고 당황한 신라왕은 복죄하며 삼한백성의 엑소더스가 본격적으로 이루어진다.

> 『일본서기』〈응신기〉. '14년(401년) 8월, **평군목토숙니와 적호전숙니를 가라에 보냈다**. 정병을 주며 이르길 "습진언이 오래도록 돌아오지 않고 있다. 필시 신라가 막아서 지체하고 있을 것이다. 그대들은 빨리 가서 신라를 치고 길을 열라."하였다. 이에 **목토숙니 등이 정병을 거느리고 진격하여 신라의 국경에 이르렀다. 신라왕은 놀라 복죄하였다. 이에 궁월군의 인부를 이끌고 습진언과 함께 돌아왔다.**'(十六年 八月 遣平群木菟宿禰 的戶田宿禰於加羅 仍授精兵詔之曰 襲津彦 久之不還 必由新羅人 拒而滯之 汝等急往之擊新羅披其道路 於是木菟宿禰等進精兵莅 于新羅之境 新羅王愕之服其罪 乃率弓月之人夫 與襲津彦共來焉)

신라왕의 복죄는 무엇일까? 복죄는 죄를 인정하는 행위다. 기록대로라면 신라왕은 삼한백성의 엑소더스를 방해한 죄를 범한다. 방해의 실체는 명확하지 않으나 결과적으로 신라 내물왕은 야마토의 군사적 압박에 굴복한다. 그리고 이듬해인 402년 내물왕의 뒤를 이은 실성왕이 내물왕의 아들 미사흔未斯欣왕자를 야마토에 볼모로 보내며 삼한백성의 엑소더스는 완결된다.

엑소더스는 일본열도의 축복

401년 엑소더스 주체는 일본열도로 망명한 옛 부여백제(야마토)를 뒤따라간 삼한백성이다. 396년 광개토왕에게 깨져 급히 한반도를 탈출한 여휘왕(응신왕)이 선발대라면 궁월군과 수십만의 삼한백성은 본진인 셈이다. 『삼국사기』〈백제본기〉는 이때 '수많은 백제 백성이 신라로 도망쳐 호구수가 줄었다.'(多奔新羅 戶口衰滅減)고 기록한다.

일본열도로의 엑소더스는 한 차례 더 이루어진다. 403년 아지사주阿知使主가 이끄는 대방(황해도)백성 17현민이다. 『일본서기』〈응신기〉다. '20년(403년) 가을 9월, 왜한직 조상 아지사주와 그의 아들 도가사주가 17현민을 이끌고 돌아왔다.'(二十年 秋九月 倭漢直祖阿知使主其子都加使主 並率己之黨類十七縣而來歸焉) 『속일본기』에는 이들 대방백성이 백제와 고구려

사이에서 거취를 정하지 못하다가 응신왕의 부름을 받고 일본열도로 망명한 것으로 나온다.

> 『속일본기』 연력4년(785년) 6월. '예전(응신)천황 치세 때다. 아지왕이 청하여 아뢰길 "신은 예전에 대방에 살았는데 남녀노소 모두 재능을 지녔습니다. 근래에 백제와 고구려 사이에서 혼란스러워 거취를 정하지 못하고 있사오니 엎드려 바라건대 천황의 은혜로 사신을 파견하여 우리를 불러 주십시오." 하였다. 이에 천황이 조칙을 내려 신하 팔복씨를 파견하자 그 백성 남녀 모두가 사신을 따라와 영원히 공민이 되었다. 여러 대의 세월이 흘러 오늘에 이른 바 지금 여러 국의 한인은 그 후예다.'(是則譽田天皇治天下之御世也 於是阿智王奏 臣舊居在於帶方 人民男女皆有才藝 近者寓於百濟高麗之間 心懷猶豫未知去就 伏願天恩遣使追召之 乃勅遣臣八腹氏 分頭發遣 其人民男女 擧落隨使盡來 永爲公民 積年累代 以至于今 今在諸國漢人亦是其後也)

이후 궁월군의 삼한백성과 아지사주의 대방백성은 야마토정권으로부터 각각 하타^秦씨와 아야^漢씨의 성씨를 하사받는다. 하타씨는 오사카^{大板}일대, 아야씨는 나라현 이마키^{今來}(고시군)에 정착하며 토목과 양잠기술 그리고 행정관리체제 등 선진화된 문물과 문화를 일본열도에 전파한다. 이들 두 집단은 신천지 일본열도에 도래한 '뉴커머^{new comer}'다. 우리가 잘 아는 문자와 학문을 전한 왕인^{王仁}박사도 이 시기 일본열도로 건너간다. 일본열도는 이들 엑소더스집단으로 인해 인구가 폭발적으로 증가하며 일본사회는 본격적인 국가체제를 갖추고 급성장하기 시작한다. 가히 역사의 신^神이 일본열도에 내린 축복 중의 축복이다.

> 도교대 문화인류학자 이사다 에이이치로(石田英一郎, 1903~1968)의 지적. "야마토(大和)왕국이 한국과 아무런 관계없이 수립된 것이라고 믿고 싶은 사람들은 그렇게 믿는 것은 자유지만 그렇게 되면 오진(應神)시대 한반도에서 그 많은 사람들이 일본으로 건너온 이유를 설명할 방법이 없을 것이다." 『Japanese Culture : A Study of Origins and Characteristics』(Univ. of Tokyo Press, 1974)

이 모든 일련의 과정은 광개토왕의 〔영락6년(396년) 왜잔국(부여백제) 정벌〕에서 출발한다. 그 결과로 일본열도에 급히 야마토가 건국되고(397년), 이를 뒤따르려던 옛 왜잔국의 삼한백성(궁월군과 120현민)이 일본열도로 건너가기 위해 한꺼번에 경남 남해안에 집결한다(399년). 광개토왕은 5만의 정예군을 보내 삼한백성의 소요사태를 진압하고 신라를 구원한다(400년). 이후 야마토는 군사를 파견하여 신라를 압박하고 또한 협상을 통해 삼한백성의 엑소더스를 완결한다(402년). 다만 이 과정 속에 한성백제는 옛 부여백제(왜잔국)의 삼한 땅을 얻기 위해 전지腆支태자를, 신라는 삼한백성의 엑소더스를 보장하기 위해 미사흔未斯欣왕자를 각각 야마토에 볼모로 보낸다. 약소국의 설움이다.

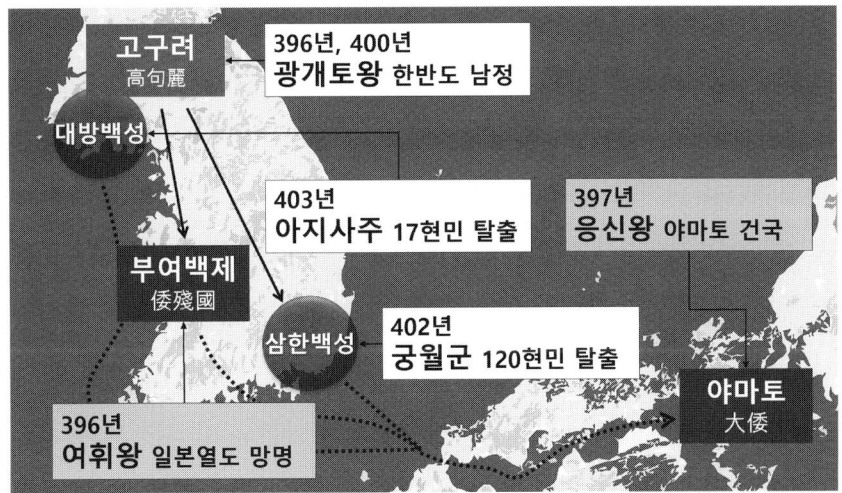

▲ 일본열도 엑소더스 진행 과정

4세기 후반~5세기 초반의 동아시아는 말 그대로 펄펄 끓는 용광로다. 모두 고구려 광개토왕의 남진정책으로 촉발된 역사의 분화이자 진화다. 한반도 부여백제의 소멸, 일본 야마토의 성립, 그리고 수십만의 한국인이 일본열도로 건너가 일본인으로 재탄생한 격동의 30년이다.

엑소더스는 부여기마족의 대장정이다. 대륙에서 출발하여 한반도를 거쳐 일본열도로 건너간 부여기마족의 위대한 역사다.

| 왜 왕실 출신 팔수왕후의 운명 |

『삼국사기』가 이름을 밝힌 백제 왕후는 3명이다. 보과寶菓, 아이阿爾, 팔수八須다. 이들은 모두 외부 출신이라는 공통점이 있다. 보과는 대방국 왕녀 출신으로 책계왕(9대)의 왕후며, 아이는 신라 귀족 출신으로 근구수왕(14대)의 왕후다. 팔수는 전지왕(18대)의 왕후다. 어디 출신일까?

왜왕실 출신 팔수왕후

『삼국사기』는 전지왕의 왕후 팔수(부인)가 아들 구이신왕(19대)을 낳았다고만 기록한다.(妃八須夫人 生子久爾辛) 그런데 『한민족백과사전』은 '팔수부인은 전지왕의 옹립에 공이 많았고, 그 결과 진眞씨를 대신하여 새로 왕비족으로 등장한 해解씨 출신으로 추측된다.'고 설명한다. 틀렸다. 우리는 지금도 잘못된 역사를 강요받고 있다.

팔수는 백제 내부 출신이 아니다. 왜 왕실 출신으로 야마토 인덕仁德왕(16대)의 딸이다. 『고구려사략』〈영락대제기〉다.

15년(405년) 을사 7월, 전지는 그의 처가 팔수이니 인덕의 딸이다. 서구의 첩과 어머니가 같다. 섬 중에서 아들을 낳으니 곧 구이신이다.
十五年 乙巳 七月 腆支其妻八須仁德女也 與胥狗妾同母生子于島中 乃久爾辛也

팔수는 전지태자가 야마토에 볼모로 가 있을 때 혼인한 야마토 왕녀다. 전지태자는 405년 아신왕이 사망하자 7년간의 야마토 볼모생활을 청산하고 귀국한다. 그런데 둘째 훈해訓解가 형 전지태자의 귀국을 기다리며 일시적으로 정사를 대리하는데 막래 첩례碟禮가 형 훈해를 죽이고 왕위를 찬탈한다. 이로 인해 전지태자는 한성에 들어가지 못하고 서해의 섬(강화도)에서 대기한다. 이때 동행한 팔수가 구이신왕을 낳는다.

야마토 인덕왕은 일본인이 성군聖君으로 떠받드는 군주다. 중원사서가 왜왕 찬贊으로 기록한 부여백제 출신의 야마토 왕이다. 특히 인덕왕은 한일고대사의 최대 엑소더스Exodus 사건을 일으킨 장본인이다. 『일본서기』가 기록한 399년 120현의 삼한백성을 이끌고 일본열도로 건너간 모한慕韓(전남)의 지도자 융통融通왕(궁월군)이다.

팔수왕후의 국정농단 대가

405년 해충解忠이 왕위를 찬탈한 막래 첩례를 죽이고 전지왕을 맞이한다. 전지왕은 이후 15년간을 재위하고 420년 사망하며, 뒤를 이어 팔수왕후가 낳은 구이신왕이 즉위한다. 『일본서기』〈응신기〉다.

백제 직지(전지)왕이 훙하였다. 곧 아들 구이신이 왕위에 올랐다. 왕은 나이가 어려서 **목만치가 국정을 잡았는데 왕의 어머니**(팔수)**와 서로 정을 통하며 무례한 행동이 많았다. 천황은 이 말을 듣고 소환하였다.** 『백제기』에 이르길 '목만치는 목라근자가 신라를 칠 때에 그 나라의 여자를 취하여 낳은 사람이다. 아버지 공으로 임나를 마음대로 오로지 하다가 우리나라(백제)로 들어왔다. 귀국(야마토)에 갔다가 돌아와 천조(인덕왕)의 명을 받들어 우리나라(백제)의 국정을 잡았는데 권세가 하늘을 덮었다. 그러나 **천조는 그의 횡포함을 듣고 소환하였다.**'라고 되어 있다.

百濟直支王薨 卽子久爾辛立爲王 王年幼 大倭木滿致執國政 與王母相婬 多行無禮 天皇聞而召之 百濟記云 木滿致者是木羅斤資討新羅時 娶其國婦而所生也 以其父功專於任那 來入我國往還貴國 承制天朝執我國政 權重當世 然天皇聞其暴召之

목만치木滿致가 등장한다. 목만치는 팔수왕후의 정부情夫가 되어 국정을 농단한다. 이에 야마토 인덕왕은 팔수왕후를 문책하며 목만치를 소환한다. 훗날 목만치의 후손은 대를 이어가며 야마토 정계를 좌지우지한다.

일본 아스카시대(538~710)의 절대 권력자를 배출한 소아蘇我씨 가문이다.

그러나 목만치 소환사건은 단순히 팔수왕후의 문책으로만 끝나지 않는다. 목만치를 잃은 팔수왕후는 권력을 상실하며 이로 인해 백제 왕통은 근본이 바뀌게 된다. 새왕조가 탄생한다. 온조 계통의 해씨왕조가 마감되고 부여기마족인 구태 계통의 부여씨왕조가 들어선다.

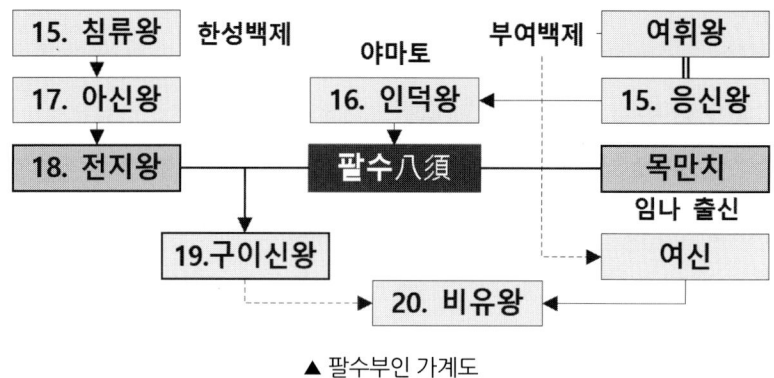

▲ 팔수부인 가계도

이 시기 야마토 왕실로 건너간 백제 왕녀도 있다. 아신왕의 딸이자 전지왕의 누이인 신제도원新齊都媛이다. 『일본서기』에 나온다. 그녀는 방직기술을 일본에 전하며 이후 인덕왕의 왕후가 된다. 팔전八田황녀다.

『일본서기』〈응신기〉. '39년(*401년) 봄2월, 백제 직지(전지)왕이 그 누이 신제도원을 보내 섬기게 하였다. 신제도원이 부녀 7인을 거느리고 내귀하였다.'(三十九年 春二月 百濟直支王遣其妹新齊都媛以令仕 爰新齊都媛率七婦女而來歸焉) 신제도원(新齊都媛)은 '새로운 백제 도성의 여인'을 가리킨다.

이처럼 백제 전지왕과 야마토 인덕왕은 왕실여성을 주고받으며 겹사돈을 맺는다. 백제와 야마토 왕실은 혈연관계를 통해 일체화한다.

팔수왕후는 백제 왕조를 변화시킨 야마토 인덕왕의 딸이다.

| 하남 감일동고분군의 무덤주인 |

「감일동고분군」은 하남시 감일동에 소재한 해발 30m~50m의 구릉지에 조성된 대규모 무덤군이다. 2015년부터 2019년까지 진행된 공공주택조성사업에 따른 문화재 발굴 조사로 그 실체가 드러난다. 지금까지 확인된 백제 굴식돌방무덤^{橫穴式石室墓} 170여 기 중 52기가 한꺼번에 발굴되면서 집중 조명을 받는다.

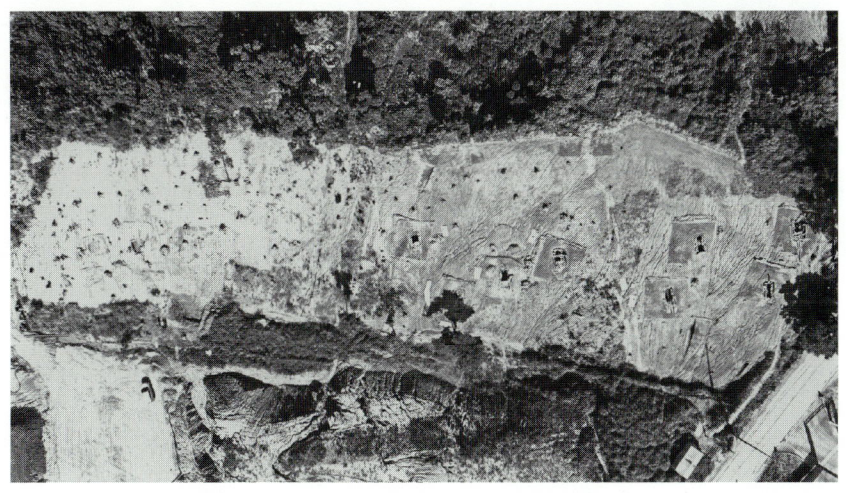

▲ 감일동고분군 [경기 하남]

감일동고분군의 특징

감일동고분군의 조성 시기는 4세기 중반~5세기 초반까지 대략 70~80년 간이다. 이는 백제 한성시대 초기인 2세기~4세기 중반의 돌무지무덤$_{(적석총)}$인 석촌동고분군과 한성시대 말기인 5세기 중반의 굴식돌방무덤$_{(횡혈식석실묘)}$인 가락동, 방이동고분군의 중간 시기를 점유한다. 백제 무덤 양식이 돌무지무덤에서 굴식돌방무덤으로 넘어가는 과정이다. 감일동고분군은 위치상으로 동쪽에 이성산성과 하남 광암동, 금암산고분군이 소재하고, 서쪽에 풍납토성과 몽촌토성, 그리고 석촌동, 가락동, 방이동고분군이 2~4.5km내에 소재한다. 감일동고분군은 한성위례성(서울 송파구)과 하남위례성(경기 하남)의 중간지대에 위치한다.

무덤 양식은 굴식돌방무덤이다. 먼저 일정 깊이로 장방형의 땅을 판 후 길쭉하고 평평한 깬돌(할석)을 차곡차곡 쌓아 벽을 만든 다음 대형 판석으로 천정을 덮는 구조다. 무덤방 한쪽 벽면에 외부로 통하는 널길을 조성한다. 무덤 크기는 다양하다. 외형은 원형과 방형이 혼재되어 있다. 규모는 가로 2.3~4.2m, 세로 3.3~6.6m다. 돌방은 넓이(가로) 1.7~2.2m, 길이(세로) 2.4~3.0m며, 높이는 1.8m 내외다. 널길(연도)의 길이는 1~2m다.

▲ 감일동고분군 발굴 장면

▲ 감일동고분군 출토 토기류

출토 유물은 주로 부장품인 토기류에 집중된다. 중원 남조의 영향을 받은 청자 호랑이모양항아리靑磁虎首壺, 청자 닭모양항아리靑磁鷄首壺 등이 있으며, 국내에서 처음 발견된 부뚜막모양 토기를 비롯하여 곧은입항아리直口壺, 짧은목항아리短頸壺, 넓은입긴목항아리廣口長頸壺와 뚜껑있는 굽다리접시有蓋高杯와 바리 등이다. 이 외에도 목관에 사용된 네모머리못方頭釘, 꺾쇠가 있으며, 삼국 중 가장 이른 시기의 누금 기법이 발현된 금구슬金製玉과 한성시대 무덤에서 처음으로 발견된 쇠뇌弩機 등도 있다. 유물은 모두 1,650여 점이다.

감일동고분군의 무덤주인

감일동고분군의 무덤 배치는 두 가지 특징을 보인다. 하나는 높은 지역에서 낮은 지역으로 점차 확산되며 축조된 점과 또 하나는 큰 무덤을 중심으로 일정의 공간을 점유하고 있는 점이다. 감일동고분군은 일정한 위계에 따라 공간이 확보되고 조성된 계획화된 무덤군이다.

감일동고분군의 무덤주인은 누구일까? 아직까지 뚜렷하게 확정된 해석은 없다. 일부 중원 남조 계통의 청자 항아리가 다수 출토된 점에 착안하여 침류왕 때 불교를 전파한 동진東晉 출신 거류민으로 보는 견해도 있다. 그러나 이는 출토 유물만을 고려한 지나친 비약이다. 감일동고분군의 전체 무덤규모 등을 고려하면 무덤주인은 왕을 포함한 왕족(또는 귀족)일 가능성이 높다. 만약 이 무덤군에 왕이 묻혔다고 본다면 이 시기 왕은 근초고왕부터 근구수왕, 침류왕, 진사왕, 아신왕, 전지왕, 구이신왕 등 7명이다.(*구이신왕 일본열도 망명 추정) 특히 근초고왕의 무덤이 있을 것이라 보는 이유는 한산 천도를 단행한 근초고왕이 석촌동고분군에 귀장歸葬할 근거가 부족하기 때문이다.

감일동고분군은 백제 무덤 양식의 급격한 변화 양상을 보여주는 일종의 타임캡슐이다. 개발이라는 미명아래 아파트 몇 채 더 짓겠다고 그 캡슐을 영영 외면할지도 모른다. 통탄할 노릇이다.

역사는 누굴 위해 존재하는가? 근본적인 질문을 또다시 던져본다.

| 건국의 요람과 여명 | 초고계열과 고이계열 | **근초고왕과 부여기마족** | 부여씨왕조의 수난 |

| 하남 이성산성과 시조묘 제사 |

▲ 이성산성 [경기 하남]

경기도 하남시 춘궁동의 이성산성은 백제 한성시대에 축조한 석축성이다. 성벽길이 1,844m, 전체면적 231,313㎡인 포곡식包谷式 산성이다. 이성二聖은 '두 사람의 성인'에서 유래한다. 전설에 따르면 백제 왕자 두 사람이 거주했다고 한다. 그런데 이성산성은 삼국시대의 일반적인 성들과 달리 독특한 특징이 있다. 고대 성들이 주로 군사, 주거 시설로 성안을 채운 반면 이성산성은 8각, 9각, 12각의 다각형 건물과 대형의 장방형 건물 등 제사 시설로 채워져 있다. 이성산성은 군사용이 아닌 특수목적의 성이다.

> 지금까지 발굴 보고된 삼국시대 다각형 건물은 모두 18개다. 이성산성내 말고도 고구려 유적인 **길림성 집안의 산성자산성**(환도산성), 백제 유적인 **충남 공주의 공산성**(웅진성), 그리고 신라 유적인 **경북 경주의 나정** 등에서도 확인된다.

해씨왕조의 동명묘 제사

『삼국사기』에 따르면, 백제는 전통적으로 동명왕묘東明王廟(사당)에 제사지낸다. 前18년(온조) 시조 온조왕이 처음으로 동명왕묘를 건립하고(立東明王廟), 이후 29년(다루2), 227년(구수14), 287년(책계2), 299년(분서2), 312년(비류9), 393년(아신5), 407년(전지2) 등 총 7차례 걸쳐 제사지낸다. 다만 행위에 대해 '祀(제사지내다)'를 쓴 경우도 있으나 대부분은 '謁(참배하다)'을 쓴다.(謁東明王廟) 특히 전지왕 이후로 참배 기록이 더 이상 나오지 않아, 이후 동명묘 참배는 중단된 것으로 판단된다.

동명왕은 백제 태조가 된 북부여 천제 고두막高豆莫(5대)이다. 고두막은 前108년 고리국(몽골 바이칼호)에서 홀본(요령성 북진)으로 내려와 한漢의 현도군을 몰아내고 후기 북부여를 세운다. 고구려 역시 홀본에서 출발한 까닭에 동명왕묘를 건립한다. 다만 시기는 백제(前18년)보다 38년이 늦은 대무신왕(3대) 때인 20년(대무신3)이다. 더구나 고구려는 동명왕묘를 건립만 할 뿐, 정작 제사는 동명왕(고두막)묘가 아닌 시조(추모왕)묘에 한다.(祀始祖廟)

> 〈고구려본기〉가 기록한 **고구려 시조묘 제사는 모두 8회다**. 167년(신대3), 180년(고국천2), 228년(동천2), 260년(서천13), 332년(고국원2), 521년(안장3), 560년(평원2), 619년(영류2) 등이다.

이성산성의 제사 시설

이성산성의 건물은 다각형이 8각 1동, 9각 2동, 12각 1동 등 4개며, 장방형은 7개로 현재까지 확인된 건물은 모두 11개다. 밀집도에 따라 크게 세 구역으로 구분한다.

A구역은 저지대(남문)에 위치하며 9각 건물(②)(지름≒10.2m) 1동이 있다. 이 9각 건물은 동명왕 사당으로 추정된다.

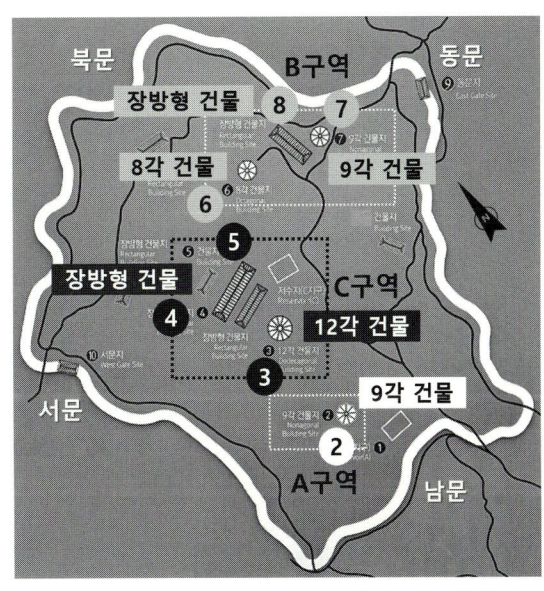

▲ 이성산성 건물 배치도

B구역은 고지대(동문과 북문사이)에 위치하며 8각 건물(⑥)(지름≒8.8m) 1동, 9각 건물(⑦)(지름≒10.3m) 1동, 9각에 딸린 장방형 건물(⑧) 1동이 있다. 8각은 소서노의 사당, 9각은 시조 비류와 온조의 사당으로 추정된다. 장방형 건물은 두 사당의 부속시설이다.

> 『삼국사기』 온조왕. '17년(前2) 여름 4월, **사당을 세우고 국모에게 제사**를 지냈다.'(十七年 夏四月 立廟以祀國母) 소서노 사당 건립과 제사에 대한 기록이다. 다만 『삼국사기』는 비류 온조 등 시조묘 제사 기록은 남기지 않고 있다.

C구역은 중간지대에 위치하며 12각 건물(③)(지름≒10.8m) 1동과 장방형 건물(④) 2동, 그리고 이에 딸린 부대건물(⑤) 1동이 있다. 특히 장방형 건물 2동은 앞건물이 34m×8m이고, 뒷건물이 32m×8m다. 앞건물은 정면 16칸, 측면 4칸이며, 뒷건물은 정면 15칸, 측면 4칸이다. 둘 다 온돌시설이 없는 비주거용이다. 이 건물의 용도는 역대 왕의 신주 및 화상을 모시고 제례를 행한 일종의 조선판 종묘로 추정된다. 또한 장방형 건물 뒤쪽의 부대건물은 12각과 방대형 건물을 직접 관리하는 주거용 시설이다. 취사용 연못을 조성한 점 또한 상주인력을 감안한 조치다.

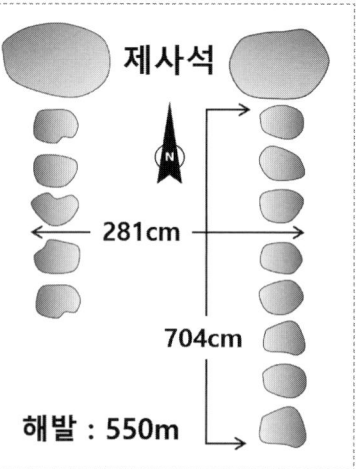

> 『삼국사기』 온조왕 편에 '큰 제단을 설치하고 몸소 하늘과 땅에 제사지냈다'(王設大壇 親祠天地)는 기록이 있다. 백제의 천지(天地) 제사 기록이다. 천지 제단은 이성산성 동북쪽 620m 지점에 위치한 검단산 능선 자락(해발 550m)에 소재한다. 제단은 상위의 제사석과 하위의 제단석으로 구성된다. 제단석은 가로 2.8m, 세로 7.0m의 장방형이다. 현재는 정비되어 헬기장이 들어서 있다. 『삼국사기』 〈백제본기〉에 나오는 천지 제사 기록은 모두 11회다.

그렇다면 12각 건물은 누구의 사당일까?

구태묘 건립 및 제사 기록

백제는 전지왕(405~420) 이후 동명왕묘 참배(제사)를 중단한다. 그 이유가 『북사』에 나온다. 〈열전〉 백제 편이다. '그 시조 구태묘(사당)를 국성(도성) 안에 세우고 해마다 네 번 제사지낸다.'(立其始祖仇台之廟於國城 歲四祠之) 백제는 전지왕 이후부터 동명왕사당이 아닌 구태사당을 새로이 건립하고 제사지낸다. 이유는 단 하나다. 백제왕조가 비유왕(20대)부터 바뀐다. 비유왕(427~450)은 부여기마족의 한반도 잔류세력으로 온조 계통의 해씨왕조를 마감시키고 새로이 구태 계통의 부여씨왕조를 출발시킨다. 바로 C구역의 12각 건물의 주인공인 시조 구태다.

특히 12각 건물은 경기 하남의 이성산성 뿐만 아니라 충남 공주의 공산성(公山城)에서 확인된다. 공산성은 백제 웅진시대의 도성이다. 공산성의 12각 건물 또한 부여씨왕조의 시조묘인 구태사당이다.

▲ 하남 이성산성 12각 건물(左)과 공주 공산성 12각 건물(右) 발굴 장면

동명왕묘는 해씨왕조, 구태묘는 부여씨왕조의 시조 사당이다.

대성팔족 목씨에 대하여

『수서』〈동이열전〉백제 편에 나오는 백제 대성팔족大姓八族이다. '나라(백제)안의 큰 성씨인 8개 족속이 있으니 사씨, 연씨, 협씨, 해씨, 정(진)씨, 국씨, 목씨, 백씨다.'(國中大姓有八族 沙氏燕氏劦氏解氏貞氏國氏木氏苩氏) 대성팔족 중에 목木씨가 있다.

문헌 기록의 목씨

문헌 기록에 나오는 목씨는 아래와 같다.

이름	등장시기 (년도)	출처(문헌 기록)			비고
		한국	중국	일본	
목라근자	369			일본서기	삼한 정벌
목토숙니	392			일본서기	숙니(*좌평)
목만치	420			일본서기	목라근자 아들
목금	458		송서		용양장군
목협만치	474	삼국사기			신라구원요청
목간나	490		남제서		면중후
목리마나	504~543			일본서기	중좌평
목리불마	516			일본서기	
목윤귀	529~543			일본서기	하좌평
목리매순	541~543			일본서기	
목리문차	543			일본서기	중부 시덕
목리금돈	552~553			일본서기	중부 덕솔
목소귀자	663~671			일본서기	달솔
목귀	-			신찬성씨록	林씨 선조

모두 14명이다. 4세기 중후반의 목라근자木羅斤資, 목토숙니木菟宿禰, 5세기의 목만치木滿致, 목금木衿, 목협만치木劦滿致, 목간나木干那, 6세기의 목

리마나^{木刕麻那}, 목리불마^{木刕不麻}, 목윤귀^{木尹貴}, 목리매순^{木刕昧淳}, 목리문차^{木刕文次}, 목리금돈^{木刕今敦}, 7세기의 목소귀자^{木素貴子}, 그리고 시기는 알 수 없으나 『신찬성씨록』에 나오는 일본 고대씨족 임^{林}씨의 선조 목귀^{木貴} 등이다.

주요 인물의 행적이다. ① 목라근자는 문헌 기록에 최초로 등장하는 인물로 근초고왕 때인 369년 삼한정벌을 단행하여 부여백제의 강역을 한반도 서남부 지방 전체로 확장시킨 부여백제(여구왕)의 장수다. ② 목토숙니는 392년 진사왕의 죽음에 관여한 부여백제(여휘왕)의 관원이다. 숙니^{宿禰}는 부여백제의 관등으로 한성백제의 좌평에 해당한다. ③ 목만치는 목라근자가 신라 여인을 취해 낳은 아들로 구이신왕 때인 420년 왜 왕실 출신 팔수태후(전지왕 왕후)와 함께 국정을 농단하여 왜 왕실로 소환된 인물이다. ④ 목협만치는 474년 백제 한성이 몰락할 때 문주, 조미걸취 등과 함께 신라에 병력 지원을 요청한 인물이다. ⑤ 목간나는 490년 동성왕의 3차 북위와의 전쟁에서 공을 세워 면중후^{面中侯}(전남 광주)에 봉해진 인물이다. ⑥ 목윤귀는 무령왕, 성왕 때 활약한 장군이다. 529년 장군군^{將軍君}으로서 목리마나, 마로 등과 함께 안라회의에 참석하며, 543년에는 하좌평으로서 가야 재건회의에도 참석한다. ⑦ 목소귀자는 의자왕 때 인물로 백제 수복운동이 실패하자 일본으로 망명한다.

대성동고분군과 라마동고분군의 유사성

김해 「대성동고분군」은 경남 김해시 중심부에 소재한 해발 22.6m의 낮은 구릉에 조성한 금관가야 지배층의 무덤군이다. 조성 시기는 대략 2세기~6세기다. 무덤 양식은 가장 이른 시기의 구릉 하단부에 조성된 널무덤^{木棺墓}을 시작으로 점차 구릉 위쪽으로 올라가며 덧널무덤^{木槨墓}이 들어서고, 이어 구릉 정상부에는 가장 늦은 시기에 조성된 으뜸덧

▲ 대성동고분군 [경남 김해]

널主槨과 딸린덧널副槨이 분리된 '주부곽식덧널무덤(목곽묘)'이 분포한다. 특히 가장 늦은 시기의 주부곽식덧널무덤에서 출토된 유물은 가히 우리의 상상을 초월한다. 동복(청동솥)을 비롯한 철제 무기류, 비늘갑옷(찰갑) 등의 갑옷류, 말띠드리개 등의 마구류가 다수 출토된다. 모두 북방계 유물이다.

그런데 더욱 놀라운 점은 김해 대성동고분군의 북방계 유물이 서북쪽으로 수천km 떨어진 중국 요녕성 북표北票의 「라마동喇麻洞 고분군」에서도 발견된다. 어느 경우는 마치 하나의 주물에서 뽑아 낸 것처럼 재질과 모양이 똑같다. 무덤 양식 또한 대성동고분군과 같은 주부곽식덧널무덤이다. 적어도 대성동고분

▲ 라마동고분군 [요녕성 북표]

군과 라마동고분군은 출토 유물과 무덤 양식에 있어 고고학적으로 동일하다.

라마동고분군은 2004년 중국이 발굴하기 전까지만 하더라도 북방민족 모용선비의 삼연三燕(전연/후연/북연)문화를 대표하는 무덤군으로 알려져 있었다. 그러나 막상 발굴해보니 삼연과는 전혀 다른 부여 계통의 무덤으로 확인된다.

라마동고분군의 조성 집단은 서부여의 녹산(요녕성 건창현)세력이다. 위

구태가 건국한 서부여는 대방세력과 녹산세력으로 계열분화하는데 녹산세력이 바로 라마동고분군의 주인공이다. 『자치통감』에 따르면 서부여 녹산세력은 346년 전연 모용황의 공격을 받아 여현(餘玄)왕과 5만의 부여인이 전연으로 끌려가며 멸망한다. 이들 서부여 망명객은 전연의 업성(鄴城)(요녕성 북표 인근) 주변에 정착하며 이후 자연스레 라마동고분군을 조성한다.

그렇다면 라마동고분군의 서부여 녹산세력은 어떻게 해서 한반도의 가장 끝자락인 김해까지 내려오게 되었을까?

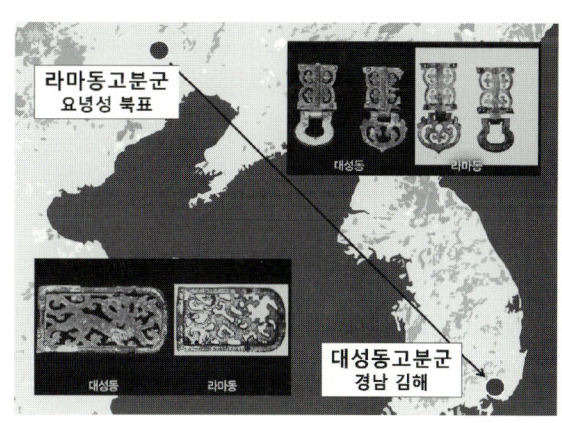

▲ 라마동고분군과 대성동고분군의 유물 비교

김해 대성동고분 조성세력은 목라근자 집단

실마리는 『일본서기』 369년의 '목라근자의 삼한정벌'에서 찾을 수 있다. 목라근자는 가라7국의 동한(경남 남해안), 신미마한의 침미다례(전남), 마한비리의 현남(전북)을 전광석화로 평정, 도륙, 항복을 받고 이 지역 전체를 부여백제 강역에 편입시킨다. 목라근자 군대는 당시 가장 첨단화된 철갑기마병이다. 특히 『일본서기』〈신공왕후기〉에는 삼한정벌 이후 목라근자의 행적이 나온다.

섭정62년(*382년) 2월, 신라가 조공하지 않아 습진언을 보내 신라를 치게 하였다. 『백제기』에 이르길, 임오년(382년) 신라가 귀국에 조공하지 않았다. 귀국이 사지비궤(습진언)를 보내 신라를 토벌하게 하였다. 신라가 미녀 2인을 보내 향응을 하자 사지비궤는 이에 넘어가 반대로 가라국을 토벌하였다. 가라

근초고왕과 부여기마족

국왕 기본한기와 아들 백구지, 아수지, 국사리, 이라마주, 이문지 등이 그 인민을 데리고 백제로 도망해오니 백제는 후대하였다. … 천황이 대노하여 즉시 **목라근자를 보내 군사를 거느리고 가라에 모여 그 사직을 복구하였다.**

攝政六二年 二月 新羅不朝 卽年遣襲津彦擊新羅 百濟記云 壬午年 羅不奉貴國 貴國遣沙至比跪令討之 新羅人莊飾美女二人 迎誘於津 沙至比跪受其美女 反伐加羅國 加羅國王己本旱岐 及兒百久至阿首至國沙利伊羅麻酒爾汶至等 將其人民來奔百濟 百濟厚遇之 … 天皇大怒 旣遣木羅斤資 領兵衆來集加羅 復其社稷

때는 382년(섭정62)이다. 목라근자는 사지비궤가 무너뜨린 가라(금관가야)에 파견되어 가라의 사직을 복구한다. 무너진 사직은 이시품伊尸品왕(6대)이며, 복구한 사직은 좌지座知왕(7대)이다. 이때 목라근자 군대는 부여백제(충남 공주)로 환국하지 않고 아예 사직을 복구한 가라에 정착한다. 『일본서기』〈응신기〉는 백제 구이신왕 때 국정을 농단한 목만치木滿致를 목라근자가 신라 여성을 취해 낳은 아들로 적는다. 이는 목라근자가 가라에 정착한 사실을 부연한다.

> 『일본서기』〈응신기〉 '25년 … 『백제기』에는 "**목만치는 목라근자가 신라를 칠 때에 그 나라의 여자를 아내로 맞아 낳은 사람이다. 아버지의 공으로 임나에서 전횡하다가 우리나라(백제)로 들어왔다. 귀국(야마토)에 갔다가 돌아와 천조의 명을 받들어 우리나라의 국정을 잡았는데, 권세의 높기가 세상을 덮을 정도였다. 그러나 천조는 그의 횡포함을 듣고 그를 불렀다**"라고 되어 있다.'(二五年 … 百濟記云 木滿致者是木羅斤資討新羅時 娶其國婦而所生也 以其父功專於任那 來入我國往還貴國 承制天朝執我國政 權重當世 然天皇聞其暴召之)

목라근자 집단은 한반도 토착세력일까? 과거 충남 천안의 마한 목지국目支國과 연계하여 목씨를 목지국의 수장으로 보는 견해도 있다. 특히 『일본서기』가 목라근자 출신지를 충남 천안의 백제 대목악大木岳(목천)으로 적고 있어 일견 합당하다. 그러나 지금까지 충남 천안일대에서 철갑기마병의 유물이 전혀 나오지 않는 점은 다른 판단을 해야한다. 목라근자의 철갑기마병은 결코 한반도에서 자생적으로 만들어 진 것이 아니다. 김해 대성동고분군의 철갑기마병 유물이 이를 증명한다.

정리하며 이렇다. 목라근자의 원래 출신은 대륙 서부여 녹산(요녕성 건창현)세력이다. 346년 서부여 여현餘玄왕이 전연前燕 모용황의 공격을 받아 멸망하자 목라근자 집단은 한반도로 망명하여 충남 천안의 대목악에 안착한다. 대략 350년~360년 경이다. 그래서 목라근자는 대목악 출신이 되며 라마동고분군에서 출토된 철갑기마병의 무장집단이 된다. 목라근자 집단이 한반도를 선택한 이유는 부여백제(부여기마족)로 거듭난 서부여 대방(하북성 당산)세력 때문이다. 아마도 당시 부여백제는 이들 목라근자 집단을 용병으로 받아들였을 것이다. 369년 목라근자는 부여백제 여구왕의 명을 받고 삼한 정벌을 단행하며, 382년 가라(금관가야)의 사직을 복구하며 김해지역에 최종 안착한다. 김해 대성동고분군은 철갑기마병의 상징인 목라근자와 그의 후손 그리고 목라근자가 이끈 용병Comitatus집단의 무덤이다.

▲ 기마무사상 [경남 김해]

목씨 출자는 모용선비

목라근자의 목씨는 대목악에서 유래한 성씨일까? 대목악은 훗날 한성백제가 이 지역을 지배하며 만든 명칭이기에 선후 관계가 맞지 않다. 오히려 목라근자의 목木씨에서 대목악의 목木자를 따왔을 공산이 크다. 결국 목씨 성의 출자는 한반도가 아닌 대륙으로 거슬러 올라가야 한다.

목라근자의 목씨는 모용선비와 관계가 깊다. 모용선비의 시작은 막호발莫護跋이다. 막호발의 아들이 목연木延이며, 목연의 아들이 처음으로 모용씨 성을 사용한 모용섭귀慕容涉歸다. 섭귀의 아들이 모용외慕容廆며, 그의 아들이 전연前燕을 세운 모용황慕容皝(297~348)이다. 모용황은 346년 서부여 녹산세력을 멸망시킨다. 목라근자는 목연의 후손으로 추정된다. 모용섭귀가 직계라면 목라근자는 방계다. 이는 목라근자가 직계인 모용황의 전연에 흡수되지 못하고 한반도를 선택한 이유이기도 한다.

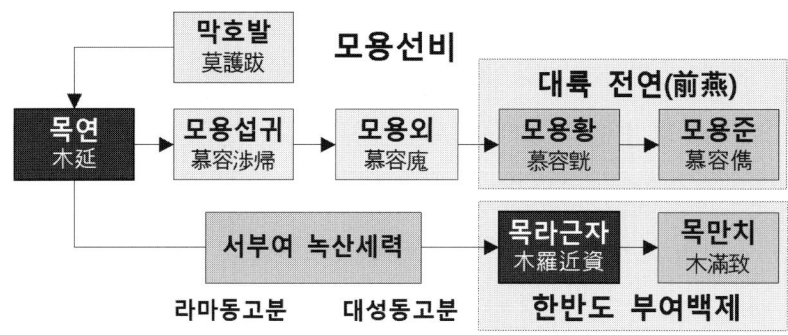

▲ 모용선비 목연과 목라근자 관계도

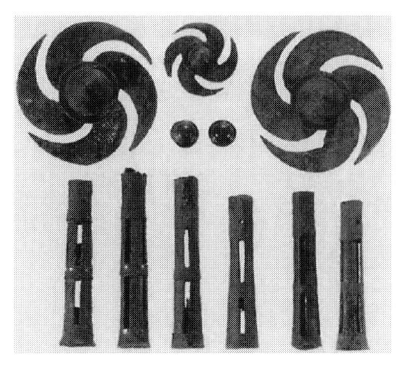

▲ 파형동기, 통형동기

훗날 목만치(목라근자 아들)는 야마토에 귀화하여 소아蘇我(소가)씨의 성을 하사받으며 이후 6대에 걸쳐 일본 정계를 쥐락펴락한다. 특히 대성동고분군에서는 왜계 유물인 파형동기, 통형동기 등도 출토한다. 일본 소아씨 가문을 일군 목라근자 후손과의 친연성을 보여주는 유물이다.

백제 대성팔족 목씨는 모용선비(선비족)의 후예다.

4 부여씨왕조의 수난

부여씨왕조를 개창한 비유왕

한성 몰락을 좌초한 개로왕

웅진시대의 좌표 문주왕

미스터리 인물 곤지왕

최초 부여씨 여신의 등장	비유왕 출신의 의문
한반도 서남부지방 장악	백제-야마토의 외교전쟁
백제-신라의 혼인동맹	수레바퀴 불꽃의 출현
흑룡 출현과 비유왕의 죽음
서울 방이동고분군 무덤주인

| 한성 몰락과 개로왕의 선택 | 개로왕 죽음의 진실 |
| 아차산과 왕실가족의 비극 | 개로왕의 무덤을 찾아서 |

| 신라 구원을 요청한 문주왕 | 우유부단 평가의 문주왕 |
| 삼근왕 죽음의 이면 | 야마토 웅략왕의 백제 챙기기 |
| 공주 송산리고분군 1호~4호분의 주인공 |

| 아스카베신사와 곤지왕 | 한일 고대사의 공통분모 |
| 곤지왕과의 운명적 만남 | 곤지왕의 무덤을 찾아서 |
| 전남지역 장고형고분의 무덤주인 |
| 아스카에 담긴 백제인의 추억 |

| 최초 부여씨 여신의 등장 |

『삼국사기』를 보면 전지왕(18대) 재위 초기에 여신(餘信)이란 인물이 나온다. 어느 날 갑자기 등장하여 407년(전지3) 내신좌평에 임명되고 또 이듬해인 408년(전지4) 상좌평에 보임되며 군국정사(軍國政事)를 위임받는다. 『삼국사기』는 '상좌평의 관직이 이때부터 생겼으며 지금의 재상과 같다.'(上佐平之職 始於此 若今之冢宰)고 설명한다. 다시 말해 상좌평은 여신 한 사람을 위해 만든 특별한 관직이다. 오늘날의 각부 장관이 6좌평(내신,내두,내법,위사,조정,병관)이라면 상좌평은 각부 장관을 총괄하는 국무총리에 해당한다. 전지왕은 여신을 등용하면서 나랏일(군사,정사) 전체를 맡긴다. 실로 왕에 버금가는 대단한 권력자가 갑자기 출현한다.

부여백제 왕족집단의 분화

여신은 『삼국사기』가 기록한 한성백제 최초의 부여(夫餘)씨다. 거슬러 올라가면 부여씨 원조는 대륙 요서지방에서 서부여를 건국한 위구태다. 위구태의 후손집단이 대륙에서 한반도로 백가제해하며 부여백제를 건국하고, 이후 고구려 광개토왕에 깨져 일본열도로 망명하며 야마토(大倭)로 재탄생한다. 대륙에서 한반도, 다시 일본열도로 이어지는 부여기마족의 대장정 역사다. 여신은 바로 부여백제 왕족 출신이다.

한반도 부여백제는 광개토왕에게 깨지면서 왕족집단이 세 계열로 분화한다. 첫째는 여휘(餘暉) 집단이다. 야마토 건국의 주체세력이자 실질 시조인 응신왕 계열이다. 둘째는 여찬(餘瓚) 집단이다. 응신왕의 뒤를 쫓아 삼한백성 120현민을 이끌고 일본열도로 엑소더스(Exodus)한 모한(전남)의 융통왕(궁월군)이다. 중원사서 『송서』가 왜왕 찬(瓚)으로 기록한 인덕왕

계열이다. 셋째는 여신餘信 집단이다. 전지왕 재위 초기에 한성백제에 합류하며 훗날 부여씨왕조를 개창한 비유왕(20대) 계열이다.

▲ 한반도 부여기마족(부여백제)의 분화

여신집단은 한반도 잔류세력

여신집단은 부여기마족의 한반도 잔류세력이다. 그런데 그 출처가 불분명하다. 처음 여휘집단을 따라가 야마토 건국에 참여한 후에 다시 한반도로 돌아온 것인지, 아니면 여찬집단과 함께 일본열도로 엑소더스한 후에 다시 한반도로 돌아온 것이지 확실하지 않다. 다만 두 경우가 아니라면 여신집단은 처음부터 한반도에 잔류했을 가능성이 높다.

야마토 인덕왕(16대)은 여신의 한성백제 합류를 특별히 축하한다. 여신이 상좌평에 임명된 이듬해인 409년(전지5) 백제에 사신을 파견하며 야명주를 보낸다. 이때 전지왕은 야마토 사신을 특별히 예우한다.(倭國遣使送夜明珠 王優禮待之-『삼국사기』) 인덕왕이 보낸 야명주는

▲ 다이센고분(인덕왕릉) [일본 사카이市]

여신의 상좌평 보임을 축하하는 일종의 축하선물이다. 또한 전지왕이

야마토 사신을 특별 예우한 것은 지극히 여신 한 사람만을 배려한 조치일 것이다.

여신의 등장으로 한성백제는 새로운 전기를 맞이한다. 온조(비류) 계통의 해씨왕조가 마감되고 구태 계통의 부여씨왕조가 들어선다.

여신은 비유왕 즉위 직후인 429년(비유3) 10월에 사망한다.(三年 冬十月 上佐平餘信卒) **여신의 무덤은 「가락동 고분 3호분」으로 추정된다.** 한성시대 말기인 5세기 초중엽에 조성된 무덤으로 서울 송파구 가락동(現 송파구 잠실여고 북쪽)의 구릉 경사면에 독립적으로 축조한 굴식돌방무덤(橫穴式石室墓)이다. 1975년 조사 당시 봉분은 파괴되어 외형 규모는 알 수 없으나, 내부 돌방(石室)은 370×365cm고, 널길(羨道)은 290×130cm다. 돌방 4벽은 납작한 활석들로 80~90㎝까지 수직으로 쌓고, 천장은 활석을 안으로 좁혀 쌓은 후 덮개돌로 막은 궁륭형이다. 출토유물은 항아리 1점, 토기뚜껑 2점, 바리(鉢) 2점, 쇠못 5점 등이다.

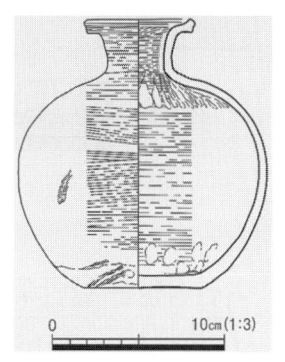

한때 광개토왕에게 패해 어쩔 수 없이 일본열도로 망명한 한반도 부여기마족은 다시금 한성백제를 숙주(宿主) 삼아 한반도에서 화려하게 부활한다. 이후 부여씨왕조는 백제가 멸망할 때까지 혈통을 이어가며, 독특하고 화려한 백제만의 고유 문화를 꽃피운다. 특히 성왕(30대)은 국호를 남부여(南夫餘)로 바꾸면서까지 부여기마족의 명맥을 놓지 않는다. 그런 까닭으로 부여기마족의 원조 구태는 『삼국사기』 건국서문에 백제의 세 번째 시조로 당당히 자리매김한다.

백제의 진정한 주류세력은 부여기마족이다.

| 비유왕 출신의 의문 |

　비유왕의 이름은 여비^{餘毗}다. 중원사서 『송서』에 나오는 공식적인 이름이다. 비유왕은 한성백제 온조 계통의 해씨가 아닌 부여백제 구태 계통의 부여씨다. 『삼국사기』는 비유왕을 '용모가 뛰어나고 말을 잘하며 사람들이 따르고 존중하였다.'(美姿貌 有口辯 人所推重)고 평한다. 아마도 비유왕이 오늘날에 태어났다면 100% 대통령감이다. 잘생긴 외모에 언변도 뛰어나니 이미지 정치의 최적화된 조건을 갖추고 있다.

비유왕 계보 설정의 문제점

　『삼국사기』는 비유왕을 구이신왕(19대)의 장자^{長子}로 설정한다. 또한 전지왕(18대)의 서자^{庶子}라고도 적는다.(毗有王 久尒辛王之長子 或云 腆支王庶子) 둘 다 아니다. 비유왕은 전지왕, 구이신왕 혈통과는 무관하다. 통상적으로 『삼국사기』는 왕통 계보를 특별한 경우가 아니면 무조건 단일 계보로 설정한다. 그리고 혹이 다른 기록이 있으면 '어느 것이 옳은지 잘 모르겠다.'(未知孰是)고 푼념을 놓는다. 특히 『삼국사기』가 서자로 기록한 경우는 생물학적 연관성이 매우 적다. 구이신왕은 야마토(왜국)에 볼모로 가 있었던 전지왕이 귀국할 때 야마토왕실 출신 팔수왕후(인덕왕 딸)를 통해 낳은 아들이다(405년).

> 『고구려사략』〈영락대제기〉. '15년(405년) 을사 7월, 전지는 그의 처가 팔수이니 인덕의 딸이다. 서구의 첩과 어머니가 같다. 섬 중에서 아들을 낳으니 곧 구이신이다.'(十五年 乙巳 七月 腆支其妻八須仁德女也 與胥狗妾同母生子于島中 乃久爾辛也)

　구이신왕은 420년(16세)~427년(23세)까지 8년간을 재위한다. 이를 근거로 비유왕이 구이신왕의 아들이라는 전제하에 비유왕의 즉위시(427년)

나이를 산정하면 최대로 잡아도 8세 정도다. 너무 어리다. 구이신왕이 비유왕에게 왕위를 넘겨줄 명분이 절대 부족하다. 이는 비유왕이 구이신왕의 혈통이 될 수 없는 가장 큰 이유다. 특히 『고구려사략』은 비유왕이 즉위 전에 이미 귀족의 부인들을 통해 여러 아들들까지 둔 사실을 명기하고 있어, 비유왕의 나이가 오히려 구이신왕보다 많음을 알 수 있다.

비유왕은 한반도 잔류집단 여신 계열

비유왕을 옹립한 사람은 『삼국사기』가 기록한 백제 최초의 부여씨인 여신餘信이다. 여신은 고구려 광개토왕에게 패해 일본열도로 망명하여 야마토를 건국한 한반도 부여백제의 왕족 출신이다. 전지왕 재위 초기인 407년(전지3) 한성백제에 합류하여 상좌평에 보임되며 왕에 버금가는 권력자가 된다.

전지왕 사후 팔수태후가 목만치를 정부情夫로 삼고 아들 구이신왕을 대신하여 섭정하며 국정을 농단한다. 이에 야마토 인덕왕은 목만치를 강제로 소환한다. 이로 인해 팔수태후는 섭정권력에 치명상을 입으며, 결국에는 아들 구이신왕마저 여신에 의해 퇴출(폐위)당한다.

구이신왕의 실제 후손이 일본 고대 족보인 『신찬성씨록』〈미정잡성〉편에 나온다. '선자수씨의 조상은 백제 구이군이다.'(船子首 百濟國人久爾君之後也) 일반적으로 『신찬성씨록』의 백제왕족을 선조로 하는 성씨들은 자신의 선조를 '백제 ○○왕' 또는 '백제왕 ○○'로 표기한다. 그러나 구이신왕의 경우는 '王'이 아닌 '君'으로 쓴다. 이는 구이신왕이 반강제적으로 왕위에서 쫓겨나 일본열도로 망명한 사실을 설명한다.

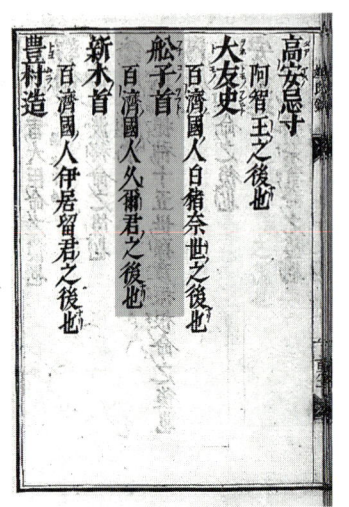
▲ 구이신왕 후손 『신찬성씨록』

비유왕의 출신을 추정할 수 있는 단서가 『신라사초』에 나온다. 비유왕의 여동생 소시매蘇時昧와 의형제인 호가부好嘉夫와 공가부孔嘉夫다. 소시매는 어머니가 소蘇씨임을 나타낸다. 당시에는 외가쪽 성씨를 따서 이름을 짓는 습속이 있다. 진주 소씨 시조는 박혁거세의 신라 건국을 도운 6촌장 중의 하나인 소벌蘇伐(소벌도리)이다. 비유왕의 모계는 신라 6촌의 소벌집단과 직접적으로 연결된다. 또한 의형제인 호가부와 공가부 역시 신라 출신으로 추정된다. 신라에는 '~부夫'자로 끝나는 이름이 종종 발견된다. 이사부(태종), 거칠부(황종), 노리부(세종) 등이다. 따라서 비유왕 역시 신라와 직간접적으로 연결되며 신라에서 출생하여 성장한 사실을 알 수 있다.

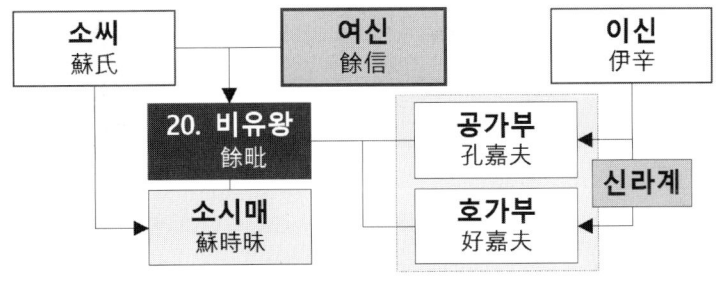

▲ 여신-비유왕 관계도

이는 비유왕이 신라 땅에서 출생하여 줄곧 성장한 사실을 부연한다. 만약 비유왕을 옹립한 여신이 비유왕의 실제 생부라면, 여신은 삼한백성의 일본열도 엑소더스를 단행한 융통왕(궁월군)을 따라가지 않고 한반도에 잔류한 것으로 보인다. 이때 신라 출신 소씨가문 여성과 혼인하여 비유왕을 낳고 또한 신라에서 생활하다가 이후 한성백제에 합류하며 상좌평에 보임된다. 비유왕 역시 아버지 여신을 따라 자연스레 한성백제에 합류한다.

비유왕은 백제 최초의 부여씨인 여신의 직계 후손이다.

| 한반도 서남부지방 장악 |

비유왕 시기 백제는 구태 계통의 부여씨왕조가 새로이 들어서며 옛 부여백제의 한반도 삼한 땅과 백제군(요서군, 진평군)의 대륙 땅을 모두 승계하며 백제의 영토로 편입한다.

부여백제 한반도 삼한 땅 흡수

비유왕은 즉위 이듬해인 428년(비유2) 전국을 순행하며 백성들에게 곡식을 나누어 주는 등 신왕조 창업자로서의 정치행사를 실시한다. 이때 야마토가 대규모 사절단을 보내 비유왕의 즉위를 축하한다. 그런데 당시 상황을 두고 기록마다 약간씩 차이를 보인다.『삼국사기』,『고구려사략』,『신라사초』기록이다.

2년(428년) 봄 2월, 왕이 4부를 순무하며 가난한 사람에게 곡식을 차등있게 나눠 주었다. **왜국의 사신이 왔는데 따라온 자가 50인이다.**
二年 春二月 王巡撫四部 賜貧乏穀有差 倭國使至 從者五十人
☞『삼국사기』〈백제본기〉비유왕

15년(428년) 무진 3월, … 비유가 나라를 순시하며 백성을 진휼하고 **왜의 사신 50인과 연회를 열어 술을 마시고 왜의 딸을 맞이하였다고 한다.**
十五年 戊辰 三月 … 毗有巡國 賑民與 倭使五十人宴飮 而納倭女云
☞『고구려사략』〈장수대제기〉

12년(428년) 황룡 3월, 부여 비유가 **야왕의 딸 위이랑을 맞이하기 위해 월나에 이르렀다.**
十二年 黃龍 三月 夫餘毗有迎野王女韋二娘 至月奈
☞『신라사초』〈눌지천왕기〉

『삼국사기』는 왜의 사절단 인원이 50명이라는 사실만을 전한다. 그런데 『고구려사략』은 덧붙여 비유왕이 왜의 사절단에게 연회를 베풀고 왜(야마토)의 딸을 맞이하였다고 하고, 『신라사초』는 또 덧붙여 비유왕이 야(왜)왕의 딸 위이랑韋二娘을 맞이하기 위해 월나月奈까지 내려갔다고 한다. 월나는 지금의 전남 영암에 소재한 부여 계통(시조 동부여출신 백토대왕)의 소국이다. 이는 중요한 역사적 사실을 증언한다. 비유왕은 전국을 순행하며 전남 영암까지 내려간다. 이는 경기 이남의 충청도와 전라도 일대가 모두 백제의 영토로 편입된 사실을 설명한다. 백제에 부여씨왕조가 들어섰기에 가능한 일이다.

> 『신라사초』 기록의 **야왕**(野王)은 야마토 대호족 갈성위전(葛城韋田)이다. 갈성위전은 궁월군의 120현민 삼한백성의 엑소더스를 도운 갈성습진언(葛城襲津彦)의 아들이며, **위이랑은 갈성위전의 둘째 딸**이다. 『일본서기』에 야마토 이중(履中)왕의 왕비 흑원(黑媛)이 나온다. 흑원의 아버지가 바로 갈성위전(위전숙니)이다. 갈성(葛城-가쓰라기)씨 가문은 인덕(16대), 이중(17대), 웅략(21대) 등 야마토의 왕비를 배출한다. 현재 **일본 오사카** 남부에 갈성씨 가문에서 유래하는 갈성산(葛城山)이 있다.

백제 금동관모의 시사점

비유왕은 백제 영토를 통치하기 위해서 옛 부여백제의 지방행정구역인 담로檐魯(22개)를 적극 활용한다. 지방행정조직의 수장으로 왕王과 후侯, 태수太守 관직을 신설하여 효율적으로 관리한다. 왕과 후는 한반도, 태수는 대륙 백제군의 지방관이다. 기록상으로 왕과 후는 개로왕(21대) 때, 태수는 비유왕 때부터 나온다. 모두 비유왕 때에 처음 도입되어 시행된다. 특히 동성왕(24대) 때에는 두 지역의 지방관 명칭을 명확히 구분한다.

비유왕의 통치영역을 가늠할 수 있는 유물이 있다. 백제 금동관모다. 일반적으로 머리에 쓰는 장식품은 관冠, 관모冠帽, 관식冠飾 등으로 분류한다. 관은 주로 고구려(불꽃무늬)와 신라(出자형)에서, 관모는 백제에서 사용한다. 특히 백제 금동관모는 형태가 고깔모양이다. 또한 관모에는 입식立飾과 수발垂髮의 세움장식을 별도로 부착한다. 입식의 경우 앞면은 새날개 모양, 뒷면은 광배 모양과 비슷하다. 또한 수발은 가늘고 긴 대롱 끝에 달린 반원형의 둥근 발이다. 이러한 형태의 입식과 수발 장식은 모두 부여기마족의 상징이다.

차양투구(遮陽冑)는 반원형의 챙을 붙인 철제 투구다. 고흥 밀두리, 고령 지산동, 김해 두곡리, 부산 연산동의 고분에서 출토되며 멀리 일본열도에서도 확인된다. 특히 **투구 상단 장식은 백제 금동관모 수발(垂髮) 장식과 유사하다.** 투구의 수발(受鉢)은 일종의 말상투로 **말갈기 또는 말총을 부착**한 것으로 추정된다.

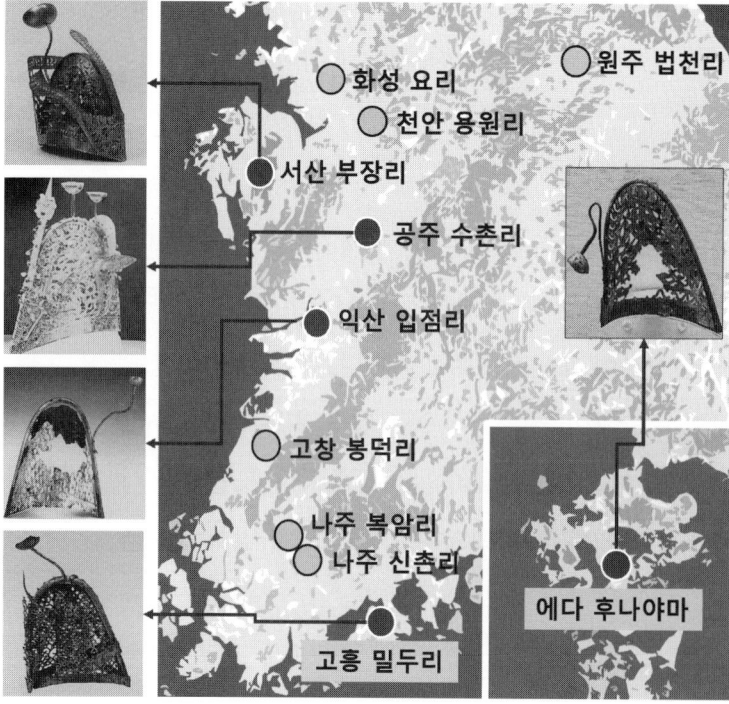

▲ 백제 금동관모, 금동신발 출토지역

출토 장소는 강원 원주, 경기 화성, 충남의 천안, 서산, 공주, 전북 고창, 그리고 전남의 나주, 고흥 등이다. 또한 멀리는 일본 규슈 구마모토熊本(에다후나야마고분)에서도 확인된다.

에다후나야마(江田船山)고분은 1873년 발굴한다. 총 92점의 출토품 중에 은상감 철검이 있다. 칼의 표면에 새겨진 75자 명문에 '治天下獲▨▨▨鹵大王世'가 나온다. '천하를 다스리는 확▨▨▨로대왕 치세에'로 번역한다. '獲▨▨▨鹵大王'은 1968년 사이타마(埼玉)현 이나리야마(稲荷山)에서 출토된 금상감 철검의 명문 '獲加多支鹵大王'와 동일한 인물이다. 일본학계는 '확가다지로대왕'을 와카타케루(ワカタケル)로 읽어 일본(야마토) 웅략왕(21대)으로 이해한다. 그러나 **다지로(多支鹵)왕은 백제 개로(蓋鹵)왕의 일본식 한자** 표기다. 에다후나야마고분의 피장자는 개로왕으로부터 **금동관모, 금동신발 등의 사여품을 받은 것으로 추정한다.**

금동관모는 중앙정부에서 지방관에게 보낸 일종의 사여품賜與品이다. 특히 금동관모의 제작연대는 5세기 초중반에 집중되어 비유왕(20대)-개로왕(21대) 때와 명확히 겹친다. 모두 부여씨왕조가 새로이 등장하면서 벌어진 일이다. 이후 백제 금동관모는 한성시대를 마감하면서 사라지고, 웅진시대부터는 금제관식(무령왕릉 출토)만을 부착한 오라관烏羅冠(검은 명주로 짠 절풍모자)을 사용한다.

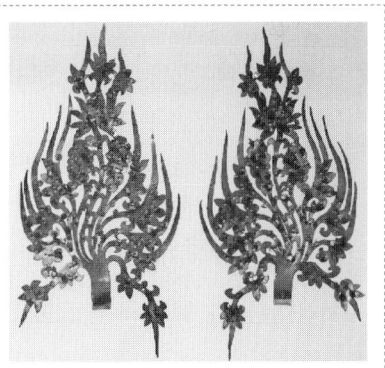

『삼국사기』 고이왕 편에 왕은 '금화식오라관(金花飾烏羅冠)', 신하는 '은화식관(銀花飾冠)'을 썼다는 기록이 있다. 일반적으로 금화(金花)는 '금꽃', 은화(銀花)는 '은꽃'으로 번역한다. 그러나 이는 잘못된 해석이다. **여기서의 '花'는 명사 '꽃'이 아니라 동사 '꽃다'의 훈차다.** 금화는 '금을 꽂은', 은화는 '은을 꽂은' 것을 말한다. 고구려도 백제와 마찬가지로 금화관, 은화관, 치화관(雉花冠) 등의 관모를 착용한다. **치화관은 '꿩 꽃'이 아니라 '꿩 깃털을 꽂은 관'이다.**

백제 금동관모는 부여씨왕조가 남긴 유산이다. 옛 부여백제 강역을 흡수하며 지방관에게 하사한 사여품이다.

백제-야마토의 외교전쟁

'왜5왕'은 중원사서 『송서』에만 나오는 야마토 왕들이다. 찬贊, 진珍, 제濟, 흥興, 무武 등 5명이다. 이들 왜5왕은 중원의 남조 유송劉宋(420~478)에 9차례 사신을 파견한다. 그런데 이 내용 자체가 『일본서기』에는 나오지 않는다. 그래서 비슷한 시기의 『일본서기』 왕력에 포함된 야마토 왕들을 왜5왕에 대비시켜 이해한다. 찬은 인덕仁德(닌토쿠,16대), 진은 반정反正(한제이,18대), 제는 윤공允恭(인교,19대), 흥은 안강安康(안코,20대), 무는 웅략雄略(유라쿠,21대)이다.

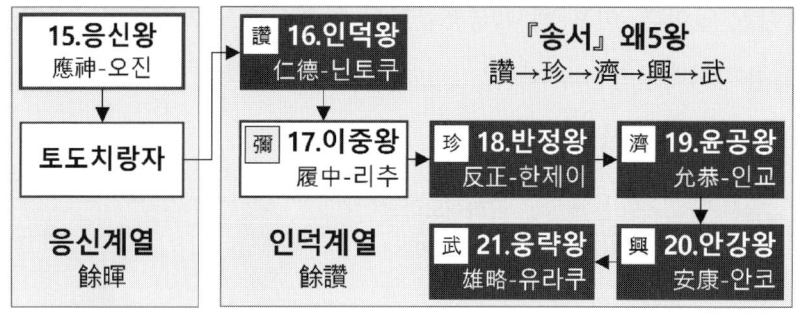

▲ 왜5왕 계보도

백제-야마토의 관작 파동

처음 유송과 교류의 물꼬를 튼 야마토왕은 찬贊(인덕)이다. 찬왕은 421년, 425년, 430년 등 연거푸 3차례 사신을 파견한다. 한반도에서 일본열도로 건너가 야마토로 재탄생한 부여기마족이 외교무대에 등장하며 자신들의 존재를 중원왕조에 알린다.

이 시기 백제는 온조 계통의 해씨왕조를 마감하고 구태 계통의 부여씨왕조가 들어선다. 부여씨왕조를 개창한 비유왕 역시 새왕조 백제를 유송에 알린다. 429년(비유3) 처음 사신을 파견하며, 이듬해인 430년

(비유4) 유송황제로부터 '사지절도독백제제군사진동장군백제왕'의 관작을 받는다. 사지절도독使持節都督은 황제의 부절符節을 받은 최고 지방관이며, 제군사諸軍事는 군사 통수권자, 진동장군鎭東將軍은 군호다. 비유왕이 받은 관작은 유송이 백제왕의 정치적 권위와 군사적 권한을 모두 인정한다는 의미를 내포한다.

그런데 야마토는 438년 찬왕의 뒤를 이은 동생 진왕(반정)이 '사지절도독왜백제신라임나진한모한6국제군사안동장군왜국왕'을 자칭하며 유송에 관작을 요구한다. 그러나 유송은 '안동장군왜국왕'만을 인정한다. 진왕이 요구한 6국의 면면을 살펴보면 왜를 제외한 백제, 신라, 임나, 진한, 모한 등은 모두 한반도 남쪽지방이다. 이는 고구려를 제외한 한반도 전체에 해당한다. 다만 진한과 모한慕韓(마한)은 이미 없어진 존재다.

모한(慕韓)은 『송서』, 『남제서』 등 야마토(왜)가 중원왕조에 관작을 요청한 기록에만 나온다. 당시 **야마토가 한반도 마한(馬韓)을 지칭하여 부른 이름이다.** 일반적으로 모한은 마한 전체가 아닌 전남지역(영산강유역)의 마한으로 이해한다. 야마토 인덕왕(16대)은 한반도 모한 출신의 융통왕이다. 일본열도로 건너가기 전에 궁월군(월출산 군장) 칭호를 받는다.

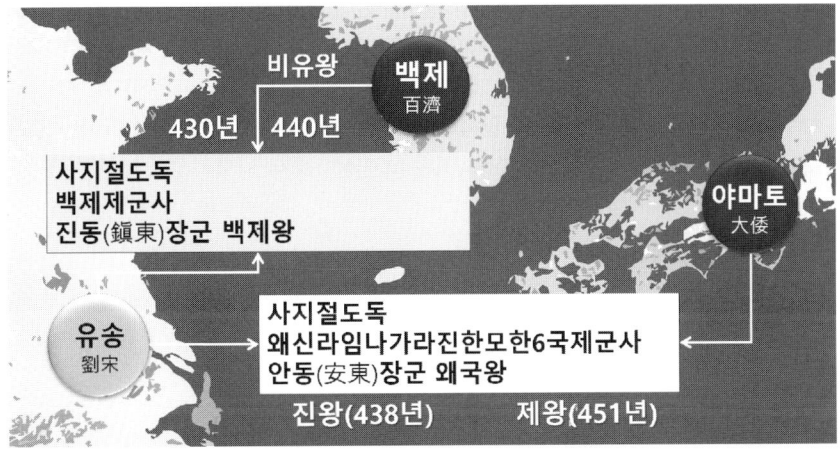

▲ 백제-야마토의 외교전쟁 (관작 파동)

이는 일본열도의 야마토가 한반도의 옛 부여백제 후신임을 증명하는 대표적인 사례다. 야마토는 옛 부여백제의 한반도 강역인 삼한 땅의 소유권을 주장한다. 이를 뒤늦게 알게 된 비유왕은 440년(비유14) 유송에 사신을 파견한다. 야마토 주장에 대한 진위 파악과 대응 차원이다. 이후 야마토는 451년 진왕(반정)의 뒤를 이은 제왕(윤공)이 6국제군사를 다시 요구하고 유송은 결국 수용한다. 다만 6국 중 백제는 빠지고 가라(가야)가 추가된다.

백제-야마토의 서열 싸움

비유왕 때에 백제와 야마토가 벌인 일련의 관작 파동은 한반도 삼한 땅의 소유권 문제와 부여씨왕조의 서열을 두고 벌인 외교전쟁이다. 일종의 자존심 싸움이며 헤게모니^{hegemony} 싸움이다. 백제는 비유왕이 즉위하면서 부여씨왕조로 거듭난다. 야마토는 당연히 부여씨왕조다. 따라서 두 부여씨왕조의 서열다툼은 필연이다. 『일본서기』는 『백제신찬』을 인용하여 '형왕의 우호를 닦았다.'(脩兄王之好)고 기록한다.

> 477년 야마토 무(웅략)왕은 '사지절도독왜백제신라임나가라진한모한7국제군사안동대장군왜국왕'을 자칭하며 유송에 관작을 요구한다. **유송 황제는 이듬해인 478년 백제가 빠진 '6국제군사안동대장군왜왕'의 관작만을 수여**한다. 이 시기 백제는 고구려 장수왕의 남벌로 개로왕의 한성이 몰락하며(475년) 문주왕이 급히 웅진으로 천도한 최악의 상황이다. **야마토 무왕이 일시적으로 백제의 제군사 권한을 행사하려는 의도**로 보인다. 이후 백제-야마토간 관작파동은 더 이상 기록에 나오지 않으며 종결된다.

누가 뭐래도 백제와 야마토는 형제국이다. 그것도 정치적 형제가 아니라 혈연적 형제다.

| 백제-신라의 혼인동맹 |

비유왕의 백제가 신라와 체결한 왕실간 혼인동맹이다. 일반적으로 백제와 신라의 동맹을 '나제동맹羅濟同盟'이라 한다. 신라 중심으로 삼국사를 이해하다 보니 '제라동맹'이라 하지 않고 '나제동맹'으로 표현한다. 아쉬운 부분이다.

백제-신라의 왕실간 혼인동맹

『삼국사기』비유왕이다. '7년(433년) 가을 7월, 신라에 사신을 파견하여 화친을 요청하였다.(遣使入新羅 請和) 8년(434년) 봄 2월, 신라에 시신을 파견하여 좋은 말 2필을 보냈다.(遣使新羅 送良馬二匹) 가을 9월, 다시 흰 매를 보냈다.(又送白鷹) 겨울 10월, 신라가 양금과 명주를 답례로 보내 왔다.'(新羅報聘以良金明珠) 『삼국사기』가 전하는 나제동맹 스토리다. 433년과 434년 두 해에 걸쳐 백제가 신라에 사신을 파견하고 선물을 주고받은 내용이 전부다. 두 나라 왕실간의 혼인에 대한 얘기는 아예 없다. 도무지 실체가 모호하다.

『신라사초』가 실체를 명확히 설명한다. 백제 비유왕은 여동생 소시매蘇時昧를 신라 눌지왕(19대)의 비로 보내고, 눌지왕은 딸 주周씨를 비유왕의 비로 보낸다. 백제와 신라는 왕실여성을 서로 주고받으며 겹사돈을 맺는 혼인동맹을 체결한다.

혼인동맹을 체결한 이유는 무엇일까? 역시 『신라사초』에 나온다. 비유왕은 고구려를 공동으로 막자고 제안한다. 그러나 신라 눌지왕은 다른 생각을 한다. 백제의 힘을 빌려 야인(왜인)을 막고자 한다.(願解宿感 而互相持護 以禦北虜如何 王欲伐野人 故許其和) 동상이몽同床異夢이다. 목적은 같으

건국의 요람과 여명   초고계열과 고이계열   근초고왕과 부여기마족   **부여씨왕조의 수난**

나 목표가 다르다. 그럼에도 제라동맹은 나름의 성과를 거둔다. 적어도 비유왕 때에 백제는 고구려로부터 공격을 받지 않는다.

> 『고구려사략』〈장수대제기〉. '21년(433년) 5월, 눌지는 비유와 다시 화친하였다. **간배들이 이랬다저랬다 하기가 무상하더니만, 저희들끼리 병주고 약주고 하였다.**'(二十一年 五月 訥祗與毗有復和 奸輩之反復無常 自作其藥也) 고구려 장수왕은 제라동맹 체결을 폄하하며 불편한 감정을 드러낸다.

어찌 보면 왕실간 혼인동맹은 최상의 선택카드다. 서로의 핏줄을 담보하니 쉽사리 배신할 수 없다. 혹여 혼인한 왕녀가 아들을 낳으면 다음 왕위를 이을 수도 있다. 결코 손해 볼 일도 나쁠 것도 없다.

눌지왕의 딸 주씨 이야기

『신라사초』〈눌지천왕기〉에 눌지왕의 딸 주周씨에 대한 흥미로운 일화가 나온다. 비유왕은 여동생 소시매를 눌지왕에게 보내며 이에 걸맞은 신라 왕녀를 요구한다. 이때 눌지왕은 왕녀들이 추녀醜女인 까닭에 남모를 고민에 빠지는데 때마침 13세 어린 공주 주씨가 자청하자 곱게 치장하여 비유왕에게 보낸다. 그런데 비유왕은 주씨가 너무 어린 탓에 가까이 하지 않는데 뜻밖에도 주씨가 백제 관원과 놀아난다. 하는 수 없이 비유왕은 눈물을 머금고 주씨를 신라로 돌려보낸다. 이에 격분한 눌지왕은 동맹 파기를 운운하자 비유왕은 두 차례 사신을 파견하며 주씨를 다시 백제로 데려온다.

그리고 주씨는 442년(비유16) 비유왕의 아들을 낳는다. 훗날 왕위에 오른 문주왕(22대)이다. 문주文周의 이름에 '周'자가 들어간 이유는 주씨가 낳은 아들이기 때문이다.

왕실간 혼인동맹은 양날의 칼과 같다. 잘되면 후손이 왕이 되는 기회도 얻지만, 잘못되면 서로의 가슴에 비수를 꽂아야 한다.

| 수레바퀴 불꽃의 출현 |

수레바퀴는 고구려 고분벽화(길림성 집안 오회분4호묘), 중국 『산해경』, 불교의 『아함경』, 기독교의 『구약성경』〈에스겔서〉 등에 등장하는 동서양 공히 중히 여기는 인류의 발명품이며, 또한 종교적 승화체다.

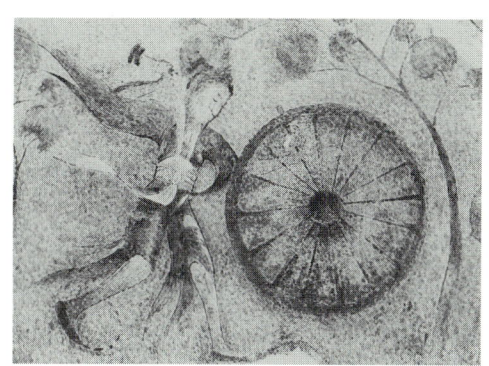
▲ 수레바퀴신 [오회분4호묘, 길림성 집안]

수레바퀴 불꽃의 실체

『삼국사기』 비유왕이다. '21년(447년) 여름 5월, 궁궐 남쪽 연못에서 불길이 일어났는데 불꽃이 수레바퀴와 같았고 밤새도록 타다가 꺼졌다.'(宮南池中有火 焰如車輪 終夜而滅) 이 내용은 『고구려사략』에도 나온다. '비유가 물가에 기거하였는데 수레바퀴 모양의 귀신불이 밤새도록 꺼지지 않았다.'(毗有居池 鬼火如輪終夜不滅矣) 수레바퀴 불꽃을 귀신불鬼火로 설명한다. 귀신불은 단순히 수레바퀴 모양의 장작더미는 아니다. 더구나 밤새도록 탔다는 표현은 귀신불이 꺼지지 않는 물체임을 시사한다. 수레바퀴 불꽃은 계속해서 빛을 발하는 일종의 UFO 발광체로 보인다.

비유왕은 미래에서 타임머신을 타고 온 시간여행자time traveler를 만난 것으로 추정된다. 이는 중원사서 『송서』에 비유왕이 이 사건 발생 직후인 450년(비유24) 서하태수 풍야부馮野夫를 유송에 보내 역술책易林과 점치는 기구式占 등을 구한 기록이 나오기 때문이다.(毗上書獻方物 私假臺使馮野夫西河太守 表求易林式占腰弩 太祖並與之) 아마도 비유왕은 수레바퀴 불꽃의 출몰을 통해 누군가를 만나고 삶의 본질에 집착한 것은 아닐까?

UFO 목격 사례

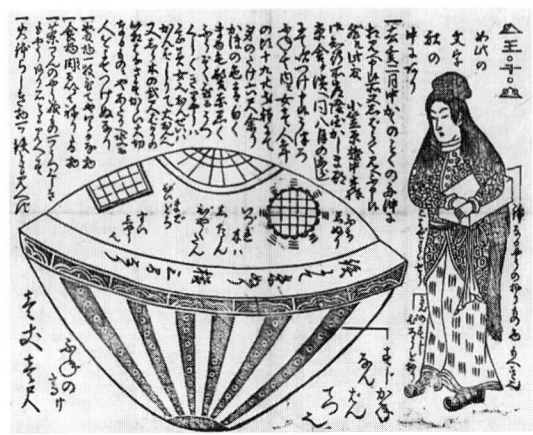

▲ 우츠로부네 [일본 에도시대]

UFO 목격 기록은 『조선왕조실록』에도 37차례나 나온다. 참 많기도 하다. 특히 광해군 때 강원도에 출몰한 UFO는 세숫대야, 호리병, 동이(그릇), 배 등 다양한 형태로 목격된다. 일본의 경우 에도시대에 UFO 추정 물체를 목격한 기록도 있다.

> 『조선왕조실록』 광해군 원년(1609년) 기유 강릉부(江陵府)에서 올린 장계. '8월 25일 사시(巳時, 9시~11시)에 해가 환하고 맑았는데 갑자기 어떤 물건이 하늘에 나타나 작은 소리를 냈습니다. 형체는 큰 호리병과 같은데 위는 뾰족하고 아래는 컸으며 하늘 한 가운데서부터 북방을 향하면서 마치 땅에 추락할 듯하였습니다. 아래로 떨어질 때 그 형상이 점차 커져 3, 4장(丈) 정도였는데 그 색은 매우 붉었고 지나간 곳에는 연이어 흰 기운이 생겼다가 한참 만에 사라졌습니다. 이것이 사라진 뒤에는 천둥소리가 들렸는데 그 소리가 천지를 진동했습니다.'

현대 과학이론이 정의하고 있는 시간^{time}은 상대적으로 줄일 수는 있으나 과거로 되돌릴 수는 없다고 한다. 적어도 지금은 시간여행 자체가 불가능하다. 그러나 더 먼 미래에는 현대 과학을 극복하여 시간과 공간을 자유로이 선택하는 새로운 과학기술이 발명되리라 기대해본다.

어찌 과학적 판단으로만 역사적 사건 기록을 증명할 수 있겠는가?

흑룡 출현과 비유왕의 죽음

『삼국사기』를 보면 비유왕은 455년(비유29) 9월 한강에 흑룡이 출현하며 사망한다.(黑龍見漢江 須臾雲霧晦冥飛去 王薨) 흑룡은 음陰의 상징이며 여성을 가리킨다. 특히 흑룡의 출현은 정변政變에 비유된다. 비유왕은 쿠데타로 인해 살해되었을 개연성이 매우 크다.

남편을 살해한 수마왕후

비유왕을 살해한 여성은 비유왕의 왕후 수마須馬(『신라사초』)다. 거슬러 올라가면, 비유왕은 백제 최초의 부여씨인 여신餘信이 당시 해씨 왕족가문의 수장인 해수解須와의 딜deal을 통해 백제 왕에 즉위한다. 딜은 부여씨가 새로이 왕이 되고 기존의 왕족 해씨(온조 계통)는 왕후가 되는 조건이다. 이때 비유왕이 즉위하면서 맞은 왕후가 바로 해수의 딸 수마다.

그렇다면 수마는 왜 남편 비유왕을 살해했을까? 발단은 후계 문제다. 통상적으로 왕은 재위 초기에 유고시 혼란을 대비하여 후계자를 미리 정하는 것이 일반적이다. 그런데 비유왕은 후계자를 따로 두지 않는다. 이로 인해 왕자들 간에 후계자 쟁탈전이 벌어진다.

『고구려사략』과 『신라사초』에 비유왕의 가계가 상세히 나온다. 비유왕은 즉위 전에 백제 귀족가문들과 혈연 관계를 맺는다. 해수의 처를 통해 여경餘慶(경사, 개로왕)을, 여채의 처를 통해 여은餘殷을, 연길의 처를 통해 여기餘杞를 각각 얻는다. 또한 즉위 후에는 왕후 수마와는 별도로 비를 둔다. 야마토 출신 위이랑韋二娘을 통해 여곤餘昆(곤지)을, 신라 눌지왕(19대)의 딸 주씨를 통해 여문餘文(문주, 문주왕)을, 또 실성왕(18대)의 딸 선명을 통해 여폐餘肺를 각각 얻는다. 다만 불행하게도 수마왕후는 아들을 낳지 못하여 해수의 처가 낳은 첫째 여경을 입적시켜 양자로 삼는다.

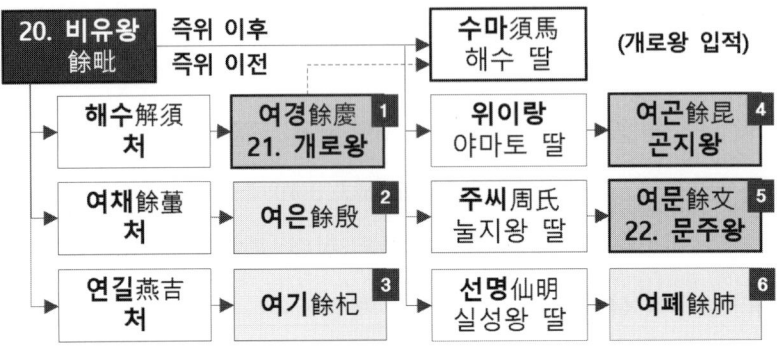

▲ 비유왕 가계도

수마왕후의 개로왕 지키기

당시 비유왕이 후계자로 염두한 아들은 여곤(곤지)으로 추정된다. 이에 반발한 수마왕후가 남편 비유왕을 살해하는 극단적인 선택을 하며 양아들 여경(경사)을 옹립한다. 개로왕(21대)이다. 특히 수마왕후는 남편 비유왕의 시신을 들판에 가매장하는 냉혹한 처사를 보인다. 또한 수마왕후는 개로왕 재위시 섭정하며 개로왕 지키기에 적극 나선다. 정적인 비유왕의 아들 여기와 여곤을 각각 우현왕(대륙 요서지방)과 좌현왕(한반도 전남지방)에 임명하여 중앙정계에서 축출한다.

『송서』〈이만열전〉 백제 편. '대명2년(458년) 백제왕 여경(개로왕)이 사신을 보내 표를 올리며 말하길 "… 행관군장군 우현왕 여기 등 11인은 충성스럽고 근면하여 높은 지위에 나아감이 마땅하니 엎드려 바라건대 모두 벼슬을 내려주길 청합니다."하였다. 이에 행관군장군 **우현왕 여기**는 관군장군에, 행정로장군 **좌현왕 여곤**과 **여훈**은 정로장군에, 행보국장군 **여도**와 **여예**는 보국장군에, 행용양장군 **목금**과 **여작**은 용양장군에, 행영삭장군 **여류**와 **미귀**는 영삭장군에, 행건무장군 **우서**와 **여루**는 건무장군에 임명하였다.'(大明二年 慶遣使上表曰 … 行冠軍將軍右賢王餘紀等十一人 忠勤宜在顯進 伏願垂愍 並聽賜除 仍以行冠軍將軍 右賢王餘紀 爲冠軍將軍 以行征虜將軍左賢王餘昆 行征虜將軍餘暈 並爲征虜將軍 以行輔國將軍餘都餘乂 並爲輔國將軍 以行龍驤將軍沐衿餘爵 並爲龍驤將軍 以行寧朔將軍餘流麋貴 並爲寧朔將軍 以行建武將軍于西餘婁 並爲建武將軍)

이때 상당수 부여씨 왕족들도 장군 군호를 받으며 지방으로 쫓겨난다.(455년 추정-『송서』) 특히 여곤은 재차 야마토(왜)로 추방당한다.(461년-『일본서기』)

개로왕은 '근개루近蓋婁'라고도 한다. 근초고왕의 '근초고近肖古'가 초고왕(5대, 비류 계통)을 계승한 경우와 같다. 근개루는 개루왕(4대, 온조 계통)의 계승이다. 이는 수마왕후가 구태 계통의 부여씨에게 넘긴 왕통을 다시금 온조 계통의 해씨로 되돌리기 위한 조치로 이해된다.

> 시호 **근개루**는 시사하는 바가 크다. 근개루는 시조 온조계통인 개루왕(4대)을 계승한 점이다. 근초고왕이 시조 비류 계통인 초고왕(5대)을 계승한 경우와 같다. 이는 당시 구왕족인 해씨가 온조 계통과 비류 계통으로 분리되어 있음을 부연한다. 다시 말해 **비류 계통의 해씨왕조가 구태 계통의 부여씨왕조로 교체된 후 다시금 해씨왕조의 부활을 꾀한 세력은 비류 계통이 아닌 온조 계통**이다.

비유왕은 백제 부여씨왕조의 실질 시조다. 제라동맹을 성사시켜 고구려의 남진정책을 억제하고 옛 부여백제의 한반도 삼한 땅과 대륙 백제군의 요서지방을 인수하며 백제 강역을 한껏 확장시킨다. 비유왕 때 백제는 한반도의 진정한 맹주로 자리 잡는다. 다만 비유왕은 후계자를 미리 정하지 않은 탓에 살해당하는 수모를 겪지만, 백제 7백년 역사 전체를 놓고 볼 때 부여씨왕조를 개창한 비유왕의 역사적 비중은 대단히 크다 할 수 있다.

비유왕은 백제 부여씨왕조를 개창한 군주다.

서울 방이동고분군의 무덤주인

▲ 방이동고분군 [서울 송파]

서울 「방이동고분군」(서울 송파구 소재)은 해발 30~40m 구릉지에 소재한 백제 한성시대 말기인 5세기 중반(430~475)에 조성된 무덤군이다. 통상 동쪽 구릉 (Ⅰ)구역과 서쪽 구릉 (Ⅱ)구역으로 나누며 모두 10기가 존재한다. 다만 도시 개발로 인해 동쪽 구릉 2기(4호,5호)는 소실되고, 현재는 서쪽 구릉 4기(1호,2호,3호,6호)와 동쪽 구릉 4기(7호,8호,9호,10호) 등 8기만 남아있다. 이 중 발굴 조사된 무덤은 서쪽 구릉 1호, 3호, 6호와 소실된 4호, 5호 등 5기며, 나머지 서쪽 구릉 2호와 동쪽 구릉 7호~10호 등 5기는 미발굴 상태다.

무덤 양식은 굴식돌방무덤(횡혈식석실묘)으로(5호분 수혈식석곽묘) 외형은 원형봉토분(흙무지무덤)이다. 돌방(석실)과 널길(연도)은 납작한 깬돌(할석)을 쌓아 만든다. 돌방은 방형이며, 천정은 활모양의 궁륭형이다. 이러한 형태는 웅진시대 초기에 조성된 공주 송산리고분의 무덤 양식과 매우 유사하다.

특히 발굴 조사된 1호를 포함한 3호, 5호, 6호 등에서는 회청색경질 굽다리접시高杯 등 전형적인 신라계 토기가 출토되어 방이동고분군 실제 무덤주인을 두고 백제계, 신라계 등 다양한 견해와 해석이 존재한다.

> 서울 송파구에 조성된 '석촌동고분군'과 '가락동고분군'의 일부는 백제 고분군이고, '방이동고분군'은 신라에 의해서 새롭게 형성된 고분군이라는 설과 석촌동, 가락동, 방이동고분군 전체가 원래 백제 고분군이지만 신라인들이 이를 일부 재사용하면서 신라 고분군처럼 보이게 했다는 견해로 나뉘어져 있다. 나아가 석실 재사용론을 인정하면서도 백제 고분군이 아니라고 주장하는 의견도 있다.

서쪽 구릉 무덤(Ⅰ구역)은 비유왕의 의형제와 연관

서쪽 구릉(Ⅰ구역)에 위치한 6기 무덤의 재원이다.

무덤	외형(m) 지름×높이	구조	규모(m) 길이×너비	발굴 유무	출토 유물
1호분	12.0×2.2	돌방 활석 바닥 자갈 우측 널길 궁륭형 천장	3.1×2.5	발굴	토기 3점
2호분	13.4×2.7		-	미발굴	
3호분	13.1×2.9		2.7×2.3	발굴	치아 3점
4호분	13.0×2.3		2.6×2.4	소멸	
6호분	10.0×2.1		2.9×2.3	발굴	
5호분	9.0×?	석곽	2.0×2.3	소멸	

소실된 4,5호분을 제외하고 나머지 1,2,3,6호분 등 4기는 봉분이 잘 보존되어 있다. 특히 1,2,3호분은 봉분의 지름이 12~13m로 비교적 크기가 균일하며, 봉분 간의 거리는 18m로 'ㄱ'자 형태를 띠고 있다. 이는 세 무덤의 피장자가 서로 밀접하게 연관되어 있음을 시사한다. 누구의 무덤일까? 무덤주인 중 두 사람은 비유왕

▲ 방이동고분군 서쪽 구릉(Ⅰ구역) 무덤 분포

의 의형제인 호가부^{好嘉夫}와 공가부^{孔嘉夫}일 가능성이 크다. 원래 두 사람은 신라 출신이다. 그래서 '~夫'자 돌림의 이름을 갖는다. 특히 두 사람은 비유왕이 신라 눌지왕과 혼인동맹을 체결할 때 실무 담당자(사신)로서 신라를 오가며 결정적인 역할을 한다. 이런 까닭으로 두 무덤에서는 신라 양식의 토기와 항아리가 출토된다.

> **4호분**(소실)은 봉분 지름이 13m, 높이는 2.3m다. 돌방(석실)은 남북 2.34m, 동서 2.57m로 활석을 겹겹이 쌓아 축조하였다. 돌방벽은 석회를 발랐고 바닥은 배수구를 파고 자갈을 깔았다. 돌방바닥에는 시신을 안치한 나무널(목관)이 있으며, 나무널 주변에서 경질고배(硬質高杯)와 고배 뚜껑을 출토한다. 무덤주인은 『신라사초』 기록에 나오는 **비유왕의 숙부 이신**(伊辛)으로 추정된다.

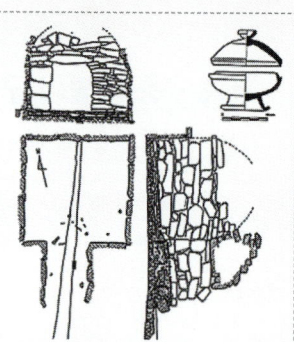

동쪽 구릉 무덤(Ⅱ구역)은 비유왕의 능원

동쪽 구릉 무덤(Ⅱ구역)은 서쪽 구릉에서 동쪽으로 200여m 떨어진 지점에 위치한다. 모두 4기로 원형봉토분(흙무지무덤)이다. 미발굴된 탓에 묘실은 정확히 알 수 없으나 이들 무덤이 동쪽 구릉 무덤(Ⅱ구역)과 비슷한 시기에 조성된 것으로 추정되어 굴식돌방무덤(횡혈식석실묘)일 가능성이 매우 높다. 무덤의 분포를 보면 9호분이 봉분 지름 16.3m로 가장 크며, 9호분의 딸린무덤(배총)인 7호분과 8호분의 봉분 지름은 각각 11.6m,

▲ 방이동고분군 동쪽 구릉(Ⅱ구역) 무덤 분포

11.5m다. 또한 가장 동쪽의 10호분의 봉분 지름은 13.8m다. 이들 4개 무덤은 9호분을 중심으로 배치되어 있다.

9호분은 비유왕의 무덤이다. 비유왕은 455년 왕후 수마(須馬)에 의해 암살당한다. 이때 시신은 들판에 유기되었다가 이후 개로왕에 의해 뒤늦게 시신을 수습하여 왕릉을 조성한다. 특히 9호분은 방이동고분군 10기 중 가장 규모가 커서 왕릉임을 뒷받침한다.

또한 7호분과 8호분, 그리고 10호분 등 3개 무덤은 비유왕의 후궁 무덤으로 추정된다. 이 중 7호분과 8호분은 신라 출신 왕녀인 주씨(周氏)와 선명(仙明)일 가능성이 높다. 눌지왕의 딸인 주씨는 여문(문주)를 낳으며, 실성왕의 딸인 선명은 여폐를 낳는다. 둘 다 백제-신라간 체결한 혼인동맹의 상징적인 존재다. 또한 10호분은 비록 9호분에서 다소 떨어져 있으나 이 역시 비유왕의 후궁 무덤이다. 야마토 출신으로 여곤(곤지)를 낳은 위이랑(韋二娘)(갈성위전 딸)이다.

다만 비유왕의 왕후 수마는 고구려 장수왕의 남벌전쟁시 개로왕과 함께 고구려군에게 사로잡혀 아차산성으로 끌려가 죽임을 당한 까닭에 무덤의 유무조차 알 수 없다.

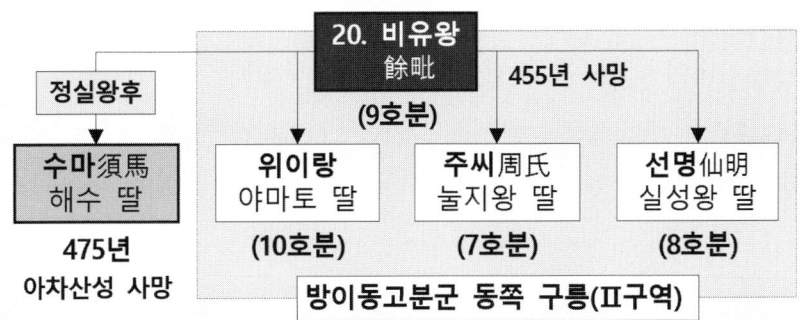

▲ 방이동고분군 동쪽 구릉 무덤주인 비정

| 건국의 요람과 여명 | 초고계열과 고이계열 | 근초고왕과 부여기마족 | **부여씨왕조의 수난** |

경주 대릉원의 노동,노서 지구에 소재한 **식리총**(126호분)은 일제강점기인 1924년 일본인이 발굴한 5세기 후반에 조성된 돌무지덧널무덤(적석목곽분) 양식의 신라왕족 무덤이다. 특히 출토된 금동신발(飾履)은 백제에서 직접 제작한 것으로 밝혀져 비상한 관심을 끈 바 있다. **무덤주인은 눌지왕의 백제계 서자 무공**(武公)이다. 무공은 제라동맹시 신라 **눌지왕과 혼인하여 후궁이 된 비유왕의 여동생 소시매**(蘇時昧)가 낳은 아들이다.

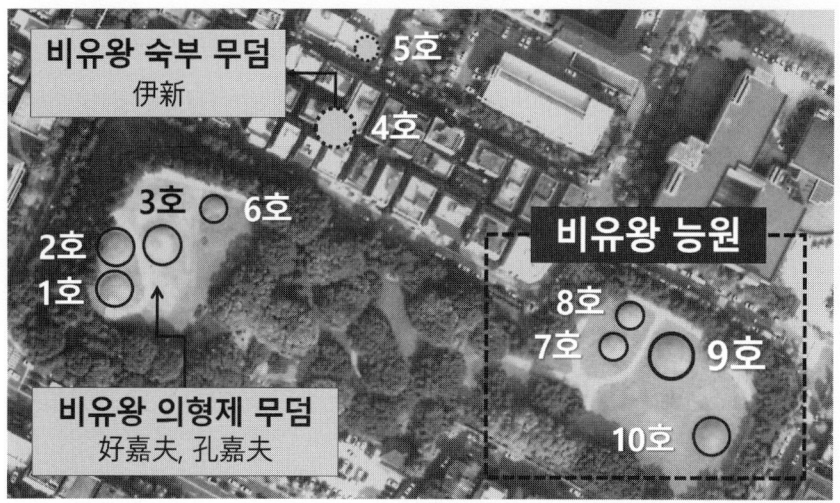

▲ 방이동고분군 무덤주인 분포

　서울 「방이동고분군」은 한성시대 말기에 조성된 대표적인 왕가묘역이다. 그것도 부여씨왕조를 개창한 비유왕과 그 일족만을 위한 사후의 특별 공간이다.

| 한성 몰락과 개로왕의 선택 |

　개로왕(21대)은 455년~475년까지 21년간을 재위한다. 이름은 경慶(여경) 또는 경사慶司며, 시호는 개로蓋鹵 또는 근개루近蓋婁다. 그런데 개로왕에게는 주홍글씨마냥 항상 따라붙는 2가지 표찰이 있다. 하나는 5백년간의 백제 중심지 한성을 하루아침에 소실한 우둔한 군주고, 또 하나는 고구려 장수왕(20대)에게 죽임을 당한 비애의 군주다. 개로왕의 치적 아닌 치적은 크게 2가지다. 하나는 대토목공사를 일으킨 것이고, 또 하나는 불발로 끝난 북위와의 동맹 추진이다. 2가지 내용이 『삼국사기』에 자세히 나온다.

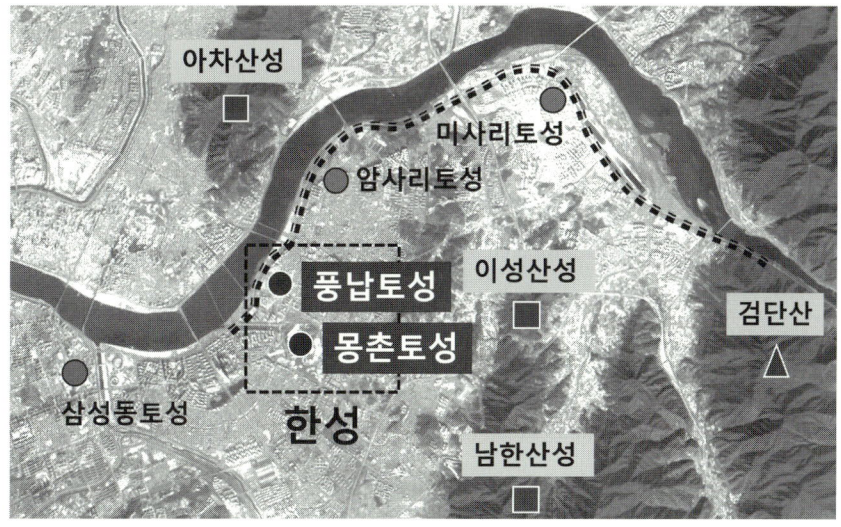

▲ 개로왕의 강독공사

대토목공사, 고구려 장수왕의 사전 공작

　대토목공사는 고구려 첩자 도림道琳의 작품이다. 『고구려사략』을 보면 장수왕은 464년(개로10,장수52) 은밀히 간첩 도림을 백제에 파견한다.

건국의 요람과 여명 　초고계열과 고이계열 　근초고왕과 부여기마족 　**부여씨왕조의 수난**

　도림은 개로왕이 바둑을 좋아한다는 사실을 알고 개로왕에게 접근하여 신임을 얻으며 왕실고문인 상객上客의 대우를 받는다. 그리고 여러 가지 이유를 들어 개로왕을 부추긴다.

　대토목공사는 사성蛇城의 동쪽으로부터 숭산崇山의 북쪽에 이르는 강둑공사다. 사성은 지금의 서울시 송파구 풍납토성이며, 숭산은 경기도 하남시 검단산黔丹山이다. 실로 엄청난 거리다.(≒19km)

　이로 인해 백제는 재정이 고갈되고 백성의 삶은 극도로 궁핍해진다. 또한 개로왕은 한성 궁궐의 누각과 대사를 웅장하고 화려하게 꾸민다. 들판에 가매장된 선왕先王(비유왕)의 능묘를 새로이 조성하고 장례식도 치른다. 일련의 작업은 모두 도림이 사주한다. 장수왕은 도림으로 하여금 백제 재정을 악화시키고 민심을 이반시키는 사전 공작을 벌인다.

불발로 끝난 북위와의 동맹

　472년(개로18) 개로왕은 중원왕조 북위北魏(탁발선비)에 사신을 파견하여 표문을 올리며 군사동맹을 제안한다. 표문은 '개로왕의 상표문上表文'이라 하며 『삼국사기』에 전문이 실려있다. 총 539자의 보기 드문 명문이다. 정리하면 이렇다. 백제와 고구려는 원래 한 뿌리인데 고구려가 우호를 깨고 백제를 공격하여 핍박하니 백제와 북위가 군사동맹을 맺어 북위가 고구려를 공격하면 백제도 고구려를 공격하겠다는 내용이다. 특히 표문을 보면 두 가지 내용이 눈에 띤다.

　하나는 사신으로 파견된 인물이다. '관군장군부마도위불사후' 장사長史 여례餘禮와 '용양장군대방태수' 사마司馬 장무張茂다. 여례는 왕족으로 개로왕의 사위인 부마도위駙馬都尉다. 불사弗斯는 전북 전주 지방이다. 이는 당시 왕족의 종친을 지방관으로 파견한(담로제) 사실을 증언한다. 또한 대방태수는 대륙 백제군 소속의 대방지역(하북성 당산) 지방관이다. 장무는 한반도 본국이 아닌 대륙 분국의 현지인이다. 이는 대륙 요서지방에 백제군이 존재한 사실을 증언한다.

또 하나는 상표문에 인용된 맹상군孟嘗君과 신릉군信陵君 이야기다. 사마천의 『사기』에 나오는 내용이다. 이는 백제 지배층의 지식 수준을 알 수 있는 대목이다. 적어도 당시 백제 지배층은 중원왕조의 고대 역사와 고사 정도는 꿰뚫고 있다.

> 『주서』 백제전. '백제사람의 습속은 기사를 숭상하고 아울러 **경전과 사서를 애독하니 뛰어난 사람은 제법 문장을 엮을 줄도 알고** 음양오행도 이해하였다.'(俗重騎射 兼愛墳史 其秀異者 頗解屬文 又解陰陽五行)

그러나 북위와의 군사동맹은 불발로 끝난다. 북위가 개로왕에게 보낸 답서 전문이 역시 『삼국사기』에 나온다. 내용은 이렇다. 우선 북위의 태도가 미온적이다. 북위는 고구려가 속국을 자처하며 오랫동안 조공을 해왔고 또한 북위의 명을 어긴 적이 없어 고구려를 공격할 명분이 없다는 이유를 댄다. 그리고 고구려가 죄를 지으면 그때 공격하자는 다소 소극적인 답변을 내놓는다.

그런데 엉뚱한 곳에서 문제가 발생한다. 개로왕의 상표문이 고구려 장수왕에게 알려진다. 북위가 고구려에 사신을 파견하여 백제와 원수진 일을 따지는데 장수왕은 그런 일이 없다며 북위 사신의 백제 행로를 차단해 버린다. 이후 백제와 북위의 동맹은 유야무야되고 급기야 개로왕은 아예 없던 일로 해버린다. 『삼국사기』는 개로왕이 북위에 표문을 올려 군사를 요청하나 북위가 들어주지 않자 '왕이 이를 원망하여 마침내 조공을 중단하였다.'(王怨之遂絶朝貢)고 기록한다. '백제-북위'간 어정쩡한 동맹은 파기된다.

이 사건의 파장은 고구려 장수왕을 극도로 자극하게 되고 결국 고구려는 백제에 대한 응징작업을 구체화한다. 장수왕은 자주 군대를 사열하며 전쟁 준비에 박차를 가한다. 그리고 475년 장수왕은 3만 군사를 이끌고 남벌을 단행한다.

> 『고구려사략』〈장수대제기〉. '63년(475년) 2월, 황산에서 크게 군대를 사열하였다. 양왕 화덕을 정남대장군으로 삼고 재증걸루, 고이만년을 향도로 삼아 선봉에 세웠다. 7월 … 상은 화덕에게 명하여 병사 3만을 이끌고 먼저 나아가게 하였다.'(二月 大閱于黃山 以梁王華德爲征南大將軍 以桀萬等爲鄕導先鋒 七月…上命華德引兵三萬先發)

개로왕의 마지막 카드

▲ 장수왕의 남벌경로

장수왕의 3만 군사는 파죽지세로 밀고 내려온다. 특히 장수왕은 백제의 주력이 배치된 한강 축선이 아닌 임진강 축선으로 우회하는 전략을 구사한다. 고구려에 허를 찔린 백제 방어선은 힘없이 무너지고 장수왕은 아차산성(서울 광진구)까지 밀고 내려온다. 뒤늦게 사태의 심각성을 깨달은 개로왕은 동생(상좌평) 문주를 신라에 급파하며 지원군을 요청한다. 개로왕의 마지막 카드다.

당시 개로왕의 다급한 심정이 『삼국사기』에 실려 있다.

내가 어리석고 현명하지 못하여 간사한 사람의 말을 믿었다가 이 지경에 이르렀다. 백성은 쇠잔하고 군사는 약하니 비록 위급한 일이 있다 하더라도 누가 기꺼이 나를 위하여 힘껏 싸우겠는가? **나는 마땅히 나라를 위해 죽어야겠지만 네가**(문주) 여기서 함께 죽는 것은 유익할 것이 없으니 난리를 피하여 있다가 왕통을 잇도록 하라.
予愚而不明 信用姦人之言 以至於此 民殘而兵弱 雖有危事 誰肯爲我力戰 吾當死於社稷 汝在此俱死 無益也 盍避難以續國系焉

개로왕은 자신에게 닥쳐올 운명을 예측이나 한 듯 초연한 자세를 보인다. 모두 자신의 과오와 부덕으로 돌리며 혹여 자신이 잘못되면 왕통을 이을 것까지 문주에게 주문한다. 문주는 급히 목협만치木協滿致, 조미걸취祖彌桀取와 함께 남쪽(신라)으로 내려간다.

그러나 개로왕의 마지막 카드는 실패로 끝난다. 신라 지원군은 한성에 도착하지 못한다. 개로왕은 북성(풍납토성)이 고구려군에 의해 함락되자 급히 남성(몽촌토성)으로 피신하였다가 일부 인원만을 데리고 탈출한다.

개로왕의 뒤늦은 후회

개로왕은 후회의 말을 남긴다.『신라사초』〈자비성왕기〉다.

'17년(475년) 8월, 고구려가 부여 북성을 7일 동안 공격하여 함락하였다. 이어 남성을 공격하니 성안이 위태로워 두려움에 떨고 인심이 흉흉하였다. 시위하는 신하는 각기 살고자 고구려 왕에게 도망가니 경사가 탄식하며 말하길 "수마의 말을 듣지 않은 것이 한스럽구나!"하였다. 이에 근신과 비, 자녀 등 7인과 함께 야밤에 북문을 빠져나가 도주하였다.
麗攻夫餘北城七日 而拔之 移攻南城 城中危懼 人心洶洶 侍衛之臣 各自逃生麗君 慶司歎曰 恨不聽須馬之言也 乃與近臣及妃子等七人 夜出北門而逃

개로왕은 양어머니 수마태후의 말을 듣지 않은 점을 뒤늦게 고백한다. 개로왕의 후회는 도림의 말만 믿고 대토목공사를 일으키고 궁궐을 화려하게 치장하며 선왕(비유왕)의 능묘를 새로이 조성한 점이다. 아마도 수마태후는 개로왕의 행위를 극구 반대했을 것이다. 그러나 개로왕은 수마태후에 대한 극도의 반항심과 지나친 경계심이 개로왕 스스로를 망치는 결과로 이어지며 결국 자신의 목숨으로 대신한다.

> 『일본서기』〈웅략기〉. '20년(475년) 겨울, 고구려왕이 군사를 크게 일으켜 백제를 쳐서 없앴다. 이때 조금 남은 무리들이 창하에 모였는데 군량이 다하자 매우 근심하여 울었다. … 『백제기』에 이르길 개로왕 을묘년(475년) 겨울, 고구려 대군이 와서 7일 밤낮으로 대성을 공격하였다. 왕성이 항복하여 함락되니 위례를 잃었다. 국왕과 대후, 왕자 등이 모두 적의 손에 죽었다.'(高麗王大發軍兵 伐盡百濟 爰有少許遺衆 聚居倉下 兵粮旣盡 憂泣玆深 … 百濟記云 盖鹵王乙卯年冬 狛大軍來 攻大城七日七夜 王城降陷 遂失尉禮國 王及大后王子等皆沒敵手)

백제의 한성 몰락에는 개로왕과 양어머니 수마태후의 정치적, 인간적 갈등이 숨겨져 있다.

뒤늦은 후회. 인간사에 흔히 볼 수 있는 거스를 수 없는 과정이다.

| 개로왕 죽음의 진실 |

개로왕은 475년 고구려 장수왕이 3만 군사를 이끌고 수도 한성을 공격할 때 남성(몽촌토성)을 탈출하다 잡혀 고구려 총본영이 있는 아차산성으로 끌려가 죽임을 당한다. 그것도 장수왕이 보는 앞에서 목이 베인다. 이는 삼국 역사에 있어 가장 비극적인 장면이다. 한 나라의 왕이 그것도 상대국 왕의 면전에

▲ 참수도 [통구12호분, 길림성 집안]

서 목이 베였기 때문이다. 물론 이와 유사한 사례는 있다. 성왕(26대)이 신라와 결전을 앞둔 아들 창(위덕왕)을 격려하기 위해 관산성(충북 옥천) 전장을 찾아가다가 신라 하급군사에게 사로잡혀 참수당한다. 그럼에도 개로왕의 경우처럼 상대국 왕의 면전에서 참수당한 일은 전무후무하다.

통구12호분은 중국 길림성 길림시 대왕촌에 소재한 5세기 후반에 조성된 고구려 벽화무덤이다. 마굿간 그림이 있어 마조총(馬槽塚)이라고도 부른다. 특히 이 무덤은 하나의 봉분에 각기 다른 널길(연도)과 돌방(석실)을 따로따로 만든 독특한 형태다. 북실이 작

고 남실이 크다. 적장 참수 장면은 북실 벽화에 그려져 있다. **무덤주인**은 백제에서 고구려로 망명한 이후 고구려 남벌전쟁의 선봉장이 되어 다시 백제로 돌아온 **재증걸루**(북실)와 **고이만년**(남실)으로 추정된다.

개로왕의 다섯 가지 죄

고구려 장수왕은 남벌을 단행하기 앞서 과거 할아버지 고국원왕(16대)이 근초고왕(13대)과의 평양성 전투(371년)에서 화살에 맞아 사망한 사건에 대한 복수를 다짐한다.

> 『고구려사략』〈장수대제기〉. '63년(475년) 7월 상이 주유궁으로 갔다가 황산으로 돌아와 영락대왕께 제를 올리고 종실과 3보에게 이르길 "선제께서는 **국강**(고국원왕)**이 당한 치욕을 씻고자 하셨으나** 하늘이 목숨을 여유 있게 주지 않았고, 짐은 군사를 키워 오랫동안 기회가 오기를 기다렸다. **이제 때가 무르익었다.** 아이들 모두가 백제해골들은 물 건너 도망가고 신라사람들은 몸을 사리고 경계를 지킨다는 말이 떠돌고 있다. 인심은 암암리에 천심을 살피는 것이니 **이제 경사놈이 반드시 망하는 가을이 될 것이다.**"하였다.'(上如朱留宮 而還至黃山 行永樂大祭 謂宗室三輔曰 先帝欲雪國罡之恥 而天不假壽 朕養兵待機已久 今期期已熟 兒童皆唱 伯濟骸骨南渡水 慈悲爲之警界云 人心察天心于黙黙之中 此乃慶奴必亡之秋也)

그러나 막상 개로왕이 사로잡혀 자신의 눈앞에 무릎 꿇린 상황에서는 스스로 결정을 내리지 못한다. 대신 군신들에게 처분을 맡긴다. 이는 『신약성경』〈마태복음〉에 나오는 예수의 처형 문제를 두고 유대총독 본디오 빌라도$^{Pontius\ Pilate}$가 취한 행동과 비슷하다. 달리 말하면 장수왕은 자신이 손에 직접 피를 묻히지 않겠다는 의사를 표명한다.

장수왕은 무슨 연유로 개로왕을 죽였을까? 여기에는 의외의 인물이 등장한다. 재증걸루^{再曾桀婁}와 고이만연^{古爾萬年}이다. 두 사람은 백제 출신이다. 개로왕에게 핍박을 당하여 고구려로 망명한(466년,467년) 후 장수왕의 향도(길잡이)가 되어 백제 수도 한성 공격의 선봉장이 된다. 특히 재증걸루는 탈출하는 개로왕을 사로잡아 얼굴에 침을 세 번 뱉고 죄를 묻는다.

『신라사초』에 재증걸루가 지목한 개로왕의 다섯 가지 죄가 나온다. 〈자비성왕기〉다.

9월, 재증걸루가 한산아래에서 왕을 추격하여 잡았다. 말에서 내려 자기를 향하여 절하게 하고 3번 침을 뱉으며 "너의 죄를 알겠느냐?" 물으니 경사(개로왕)가 "알고 있다" 답하였다. 재증걸루가 그 수를 세며 말하길 "너는 간신의 말만 듣고 백성을 돌보지 않았다. 내 처를 빼앗아 너의 여자로 삼아 색욕을 채운 죄가 첫째다. 고이만년의 처를 빼앗은 것이 둘째다. 도림에 혹신하여 토목을 일으켜 낭비한 것이 셋째다. 고구려를 섬기지 않고 스스로 북위와 통한 것이 넷째다. 계림과 공모하여 변방의 성을 침략한 것이 다섯째다." 하였다. 이에 포박하여 아차성 아래로 보내어 처형하였다.

九月 再曾桀婁追王 于漢山之下 得之 使下馬 拜己而向 而三唾之 曰 汝知汝罪乎 慶司曰 知之 桀婁乃數之 曰 汝聽奸臣之言 而不恤百姓 奪我妻女 以養色慾 罪 一也 奪萬年之妻 二也 惑信道琳 浪起土木 三也 不奉上朝 而自通中國 四也 與鷄林共謀 以侵邊城 五也 乃縛 送于阿且城下 弑之

① 재증걸루再曾桀婁의 아내와 딸을 범해 색욕을 채운 것. ② 고이만년古爾萬年의 처를 빼앗은 것. ③ 도림道琳의 말에 혹하여 토목공사를 일으킨 것. ④ 고구려를 받들지 않고 북위北魏와 내통한 것. ⑤ 신라와 모의하여 변방의 성을 침략한 것 등이다. ①②는 개로왕의 사적 죄며, ③④⑤는 개로왕의 공적 죄다. 특히 ①②는 개로왕이 참수당한 직접적인 동인이다. 재증걸루는 과거 자신의 처와 딸을 범한 개로왕에게 철저히 복수한다. 결국 개로왕의 죽음은 개로왕 스스로가 자초한 자승자박自繩自縛이다.

누군가는 말하였다. 역사는 복수의 심리학이라고…

| 아차산과 왕실가족의 비극 |

서울시 광진구와 경기도 구리시에 걸쳐 있는 해발 295.7m의 아차산이 있다. 남쪽은 한강과 접하며 서울시 강남지역을 한 눈에 조망할 수 있다. 정상부를 따라 축성된 아차산성은 성벽 길이 1,125m, 면적 63,810㎡인 육각형의 포곡식包谷式 산성이다. 아차산성은 백제 한성 몰락을 좌초한 개로왕과 왕실가족의 슬픈 역사를 고스란히 품고 있다.

▲ 고구려 보루 발굴 [아차산, 2004]

개로왕은 475년 수도 한성이 장수왕의 고구려군에 의해 함락될 때 탈출하다 사로잡혀 아차산성으로 끌려가 참수당한다. 이때 개로왕의 왕실가족도 잡혀가며 일부는 개로왕과 함께 죽임을 당한다. 다만 『삼국사기』는 왕실가족에 대해 일체 기록을 남기지 않고 있지만 『고구려사략』, 『신라사초』, 『일본서기』 등에는 왕실가족의 행적이 일부 나온다.

장수왕에게 바쳐진 왕실여성

개로왕은 수도 한성의 북성(풍납토성)이 장수왕으로부터 집중적인 공격을 받자 먼저 왕실여성 일부를 탈출시키고 자신은 나머지 가족을 데리고 남성(몽촌토성)으로 피신한다. 『고구려사략』〈장수대제기〉다.

63년(475년) 갑인 8월, 화덕이 연전연승하여 백제 도성을 포위하니 경사 놈은 오래 지킬 수 없음을 알고 먼저 처자들에게 포위를 뚫고 남쪽으로 도망가게 하였으나 장군 풍옥이 이들을 붙잡아 바쳤다. **경사(개로왕)놈의 처 아오지와 가마지, 문주의 처 오로지, 곤지의 처 자마 등이 곱게 차리고 술을 따르면서도 슬프고 애통한 기색이 없었다. … 명을 내려 청결케 하고 행(승은)을 받게 하니 모두가 춤을 추고 노래를 불러 바쳤다. 이윽고 4인 모두를 행하였는데 가마지와 자마가 더욱 귀여움을 받았다.**

六十三年 甲寅 八月 華德連戰連勝 圍其都城 慶奴知不能久守 先使妻子脫圍南奔 將軍風玉獲而獻之 慶奴妻阿吾知加馬只 文周妻吾魯知 昆支妻紫麻等 画眉行酒無悲哀之 命待淸而受幸 皆踊舞呈歌 既而四女皆受幸加馬紫麻尤有寵焉

처자는 개로왕(경사)의 처 아오지阿吾知와 가마지加馬只, 문주의 처 오로지吾魯知, 곤지의 처 자마紫麻 등 4명이다. 모두 왕실가족 여성이다. 특히 기록은 장수왕이 이들 4명 모두를 취했다고 적는다.

결국 이들 왕실여성 4명은 개로왕의 기대와는 달리 개로왕보다 먼저 장수왕에게 사로잡혀 몸을 더럽히는 수모를 당한다. 이후 이들 4명의 행적은 기록에 나오지 않는다. 다만 문주의 처 오로지는 탈출하여 훗날 문주왕이 웅진(충남 공주)에서 즉위할 때 합류하며 문주왕의 왕후가 된다.

개로왕 왕실가족의 수난

개로왕은 남성(몽촌토성)마저 위태로워지자 황급히 왕실가족을 데리고 탈출한다. 그러나 재증걸루에게 모두 사로잡혀 아차산성으로 끌려간다. 이후의 상황이다.『일본서기』는『백제기』를 인용하여 '왕과 대후, 왕자 등이 적의 손에 죽었다.'(王及大后王子等 皆沒敵手)하고,『고구려사략』은 '경사의 처와 첩, 궁인은 공경과 공을 세운 여러 장수에게 하사하여 비첩으로 삼게 하였다.'(慶司妻妾及宮人 賜公卿及 有功諸將 爲婢妾)한다. 특히

『신라사초』는 '비자(후궁) 연씨, 백씨와 함께 종녀(딸) 3인 모두를 옷자락을 가지런하게 하고 재증걸루 등이 처소에서 음란행위를 하였다.'(妃子燕氏苩氏及宗女三人 皆爲齊 于桀妻等所淫)고 적는다. 재증걸루는 과거 개로왕이 자신의 처와 딸을 범한 일을 두고 개로왕의 후궁과 딸을 대상으로 철저히 복수한다.

세 기록을 겹쳐보면 개로왕과 왕실가족이 수난은 두 부류로 나눌 수 있다. 죽임을 당한 사람은 개로왕과 대후 그리고 왕자다. 대후는 개로왕의 양어머니인 수마태후며, 왕자의 이름은 기록이 없어 알 수 없다. 또한 죽임을 면한 사람은 개로왕의 왕후, 후궁, 궁녀다. 이들은 모두 고구려 공경(公卿)과 장수(將帥)의 첩이 되며 일부는 재증걸루에게 능욕을 당한다.

개로왕의 딸 중에 장수왕에게 잡히지 않고 용케 살아남은 여성이 있다. 보옥(宝玉)공주다. 『신라사초』〈소지명왕기〉다. '토양(479년) 11월, 모대(동성왕)가 개로왕의 딸 보옥을 아진종의 처로 하였다. 보옥의 어머니 진씨는 장수집안이다. … 보옥은 키가 크고 예쁘며 정숙하고 엄하지만 큰 도량이 있어 나라사람이 그녀를 좋아하였다.'(牟大以盖鹵王女宝玉 妻阿珍宗 宝玉母眞氏將種也 … 宝玉身長 而美靜 嚴有大度 國人嘉之) 개로왕의 후궁 진(眞)씨 소생인 **보옥공주는 신라 아진종(阿珍宗)과 혼인하며 태종(苔宗)을 낳는다**. 태종은 신라 지증왕(20대) 시기 우산국(울릉도)을 정벌(512년)한 **이사부(異斯夫)의 또 다른 이름**이다.

아차산(아차산성)에는 한성 몰락을 자초한 개로왕과 왕실가족의 비극의 역사가 오롯이 담겨있다.

| 개로왕의 무덤을 찾아서 |

개로왕은 수도 한성이 함락되며 고구려 총본영이 있는 아차성으로 끌려가 죽음을 맞는다. 이로 인해 온조가 창업한 백제는 5백년 한성시대를 마감하고 급히 웅진(충남 공주)으로 천도한다.

아차성에서 죽은 개로왕은 어떻게 되었을까? 고구려 장수왕은 개로왕의 무덤을 따로 만들었을까? 또한 무덤이 있다면 어디에 있을까? 개로왕의 무덤에 대한 기록은 없으나 장수왕은 최소한의 예우 차원에서 어떤 형태로든지 개로왕의 무덤을 만들어 주었을 것으로 본다.

아차산 너럭바위 돌방무덤

서울 광진구 아차산 중턱에 굴식돌방무덤(횡혈식석실묘)이 덩그러니 하나 있다. 돌방 내부에는 아무 것도 없다. 특이한 것은 땅(흙)이 아닌 너럭바위 위에 무덤을 조성한 점이다.

부여의 매장 풍습에 따르면, 죽은 자의 시신을 흙속에 매장하지 않는 것이 가장 혹독한 처벌이다.

▲ 아차산 너럭바위 돌방무덤

다시 말해 죽은 자의 영혼 부활을 박탈하는 가혹한 형벌이다. 너럭바위 위에 조성된 무덤은 죽은 자를 또다시 죽이는 지극히 의도된 형벌의 무덤이다. 개로왕의 무덤으로 추정해 볼 수 있다.(*이도학 추정)

송산리고분군 적석유구

충남 공주에 「송산리고분군」이 있다. 무령왕릉이 있는 백제 웅진시대의 왕가묘역이다. 이 중 정상부에 방단계단형적석유구方壇階段形積石遺構가 있다. 명칭이 다소 어렵다. 일반적으로 제사시설로 보는 견해가 우세하나 개로왕의 가묘(임시무덤)로 보기도 한다.(*이병도 추정)

> **송산리 방단계단형 적석유구**
> 宋山里 方壇階段形 積石遺構
> Remains of a Square Stone Mound with Stepped Sides at Songsalli
>
> 송산 정상부 가까이에 있는 적석유구이다. 제1단은 폭이 15m, 제2단은 11.4m, 제3단은 6.9m이며, 위로 올라갈수록 폭이 줄어들어 계단모양을 하고 있다.
> 목관을 놓은 흔적은 없으며, 대신 그 자리에 10cm 두께로 붉은색의 점토를 깔았다. 내부에서는 삼족토기를 비롯한 백제토기와 옹관편이 수습되었다.
> 내부에서 목관과 같은 매장시설이 확인되지 않았다는 점에서 한성시대 마지막 왕인 개로왕의 가묘라고 보는 견해도 있고, 무덤이 아닌 제사시설로 보아야 한다는 견해도 있다.

▲ 송산리고분 적석유구 안내판

특히 『신라사초』에는 신라 자비왕(20대)이 조문사를 웅진에 파견하여 개로왕을 조문한 기록이 있다.

> 『신라사초』〈자비성왕기〉. '11월, 보신을 웅진에 보내어 경사를 조문하였다. 사람들 모두가 감격하여 목메어 울었다.'(遣宝信于熊津吊慶司 人皆感泣) **신라 조문사 보신(宝信)은 문주왕의 부인 보류(宝留)의 아버지다.**

따라서 문주왕(22대)은 어떤 형식으로든지 개로왕의 장례식을 공식적으로 치뤘을 것이며, 개로왕의 무덤 또한 조성하였을 것으로 본다. 설사 적석유구가 아니더라도 개로왕의 시신없는 무덤은 송산리고분군 내에 존재할 가능성이 높다.

개로왕은 삼국의 왕 중 가장 비극적인 최후를 맞은 왕이다. 왕의 영혼을 위로하기 위해서라도 우리 고고학이 그의 무덤을 찾아주길 기대한다.

신라 지원을 요청한 문주왕

문주왕(21대)과 삼근왕(22대)은 부자지간이다. 두 왕은 백제 웅진시대의 기초를 놓은 왕이다. 그러나 두 왕의 재위 기간은 각각 3년간으로 지극히 짧다. 문주왕은 측근에 의해 살해당하고, 삼근왕은 의문의 죽음을 당한다.

신라 지원병 파견을 이끈 문주왕

475년 고구려 장수왕은 3만 군사를 이끌고 백제를 침공한다. 장수왕의 남벌전쟁이다. 개로왕은 고구려군이 수도 한성(풍납토성,몽촌토성)을 포위하자 뒤늦게 사태의 심각성을 깨닫고 급히 신라에 지원을 요청한다. 이때 신라에 급파된 사람이 문주文周,文洲다. 문주는 개로왕의 이복동생으로 당시는 조정영수인 상좌평이다.

문주는 비유왕(20대)이 신라와 왕실간 혼인동맹을 체결하면서 맞이한 신라 눌지왕(19대)의 딸 주周씨가 낳은 아들이다. 문주의 몸속에는 신라왕실의 피가 흐른다.『삼국사기』는 '문주가 신라에 파견되어 군사 1만을 얻어 돌아왔다.'(使文周求救於新羅得兵一萬廻)고만 기록한다. 전후 맥락에 대한 설명이 전혀 없어 우리의 상상만을 자극한다. 상세한 정황이『신라사초』에 나온다. 신라에 파견된 문주는 순망치한脣亡齒寒(*『춘추좌씨전』출처)의 고사를 들어 외삼촌 자비왕(20대)을 설득하여 지원군 1만을 얻어낸다.

『신라사초』〈자비성왕기〉. '7월 고구려왕 거련(장수왕)이 병사 3만을 이끌고 남하하여 부여를 급히 공격하였다. **부여왕 경사가 태자 문주를 보내 구원을 청하며 말하길 "순망치한이오니 바라건대 대왕께서 살펴주소서."**하였다. 왕이 신하와 조정에 의논케하니 기보가 "거련의 이리같은 마음은 막기가 불가합니다."고 아뢰었다. 이에 비태에게

| 건국의 요람과 여명 | 초고계열과 고이계열 | 근초고왕과 부여기마족 | **부여씨왕조의 수난** |

> 서북로군 1만을 이끌고 가서 구하라 명하였다.'(七月 麗主巨連 引兵三萬南下 攻夫餘甚急 夫餘君慶司 使其太子文洲 請救於我曰 脣亡齒寒 願大王察之 王下其議 于朝廷 期宝曰 巨連之狼 心 不可不制也 乃命比太 引西北路軍一萬 往救之)

그런데 이때 문주는 신라에 체류하는 동안 신라귀족 보신(宝信)의 딸 보류(宝留)와 혼인한다.(『신라사초』) 백제의 존망이 걸린 위급한 상황에서 문주의 행동은 의외다. 물론 지원군을 얻어내기 위한 어쩔 수 없는 선택으로 보인다. 그러나 출동한 신라지원군은 일모성(청주 양성산성)에 주둔하며 더 이상 전진하지 않는다. 한성을 초토화한 장수왕의 군대가 파죽지세로 충청남도 북부지역까지 밀고 내려왔기 때문이다.

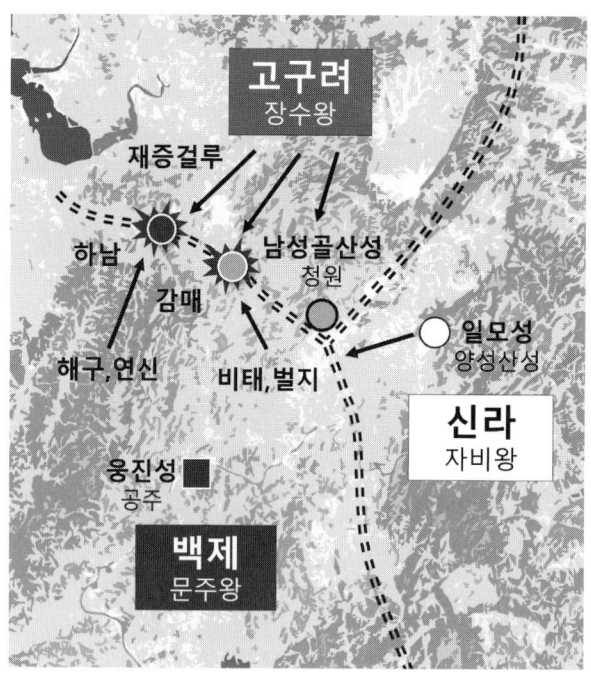
▲ 장수왕의 남진과 삼국의 대치전선

결과적으로 신라지원군의 출동은 너무 늦는다. 이때 백제는 하남(河南)(아산 곡교천)에서 고구려군을 막아내고, 신라는 감매(甘買)(천안 풍세) 벌판에서 고구려군을 맞이하여 승리한다. 이로서 곡교천을 사이에 두고 대치전선이 형성된다.

> 『신라사초』〈자비성왕기〉. '비태와 벌지가 고구려군을 감매(甘買) 벌판에서 크게 쳐부수었다. 해구와 연신도 하남(河南)에서 역시 고구려 병사를 쳐부수었다.'(比太伐智大破麗軍于甘買之原 解仇燕信亦破麗兵于河南) 하남의 '河'는 충남 아산의 곡교천을 가리킨다. 곡교천은 충남 아신시 염치읍 곡교리 앞을 흘러서 인주면 대음리에서 삽교천에 합류하는 하천이다. 천안시 광덕면에서 발원하여 풍세면에 이르는 구간을 한천(漢川) 또는 한내라고 부른다.

문주왕의 특수관계, 제라동맹 성과로 이어져

신라지원군은 북진했을까? 북진하지 않는다. 자비왕은 백제-고구려 전쟁이 신라로 확전되는 것을 경계한다. 그래서 지원군은 보내되 고구려의 추가적인 남진을 억제하는 수준에서 멈춘다. 그런데 이 과정에서 『고구려사략』은 흥미로운 내용 하나를 전한다. 〈장수대제기〉다.

64년(476년) 을묘 6월, 풍옥태자를 자비에게 보내 백제땅 나누는 것을 의논케 하니, 자비가 자신의 딸 둘을 태자에게 바쳐 시침을 들게 하였고, 태자는 자비가 조서를 봉행하지 않음을 책망하여도 자비는 오락가락 단안을 내리지 않았다.
六十四年 乙卯 六月 遣風玉太子于慈悲議分濟地 慈悲以其女二人獻于太子侍枕 太子以慈悲不奉詔責之 慈悲疑貳不斷

장수왕은 백제 땅을 나눠 갖자고 자비왕에게 제안한다. 그러나 자비왕은 고구려의 사신 풍옥風玉태자(왕자)에게 자신의 두 딸을 시침侍寢(잠자리)케하며 장수왕의 제안을 거부한다. 결국 자비왕은 백제와 왕실간 혼인으로 맺은 '제라동맹'을 결코 외면하지도 버리지도 않는다.

문주는 신라의 지원에 힘입어 웅진(공주)에 새로이 도읍을 정하고 즉위한다. 웅진시대를 개막한 문주왕이다. 이후 문주왕은 야마토에서 군사를 이끌고 급거 귀국한 이복형 곤지昆支를 신라에 급파한다. 곤지는 신라 자비왕의 중재로 고구려 풍옥태자와 정전협상을 벌인다. 이로서 고구려 장수왕의 남벌전쟁은 종결된다.

백제 웅진시대 개막에는 신라왕실과 혈연으로 맺어진 문주왕의 특수관계가 있다.

| 우유부단 평가의 문주왕 |

문주왕은 웅진시대를 개막한 왕이다. 백제는 475년 고구려 장수왕의 남벌전쟁으로 인해 수도 한성이 초토화되고, 개로왕 일가가 죽임을 당하는 최악의 상황을 맞는다. 이때 문주왕은 신라의 도움을 받아 장수왕의 남진을 억제하고 가까스로 부여씨왕조를 재건한다.

『삼국사기』는 문주왕을 '우유부단하나 백성을 사랑하여 백성 또한 왕을 사랑하였다.'(性柔不斷而亦愛民百姓愛之)고 적는다. 선뜻 어느 사극에 나올 법한 비운悲運의 왕이 연상된다. 전자는 '之(갈 지)'자 행보를 보인 정치행위고, 후자는 죽음에 대한 백성들의 안타까움을 반영한 표현이다.

우유부단의 실체

문주왕은 국난을 수습하고 즉위하는 과정에서 두 세력의 도움을 받는다. 하나는 지원군을 보내준 신라세력이고, 또 하나는 장수왕의 남진을 억제하는데 공을 세운 해씨세력이다. 특히 해구解仇는 병관좌평에 임명되어 병권을 쥐고 막강한 영향력을 행사한다. 이때 뒤늦게 문주왕의 이복형인 곤지昆支가 15년간(461~476)의 야마토(왜) 생활을 청산하고 귀국하며 고구려와의 정전협상을 원만히 마무리한다. 곤지를 후원하는 야마토세력이다.

문주왕은 처음 해씨세력에 의존하다가 차츰 야마토세력 쪽으로 방향을 선회한다. 이로 인해 두 세력 간 알력이 발생한다. 특히 해씨세력에 밀려 소외되었던 진씨세력이 곤지를 적극 지원한다. 곤지는 당시 진씨세력의 수장인 진남眞男의 딸 진선眞鮮을 부인으로 맞이하며 손을 잡는다.

> 곤지는 진선을 통해 딸 진화(眞花)를 얻는다. 훗날 곤지의 아들 동성왕(24대)은 **이복여동생 진화를 고구려 장수왕의 침비(寢妃)로 보낸다**. 참으로 야박하고 매정한 이복오빠 동성왕이다.

이때 한 여성이 등장한다. 문주왕의 정실왕후인 해씨 오로지^{吾魯知}다. 오로지는 장수왕의 남벌전쟁 때 한성에서 고구려군에 잡혀 온갖 고초를 겪다가 탈출하여 웅진에 합류한다. 특히 오로지는 해구와는 아주 특별한 관계다. 문주왕의 왕후가 되기 전부터 해구와 정을 통해온 사이다. 또한 오로지는 문주왕의 아들 삼근^{三斤}의 어머니다. 이에 문주왕은 야마토(곤지)세력과 해씨(해구-오로지)세력간의 타협점을 모색한다. 곤지를 내신좌평에 임명하고, 오로지의 아들 삼근을 태자에 봉한다. 그러나 문주왕의 미봉책은 곧바로 곤지가 암살당하며 끝난다.

곤지를 죽인 사람은 누구일까? 『삼국사기』는 '흑룡이 웅진에 출현하며 내신좌평 곤지가 죽었다.'(黑龍見熊津 內臣佐平昆支卒)하고 『고구려사략』은 '곤지가 갑자기 죽었다. 해씨(문주왕 왕후)가 짐독을 썼다고 한다.'(昆支暴死 解氏鴆之云) 곤지를 암살한 사람은 『삼국사기』가 흑룡으로 표현한 문주왕의 왕후 오로지다. 이로 인해 곤지를 잃은 문주왕은 명목상의 왕으로 전락한다. 특히 『삼국사기』는 '병관좌평 해구가 권력을 마음대로 행사하고 법을 어지럽히며 왕을 업신여겼으나 이를 능히 제어하지 못하였다.'(兵官佐平解仇 擅權亂法 有無君之心 王不能制)고 기록한다.

> **짐독은 짐새의 독**이다. 짐새는 중국 화남지방(광동성)에 서식했다고 전해지는 독사만 먹고 사는 전설 속에 등장하는 새다. **중원왕조에도 짐독을 암살수단으로 사용한 사례**가 더러 있다. 『사기』에는 여불위가 짐독을 마셔 죽고, 『한서』에는 한고조 유방의 왕후 여씨가 조왕을 짐독으로 죽인다. 『후한서』에는 영기가 황제를 짐독으로 죽이고, 『삼국지 위서』에는 동탁이 황제를 시해하고 왕후를 짐독으로 죽인다.

문주왕이 살해당한 이유

그런데 문주왕은 곤지 사망 3개월 후 자신 또한 해구에게 살해당한다. 『삼국사기』는 문주왕이 사냥을 나갔다가 해구가 보낸 자객에게 살해당한 사실만을 전하나(王出獵 宿於外 解仇使盜害之), 『고구려사략』과 『신라사초』는 또 다른 이면을 소개한다.

> 문주왕이 사냥을 나간 곳은 지금의 대전시 유성구다. 『삼국사기』는 장소를 밝히지 않고 있으나, 『고구려사략』은 서원(西原), 『신라사초』는 노사지(奴士只)로 기록한다.

『고구려사략』은 해구가 문주왕을 살해하였으나 '오히려 스스로 왕위에 오르지 못하게 되자 삼근을 세웠다.'(猶不能自立 立三斤)고 적는다. 해구가 문주왕을 살해한 목적이 왕위 찬탈에 있음을 알 수 있다. 그런데 『신라사초』는 또 다르다. '이때 문주는 보류가 낳은 아들 수須를 세우고자 하였으나 해구가 임걸(삼근)의 어머니와 통하여 수가 위험에 빠지게 되었다.'(時文洲欲 立宝留子須 而媚我 解仇乃通 于壬乞之母 而欲危須)고 적는다. 문주왕이 태자를 삼근三斤에서 수須로 교체하려한 사실을 부연한다.

결국 문주왕은 곤지가 사망하면서 야마토(왜)세력이 힘을 잃자 신라세력의 힘을 빌려 해씨세력을 제압하려다가 오히려 되치기를 당한다.

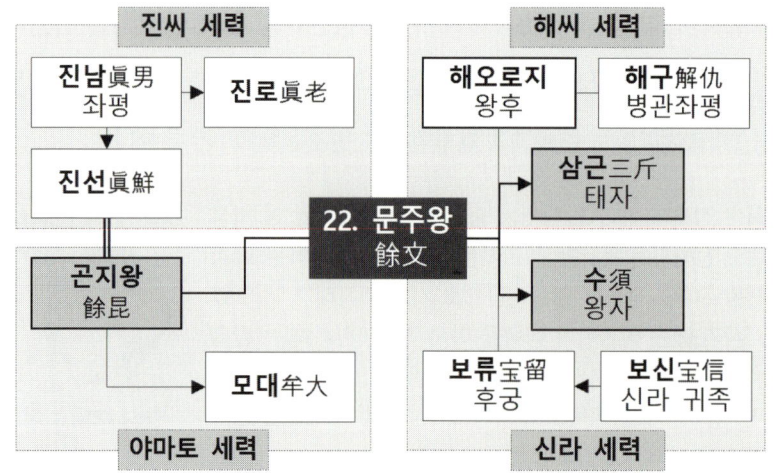

▲ 문주왕과 주변 세력집단 분포

문주왕의 재위 기간은 3년(475~477)간이다. 너무 짧다. 문주왕의 우유부단한 정치행보는 어쩔 수 없는 선택이다. 혼란기의 백제 재건은 왕 혼자만의 역량으로 해결할 수 있는 문제가 아니다. 반드시 여러 세력들의 도움이 필요하다. 물론 문주왕이 이들 세력들을 적절히 통제하지 못한 점은 비판받아 마땅하다. 그럼에도 적어도 당시 백성이 문주왕의 죽음을 안타까워한 대목은 한 번 정도 새겨볼 만하다.

> 문주왕이 웅진을 천도지로 삼은 이유는 **웅진이 옛 부여백제의 수도 거발성(居拔城)이기 때문이다.** 『일본서기』〈웅략기〉다. '21년(477년) 봄3월, 천황(웅략왕)이 **백제가 고구려에게 패했다는 소식을 듣고 구마나리(久麻那利)를 문주왕에게 주어 그 나라를 구원하여 다시 일으키게 하였다.**'(廿一年 春三月 天皇聞百濟爲高麗所破 以久麻那利賜汶洲王 救興其國) **구마나리는 웅진(熊津)**을 말한다. 구마나리의 고훈(古訓)은 コムナリ이다. コム는 한국어 곰(熊)이고, ナリ는 고대 한국어 나리(나루/노리)로 천(川), 진(津)의 뜻이다. 『삼국사기』에는 **문주왕이 477년(문주3) 2월 웅진성 궁궐을 중수한 기록**이 있다.(三年 春二月 重修宮室)

문주왕은 웅진시대의 좌표다. 역사는 문주왕을 백제 웅진시대를 개막한 왕으로만 기억한다.

| 삼근왕 죽음의 미스터리 |

  삼근왕(23대)은 문주왕의 장자^{長子}다. 이름은 임걸^{任乞}이며, 삼근^{三斤}은 시호다. 어머니는 해씨 오로지^{吾魯知}다. 삼근왕은 477년 아버지 문주왕이 해구^{解仇}가 보낸 자객에게 살해당하자 13세(465년 출생) 어린 나이로 즉위한다. 그러나 삼근왕은 왕권을 행사하지 못한다. 대신 아버지 문주왕을 죽인 병관좌평 해구가 군국정사^{軍國政事}를 총괄하며 삼근왕을 대신하여 권력을 행사한다.

> 『신라사초』〈자비성왕기〉. '8년(465년) 청사 을사 6월, 부여 후계자 **문주의 처 해씨가 아들 임걸을 낳아 해씨집에서 잔치를 열었다.**'(八年 青蛇 乙巳 六月 夫餘嗣文洲妻解氏生子 壬乞 宴于解氏家)

해구 반란사건의 또 다른 이면

  그러나 해구의 권력은 오래가지 못한다. 삼근왕 즉위 이듬해인 478년(삼근2) 봄 해구는 연신^{燕信}과 함께 대두성(아산 영인산성)에 의거하여 반란을 일으킨다. 이에 삼근왕은 좌평 진남^{眞男}에게 명하여 병사 2천명으로 토벌케 하나 이기지 못하자, 다시금 덕솔 진로^{眞老}에게 정예병 5백명을 주어 반란을 진압하고 해구를 죽인다. 『삼국사기』가 기록한 해구의 반란을 진압한 사건의 전모^{全貌}다. 다만 『삼국사기』는 당시 권력자인 해구가 무슨 연유로 반란을 일으킨 사유에 대한 설명은 없다. 일견 해구가 권력자로 만족하지 않고 아예 왕권을 탈취하기 위해 반란을 일으킨 것으로 추정할 뿐이다.

▲ 영인산성(대두성) 암각글씨 [충남 아산]

그런데 『고구려사략』〈장수대제기〉에 해구가 반란을 일으키게 된 배경이 명확히 나온다. 477년(삼근1) 9월 기록이다.

45년(477년) 정사 9월, 삼근은 겨우 13세이지만 남을 아우르는 힘이 있고 또한 복속시키더니 해구의 딸을 처로 삼았다. 해구의 처 진씨가 **해구가 해씨(오로지)와 놀아나는 것을 싫어하며** 삼근에게 고하길 "왕의 모후(오로지)께서 지아비(해구)와 상통하여 폐하를 위해하려고 합니다. 폐하께선 응당 소첩의 오빠 진남과 함께 계획을 세워서 그들을 쳐야할 겁니다."하니 삼근이 그렇게 여기고 진남을 위사좌평으로 삼아 위졸(숙위군)을 2천여로 늘려 훈련시켰다. **해구가 해씨에게 삼근을 죽이라 하였으나 해씨는 자신이 낳은 아들인지라 죽일 수 없었다.**

四十五年 丁巳 九月 三斤年雖十三 有脅力能服人 以解仇女爲妻 解仇妻眞氏 惡仇與解氏相通告于三斤 曰 母后與妾夫相通欲危陛下 陛下當與妾兄眞男 共謀伐之 可也 三斤然之乃 以眞男爲衛士佐平 增募衛卒二千餘人鍊之 解仇命解氏殺三斤 以其己出故不能

내용은 다소 복잡하다. 정리하면 이렇다. 해구의 처 진씨는 지아비인 해구가 삼근왕의 어머니(문주왕 왕후) 해태후(오로지)와 상통하며 놀아나자 이를 삼근왕에게 고하고 삼근왕 또한 두 사람의 상통을 못마땅하게 여기던 터라 해구의 처 진씨의 의견을 받아들여 진씨의 오빠 진남을 위사좌평(경호실장)으로 삼아 위졸(숙위군)을 증원하고 훈련시켜 해구를 제거할 준비를 한다. 이를 알아챈 해구는 상통하던 해태후에게 삼근왕을 죽이라고 재촉하지만 해태후는 삼근왕이 자신의 아들인지라 차마 이를 실행에 옮기지 못한다. 이에 해구는 자신의 심복인 대두성주 연신과 함께 반란을 일으킨다.

이 모든 사단은 해구가 삼근왕의 어머니 해태후와 놀아난 데에서 출발한다. 이로 인해 해구는 자신의 처 진씨와 삼근왕으로부터 동시에 미움을 사게 되고, 삼근왕은 진씨세력과 결탁하여 해구를 제거하려 하자 해구는 어쩔 수 없이 반란을 일으키는 상황으로 내몰린다.

삼근왕 죽음에 관여한 동성왕

그러나 삼근왕은 이듬해인 479년(삼근3) 11월에 갑자기 사망한다. 『삼국사기』는 삼근왕의 사망 사실만을 기록하고 있어 자세한 내막은 알 수가 없다. 특히 사망 당시 삼근왕의 나이는 15세다. 한참 성장하는 혈기 왕성한 시기다. 병사病死할 가능성은 적어 보여 삼근왕의 죽음은 백제사 미스터리 중의 하나다. 그런데 『고구려사략』〈장수대제기〉에 삼근왕의 죽음을 풀 수 있는 단서가 나온다. 479년(삼근3) 9월 기록이다.

47년(479년) 기미 9월, 삼근은 15세 어린 나이에 해구의 처 진씨와 그의 딸을 처로 삼고 또한 곤지의 처 진선을 첩으로 삼아 나날을 음란하며 밤을 지세웠으며 **곤지의 아들 모대를 아들로 삼았다.** 모대는 능숙하게 삼근을 아비로 받들고 더구나 담력이 크고 활을 잘 쏘았으며 몸가짐과 범절이 매우 발라 **삼근이 곁에 가까이 두고 정사를 맡겼다.** 모대의 어미 진선은 삼근의 총애가 최고였으나 슬그머니 자리에 누워 병으로 죽었다. 혹은 진선이 모대를 위하여 스스로 짐독을 먹었다고 한다.
三斤以十五幼年 爲妻解仇妻眞氏及其女 又取昆支妻眞鮮爲妾 日事淫亂 以昆支子牟大爲子 而牟大能事三斤以父 且有膽力善射 容儀甚麗 三斤置之左右委以政事 牟大母眞鮮 寵最高 浸臥成疾而死 或云眞鮮爲牟大而鴆之

해구의 반란사건을 진압하고 왕권을 회복한 삼근왕은 해구의 전처 진씨와 그녀가 낳은 해구의 딸을 처로 삼는다. 또한 이전 곤지왕이 야마토에서 귀국하여 진씨세력과 연합하며 처로 맞이한 진남의 딸 진선眞鮮을 첩으로 삼으며 나날이 음란하게 된다. 특히 삼근왕은 곤지왕의 아들인 모대牟大(동성왕)를 자신의 아들로 삼고 정사를 맡기기까지 한다. 진선은 모대의 계모(곤지 부인)다. 이런 다소 복잡한 관계로 삼근왕의 총애를 받던 진선은 자결하며 모대의 부담을 덜어준다.

『고구려사략』〈장수대제기〉는 이후 벌어진 11월 상황도 전한다. '모대가 즉위하고 나서 삼근의 상(죽음)을 드러내 알렸다. 해구의 처(진씨)와 딸 모두 삼근이 언제 무슨 까닭으로 죽었는지 알지 못하였다. 모대는 해구 처의 마음을 얻으려고 삼근을 섬겼던 해구의 딸을 처로 삼고 외삼촌 진로를 위사좌평으로 삼았다.'(牟大卽位 而發三斤喪 解仇妻女皆不知 三斤之死日及由 牟大欲收解仇妻心 仍以解仇女事三斤者爲妻 以其舅眞老爲衛士佐平)

이 기록은 모대(동성왕)가 삼근왕의 죽음에 직간접적으로 관여된 사실을 암시한다. 특히 삼근왕이 처로 삼은 해구의 전처(진씨)와 딸이 삼근왕의 죽음을 전혀 알지 못한 점으로 보아 삼근왕은 적어도 복상사腹上死로 죽지는 않는다. 또한 삼근왕의 뒤를 이어 곧바로 즉위한 동성왕 모대가 해구의 딸을 처로 삼고 외삼촌 진로(계모 진선의 오빠)를 위사좌평으로 삼은 점은 자신의 즉위를 묵인해 달라는 일종의 정치적 제스처gesture로 이해된다. 그렇다면 삼근왕을 죽인 사람은 누구일까? 동성왕 모대일까? 『일본서기』〈웅략기〉는 삼근왕이 죽자 야마토 웅략왕이 5백명의 축자筑紫(후쿠오카)국 군사를 호종시켜 모대(말다)를 백제에 보냈다고 적는다.(使王其國 仍賜兵器 幷遣筑紫國軍士五百人 衛送於國)

『일본서기』 기록은 삼근왕이 이미 죽었다는 점을 전제로 한다. 그러나 앞의 『고구려사략』〈장수대제기〉 기록(479년 9월)은 모대가 삼근왕이 죽기 이전에 이미 백제에 와있음을 전한다. 따라서 모대가 삼근왕의 죽음에 직간접적으로 관여했다면 실제 삼근왕의 죽음을 실행한 집단은 모대를 호종해온 야마토 군사(야마토세력)로 추정해도 무리가 없어 보인다.

삼근왕의 죽음에는 동성왕과 야마토 군사들이 직간접적으로 관련되어 있다.

건국의 요람과 여명 | 초고계열과 고이계열 | 근초고왕과 부여기마족 | **부여씨왕조의 수난**

| 송산리고분군 1호~4호무덤의 주인공 |

▲ 가루베 지온(1897~1970)

충남 공주 「송산리고분군」(*2021년 '공주 무령왕릉과 왕릉원' 명칭변경)은 백제 웅진시대를 대표하는 무덤군이다. 일제강점기 일본인 가루베 지온輕部慈恩(1897~1970)이 무령왕릉을 제외한 나머지 무덤들을 도굴하다시피 손을 댄 아픈 역사를 가지고 있다.

『신증동국여지승람』 공주목 산천조. '능현은 주의 동쪽 5리에 옛 능터가 있기 때문에 이름한 것이다. **백제왕릉으로 전해져 온다.**'(陵峴在州東五里 有古陵基故名諺 傳百濟王陵)

▲ 송산리고분군 [충남 공주]

송산리고분군은 크게 두 구역으로 나눈다. 1호분을 중심으로 한 동쪽 남사면의 (Ⅰ)구역과 무령왕릉을 중심으로 한 서쪽 남사면의 (Ⅱ)구역이다. (Ⅰ)구역은 웅진시대 전반기, (Ⅱ)구역은 웅진시대 후반기에 조성된 무덤군이다.

(Ⅰ)구역 무덤 현황

(Ⅰ)구역 무덤은 정상부의 적석유구(*개로왕 가묘)를 비롯하여 그 아래 동쪽에서 서쪽으로 1호분, 2호분, 3호분, 4호분 등 4기가 존재한다.

그러나 가루베 지온이 조사 정리한 도면을 보면, 1호분 아래에 7호분, 4호분 아래에 8호분이 있으며, 또한 1호분과 2호분 사이에 번호가 부여되지 않은 파괴분도 있다. 무덤 양식은 굴식돌방무덤(횡혈식석실묘)이다.(*7,8호분 석곽묘) 돌방은 납작한 깬돌(활석)을 쌓아 만들고 천정은 위로 갈수록 점점 좁혀지는 궁륭(활모양)형이다. 이러한 형태는 한성시대 말기의 서울 방이동고분군의 무덤 양식과 동일하다. 웅진시대를 개막하며 무덤 양식을 그대로 가져온다. 무덤 재원과 출토 유물이다.

▲ 송산리고분 (Ⅰ)구역 무덤 분포

무덤명	구조	널방 규모(m) 길이×너비×높이	출토 유물
1호분 (女)	활석 돌방 궁륭형천장 중앙널길 개구식 *1호분 : 우측널길	3.19×2.55× ?	곡옥, 유리구슬 철제도자
파괴분 (女)		3.50×2.25× ?	연옥, 유리구슬, 손칼 금동띠고리, 금동방울, 토기
2호분 (男)		3.33×2.79×3.12	철제 큰칼, 철창, 철촉 순금귀걸이, 구슬, 토기
3호분 (男)		3.40×2.70×2.60	금동꾸미개, 허리띠, 쇠못 말띠드리개, 철제 큰칼, 쇠촉
4호분 (女)		3.45×3.05×2.78	은제 허리띠꾸미개(*금관총) 칼자루끝장식, 영락장식

문주왕 계열의 왕실가족 무덤

(Ⅰ)구역은 웅진시대 전반기에 단명한 문주왕과 삼근왕, 그리고 두 왕의 왕실가족 무덤군이다. 이 중 2호분과 3호분은 출토 유물 등을 통해 남성의 무덤으로 확인된다. 2호분은 삼근왕, 3호분은 문주왕의 무덤으로 각각 추정된다. 특히 2호분(삼근왕)에서는 2023년 재발굴을 통해 10대 중후반의 어금니 2점을 추가로 출토한다. 15세에 사망한 삼근왕의 어금니다. 또한 2호분에서 우측으로 다소 이격된 1호분은 문주왕의 왕후 오로지^{吾魯知}(해씨)며, 3호분(문주왕) 좌측의 4호분은 문주왕의 부인 보류^{寶留}로 추정된다. 보류(보기 딸)는 신라귀족 출신으로 문주왕이 신라 지원군을 얻어 내기 위해 신라에 파견되었을 때 혼인한 여성이다. 보류는 문주왕 사후 동성왕의 부인이 되며, 아들 소말지^{小末支}와 딸 마지^{摩只}, 원지^{元只} 등 1남 2녀를 낳고 500년(동성22)에 사망한다. 특히 4호분에서는 경주 대릉원(노동노서지구)의 금관총에서 출토된 금제 허리띠꾸미개^{誇板}와 동일한 문양의 은제 허리띠꾸미개를 출토한다. 두 허리띠꾸미개는 공히 신라에서 만든 물건이다.

▲ 허리띠꾸미개 [송산리고분4호분, 대릉원 금관총]

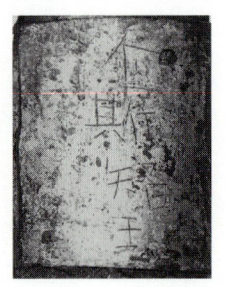

금관총은 신라금관이 최초로 출토되어 붙여진 이름이다. 특히 환두대도 칼자루에 '이사지왕(尒斯智王)' 명문이 새겨있다. 이사지왕의 실체는 『신라사초』 기록에 나온다. **483년에 사망한 소지왕의 적통이자 태자인 아지(阿知)다.** 아지태자는 21세로 병사한다. 소지왕은 아지태자를 왕으로 추증하며 칼자루에 이사지왕(*아지왕)의 명문을 새긴다. 아지태자의 사망으로 소지왕의 왕위는 동생 지증왕에게 넘어간다.

파괴분은 1호분(오로지 왕후)과 2호분(삼근왕) 사이의 위치한다. 무덤주인은 삼근왕과 관계된 여성이다. 특히 파괴분은 4호분(보류 무덤)의 돌방벽 축조 방법이 같아 4호분과 비슷한 시기에 축조된다. 파괴분은 삼근왕의 왕후인 신라귀족 출신 수기首器(보기 딸)로 추정된다. 수기는 삼근왕 사후 동성왕의 부인이 되며, 아들 도마都馬와 딸 손아遜兒, 운아運兒 등 1남 2녀를 낳고 492년(동성14)에 사망한다. 동성왕은 수기가 과거 삼근왕의 왕후인 까닭에 삼근왕 무덤(2호분) 옆에 장사지낸다. 또한 동성왕은 수기가 사망하자 수기를 대처할 새로운 여성을 요구하며, 신라 소지왕은 이찬 비지의 딸 요황瑤黃을 보낸다.

(Ⅰ)구역은 문주왕 계열의 무덤군이다. 특히 신라 출신 여성이 다수 포함된 것은 당시 백제와 신라의 역학관계를 반영한 결과라 할 수 있다.

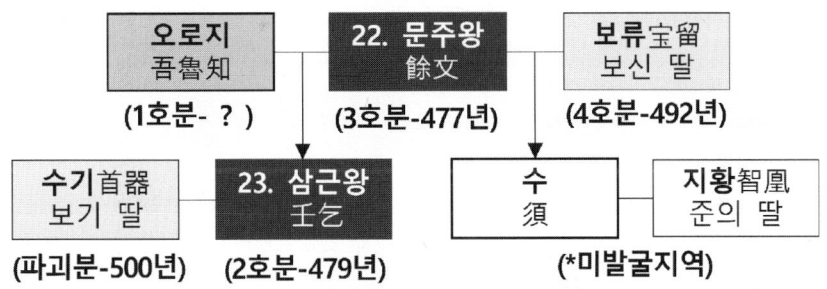

▲ 1~4호분, 피괴분 무덤주인 추정

봉분이 소실된 7호분과 8호분은 각각 파괴분과 4호분의 딸린무덤이다. 두 무덤은 공히 웅진시대 말기에 조성된 석곽묘로 출토 유물은 주로 구슬류다. 여성의 무덤이다. 7호분은 수기(파괴분)가 낳은 동성왕의 딸 마지(또는 원지)며, 8호분은 보류(4호분)가 낳은 동성왕의 딸 손아(또는 운아)로 추정된다..

무령왕릉이 소재한 (Ⅱ)구역 무덤군의 주인공은 누구일까?

부여씨왕조의 수난

| 야마토 웅략왕의 백제 챙기기 |

「일선동조론日鮮同祖論」이 있다. 일제강점기 일제 식민사학자가 주장한 '일본과 조선(한국)은 동일한 조상을 갖고 있다. 즉 일본민족과 조선민족의 조상은 하나'라는 역사 이론이다.

백제 건국시조 사당을 건립한 야마토

그 근거 중의 하나가 『일본서기』〈흠명기〉 기록에 나온다. 야마토 웅략雄略왕(21대)이 백제 건국시조 사당을 세우고 제사지낸 내용이다.

16년(555년) … 소아경이 말하길 "옛날 대박뢰(웅략)천왕 때 그대 나라가 고구려로부터 침략을 받아 위험하기가 계란을 쌓아 놓은 것보다 더하였다. 이에 천왕이 신지백에게 명하여 공경히 신지로부터 계책을 받도록 하였다. 이에 축자가 신의 말에 의탁하여 건방지신建邦之神을 모셔와 장차 망하려는 왕을 가서 구하면 나라는 반드시 평온해지고 사람들은 잘 다스려져 편안해질 것이다." 하였다. 이로 말미암아 신을 청하여 가서 구원하니 사직이 평안해졌다.
蘇我卿曰 昔在天皇大泊瀨之世 汝國爲高麗所逼 危甚累卵 於是 天皇命神祇伯 敬受策於神祇 祝者迺託神語報曰 屈請建邦之神 往救將亡之主 必當國家 謚靖 人 物又安 由是 請神往救 所以社稷安寧

당시 웅략(유라쿠)왕은 백제가 고구려 장수왕의 공격을 받고 몰락하자, 우선적으로 백제 건방지신建邦之神(백제 건국시조) 제사부터 챙긴다. 이는 백제와 야마토의 특수관계를 단적으로 보여준다. 부여기마족의 한 축인 한반도 백제가 무너지자, 또 한 축인 일본열도 야마토가 부여기마족의 건국시조(세 번째 시조 구태)를 우선적으로 보존한다.

웅략왕은 야마토를 군정국가에서 왕정국가로 정치체제를 변화시킨 일본역사에서 매우 중요시하는 군주다. 재위 기간은 456년~479년이다. 이 시기 백제는 개로왕 → 문주왕 → 삼근왕으로 이어지며 부여씨왕조가 혼란을 거듭한다.

웅략왕은 461년 백제 곤지 ^{昆支}가 개로왕으로부터 정치적 숙청을 당해 야마토로 건너오자 일족을 받아주고 영지도 하사한다. 이에 화답하듯 곤지는 웅략왕의 치세를 적극 보좌한다. 이후 웅략왕은 475년 개로왕 혈통이 고구려 장수왕에게 몰살당하자 문주왕으로 하여금 대신 왕통을 잇게 한다. 『일본서기』는 문주왕에게 구마나리^{久麻那利}(충남 공주)을 주어 백제를 회복시켰다고 기록한다.(天皇聞百濟爲高麗所破 以久麻那利賜汶洲王 救興其國) 이어 문주왕의 뒤를 이은 아들 삼근왕마저 단명하며(16세) 문주왕의 혈통이 끊기자, 이번에는 동성왕을 보내 왕통을 잇게 한다. 동성왕은 곤지의 둘째 아들이다. 곤지 혈통이다.

웅략왕, 부여씨왕조의 어른격

웅략왕이 백제 왕통에 영향력을 행사한 이유는 무엇일까? 당시 웅략왕은 한반도 백제와 일본열도 야마토 즉 두 부여씨왕조의 최고 어른 격이다. 웅략왕은 백제 왕통이 거듭되는 혼란으로 혈통이 끊기는 일이 연거푸 발생하자, 우선적으로 백제 부여씨왕조 지키기에 적극 나선다.

▲ 사마이즈미마루야마고분(웅략왕릉) [일본 하비키노市]

만약 웅략왕의 선제적 조치(?)가 없었다면 비유왕으로부터 시작한 구태 계통의 백제 부여씨왕조는 중단되고 다시금 온조 계통의 해씨왕조로 환원되었을 것이다. 웅략왕이 백제 왕통을 적극 챙긴 이유다.

| 건국의 요람과 여명 | 초고계열과 고이계열 | 근초고왕과 부여기마족 | **부여씨왕조의 수난** |

일제는 「일선동조론」을 철저히 악용한다. 창씨개명, 신사참배, 일본말 사용 등의 황국식민화 정책에 적극적으로 활용한다. 참으로 좋은 역사를 아주 나쁜 역사로 만든 일제다. 역설적이기는 하지만 먼 훗날이라도 혹여 우리가 일본열도를 지배하는 역사가 펼쳐진다면 우리 역시 똑같은 역사 논리를 펼 것이다.

▲ 조선신궁 [일제강점기, 서울 남산]

북한 역사학자 김석형(金錫亨,1915~1996)의 「일선동조론」에 대한 반론(反論). '이른바 「일선동조론」은 일제의 우리 민족에 대한 말살정책에 복무한 반동이론이다. 그것은 **조선사람도 일본화되어야 한다는 황당무계하고 극악무도한 식민주의 이론**이다. 조선과 일본이 동조인 것이 아니라 일본인의 조상이 조선사람들이 적지 않았다는 것이 사실이다. 이리하여 「동조론」의 저자가 끌어대는 자료 중에 정확하다고 보이는 것은 거의 모두가 양쪽 민족이 '동조'임을 말해주는 것이 아니라 조선 이주민들의 일본열도 진출과 그 곳에서의 거대한 역사적 역할을 증명할 뿐이다.'

그런데 말이다. 정말 그런 날이 오긴 올까?

| 아스카베신사와 곤지왕 |

천오백년 전 한국의 한 사내가 처자식을 데리고 일본으로 건너간다. 사내는 일본에서 15년간 머물다가 한국으로 돌아와 돌연 어떤 사연으로 죽는다. 여기서 한국은 백제百濟며, 일본은 야마토大倭다. 5세기 중엽 백제 곤지昆支에 대한 이야기다. 백제왕족인 곤지가 한국에서 일본으로 건너간 내용은 『일본서기』에, 일본에서 한국으로 돌아와 죽은 내용은 『삼국사기』에 실려있다. 특히 『일본서기』는 곤지를 '왕자' 또는 '왕'으로 기록한다.

아스카베신사의 역사

일본 오사카부 하비키노羽曳野시 아스카마을에 조그만 신사가 하나 있다. 「아스카베飛鳥戶신사」다. 신사 안내판에 나오는 제신祭神의 설명이다. '웅략雄略조에 도래 전승한 백제계 비조호조飛鳥戶造 일족의 조상신인 「비조대신飛鳥大神(백제 곤지왕)」을 제사지내고 있다.' 백제 곤지왕신사다.

▲ 아스카베신사와 신사안내판

아스카베신사는 식내대사式內大社다. 일본 평안平安(헤이안)시대 만들어진 『연희식延喜式』 법전의 신명장神名帳에 등재된 신사다. 당시 야마토는 제정일치 국가다. 역병과 기근을 진정시키고 오곡 풍성을 기원하는 국가의 중대한 대사는 주로 조정으로부터 지원금奉幣을 받아 운영하는 식내대사가 제사를 주관한다. 다시 말해 식내대사는 일본 고대왕실에서 직접 챙겨 제사지내는 천황가 신사다.

일본 고대문헌 『삼대실록』에 따르면, 아스카베신사는 859년 8월 일본왕실로부터 정4위하正四位下의 관위를 받고 그해 10월 관사官社로 인정받는다. 따라서 신사는 적어도 859년 이전에 창건된다. 이후 아스카베신사는 천년 이상을 유지해오다 1908년 메이지明治정부의 신사통폐합정책에 의해 잠시 인근의 쓰보이하치만궁壺井八幡宮에 합사된다. 그러나 1952년 아스카마을주민의 노력으로 다시금 쓰보이하치만궁에서 분사되어 원래 자리로 되돌아온다.

특히 아스카베신사의 기록은 곤지왕 성물이 다시금 아스카마을로 돌아오던 날의 사건을 적고 있다. 1952년 12월 그믐날, 아스카마을주민은 모두 목욕재계하고 검정도포를 걸친 다음 쓰보이하치만궁으로 향한다. 검정색은 부정을 타지않기 위해서다. 칠흑같은 어둠의 길을 지나 쓰보이하치만궁에 도착하고 궁사가 배전을 열어 검은 천에 싼 곤지왕 성물을 꺼내 마을주민에게 건네자 마을주민은 이를 가마에 실어 정성을 다하여 운반한다. 가마가 마을로 오는 도중 엄청난 천둥번개가 쳤다고한다. 처음에는 모두 의아해했지만 금새 곤지왕이 질책하는 소리로 이해했다고 한다. 천둥번개사건은 아스카마을의 전설이 된다. 이때 곤지왕 성물을 되찾아 오는데 주도적인 역할을 한 주민은 '나카무라仲村'라는 성을 가진 사람이다. 이름은 '요지要司'다. 요지는 마을주민들과 함께 아스카베신사에 다시 돌을 쌓고 제주祭主가 된다. 지금은 고인이 되었지만 곤지왕을 되찾아 오는데 지대한 공을 세운다. 현재에도 '요지'라는 이름을 가진 분이 제주다. 고인이 된 '요지'의 아들이다. 아버지의 뜻을

받들기 위해 아들 이름도 똑같이 작명했다고 한다.(*신사 제주 나카무라 요지의 증언)

비조호조는 곤지왕의 직계 후손

아스카베신사의 창건자는 비조호조^{飛鳥戶造}(아스카베노미야츠코)다. 일본 고대족보 『신찬성씨록』〈하내국〉 제번 편이다. '비조호조는 백제국 비유왕의 아들인 곤지왕의 후손에서 나왔다.'(飛鳥戶造 出自百濟國主比有王男混伎王之後也) 비조호조는 백제왕족 출신인 곤지왕의 직계 후손이다. 비조호조 성씨는 고대 일본의 하내국^{河內國} 비조호평^{飛鳥戶評}(아스카베고오리)지역의 수장^造을 가리킨다. 비조호평은 곤지왕 일족이 야마토왕으로부터 영지로 받은 지금의 오사카부 하비키노시 아스카^{飛鳥}마을 일대다.

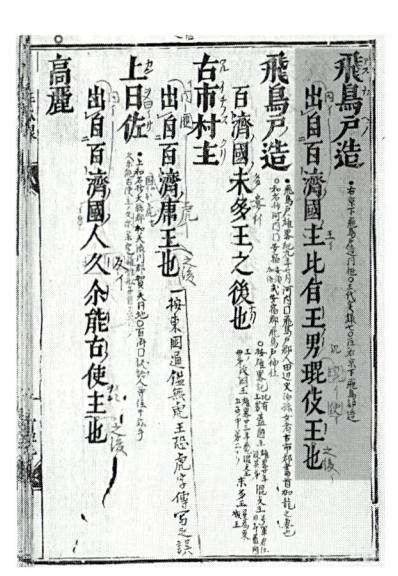
▲ 비조호조 기록 『신찬성씨록』

『일본서기』〈웅략기〉에 따르면, 곤지왕은 461년 일본으로 건너갈 때 5명의 아들을 데리고 야마토 수도에 입성한다(軍君入京 旣而有五子). 첫째 아들은 일본에서 사망한(501년) 의다^{意多}며(*『일본서기』〈무열기〉), 둘째 아들은 동성왕 말다^{末多}(모대)다(*『일본서기』〈웅략기〉). 셋째 아들은 모지^{牟支}며, 딸은 모혜^{牟兮}다.(*『신라사초』〈소지명왕기〉) 넷째 아들은 이름이 전하지 않는다. 다섯째 아들은 무령왕 사마^{斯麻}(여융)다(*『일본서기』〈웅략기〉). 또한 곤지왕은 15년간(461~476)의 야마토생활을 청산하고 귀국한 후 딸 하나를 얻는다. 백제 진씨귀족 출신 진선^{眞鮮}이 낳은 진화^{眞花}다(*『고구려사략』〈장수대제기〉). 진화는 훗날 이복오빠 동성왕에 의해 고구려 장수왕의 침비^{枕妃}로 보내진다. 이처럼 곤지왕은 기록상으로 5남 2녀의 자녀를 둔다.

비조호조는 9세기 초엽의 인물로 추정된다. 특히 『신찬성씨록』은 비조호조를 곤지왕의 후손 뿐 아니라 말다왕(동성왕) 후손(百濟國末多王之後也)으로도 적는다. 비조호조는 곤지왕 → 동성왕으로 이어지는 혈통 계보의 주인공이다. 조상신인 곤지왕을 비조대신飛鳥大神(아스카의 큰 신)으로 추앙하고 모신 야마토에 정착한 곤지왕의 직계 후손이다.

▲ 곤지왕 가계도

일본에는 한국계 신사가 적잖이 존재한다. 그럼에도 제신祭神이 한국과 일본의 사서에 공통으로 등장하는 한국계 실존 인물임을 밝힌 예는 극히 드물다. 아스카베신사는 백제계 실존 인물을 제신으로 하는 일본 천황가를 대표하는 신사다. 그것도 천년 이상의 장구한 세월을 굳건히 유지해 온 역사와 전통이 남다른 한국계 신사다.

일본 아스카베신사는 백제 곤지왕신사다.

| 한일 고대사의 공통분모 |

곤지왕은 5세기 한일 고대사에 있어서 가장 미스터리한 인물이다. 많지 않은 기록이지만 한국과 일본의 사서에 공통으로 등장한다. 특히 곤지왕의 직계 후손이 살았던 야마토 중심지역인 일본 오사카 가와치 아스카(河內飛鳥)에는 아스카베신사(곤지왕신사)가 천년 이상을 유지해 오고 있다. 곤지왕의 아들 중에는 둘째 동성왕(24대)과 다섯째 무령왕(25대)이 있다. 백제 멸망을 가져온 의자왕(31대)도 곤지왕 계열이다. 또한 일부이기는 하나 곤지왕을 당시 야마토 웅략왕(21대)으로 보는 견해도 있다. 아마도 이러한 사유들로 인해 곤지를 왕으로 칭한 듯 싶다. 우리는 곤지왕을 '백제(百濟) 곤지왕' 또는 '아스카(飛鳥) 곤지왕'이라 부르고자 한다.

 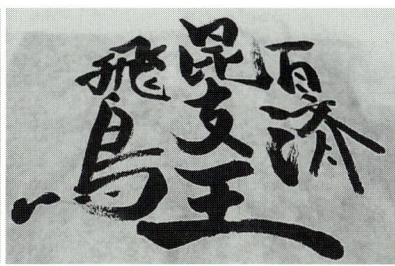 

▲ 곤지왕 초상화(김영화), 곤지왕 제호(데라사와 히로미), 곤지왕 와인(아스카 특산품)

곤지왕은 비유왕의 적자

곤지왕 여곤(餘昆)은 비유왕(20대) 여비(餘毗)의 아들이다. 어머니는 야마토귀족 출신인 위이랑(韋二娘)(갈성위전 딸)으로 추정된다. 곤지왕은 428년(비유2) 한성에서 출생한다. 곤지의 한자는 '昆支'다. '昆'은 '크다'는 뜻이다. '支'는 '우두머리'를 가리키는 마한어다. '昆支'는 '큰 우두머리' 즉 '대왕(大王)'을 가리킨다. 곤지는 서열상으로는 비유왕의 넷째 아들이지만 비유왕이 즉위 후(427년) 얻은 첫째 아들이기도 하다. 비유왕의 적자^{嫡子}다. 비유왕이 즉위 전에 얻은 여경^{餘慶}(개로왕), 여은^{餘殷}, 여기^{餘杞(=紀)} 등 3명은 백제 귀족가문들과 혈연적 결합을 통해 낳은 아들들이다. 그래서 비유왕은 즉위 후에 낳은 적자 곤지왕에게 대왕의 뜻을 가진 곤지의 이름을 지어주며 자신의 후계자로 낙점한다.

두 차례 정치적 숙청과정

그러나 곤지왕은 비유왕의 뒤를 잇지 못한다. 비유왕의 정실왕후 수마^{須馬}가 남편 비유왕을 살해하고(*『삼국사기』흑룡출현사건) 자신의 양아들로 입적한 첫째 아들 여경(개로왕)을 옹립했기 때문이다. 이로 인해 곤지왕은 비유왕 사후 계모 수마태후와 이복형 개로왕(21대)으로부터 지속적으로 핍박을 받는다. 그 핍박은 두 차례 정치적 숙청으로 이어진다.

1차 숙청은 좌현왕^{左賢王}의 임명이다. 455년(개로1,곤지27세) 개로왕은 즉위 직후 곤지왕을 좌현왕에 임명하여 한성의 중앙정계에서 축출한다. 『송서』〈이만열전〉 백제 편에 나오는 개로왕이 458년(개로4) 유송 세조(효문제)로부터 행직^{行職}이 아닌 실직^{實職}의 장군 군호를 요청하여 받은 11명의 명단에서 확인된다. 8명은 왕족 부여^餘씨고 나머지 3명은 목^沐씨, 미^麋씨, 우^于씨다. 이 중 정로장군의 군호를 받은 좌현왕 여곤^{餘昆}이 바로 곤지왕이다.

> 직위 앞에 행(行) 또는 수(守)를 붙이는 것을 행수법(行守法)이라고 한다. **품계는 높은데 직분이 낮은 경우 行을 쓰고, 품계는 낮은데 직분이 높은 경우는 守를 쓴다.**

좌현왕의 관할지역은 한반도 서남부지방인 전남지역이다. 당시 명칭은 모한^{慕韓}(마한)이다. 좌현왕의 치소는 월나^{月柰}로 지금의 전남 영암일대다. 영암의 옛 지명은 곤미^{昆眉}다. 영암군은 일제강점기인 1914년 행정구역 개편 전까지 곤일시^{昆一始}면(미암면), 곤일종^{昆一終}면, 곤이시^{昆二始}면

(학산면), 곤이종昆二終면(서호면) 등으로 구성된다. 바로 곤미의 옛 땅이다. 모두 '昆'자가 들어간다. 물론 '昆'자가 곤지昆支왕을 지칭한다고 단정할 수 없지만, '昆'자 지명은 곤지왕을 상상하기에 부족함이 없다. 이는 한때 곤지왕이 좌현왕에 보임되어 이 지역을 다스렸기 때문에 '昆'자 지명이 살아남은 것으로 추정된다. 『송서』에는 좌현왕 여곤(곤지) 말고도 우현왕 여기餘紀도 나온다. 여기는 비유왕의 셋째 아들이며, 곤지왕의 배다른 형이다. 우현왕의 관할지역은 대륙 요서지방(하북성,요녕성 일부)이다. 백제군(요서군, 진평군)이 설치된 지역이다.

2차 숙청은 일본열도로의 추방이다. 개로왕은 461년(개로7, 곤지33세) 좌현왕 곤지를 한성으로 불러들여 야마토 파견을 명한다. 『일본서기』〈웅략기〉다.

5년(461년) 4월, 백제 가수리군〔개로왕이다〕은 지진원〔적계여랑이다〕이 불에 타 죽었다는 말을 전해 듣고 의논하길 "옛날에 여자를 바쳐 채녀로 삼았다. 그러나 예의가 없어 우리나라 이름을 실추시키니 지금부터는 여자를 바치지 않는 것이 옳겠다."하였다. 이에 아우 군군〔곤지군이다〕에게 말하길 "네가 마땅히 일본에 가서 천왕을 섬겨라."하였다. 군군이 말하길 **"상군의 명을 따르겠습니다. 바라건대 부인을 저에게 주시면 떠나라는 명을 받들겠습니다."**하였다. 이에 가수리군은 임신한 부인을 군군에게 주며 "나의 임신한 아내는 이미 해산할 달이 되었다. **만약 도중에 아이를 낳게 되면 바라건대 한 척의 배에 태워서 이르는 곳이 어디든 속히 나라로 보내도록 하라.**"하였다. 마침내 작별하고 조정에 파견되는 명을 받들었다.

五年 四月 百濟加須利君〔盖鹵王也〕飛聞池津媛之所燔殺〔適稽女郎也〕而籌議曰 昔貢女人爲采女而旣無禮 失我國名 自今以後不合貢女乃告其弟軍君〔崑支君也〕曰 汝宜往日本以事天皇 軍君對曰 上君之命不可奉違 願賜君婦而後支遣加須利君則以孕婦 旣嫁與軍君曰 我之孕婦旣當産月 若於路産 冀載一船 隨至何處速令送國 遂與辭訣奉遣於朝

개로왕은 야마토 조정에 보낸 채녀^{采女} 지진원이 불미스러운 일을 일으켜 백제의 권위를 실추시켰다며 대신 아우 곤지왕이 일본열도로 건너가 야마토왕을 섬겨라 강권한다.

곤지왕의 야마토 파견에는 **곤지왕**(백제)과 **웅략왕**(야마토)의 **혈연적 관계**에 기인한다. 두 사람은 **야마토 대호족 갈성**(葛城)**가문과 직접적으로 연결**된다. 갈성습진언의 아들 **갈성위전**(葛城葦田)은 아들 갈성원(葛城圓)과 딸 위일랑(葦一娘), 위이랑(葦二娘)을 둔다. 위일랑은 이중왕(야마토)의 왕비 흑원(黑媛)이고, **위이랑은 비유왕**(백제)**의 후궁이며 곤지왕의 어머니**다. 또한 곤지왕의 외사촌인 갈성원의 딸 한원(韓媛)은 **웅략왕의 왕비**다.

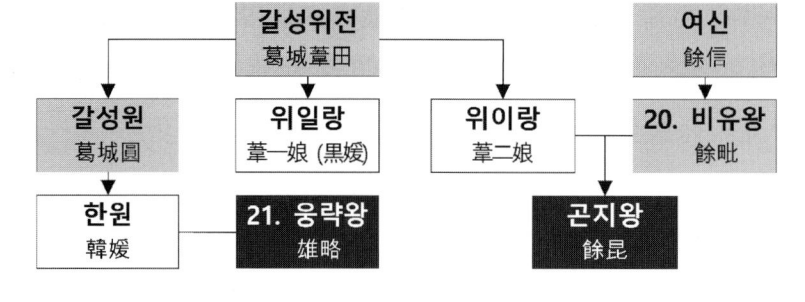

461년(개로7,곤지왕34세) 곤지왕은 일본열도로 건너간다.『일본서기』〈웅략기〉다.

5년(461년) 7월, 군군(곤지)이 수도에 들어왔다. 이미 다섯 아들을 두었다.『백제신찬』에 이르길 신축년(461년)에 개로왕이 아우 곤지군을 보내어 대왜에 가서 천왕을 모시게 했는데 형왕의 우호를 닦기 위해서였다.
五年 秋七月 軍君入京 旣而有五子 百濟新撰云 辛丑年盖鹵王遣王遣弟昆支君 向大倭侍天皇 以脩兄王之好也

곤지왕은 아들 5명 등 일족을 데리고 야마토 수도로 들어간다.

당시 야마토는 웅략(유라쿠)왕의 치세다. 웅략왕(21대)은 강력한 군사력을 바탕으로 전제왕권을 구축한다. 군정국가 야마토를 왕정국가 체제로 한 단계 업그레이드한다. 특히 463년(웅략7)에는 길비하도신전진옥^{吉備下道臣前津屋}와 길비상도신전협^{吉備上道臣田狹}이 일으킨 길비씨의 반란을 진압하며 길비^{吉備}(기비)국을 굴복시키고, 469년(웅략13)에는 문석소마려^{文石小麻呂}의 파마^{播磨}(하리마)국과 474년(웅략18)에는 조일랑의 이세^{伊勢}(이세)국을 토벌하며 주변소국을 아우른다. 이때 곤지왕은 웅략왕의 군사활동을 적극 지원한 것으로 판단된다.

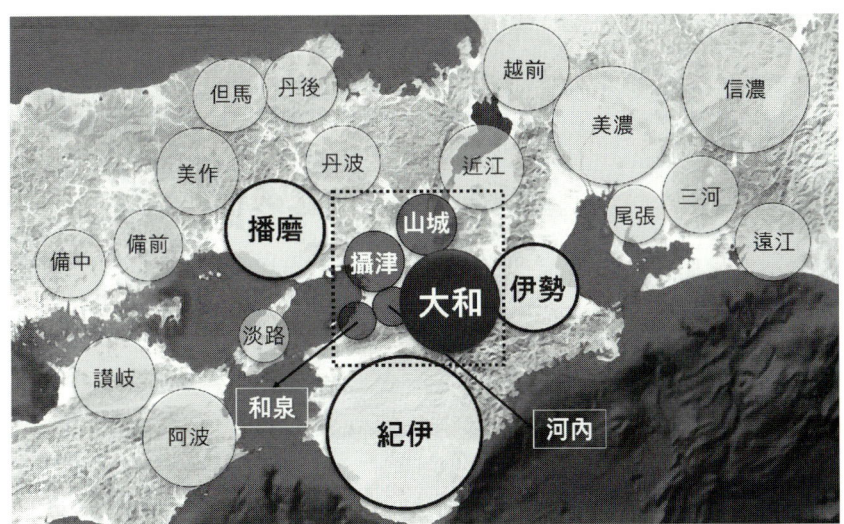

▲ 야마토와 주변소국

귀국 후 활동과 죽음

곤지왕은 15년간 야마토에 체류하다 476년(문주2,곤지49세) 야마토 지원군을 이끌고 급거 귀국한다. 고구려 장수왕의 남벌전쟁(475년)으로 개로왕과 한성이 몰락했기 때문이다. 특히 곤지왕은 신라에 파견되어 신라 자비왕이 주선한 고구려와의 정전협상을 성공적으로 마무리하며 장수왕의 남진을 더 이상 허용하지 않는다. 그리고 아우 문주왕(22대)을 적극 보좌하며 백제 재건에 힘쓴다. 그러나 곤지왕의 활동은 갑자기 중단된다. 477년(문주3,곤지50세) 7월 곤지왕을 경계한 문주왕의 왕후 오로지^{吾魯知}에게 암살당한다.

한일 고대사의 키맨

학계는 곤지왕의 평가를 461년 야마토 파견에 초점을 맞춘다. 곤지왕의 파견을 청병사請兵使로 보는 해석이다. 475년 고구려 장수왕의 남벌전쟁을 대비하여 백제가 사전에 야마토에 군사지원을 요청했다는 견해다. 그러나 이는 역사적 결과를 무리하게 꿰맞춘 불편한 해석이다. 15년 후에 일어난 장수왕의 남벌전쟁을 미리 예상하여 곤지왕을 파견했다는 논리는 지나친 비약이다.

곤지왕의 야마토 파견은 청병을 위한 외교 행위가 아니다. 단지 곤지왕의 정치적 숙청일 뿐이다. 그럼에도 곤지왕은 야마토에 15년간(461~476) 체류하는 동안 야마토의 성장 발전에 절대적인 기여를 하며, 장수왕이 남벌전쟁을 단행하자 백제를 지키기 위해 야마토 지원군을 이끌고 귀국한다.

곤지왕은 한일 고대사의 열쇠를 쥐고 있는 중심인물key man이며 또한 공통분모다. 백제(한반도)와 야마토(일본열도)로 분리된 부여씨왕조의 두 개 병렬축은 곤지왕에 의해 다시금 하나의 직렬축으로 재조정된다. 곤지왕은 야마토 발전과 백제 구원(재건)이라는 역사가 요구하는 시대적 소임을 충실히 수행한다. 곤지왕의 활약으로 부여씨왕조의 두 축인 한반도의 백제와 일본열도의 야마토는 결코 무너지지 않고 계속해서 역사를 이어간다.

5세기 백제와 야마토의 격변속에는 백제 곤지왕이 살아 숨쉬고 있다.

| 곤지왕과의 운명적 만남 |

『삼국사기』는 백제 곤지왕을 딱 2번 언급한다. 시기는 문주왕 때인 477년(문주3)이다. '여름 4월, 왕이 곤지를 내신좌평으로 삼았다. 가을 7월, 내신좌평 곤지가 죽었다.'(夏四月 拜王弟昆支爲內臣佐平 秋七月 內臣佐平昆支卒) 곤지의 내신좌평 임명과 사망 기록이다. 그렇지만 『일본서기』는 '왕' 또는 '왕자'로 표기하며 비교적 많은 지면을 할애한다. 주로 두 아들인 동성왕(24대)과 무령왕(25대)에 관한 이야기다. 두 왕은 백제 웅진시대를 화려하게 꽃피운 군주다.

역사소설로 복원한 곤지왕

필자에게 있어 곤지왕은 매우 특별한 존재다. 필자는 곤지왕 소설을 두 번 쓴다. 『곤지대왕』(2001년)과 『백제와 곤지왕』(2016년)이다. 그런데 첫 번째 소설『곤지대왕』을 집필하는 과정에서 곤지왕을 두 번씩이나 현몽하는 특별한 경험을 한다. 아마도

▲ 곤지왕 초상화 헌액식 [출처: 파워뉴스, 2014]

어떤 간절함이 곤지왕과 직접적으로 연결된 듯싶다. 이를 바탕으로 김영화 화백이 곤지왕 초상화를 그리며, 현재 초상화는 일본 아스카베신사(곤지왕신사)에 기증되어 있다. 또한 필자는 2014년 아스카베신사를 직접 방문하여 곤지왕에 대한 새로운 이해와 영감을 얻는다. 그렇게 해서

부여씨왕조의 수난

▲ 소설 『백제와 곤지왕』 [2016]

2016년 두 번째 소설 『백제와 곤지왕』이 세상에 나온다. 특히 『백제와 곤지왕』은 남당필사본 기록에 근거하여 곤지왕의 출생에서 죽음에 이르는 굴곡진 삶의 여정을 다큐멘터리 형식으로 엮어낸 일종의 전기소설이다.

「곤지왕 국제네트워크」의 활동

「곤지왕 국제네트워크」는 2010년 양형은 박사에 의해 결성된 한국과 일본의 곤지왕을 기억하고 추모하는 사람들로 구성된 모임이다. 모임은 양박사의 노력으로 다양한 사업을 펼치고 있다. 대표적인 사업은 한국과 일본을 오가며 개최하는 곤지왕 세미나와 맴버들의 상호 교류 방문이다. 이 중 교류 방문은 매년 두 차례 이루어진다. 6월에는 한국맴버가 일본 아스카베신사를 방문하여 제를 올리고, 10월에는 일본맴버가 서울시 송파구 주최의 '한성백제문화제'에 직접 참가한다. 특히 송파구는 문화제 기간 중 몽촌토성 내에 곤지왕부스를 별도로 만들어 제공하고 있어, 서울시민에게도 곤지왕을 널리 소개하고 있다.

곤지왕사당 건립을 기원하며

곤지왕이 필자에게 준 선물이 있다. 삼국 역사에 대한 공부다. 필자는 곤지왕 소설을 쓰면서 곤지왕이 살았던 5세기 백제역사를 입체적으로 이해하게 된다. 또한 그 이해는 비단 5세기에 국한하지 않고 백제 7백년 역사 전체로 확장하게 되며, 더불어 고구려와 신라 역사 전반도 자연스레 공부하게 된다. 그리고 2019년 「삼국사기 유리창을 깨다」 역사시리즈인 『고구려 역사의 부활』, 『백제 역사의 통곡』, 『신라 역사의 명암』 등 전 3권의 삼국 역사를 새롭게 해석하고 조명한 책을 출간한다. 모두 곤지왕이 필자에게 베푼 위대한 축복이자 선물이다.

▲ 곤지왕 세미나 포스터 및 일본 신문기사

그럼에도 필자에겐 이루지 못한 소망이 하나 있다. 일본 아스카베신사(곤지왕신사)에 걸맞는 한국 내 곤지왕사당의 건립이다. 장소는 곤지왕이 태어난 서울시 송파구(한성,몽촌토성내)와 곤지왕이 사망한 충남 공주(웅진,송산리고분군내) 중 한 곳이 좋을 듯싶다. 이 자리를 빌어 서울시 송파구와 충남 공주시가 적극적인 관심을 가져주길 정식으로 제안한다. 또한 우리 고대사를 아끼는 독지가篤志家가 나타나 적극 후원해준다면 더할 나위 없겠다.

미스터리 인물 백제 곤지왕. 천오백년이 지난 오늘날에도 여전히 존재한다.

| 곤지왕의 무덤을 찾아서 |

곤지왕은 477년 7월 문주왕의 왕후 오로지^{吾魯知}에 의해 짐독으로 암살당한다. 사망 장소는 충남 공주(웅진)다. 곤지왕의 무덤은 어디에 있을까? 추정되는 무덤은 충남 공주 「송산리고분군 5호분」과 일본 오사카부 가시와라^{柏原}시의 「다카이다야마^{高井田山}고분」이다. 송산리고분군 5호분은 한국학자, 다카이다야마고분은 일본학자의 주장이다.

공주 송산리고분군 5호분

▲ 송산리고분군 5호분 [충남 공주]

한국학자는 곤지왕이 사망한 장소가 웅진인 점을 들어 한국에 묻혔다고 본다. 「송산리고분군 5호분」은 송산리고분군의 (Ⅱ)구역에 속하며, (Ⅰ)구역의 1~4호분들과 마찬가지로 웅진시대 초기에 만들어진 (Ⅱ)구역에서는 가장 먼저 조성된 굴식돌방무덤(횡혈식석실묘)이다. 무덤방은 방형으로 깬돌(활석)을 차곡차곡 쌓아 4벽을 세우고, 윗부분 천장은 점점 좁아지게 쌓은 활모양의 궁륭형으로 마지막은 뚜껑돌(판석)을 올려 놓는다. 바닥은 흙으로 다지고 널받침 2매를 좌우에 배치한다. 전형적인 부부 합장묘(어울무덤)다.

5호분의 주요 재원과 출토 유물이다.

송산리 5호분		규모(m) 길이×너비×높이	특징
내부	돌방 (石室)	3.45×3.26×3.13	활석, 벽면 회칠 바닥 흙으로 다짐
	널받침 (棺臺)	2.38×0.68×0.16(右) 1.80×0.66×0.15(左)	벽돌3단
	천장	-	궁륭형(25°) 덮개 판석
외부	널길 (羨道)	2.50 (널문:1.00×1.00)	석실 우측
출토 유물		철촉, 관고리, 관정, 철정, 철기 편, 순금제 장신구, 철제 대도(17cm)	

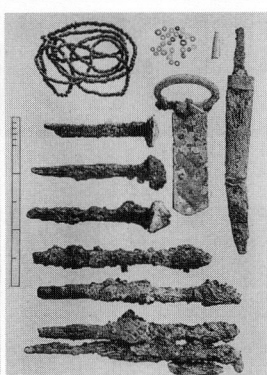

▲ 송산리고분군 5호분 내부, 외부, 출토 유물

　　5호분은 웅진시대 초기에 만들어 진 점을 고려하면 곤지왕과 부인의 합장묘일 가능성이 매우 높다. 부인은 곤지왕이 야마토에서 귀국하여 새로 얻은 진선眞鮮으로 추정된다. 특히 송산리고분군 (Ⅱ)구역은 곤지왕의 무덤인 5호분을 기준으로 좌측에는 6호분, 우측에는 무령왕릉(7호분)이 위치한다. 6호분은 동성왕의 무덤으로 추정된다. 동성왕과 무령왕은 곤지왕의 아들이다. 동성왕이 둘째고, 무령왕이 다섯째다. 이들 곤지왕 부자가 한 장소에 나란히 묻히는 것은 지극히 자연스러우며 또한 당연하다고 본다. 특히 5호분은 굴식동방무덤인데 비해 6호분과 무령왕릉은 한단계 더 발전된 형태로 돌방 내부를 깬돌이 아닌 벽돌로 쌓아 만든 벽돌무덤^{塼築墳}이다. 무덤 양식상의 차이 또한 부자간의 시간적 격차를 보여준다 할 수 있다.

가시와라시 다카이다야마고분

▲ 다카이다야마고분 [일본 가시와라市]

이에 반해 일본학자는 곤지왕 사망 후 시신만큼은 일본으로 가져갔을 것으로 본다. 「다카이다야마^{高井田山}고분」은 가시와라^{柏原}시 다카이다 횡혈공원에 소재한다. 원래 이 공원은 6~7세기 조성된 일본의 횡혈묘^{橫穴墓} 50여 기가 밀집된 무덤군이다. 그런데 산 정상부에 굴식돌방무덤(횡혈식석실묘)이 덩그러니 하나 있다. 바로 다카이다야마고분이다. 주요 재원과 출토 유물이다.

다카이다 야마고분		규모(m) 길이×너비×높이	특징
내부	돌방 (石室)	3.73×2.34×?	재질 활석 바닥 자갈로 다짐
	널받침 (棺臺)	좌측 관대 大 우측 관대 小	목재(두께 7~8cm)
	천장	-	궁륭형 추정
외부	널길 (羨道)	2.00 (너비:1.18)	석실 우측
출토 유물		스에키 그릇, 항아리, 유리구슬, 금제 귀거리 철제 투구, 청동다리미, 청동거울	

▲ 다카이다야마고분 외부, 표지석, 내부

다카이다야마고분은 일본 굴식돌방무덤의 원형이다. 조성 시기는 5세기 후반으로 널방의 형태, 매장방법 등이 송산리 5호분과 매우 유사하다. 무덤 양식 자체를 백제에서 가져간 것으로 이해한다. 특히 돌방내 목관을 2매 안치한 것은 당시 일본에는 사용된 적이 없는 합장묘로 백제에서 많이 사용하는 양식이다. 이런 이유들로 인해 다카이다야마고분의 주인공은 곤지왕과 그의 부인으로 본다.

가시와라시립역사자료관 관장 야스무라 슌지(安村俊史)의 견해. '다카이다야마고분은 다카이다횡혈공원 북동쪽 제일 높은 곳에 위치한 **직경 22m의 원분**이다. 매장시설은 횡혈식석실의 초기 형태다. **웅진백제의 송산리고분군 석실 형태와 유사하여 이를 모델로 한 것으로 추정**된다. 부장품에는 백제 무령왕릉 출토품과 흡사한 청동다리미가 나왔는데 금박을 끼어 넣은 금제 구슬과 함께 한반도에서 건너온 것으로 생각된다. 목관은 백제에서 보급된 못과 걸쇠로 조정시킨 조립식 목관이다. 석실에는 2매의 목관이 안치되어 있다. 서쪽관은 남성, 동쪽관은 여성이다. 이는 백제에서 많이 볼 수 있는 배치로 당시 일본에는 사용된 적이 없는 부부합장묘다. 석실내에 부장된 스에키(すえき)는 토기를 사용한 장례의식을 말해준다. **다카이다야마고분의 무덤주인은 백제에서 건너온 왕족 출신의 도래인으로 보아도 무리는 없을 것이다**.'

특히 다카이다야마고분에서 출토된 청동다리미^{青銅熨斗}는 송산리고분군의 무령왕릉 청동다리미와 마치 하나의 주물에서 뽑아 만든 것처럼 똑같다. 청동다리미 역시 무덤주인을 곤지왕으로 보는 근거 중의 하나다.

▲ 무령왕릉과 다카이다야마고분의 청동다리미 비교

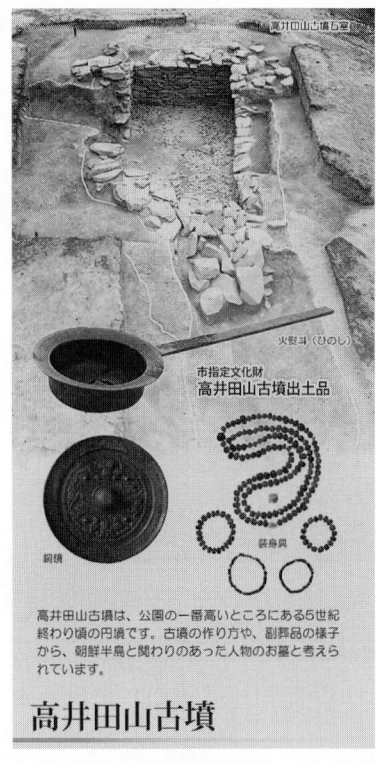

▲ 다카이다야마고분 안내장

그러나 다카이다야마고분은 『일본서기』〈무열기〉에 나오는 백제인 의다랑意多郎의 무덤일 가능성이 높다. 의다意多는 501년 사망하여 다카다高田언덕에 묻힌다(百濟意多郎卒 葬於高田丘上). 다카이다高井田와 다카다高田는 같은 장소다. 이는 백제인이 일본 땅에 묻힌 최초의 사례다. 당시 일본으로 건너간 백제인은 오직 곤지왕 일족 뿐이다. 의다는 곤지왕의 첫째 아들이다. 곤지왕의 둘째 아들 동성왕은 말다末多다. 두 사람은 '多'자 돌림자다. 따라서 다카이다야마고분의 무덤주인은 곤지왕 부부가 아닌 곤지왕의 첫째 아들 의다 부부의 합장묘다. 의다는 동생 말다가 백제 왕에 즉위함에 따라 백제로 건너오지 못하고 야마토에 잔류한다.

다카이다야마고분은 곤지왕이 제신인 아스카베신사 북쪽 4.4km에 위치한다. 고대 이 일대는 하내국(河內國)으로 불린 지역으로 곤지왕이 일본에 체류하면서 **야마토 웅략왕으로부터 하사받은 곤지왕 일족의 영지**다.

『고구려사략』 기록의 단서

그런데 『고구려사략』〈장수대제기〉에 곤지왕의 장례를 치르지 못한 기록이 있다. 때는 곤지왕 사망 3개월 후인 477년 9월이다. '문주가 곤지를 장사지내고자 했으나 해구의 얼굴에 두려움과 원망함이 가득하여 결단을 내리지 못하다가 왜로부터 시달림을 당하자 서원으로 사냥을 나갔다.'(文周欲葬昆支 解仇面畏仇 不斷 困倭▨ 出獵西原) 왜는 곤지왕이 귀국할 때 데리고 온 야마토세력이다. 문주왕은 사망한 곤지왕을 장사지내려다가 해구解仇(병관좌평)를 의식하여 이를 실행에 옮기지 못하며, 이로 인해 야마토세력으로부터 적잖은 압박을 받는다.

특히 기록은 곤지왕 사망 이후 곧바로 장례식을 치르지 못한 사실을 부연한다. 아마도 곤지왕의 시신은 임시로나마 공주 어딘가에 보관하였을 것이다. 더구나 문주왕은 이때 서원(노사지, 충남 대전 유성구)으로 사냥을 나갔다가 해구가 보낸 자객에게 살해당한다. 만약 늦게나마 곤지왕의 장례식을 치렀다면 문주왕의 장례식과 병행했을 것이다.

곤지왕의 무덤은 어디에 있을까? 한국일까? 일본일까?

| 전남지역 장고형고분의 무덤주인 |

장고형고분은 원형과 방형(사각형)이 합쳐진 무덤 형태로 우리나라 전통 타악기인 '장고'와 모양이 비슷하여 붙여진 이름이다. 발견 장소는 주로 대형 독널무덤(옹관묘)이 분포하는 영산강유역의 전남지역이다. 장고형고분은 일본의 고분시대(4~6세기)에 성행한 전방후원분前方後圓墳과 계통을 같이하여 종종 일본학자들에 의해 '일본이 고대 한국을 지배했다.'는 역사 논리의 먹잇감이 되곤 한다.

> 영산강유역은 원형무덤과 함께 우리나라에서 유일하게 방형(직사각형 또는 사다리꼴)무덤이 발견되는 지역이다. **원형과 방형을 결합한 전방후원분의 시원은 영산강유역이다.**

장고형고분의 축조 시기와 분포

▲ 신덕고분 [전남 함평]

장고형고분은 주로 해안 또는 해안에 인접한 강안지역의 비교적 전망이 좋은 구릉이나 평지에 위치한다. 이들 장고형고분은 하위 고분이 없는 1기 또는 2기가 독립적으로 존재한다. 매장시설은 후원(원형)부에 설치된 앞트기식돌방(횡구식석실) 또는 굴식돌방(횡혈식석실)이다. 특히 축조 시기는 5세기 후반부터 6세기 전반까지 대략 50년 간으로 한정된다.

현재까지 전남지역에서 발견된 장고형고분은 13기(또는 15기)다. 영광의 월계고분, 함평의 장고봉고분, 신덕고분, 표산고분, 광주의 명화동고분, 월계동고분, 영암의 자라봉고분, 해남의 장고산고분, 용두리고분 등이다. 이들 고분은 해당지역에서 가장 규모가 크다. 특히 철제 투구와 갑옷 등 주로 왜 계통의 유물이 집중적으로 출토되어 무덤주인을 두고 해석이 분분하다. ㉮ 왜인설 ㉯ 왜인-마한계 토착세력 무덤 혼합설, ㉰ 마한계 왜인의 재이주설, ㉱ 마한계 토착세력 무덤설, ㉲ 마한계 토착세력 무덤설 변형, ㉳ 왜계 백제 관료설 등이다. 각기 해석상의 약점들이 있어 명확한 정설은 없다.

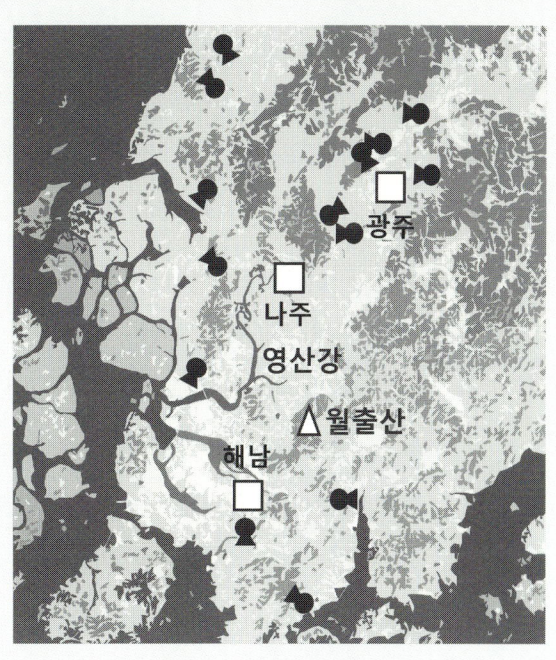

▲ 전남지역 장고형고분 분포

전남지역의 장고형고분은 **전방부의 형태에 따라 크게 두 가지로 분류**한다. 하나는 **방형에 가깝고 후원부보다 전방부의 높이가 낮은 북규슈형**(北九州型)의 신덕고분, 자라봉고분, 용두리고분이며, 또 하나는 **삼각형에 가깝고 전방부 단면이 넓고 높이는 후원부와 비슷한 히고형**(肥後型)의 표산고분, 명화동고분, 장고산고분, 월계고분(영광), 월계동고분(광주) 등이다.

무덤주인은 곤지왕이 이끈 야마토세력

장고형고분의 무덤주인은 축조 시기가 5세기 후반에서 6세기 전반까지로 제한되고, 철제 투구, 갑옷 등 왜 계통 유물이 출토된 점에서 단서를 찾을 수 있다.

이는 5세기 후반인 476년 곤지왕이 데리고 온 야마토세력과 관련이 깊다. 곤지왕은 고구려 장수왕의 남벌전쟁으로 한성이 몰락하자 급히 야마토세력을 이끌고 귀국한다. 그리고 고구려와 정전협상을 원만히 마무리하고, 동생 문주왕을 도와 백제 재건에 힘쓰다가 477년 7월 해씨세력(문주왕의 왕후 오로지)에 의해 전격적으로 제거된다. 이로 인해 곤지왕 하나만 믿고 한반도로 건너온 야마토세력은 더 이상 웅진(공주)에 뿌리내릴 근거를 상실한다. 이제 남은 길은 다시금 야마토로 돌아가는 길 뿐이다. 그러나 야마토세력의 장수급 일부는 일본으로 돌아가지 않고 충남지역(웅진)을 벗어나 남쪽의 전남지역(모한)에 정착한다. 이들의 본향이 모한慕韓이기 때문이다. 또한 이들은 지도자 곤지왕을 잃은 까닭에 백제에서도 야마토에서도 환대받지 못하는 처지가 된다. 곤지왕이 이끈 야마토세력 중에는 일본열도(야마토)출신도 있지만 상당수는 한반도(모한)출신이다. 특히 이들은 곤지왕과 정치적, 군사적 행보를 함께한다. 곤지왕은 455년 좌현왕에 임명되어 모한을 다스리다, 461년 형 개로왕에 의해 일본열도로 추방되는 정치적 숙청을 당한다. 이때 좌현왕 시절에 인연을 맺은 모한의 상당수 수장급 인사들이 곤지왕을 따라 일본으로 건너간다. 그리고 15년간이 지난 476년 곤지왕이 이끄는 야마토세력의 일원이 되어 다시금 돌아온다. 결국 이들은 지도자 곤지왕을 잃게 되자, 백제(충남)도 야마토(오사카)도 아닌 본향 모한(전남)으로 돌아가 각기 살다가 죽어서 묻힌다.

다만 무덤 양식을 장고형고분을 선택한 것은 곤지왕과 함께 야마토에 15년간(461~476) 살면서 직접 목격한 당시 야마토 오사카일대에 조성되기 시작한 전방후원분 무덤 양식을 자연스레 차용한 것으로 보인다.

전남지역 장고형고분의 주인공은 곤지왕이 이끈 모한(전남)출신 야마토세력의 일부 수장급 인물이다.

| 아스카에 담긴 백제인의 추억 |

일본에는 아스카 마을이 두 개 있다. 오사카부 하비키노^{羽曳野}시와 나라현 사쿠라이^{櫻井}시에 각각 소재한다. 오사카의 아스카를 '가까운^{近}(치카츠) 아스카'라 부르고, 나라현의 아스카를 '먼^{遠}(토오츠) 아스카'라 부른다. 그런데 한자 표기가 다르다. 오사카부의 아스카는 '비조^{飛鳥}', 나라현의 아스카는 '명일향^{明日香}'으로 쓴다. 둘의 한자음이 어울리지 않는다. 어떤 사연이 있을까?

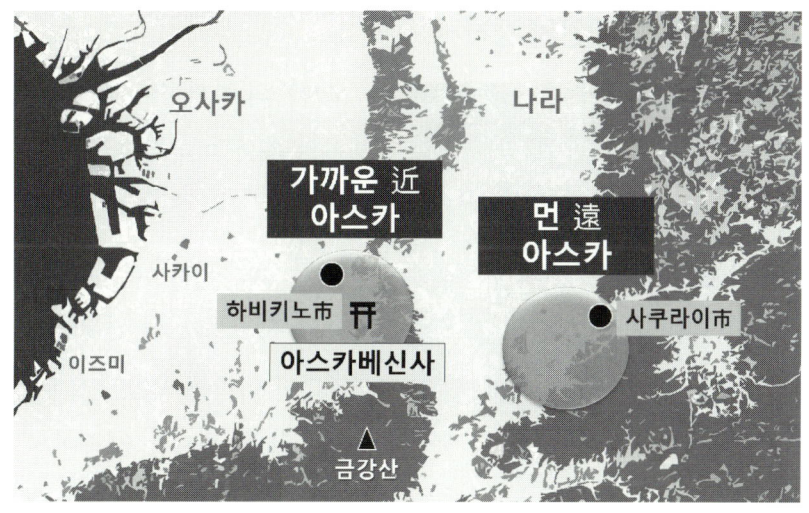

▲ '가까운 아스카'와 '먼 아스카'

아스카는 우리말 '아침'

『일본서기』는 아스카를 '아수개^{阿須箇}'로 표기하는데, 원래는 '안숙^{安宿}(편안히 잠 잘 곳)'을 썼다고 한다. 한반도를 떠나 멀고 먼 타지에 도착한 도래인이 편안히 잠잘 곳을 마련했다는 의미로 읽혀진다.

아스카는 '날이 샐 무렵'의 뜻을 가진 토착어다. 처음 가와치지방$^{(오사카부\ 하비키노市)}$ 도착한 백제인들은 한자음을 빌어 '날^{日}'을 가리키는 '飛(날

비'자와 '샌다'는 말의 '鳥(새 조)'자를 쓴 것이고, 이후 나라지방(나라현 사쿠라이市)에 도착한 백제인들은 한자의 뜻을 한껏 살려 '명일향明日香' 즉 '날日이 밝아明 옴'을 쓴 것이다. 한국식(백제식)의 비조나 중국식의 명일향이나 둘 다 '아스카あすか'로 읽는다.

아스카는 우리말 '아침'과도 같다. 멀고 먼 타지에 도착하여 첫날 밤을 보내고 새날 아침을 맞이하는 백제인의 심정은 어떠했을까? 앞으로 펼쳐질 새로운 삶에 대한 기대감과 두려움보다 문득 고향에 대한 그리움이 먼저 떠오르지 않았을까?

아스카는 백제인의 정착지

▲간논츠카(観音塚) 고분 [하비키노市 아스카]

오사카의 가까운近 아스카飛鳥는 5세기 백제와 야마토를 오가며 족적을 남긴 백제 곤지왕과 관련이 깊다. 곤지를 제신으로 모시는 아스카베신사가 오사카 남부 하비키노羽曳野시 아스카마을에 있다. 이 지역은 고대 곤지왕 일족이 야마토왕실로부터 하사받은 영지다. 신사 안내판은 곤지를 '비조대신飛鳥大神(아스카노오미카미)' 즉 '아스카의 큰 신神'으로 적는다.

> 간논츠카(観音塚) 고분은 **오사카부 하비키노시 아스카(飛鳥)마을 뒷산에 소재**한다. 돌방은 잘 다듬은 여러 석재를 정교하게 끼워 맞춘 집모양의 돌덧널(석곽)로 앞돌방은 길이 2.1m, 너비 93.0m, 높이 92.0m이고 뒷돌방은 너비 78cm, 높이 60cm다. 무덤 주인은 **7세기 중반의 일본에 정착한 곤지왕 후손으로 아스카베신사(곤지왕신사)의 창건자 비조호조(飛鳥戸造)로 추정**된다.

나라현의 먼遠 아스카明日香는 백제 문물을 적극 도입하여 야마토의 제반 체제를 혁신하고 개화시킨 6세기 아스카시대(592~710)와 관련된다. 부여백제 목라근자의 아들 목만치(소아만치)의 소아蘇我(소가)씨를 중심으로 불교문화를 꽃피운 장소다. 이후 소아씨는 이나메稲目 → 우마코馬子 → 에미시蝦夷 → 이루카入鹿로 이어지는 4대가 100여 년 동안 일본(야마토) 정계를 좌지우지한다. 고려시대 우봉 최씨가문(최충헌 → 최우 → 최항 → 최의)의 60년 무신정권시대와 유사하다.

▲ 이시부다이(石舞台) 고분 [나라현 명일향촌]

이시부다이(石舞台) 고분은 **나라현 고시군 명일향촌에 소재**한다. 대형 굴식돌방무덤으로 30여 개의 암석으로 돌방을 만들었다. 총 중량은 2,300톤이며, 천장 돌의 무게는 77톤이다. 원래 **봉분은 길이 55m의 방형이나 현재 봉분은 소실되고 돌방만 남아있다.** 돌방은 길이 7.7m 폭 3.6m 높이 4.7m다. 무덤주인은 **6세기경의 강력한 귀족인 소아마자(蘇我馬子)로 추정**한다.

아스카의 어감이 참 좋다.

5 정복과 중흥의 명암

대륙을 호령한 정복군주 동성왕

무령왕릉과 중흥군주 무령왕

| 동성왕의 다양한 이름 |
| 동성왕 즉위과정 이해 |
| 백제를 대표한 모도왕 |
| 산동반도를 점령한 동성왕 |
| 신라와의 복잡한 혼인관계 |
| 동성왕 죽음에 얽힌 비밀 |
| 동성왕의 무덤 송산리고분군 6호분 |

| 무령왕의 출생 비밀 |
| 무령왕 즉위 내막의 미스터리 |
| 스다하치만신사 청동거울과 무령왕 |
| 양직공도와 무령왕의 세계 |
| 무령왕 독살설의 진상 |
| 송산리고분군 29호분 무덤주인 추적 |

건국의 요람과 여명   초고계열과 고이계열   근초고왕과 부여기마족   부여씨왕조의 수난

| 동성왕의 다양한 이름 |

동성왕(24대)은 백제 왕 중에 유일하게 대륙을 정복하고 호령한 정복군주다. 중원왕조 북위^{北魏}(탁발선비)와의 두 차례 전쟁에서 모두 승리하며 백제의 지배영역을 대륙까지 확장한다. 『삼국사기』는 동성왕을 '담력이 뛰어나고 활을 잘 쏘아 백발백중이다.'(膽力過人善射百發百中)고 평한다. 동성왕은 정복군주의 자질을 타고난다. 동성왕의 재위 기간은 479년~501년까지 23년간이다. 곤지왕의 둘째 아들이며, 시호는 동성^{東城}이다. 그런데 이름이 유달리 많다. 『삼국사기』는 '모대^{牟大}', '마모^{摩牟}', 『삼국유사』는 '여대^{餘大}', '마제^{摩帝}', 『일본서기』는 '말다^{末多}'다.

> 시호 '동성(東城)'에 대한 설명이 문헌기록에는 나오지 않는다. 다만 동성왕 시기 백제의 강역은 중국대륙과 한반도로 명확히 구분된다. 동성은 '동쪽 성(나라)'을 가리키는 말로 '한반도 백제의 통치자'라는 의미에서 붙여진 시호다.

「大」자 계열, 생부 백제 곤지왕

동성왕의 이름은 두 계열로 나눈다. 하나는 「大(대)」자 계열이다. 여대와 모대다. 동성왕은 부여씨 왕족이다. '大'는 아버지 곤지왕이 지어준 이름이다. 부여대. 또한 모대. '모^牟'자는 어머니(모계) 성씨를 따른다. 일본의 고대씨족 족보인 『신찬성씨록』에 미마나^{彌麻奈}(임나)국 모류지^{牟留知}왕이 나온다. 모^牟씨는 임나왕족의 고유 성씨다. 동성왕의 생모는 임나왕족 출신 여성이다.

「摩」자 계열, 양부 야마토 대반실옥

또 하나는 「摩(마)」자 계열이다. '摩'는 '末多(말다)'와 같다. 마모^{摩牟}는

'말다+모'며, 마제摩帝는 '말다+제'다. 「마」자 계열은 야마토에서 새로 얻은 이름이다. 이는 아버지 곤지왕의 죽음에 기인한다. 477년 곤지왕이 백제 웅진에서 갑자기 사망하자 모대는 졸지에 아비 없는 자식이 된다. 당시 야마토는 웅략왕의 치세로 신료 중에 대반실옥大半室屋(오오도모노무라야)이 있다. 대반실옥은 웅략왕을 옹립한 공신으로 곤지왕이 야마토에 체류할 당시(461~476) 곤지왕 일족을 실질적으로 후원한 인물이다. 모대는 친부 곤지왕이 사망하자 대반실옥을 양부로 맞이한다. 그리고 말다末多라는 새로운 이름을 얻는다.

원래 대반大半(오오도모)씨의 원조는 임나국 용주龍主왕이다.(*『신찬성씨록』) 또한 『일본서기』〈계체기〉에는 임나국 왕을 가리켜 '기능말다간기己能末多干岐'로 쓴다. 기능己能은 일본말 '고노こうの'로 '큰大'이다. 간기干岐는 가야계 왕의 칭호다. 기능말다간기는 '큰+말다+왕'이다. 말다는 임나국 왕을 지칭하는 일종의 항렬자다.

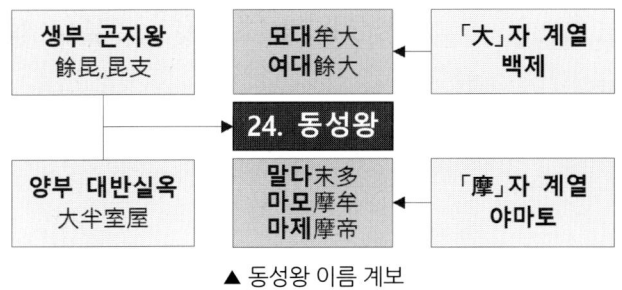
▲ 동성왕 이름 계보

'大'는 친부인 곤지왕이 지어준 이름이고, '摩(末多)'는 양부인 대반실옥이 지어준 이름이다.

| 동성왕 즉위 과정 이해 |

479년 문주왕(22대)의 뒤를 이은 아들 삼근왕(23대)이 재위 3년인 16세로 갑자기 사망하며, 백제 부여씨왕조는 혈통이 끊기는 최대 위기를 맞는다. 이때 부여씨왕조의 또 다른 축인 야마토의 웅략(유라쿠)왕이 곤지왕의 둘째 아들 말다(모대)를 차기 백제 왕으로 지목한다.

동성왕을 옹립한 야마토 웅략왕

『일본서기』〈웅략기〉다.

23년(479년) 여름 4월, 백제 문근(삼근)왕이 훙하였다. 천왕(웅략왕)이 **곤지왕의 다섯 아들 중 둘째인 말다왕이 어린 나이임에도 총명하여** 칙명을 내려 궁궐로 불러 직접 머리를 쓰다듬고 은근히 조심하도록 타일러 그 나라(백제) 왕으로 삼았다. 그리고 병기를 주고 아울러 **축자국 군사 5백인을 호위해 보냈다. 이 사람이 동성왕이 되었다.**
廿三年 夏四月 百濟文斤王薨 天皇以昆攴王五子中第二末多王幼年聰明 勅喚內裏 親撫頭面誡勅慇懃 使王其國 仍賜兵器 幷遣筑紫國軍士五百人 衛送於國 是爲東城王

야마토 웅략왕은 479년 4월 말다(모대)를 백제로 보내 삼근왕의 뒤를 이어 왕위를 잇게 한다. 특히 만일의 사태에 대비하여 야마토의 축자국筑紫國(후쿠오카) 군사 5백명을 특별히 호위하여 백제로 보낸다. 다만 〈웅략기〉 기록은 삼근왕의 죽음을 전제로 하고 있으나, 『고구려사략』〈장수대제기〉 기록은 약간 다르다. 삼근왕은 479년 4월이 아닌 11월에 사망한다.(*『삼국사기』도 11월 사망으로 기록) 또한 삼근왕 사망 3개월 전인 479년 9월 어린 삼근왕(당시 15세)이 한참 연장자인 곤지왕의 아들 모대(동성왕)를 아들로 삼는다.(九月 … 三斤以十五幼年 … 以昆支子牟大爲子) '아들로 삼다^{爲子}'는 표현은 동성왕이 삼근왕의 후계자가 되었다는 의미다.

따라서 앞의 『일본서기』 기록 중 479년 '4월, 백제 문근(삼근)왕이 훙하였다.'는 표현은 명백한 오류다. 다시 말해 야마토 웅략왕은 삼근왕이 죽어서가 아니라 삼근왕을 왕위에서 끌어내리고 대신 동성왕을 앉히기 위해 야마토의 축자국 군사 5백명을 호위해서 백제로 보낸다.

정리하면 이렇다. 동성왕은 477년 7월 아버지 곤지왕이 해씨세력에 의해 웅진에서 갑자기 암살당하자 목숨을 보존하기 위해 급히 야마토로 피신한다. 그리고 한반도 임나국 출신 야마토귀족 대반실옥^{大伴室屋}을 양부로 맞이하며 말다의 이름을 새로이 얻는다. 이어 2년 후인 479년 4월 웅략왕의 선택을 받고 축자국 군사 5백명과 함께 웅진(공주)으로 건너온다. 그러나 동성왕은 곧바로 왕위에 오르지 못하고 5개월 후인 479년 9월 삼근왕의 후계자가 되며, 2개월 후인 11월 삼근왕이 사망하자 정식으로 즉위한다. 물론 삼근왕의 죽음(당시 16세)은 동성왕과 축자국 군사가 깊이 개입되었을 가능성이 높다. 『고구려사략』〈장수대제기〉는 '11월, 모대가 즉위하고 나서 삼근의 상(죽음)을 드러내 알렸다.'(十一月 牟大卽位而發三斤喪)고 적고 있어 이를 더욱 뒷받침한다.

야마토 축자국 군사들의 무덤

충남 공주에 「단지리^{丹芝里}고분군」이 있다. 2004년 처음 발굴 조사하여 횡혈묘 15기, 석축묘 7기, 옹관묘 1기 등 총 23기가 확인된 비교적 일반인에게 잘 알려지지 않은 백제 무덤군이다. 횡혈묘^{橫穴墓}는 풍화된 화강암 암반층을 밑으로 뚫은 다음 다시 옆으로 2m가량을 뚫어 무덤방^{墓室}을 만들고 입구를 판석^{板石}으로 막은 형태의 무덤 양식이다. 단지리고분군의 횡혈묘는 일본 횡혈묘의 초기 형태와 매우 유사하다. 출토 유물

은 뚜껑있는 접시^{蓋杯}, 깊은바리모양^{深鉢形}토기, 짧은목항아리^{短頸壺} 등이다. 토기의 경우 일본의 대표 토기인 스에키^{すえき}의 제작기법을 사용한 것으로 추정된다. 고분군의 조성 시기는 대략 5세기말~6세기초로 한정된다.

단지리고분군은 누구의 무덤일까? 당연히 왜(야마토)인의 무덤이다. 왜인이 백제로 건너와 백제 땅에 묻힌 대표적인 사례다. 무덤주인은 479년 4월 동성왕을 호위해온 야마토의 축자국 군사 5백명 중 일부다. 동성왕 옹립에 기여한 야마토(축자국) 군사들은 동성왕 집권 시기에 공주에서 살다가 죽어 근처 단지리일대에 묻힌 것이다. 특히 단지리고분군의 횡혈묘 조성 시기(5세기말~6세기초)는 동성왕과 무령왕 때에 해당한다. 또한 일본 횡혈묘의 집중 분포지역은 후쿠오카^{福岡}, 오이타^{大分} 등 주로 규슈^{九州}의 북부지역 일대다. 후쿠오카는 바로 동성왕을 호위해온 일본 고대 축자국이 소재한 지역이다.

▲ 단지리고분군(韓)과 하스가이케고분군(日)의 횡혈묘

충남 공주「단지리고분군」은 동성왕을 호위해온 야마토(축자국) 군사들의 집단무덤이다.

| 백제를 대표한 모도왕 |

중원사서 『양서』에 백제 왕의 계보가 나온다. '여비가 죽고 그의 아들 경이 왕위에 올랐다. 경이 죽고 그의 아들 모도가 왕위에 올랐다. 모도가 죽고 그의 아들 모대가 왕위에 올랐다.'(餘毗死 立子慶 慶死 子牟都立 都死 立子牟大) 비유왕(여비) → 개로왕(여경) → 모도왕 → 동성왕(여대,모대) 순이다. 이는 『삼국사기』의 왕통 계보인 비유왕 → 개로왕 → 문주왕 → 삼근왕 → 동성왕 순과는 다르다. 모도牟都왕은 누구일까?

대륙 백제군의 분국왕

대체적으로 『삼국사기』 계보 설정에 맞춰 문주왕을 모도왕으로 보는 시각이 우세하다. 특히 이전 개로왕 때인 458년 유송황제로부터 장군 군호를 받은 11명 중에 나오는 보국장군 '여도餘都'를 모도로 추정한다. 여도가 모도며 문주왕이라는 주장이다. 과연 그럴까?

『삼국사기』는 『책부원귀』를 인용하여 모도왕의 존재를 언급한다.

『책부원귀』에는 남제 건원2년(480년), **백제왕 모도가 사신을 보내 공물을 바쳤다**. 조서를 내려 말하길 "하늘의 명령을 새로 받드니 혜택이 먼 곳까지 미치고 있다. 모도는 대대로 동쪽의 번신으로 있으면서 멀리 떨어진 곳에서 자기의 직분을 다하고 있으니 **사지절도독백제제군사진동대장군을 제수한다**."라고 하였다.

冊府元龜云 南濟建元二年 百濟王牟都 遣使貢獻 詔曰 寶命惟新 澤被絶域 牟都世蕃東表 守職遐外 可卽授使持節都督百濟諸軍事鎭東大將軍

모도왕은 480년 남제南齊에 사신을 파견하여 '사지절도독백제제군사진동대장군'의 관작을 받는다. 이는 문주왕이 모도왕이 될 수 없는 결정적인 증거다. 문주왕은 모도왕이 관작을 받기 이전인 477년에 이미 사망한다. 김부식 또한 『삼한고기』를 인용하여 모도왕이 백제왕이 된 사실이 없다고 설명한다. 그럼에도 학계는 동성왕이 훗날 모도를 왕으로 추증했다는 「모도왕 추증설」과 『삼국사기』가 계보를 정리하는 과정에서 빠뜨렸다는 「모도왕 누락설」 등을 내세운다.

> 『삼국사기』 동성왕. '『삼한고기』에는 모도가 왕이 되었다는 사실이 없고 또 모대는 개로왕의 손자요 개로왕의 둘째 아들인 곤지의 아들로서 그의 할아버지가 모도라고는 말하지 않았으니 『제서』에 기록되어 있는 바를 의심하지 않을 수 없다.'(三韓古記無牟都爲王之事 又按牟大 盖鹵王之孫 盖鹵第二子昆支之子 不言其祖牟都 則 齊書 所載 不可不疑) 『삼국사기』 편찬자의 주석이다.

둘 다 소설이다. 중원사서 기록과 『삼국사기』 기록을 억지로 꿰맞춘 불편한 편집이며 해석이다. 모도왕은 한반도 백제의 왕이 아닌 대륙 요서지방 백제군百濟郡의 왕이다. 당시 백제의 강역은 한반도와 대륙으로 나뉜다. 한반도는 중앙정부가 소재한 충청도 지역의 본국과 좌현왕 관할지인 전라도 지역(*일본열도 규슈지역으로 보는 견해도 있음)으로 구분되며, 대륙은 우현왕의 관할지인 요서지방의 백제군(요서군,진평군)이 있다. 대륙 백제군은 일종의 분국이다. 모도왕은 바로 백제 분국왕(우현왕)이다.

모도왕, 백제 대표권 일시적 행사

그렇다면 모도왕은 무슨 연유로 남제로부터 관작을 받은 것일까? 거슬러 올라가면, 백제(본국)는 475년 장수왕의 남벌전쟁으로 개로왕 일족이 몰락하며 한성을 포함한 경기지역을 소실한다. 급히 웅진(공주)으로 천도한 문주왕과 뒤를 이은 아들 삼근왕은 연거푸 단명하며 백제 부여씨왕조의 최대 위기를 맞는다. 이때 야마토(왜) 지원을 받은 동성왕이 귀국하여 즉위하지만 본국 백제의 위상과 역할은 추락할 대로 추락한 상태다. 그래서 당시 우현왕인 모도왕이 일시적으로나마 백제를 대표하여 관작을 받는다. 다만 남제는 모도왕에게 '진동대장군'의 군호를 수여하나 '백제왕'의 관작은 주지 않는다. 이는 모도왕이 한반도 백제(본국)의 왕이 아니라 대륙 백제군(분국)의 왕이기 때문이다.

모도왕은 관작을 받은 4년 후인 484년 북위의 공격을 받는다.『건강실록』은 '영명2년(484년) 위로(북위)가 백제왕 변도(*모도)를 크게 파하였다.'(永明二年 魏虜征之大破百濟王弁都)고 짤막하게 기록한다. 백제-북위의 1차 전쟁이다. 전후 사정에 대한 기록이 없어 구체적인 내막은 알 수 없으나, 이때 모도왕은 북위에 패하며 사망한 것으로 추정된다.

▲ 백제-북위 1차 전쟁(484년): 모도왕 사망

동성왕은 모도왕이 사망하면서 다시금 백제의 대표권을 회복한다. 그리고 동성왕은 모도왕의 복수를 위해 북위 정벌을 계획하며, 자신이 직접 군사를 이끌고 황해를 건너간다.

모도왕은 대륙 요서지방 백제군의 분국왕(우현왕)이다.

건국의 요람과 여명   초고계열과 고이계열   근초고왕과 부여기마족   부여씨왕조의 수난

| 산동반도를 점령한 동성왕 |

동성왕은 484년 백제-북위 1차 전쟁에서 대륙 백제군 모도왕이 북위에 패하며 사망하자, 본격적으로 모도왕의 복수전을 준비한다. 그리고 두 차례 대륙 정벌을 감행한다. 488년(2차)과 490년(3차)이다. 동성왕은 직접 군사를 이끌고 대륙으로 건너가 북위와의 전쟁을 모두 승리한다.

백제-북위 2차 전쟁 (488년)

먼저 488년의 백제-북위 2차 전쟁이다. 『삼국사기』 기록이다. '10년(488년) 북위가 병사를 보내 쳐들어왔으나 우리에게 패하였다.'(魏遣兵來伐 爲我所敗) 이는 한반도를 벗어난 지역에서의 백제 활약상을 기술한 『삼국사기』의 유일한 기록이다. 그럼에도 전쟁 결과만을 전하고 있어 도무지 전후 사정을 정확히 알 수 없다. 그런데 『고구려사략』에 2차 전쟁의 내막이 나온다. 동성왕은 대륙 산동반도 북쪽의 등주登州(산동성 봉래)에 도착하여 이연李延의 북위군을 무찌른다. 그리고 옛 땅을 되찾으며 북진한다.(漸復北進) 옛 땅은 1차 전쟁(484년)때 모도왕이 북위에 패하며 빼앗긴 백제군의 땅이다.

『고구려사략』〈장수대제기〉. '56년(488년) … **모대는 북위와 단교하고 북위의 악행을 남제에 알렸다.** 등주를 지키던 장수 이연이 모대가 사냥 나온 것을 듣고 몰래 군사를 이끌고 모대를 사로잡으려 하였다. 모대가 이를 알아차리고 군병을 보내서 맞서 싸우니 이연은 이기지 못하여 군사를 후퇴시켰다. **모대는 점차로 옛 땅을 되찾으며 북진하였다.**'(牟大與魏相絶 而彰魏惡于南齊故 登州守將李延潛師島中 聞牟大來獵而欲擒之 牟大探知之 遣兵相戰 延失利而歸 牟大漸復北進)

특히 당시 전쟁에 참가한 지휘관의 이름과 관작명이 『남제서』에 상세히 나온다. 한반도 백제 소속 4명, 대륙 백제군 소속 3명이다. 이들은

승리 전후로 관작을 받는다. 한반도 출신의 관작명은 왕王과 후侯다. 지역은 전북의 아착(익산), 불사(전주)와 전남의 면중(광주), 팔중(나주), 도한(고흥), 매로(장흥) 등이다. 대륙 출신의 관작명은 태수太守다. 지역은 백제군 관할지인 하북성의 광양(북경), 대방(당산), 조선(진황도)이다. 또한 신규로 산동성의 청하(청하현), 강소성의 광릉(양주)이 추가된다. 이들 신규지역은 동성왕이 2차 전쟁에 승리하며 확보한 땅이다.

지역	이름	前관작	위치	後관작	위치
한반도 (백제)	저근 姐瑾	영삭장군 면중왕	전남 광주	관군장군 도한왕	전남 고흥
	여고 餘古	건위장군 팔중후	전남 나주	영삭장군 아착왕	전북 익산
	여력 餘歷	건위장군	-	용양장군 매로왕	전남 장흥
	여고 餘固	광무장군	-	건위장군 불사후	전북 전주
중국대륙 (백제군)	고달 高達	건위장군 광양태수 장사	하북성 북경	용양장군 대방태수	하북성 당산
	양무 楊茂	건위장군 조선태수 사마	하북성 진황도	건위장군 광릉태수	강소성 양주
	회매 會邁	선위장군 참군	-	광무장군 청하태수	산동성 청하현

▲ 백제-북위 2차 전쟁(488년) : 동성왕 청하, 광릉 점령

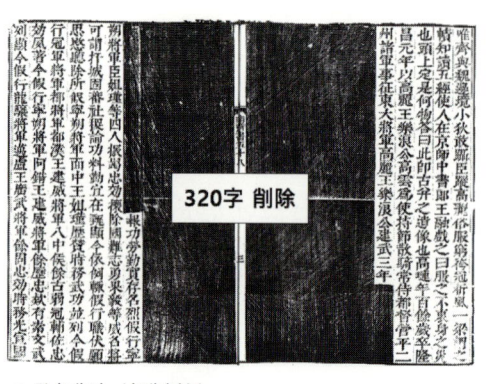
▲『남제서』삭제 부분

다만 『남제서』는 관작 수여 기록의 앞부분 320자 정도를 삭제한다. 이 중에는 2차 전쟁의 구체적인 내막이 담겨있을 것으로 추정된다. 아마도 중원 입장에서 보면 상당히 불편한 내용일 것이다. 그렇다고 해서 삭제하면서까지 감추고자 했는지 심히 유감이다. 특히 동성왕은 백제-북위 2차 전쟁 이듬해인 489년(동성11) 대왕大王의 지위를 확보한다. 『신라사초』〈소지명왕기〉다. '11년(489년) 10월, 모대가 천지에 제사지냈다. 스스로 대왕이라 칭하였다.'(牟大祀天地 自稱大王) 동성왕은 한반도와 대륙으로 양분된 '좌·우현왕'의 분할 지배체제를 폐지하고, '대왕' 중심의 단일 지배체제를 확립한다. 대왕 지위는 백제-북위 전쟁 승리가 가져온 결과물이다.

백제-북위 3차 전쟁 (490년)

다음은 490년의 백제-북위 3차 전쟁이다. 당시 전쟁 상황이 『남제서』에 나온다. 북위가 백제군을 침범하자 동성왕은 사법명沙法名 등을 보내 북위군을 토벌한다. 시체가 들판을 붉게 물들였다고 기록한다.(乘奔追斬 僵尸丹野) 백제의 완벽한 대승이다. 이때 전쟁에 참가한 지휘관은 한반도 백제 소속 4명, 대륙 백제군 소속 4명이다. 이들은 승리 이후 관작을 받는다. 한반도는 전북의 매라(옥구), 벽중(김제)과 전남의 면중(광주), 불중(보성) 등이다. 대륙은 백제군 관할지인 요녕성의 낙랑(수중현), 하북성의 조선(진황도)이다. 또한 신규로 산동성의 성양(청도)이 추가된다. 성양은 동성왕이 3차 전쟁을 승리하며 확보한 땅이다.

지역	이름	관작	위치
한반도 (백제)	사법명 沙法名	정로장군 매라왕	전북 옥구
	찬수류 贊首流	안국장군 벽중왕	전북 김제
	해례곤 解禮昆	무위장군 불중후	전남 보성
	목간나 木干那	관위장군 면중후	전남 광주
중국대륙 (백제군)	모유 慕遺	용양장군 낙랑태수	요녕성 수중현
	왕무 王茂	건무장군 성양태수	산동성 청도
	장새 張塞	진무장군 조선태수	하북성 진황도
	진명 陳明	양무장군	-

▲ 백제-북위 3차 전쟁(490년) : 동성왕 성양 점령

　동성왕은 두 차례 북위와의 전쟁을 모두 승리하며 정복한 대륙 땅을 백제 영토에 편입한다. 그 땅은 산동반도를 중심으로 한 지금의 산동성 일대다. 일부는 강소성 양주까지를 포함한다. 실로 방대한 영토다.

　특히 동성왕은 북위와의 전쟁을 수행하면서 고구려 장수왕에게 옛 한남汗南(요녕성 조양) 땅을 되돌려 달라 요구한다. 한남은 시조 온조의 발원지로 지금의 대릉하 중류지역이다. 동성왕은 한남 땅을 되돌려 준다면 '서쪽 중원으로 쳐들어가 버릇없는 싹수를 주살하고 참하겠다.'(西入中

原誅斬諸蘖樹)고 선언한다. 동성왕의 행동과 결기가 거침이 없다.

> 『고구려사략』〈장수대제기〉, '56년(488년) … 모대가 글을 올려 스스로 하소연하길 "신의 조상 온조는 동명(추모왕)의 친아들이고 유리(유류왕)의 의붓아들이어서 한남 땅과 구다국에 봉함을 받았습니다. 세월이 흘러 점차 사이가 멀어지다 보니 두 분 황제(장수왕,문자명왕)의 뜻한 바는 생각지 아니하고 나뉘어져 땅과 경계를 다투었습니다. 패하참사(고국원왕 전사)는 실로 황구할 따름입니다. 예전의 신하 개로(개로왕)는 머리를 바쳐 더러움을 씻었으니 형제인 두 나라가 오래도록 서로의 직분에 흠결이 생겨서는 안될 겁니다. 생각건대 감국황제(문자명왕)폐하께서는 지극히 어질며 널리 의로우와 위로는 조종이 베푸신 은혜를 생각하고 아래로는 큰 나라가 자식을 기르는 은택으로써 한남 땅을 돌려주어 골육이 발붙이고 뿌리에 보답할 수 있게 해주시면 신은 훨훨 날아서 동명의 큰 꿈을 좇아 서쪽 중원으로 쳐들어가 버릇없는 싹수(북위 군사)를 주살하고 참하겠습니다. 이는 천손의 후예에게 크나큰 행운일 겁니다."하였다.'(牟大上書自訴曰 臣祖溫祖東明之親子而琉璃之義子也 故封以汗南之地勾茶之國 後世 稍遠不思二帝之志分爭境土 浿河慘事實所惕懼 先臣盖鹵獻首消雪則兄弟之國不可久缺恭 惟監國皇帝陛下至仁弘義 上念祖宗一視之恩 下視大國子育之澤 還付汗南之地 使此骨肉得以容足報本 則臣當羽翼得逐東明大計 西入中原誅斬諸蘖樹 此天孫之裔幸甚)

▲ 동성왕이 정복한 대륙 영토

정복군주 동성왕의 결기가 대륙을 호령한다.

신라와의 복잡한 혼인관계

　동성왕은 493년(동성15) 신라귀족 이찬 비지^{比智}의 딸을 비로 맞이한다.(王遣使新羅請婚 羅王以伊湌比智女-『삼국사기』) 이 시기는 동성왕 치세의 최고 절정기다. 동성왕은 두 차례(488년,490년) 북위와의 전쟁을 모두 승리로 이끌며 대륙 산동성 일대를 백제 영토로 편입한다. 또한 489년 대왕에 오르며 강력한 중앙집권의 단일 지도체제를 확립한다. 당시 동성왕의 백제는 가장 방대한 영토와 강력한 전제 군주체제를 갖춘 대제국이다.

백제-신라 혼인동맹의 오해

　신라가 귀족 출신 여성을 동성왕의 비로 보낸 이유는 무엇일까? 혹여 동성왕의 백제 위상이 한층 강화되어 보낸 것일까? 우리는 이를 백제-신라간 혼인동맹으로 이해한다. 이유는『삼국사기』가 남긴 백제-신라의 유일한 혼인 기록이기 때문이다. 통상적으로 혼인동맹은 왕실의 왕녀를 주고받는 혈연적 결합을 전제로 한다. 그러나 이 경우는 왕실여성이 아닌 귀족여성이며 또한 쌍방이 아닌 일방이다.

　혼인동맹의 효시는 434년 백제 비유왕(20대)과 신라 눌지왕(19대)이 체결한 '제라동맹'이다. 비유왕은 여동생 소시매^{蘇時昧}를 눌지왕의 비로 보내며, 눌지왕은 딸 주^周씨를 비유왕의 비로 보낸다. 그 성과는 475년 고구려 장수왕의 남벌전쟁 때 발현된다. 당시 신라 자비왕(20대)은 지원군을 보내 장수왕의 추가적인 남진을 억제한다. 이때 신라에 파견된 주씨 소생 문주왕(22대)이 지원군을 얻어내는 과정에서 신라귀족 보신^{宝信}의 딸 보류^{宝留}와 혼인한다. 이후 문주왕의 뒤를 이은 삼근왕(23대)은 또 다시 신라귀족 보기^{宝器}의 딸 수기^{首器}를 비로 맞이한다. 그러나 문주왕, 삼근왕이 연거푸 단명하자, 뒤를 이은 동성왕이 보류와 수기를 거둔다. 동성왕은 지아비(문주왕,삼근왕)를 잃은 두 신라여성을 자신의 비로 삼는다.

동성왕의 혼인은 계혼

특히 동성왕은 수기를 통해 1남 2녀를 얻는다. 아들 도마와 딸 손아, 운아다. 동성왕은 수기를 무척 사랑한 것이다. 『신라사초』에는 492년(동성14) 수기(29세)가 갑자기 죽어, 동성왕이 신라 소지왕(21대)에게 수기를 대처할 새로운 여성을 요구한 것으로 나온다. 이때 소지왕이 선택한 여성이 바로 이찬 비지比智의 딸이다. 이름은 요황瑤黃이다.

> 『신라사초』〈소지명왕기〉. '14년(492년) 수원 임신 9월, **모대의 비 수기가 죽었다. 나이 29세다. 그 두 딸은 손아, 운아이고 아들은 도마다.** 왕이 그 죽음을 크게 애도하였다. 모대가 계혼을 청하였다. 15년(493년) 흑계 계유 정월, 장차 비지의 딸을 모대의 처로 하기로 하였다. 비지의 딸 요황이 왕과 천궁을 동궁에서 알현하였다. 3월, **요황을 부여에 보내 모대의 처로 하였다.**'(九月 牟大妃首器卒 年二十九 其二女曰遜兒運兒 一子曰都馬 王爲之擧哀 牟大請繼婚. 正月 將以比智女 妻牟大故也. 比智女瑤黃 謁王及天宮. 三月 送瑤黃于夫餘妻牟大)

결과적으로 동성왕이 맞이한 신라귀족 이찬 비지의 딸 요황은 초혼初婚이 아니다. 수기가 죽어 동성왕은 계혼繼婚을 요구한다. 따라서 요황의 혼인을 또 하나의 제라동맹으로 해석하는 것은 무리다. 이는 『삼국사기』가 이전 신라여성이 백제왕실에 시집온 내용은 모두 삭제하고 요황의 경우만 달랑 남겼기 때문이다. 물론 요황이 493년(동성15) 동성왕의 비가 되면서 백제와 신라는 고구려의 공격에 공동 대응한다. 이듬해인 494년(동성16) 견아성(충북 괴산) 전투에서 백제는 신라에 군사를 보내 지원하고, 또 이듬해인 495년(동성17) 치양성(황해 배천) 전투에서 신라는 백제에 군사를 보내 지원한다.

동성왕이 신라 이찬 비지의 딸과 혼인한 것은 초혼이 아닌 계혼이다.

| 동성왕 죽음에 얽힌 비밀 |

동성왕은 501년(동성23) 위사좌평 백가(苩加)가 보낸 자객에게 암살당한다. 이는 이전 문주왕이 477년 병관좌평 해구(解仇)가 보낸 자객에게 살해당한 경우와 유사하다. 다만 차이가 있다면 동성왕을 암살한 백가는 지금의 경호실장(위사좌평)에 해당하는 최측근이라는 점이다. 백가가 동성왕을 암살한 이유는 무엇일까?

측근 백가를 내친 동성왕

동성왕은 두 차례(488년, 490년) 북위와의 전쟁을 승리로 이끌며, 대륙 산동반도를 백제 영토로 편입하는 등 최고의 절정기를 맞는다. 이어 493년(동성15) 신라귀족 이찬 비지의 딸 요황을 비로 맞아들이며 신라와의 관계를 돈독히 한다. 그러나 동성왕은 498년(동성20) 무진주(전남 광주) 순행을 마지막으로 갑자기 돌변한다. 499년(동성21) 흉년과 전염병으로 백성의 삶이 곤궁해짐에도 불구하고 동성왕은 이를 외면한다. 그리고 500년(동성22) 임류각을 짓고 방탕의 생활에 빠진다. 이때 동성왕은 백가를 위사좌평에서 파면하여 가림성(충남 임천 성흥산성) 성주로 좌천시킨다. 『삼국사기』는 '처음 왕이 백가에게 가림성을 지키게 하였는데 백가가 가기를 원치 않아 병을 이유로 사직하였으나 왕이 허락하지 않았다. 이 때문에 백가는 원한을 품었다.'(初 王以苩加鎭加林城

▲ 공산성 임류각 [충남 공주]

加不欲往辭以疾王不許 是以怨王)고 적는다. 다시 말해 백가가 동성왕을 살해한 직접적인 동기는 가림성 성주로의 좌천이다.

백가 부녀의 갈등이 직접적인 원인

▲ 성흥산성(가림성) [충남 임천]

동성왕은 무슨 연유로 최측근 백가를 좌천시켰을까? 『신라사초』에 흥미로운 내용이 나온다. 동성왕은 백가의 딸이 미녀라는 소문을 듣고 취하려 하자 백가가 딸의 얼굴에 진흙을 발라 추녀로 보이게 한다. 그러나 이내 고운 하얀 피부가 드러나고 동성왕은 백가의 딸을 취하며 총애한다. 이에 백가가 자신의 딸을 원망하여 죽이려 하자, 오히려 딸이 동성왕에게 하소연하고 동성왕은 백가를 가림성 성주로 좌천시킨다. 결국 백가 부녀의 갈등이 동성왕에게 불똥이 튄 셈이다.

동성왕의 직계 자녀가 『신라사초』에 적잖이 나온다. 확인된 이름만 9명이다. 아들은 소말지小末支, 도마都馬, 순기順己 등 3명이고, 딸은 색아素娥, 마지摩只, 원지元只, 손아遜兒, 운아運兒, 백수白水 등 6명이다. 모두 신라귀족 출신 부인들이 낳은 자녀다.

또한 동성왕의 부인들 중에는 백제귀족 출신 여성(*『신라사초』燕씨 부인, 왕후 추정)도 있었을 것이다. 당연히 출산했다고 보면 동성왕의 자녀는 얼추잡아도 최소 10명 이상이다.

▲ 동성왕의 신라 출신 부인과 자녀 [『신라사초』]

동성왕에게는 시대적 사명이 있다. 백제의 재건이다. 백제는 한성을 소실하면서 정치, 경제의 모든 기반을 잃고 쪼그라든다. 국력은 약화되고 왕권은 불안하다. 동성왕은 왕위 계승 서열상 적통이 아니다. 그러나 야마토 왕가(웅략왕)와 백제 지도층은 동성왕을 선택한다. 그 선택은 적중하며 동성왕은 자신에게 주어진 시대적 사명을 훌륭히 완수한다. 중앙집권제가 강화되고 백제의 국력은 날로 커진다. 그 힘은 대륙까지 뻗어나간다.

『일본서기』에 **동성자언**(東城子言), **동성자막고**(東城子莫古)가 나온다. 성씨가 '동성자(東城子-동성왕 아들)'이다. 두 사람은 백제에서 야마토 조정에 파견되어 일본에 상주한 오늘날로 치자면 주일대사다. 554년(위덕1) 동성자언에서 동성자막고로 교체된다. 둘 다 **동성왕의 직계 후손으로 추정된다.**

동성왕은 대륙을 호령한 유일한 정복군주다.

동성왕 무덤 송산리고분군 6호분

공주 「송산리고분군」(*2021년 9월, '공주 무령왕릉과 왕릉원'으로 명칭변경)은 백제 웅진시대를 대표하는 왕가 묘역이다. 크게 두 구역으로 나눈다. 1호분을 중심으로 한 동쪽 남사면의 (Ⅰ)구역과 무령왕릉을 중심으로 한 서쪽 남사면의 (Ⅱ)구역이다. (Ⅰ)구역은 웅진시대 전반기에 조성된 무덤으로 주로 문주왕과 삼근왕을 중심으로 한 왕실가족 무덤이다. (Ⅱ)구역은 웅진시대 후반기에 조성된 것으로 현존하는 무덤은 모두 4기다. 가장 이른 시기의 5호분과 29호분은 굴식돌방무덤이며, 6호분과 무령왕릉(7호분)은 벽돌무덤塼築墳이다. 이들 무덤은 모두 곤지왕 일족과 관계가 깊다. 5호분은 곤지왕과 부인 진선眞鮮의 합장묘(어울무덤)며, 나머지 29호분, 6호분, 무령왕릉의 주인공은 모두 곤지왕의 직계 후손이다.

▲ 송산리고분군 6호분 [충남 공주]

벽돌무덤 6호분의 특징

6호분은 시신을 안치한 무덤방玄室과 무덤방으로 이어지는 널길羨道을 모두 벽돌로 쌓고, 널방 4벽에 방위를 가리키는 사신도를 그린 일종의 터널형 벽화벽돌무덤이다. 주요 재원과 출토 유물이다.

송산리 6호분		규모(m) 길이×너비×높이	특징
내부	널방 (石室)	3.70×2.24×3.13	재질 벽돌, 등감 사신도
	널받침 (棺臺)	2.38×0.68×0.16	우측 1매
	천장	-	아치형
외부	널길 (羨道)	2.30 (80~110×132~149)	석실 중앙
	무덤길 (墓道)	20.00	배수로
출토 유물		철촉, 관고리, 관정, 철정, 철기 편, 순금제 장신구, 철제 대도(17cm)	

 벽면의 사신도 벽화는 동벽의 청룡, 서벽의 백호, 북벽의 현무, 남벽의 주작이다. 다만 남벽의 주작 좌우에 해와 달도 그렸으나 지금은 퇴색되어 잘 보이지 않는다.

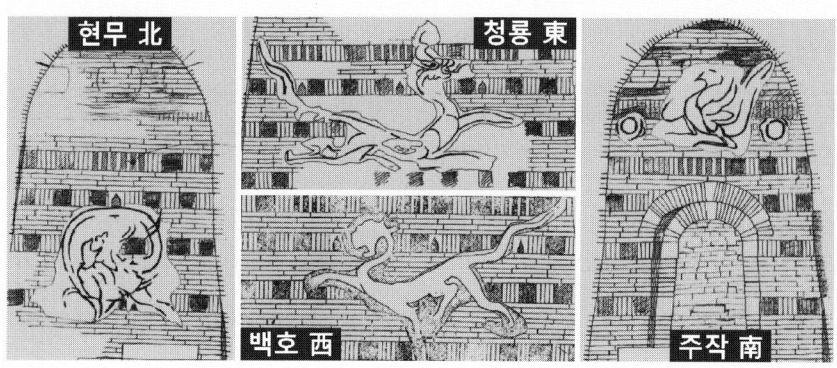

▲ 6호분 사신도 [모사도, 일제강점기]

 6호분은 전반적으로 벽돌무덤 양식은 중원 남조의 영향을, 사신도 등 벽화는 고구려의 영향을 받은 것으로 추정한다.

6호분 출토품 중에 '梁宣以爲師矣' 초서체 명문이 새겨진 벽돌이 있다. '양(梁)의 선(宣)이 총사(塚師)로서 분묘의 축조를 감제(監制)하다.'로 번역한다. 6호분 축조에 남조 양(梁)이 직간접적으로 참여했음을 시사한다. 또한 무령왕릉에서도 '造此是建業人也' 명문이 새겨진 벽돌을 출토한다. '이것을 제작한 사람은 건업인이다.' 건업(建業)은 남조의 수도로 지금의 난징(南京)이다. 남조는 동성왕 사망시기 남제(南齊)에서 양(梁,502~557)으로 왕조가 교체된다. 6호분과 무령왕릉은 둘 다 중원의 남조 영향을 받았다.

6호분은 동성왕의 무덤

6호분은 누구의 무덤일까? 동성왕의 무덤이다. 근거는 두 가지다. 하나는 무덤 양식으로 볼 때 동일한 벽돌무덤인 무령왕릉보다는 조성 시기가 다소 이른 점이다. 또 하나는 무덤 배치로 볼 때 5호분(곤지왕 무덤)을 기준으로 6호분은 뒤쪽 좌측, 무령왕릉은 뒤쪽 우측에 각각 위치한다. 5호분, 6호분, 무령왕릉은 배치만 놓고 보면 삼각형의 꼭지점에 해당한다. 따라서 무덤 양식과 무덤 배치를 고려하면 6호분은 동성왕의 무덤일 수 밖에 없다. 특히 6호분은 다른 무덤에서 볼

▲ 5호분, 6호분, 무령왕릉 배치도

수 없는 길이 20m의 긴 배수로가 있다. 5호분과의 위계(부자관계)를 맞추기 위해 구릉 안쪽으로 깊게 파고들어가 무덤을 조성한다.

또한 6호분의 석실 바닥에는 장방형의 널받침^{棺臺} 1매가 우측에 치우쳐 놓여 있다. 동성왕의 목관을 안치한 널받침이다. 그런데 좌측에는 널받침이 없는 빈공간으로 남아 있다. 아마도 이 공간은 동성왕의 왕후 목

관이 들어설 곳이다. 도대체 무슨 사연일까?

『신라사초』에 동성왕의 왕후 연燕씨가 나온다. 백제귀족 출신이다. 또한 동성왕의 후궁이 된 신라귀족 여성도 여럿 나온다. 보류宝留, 수기首器, 요황搖黃, 지황智黃 등이다. 이로 미루어 보아 설사 연씨왕후가 아니더라도 신라 출신 후궁 중에서 한 명정도는 합장될 만하다. 그러나 동성왕의 부인 중 어느 누구도 합장되지 못한다.

▲ 6호분 무덤길과 석실내 널받침

왜일까? 연씨왕후는 동성왕의 뒤를 이은 배다른 동생 무령왕의 부인이 된다. 백제왕실의 대표적인 형사취수兄死娶嫂다. 특히 연씨왕후는 무령왕 생전에는 대부인大夫人의 칭호를 받고, 사후에는 왕대비王大妃로 추증되며 무령왕릉에 합장된다. 이런 까닭에 동성왕릉(6호분)의 널받침은 동성왕 자신의 것만 남게 된다. 신라 출신 후궁들도 마찬가지다. 특별한 경우, 예를 들어 후궁이 낳은 아들이 왕이 되는 경우를 제외하고 결코 왕의 무덤에 합장되지 못한다.

「송산리고분군 6호분」은 동성왕의 무덤(동성왕릉)이다.

| 무령왕의 출생 비밀 |

무령왕(25대)은 웅진시대 백제 위상을 한층 드높은 중흥군주다. 특히 무령왕릉으로 인해 더욱 친숙한 왕이다. 무령왕릉은 삼국시대 왕릉급 고분 중에서 유일하게 무덤 주인의 이름이 확인된 특별한 무덤이다. 1971년 배수로 공사 중에 우연히 발견되어 온전한 형태로 세상에 나온다. 당시 송산리고분군의 무덤들은 일제강점기 일본인 가루베 지온輕部慈恩에 의해 도굴되다시피 발굴된 터라 더 이상의 고분은 없는 것으로 알려진 상태다.

▲ 무령왕릉 발굴 장면 [1971년]

2019년 7월, 국립부여문화재연구소는 송산리고분군 일대의 고고학적 지표조사 및 지하 물리탐사를 통해 기존 고분 7기 외에 47기의 무덤이 추가적으로 존재할 가능성을 확인한다.

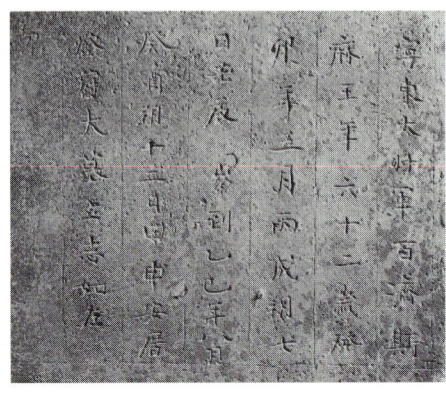
▲ 무령왕 묘지석 [무령왕릉]

무령왕릉 출토품 중 묘지석에 새긴 명문은 무령왕의 개인 정보를 오롯이 담고 있다. 무령왕은 523년(계묘년)에 62세로 사망한다.(寧東大將軍 百濟斯麻王 年六十二歲 癸卯年五月丙戌 朔七日壬辰崩) 이를 역산하면 무령왕은 461년에 출생한다. 그런데 461년 출생 기록이 『일본서기』에 정확히 나온다. 당시 학계는 『일본서기』 기록에 대한 불신이 강했던 터라 이를 계기로 『일본서기』 기록을 보다 발전적으로 해석하게 된다.

생물학적 아버지 논쟁

『일본서기』에 나오는 무령왕의 출생 기록은 2개다. 〈웅략기雄略紀〉와 〈무열기武烈紀〉다. 그런데 두 기록에 나오는 무령왕의 아버지가 다르다. 〈웅략기〉는 개로왕이고, 〈무열기〉는 곤지왕(왕자)이다. 왜 다를까? 또한 실제 무령왕의 아버지는 누구일까?

〈웅략기〉는 무령왕의 아버지를 개로왕으로 설명한다.

5년(461년) 4월, … 이에 아우 군군(곤지군이다)에게 말하길 "네가 마땅히 일본을 섬겨라." 하였다. 군군이 말하길 "상군의 명을 따르겠습니다. **바라건대 부인을 저에게 주시면 떠나라는 명을 받들겠습니다.**" 하였다. 이에 가수리군(개로왕)은 임신한 부인을 군군에게 주며 "나의 임신한 아내는 이미 해산할 달이 되었다. **만약 도중에 아이를 낳게 되면 바라건대 한 척의 배에 태워서 이르는 곳이 어디든 속히 나라로 보내도록 하라.**" 하였다.
五年 四月 … 乃告其弟軍君〔崑支君也〕曰 汝宜往日本以事 天皇 軍君對曰 上君之命不可奉違 願賜君婦而後奉遺加須利君則以孕婦既嫁與軍君曰我之孕婦 既當産月 若於路産冀載一船支隨至何處速令送國

곤지왕은 개로왕의 부인과 자신의 일본행을 놓고 딜deal을 한다. 특히 개로왕은 부인의 임신 사실을 밝히며, 혹여 건너가는 도중에 출산하면 한 척의 배로 부인과 아이를 되돌려 보내라 한다. 선뜻 이해가 가질 않는다. 원래 개로왕의 부인은 곤지왕의 여인이다. 『고구려사략』이 연燕씨로 기록한 귀족가문 여성이다. 그러나 어떤 사유로 곤지왕과 혼인하지 못하고 개로왕의 후궁이 된다. 특히 곤지왕은 연씨부인의 임신 사실을 알고도 막무가내 일본으로 데리고 가겠다는 뜻을 꺾지 않는다. 연씨

건국의 요람과 여명   초고계열과 고이계열   근초고왕과 부여기마족   부여씨왕조의 수난

부인은 개로왕이 아닌 곤지왕의 아이를 임신했기 때문이다. 그렇지 않고서는 연씨부인에 대한 곤지왕의 운명적 집착을 달리 설명할 수 없다.

〈무열기〉는 무령왕의 아버지를 곤지왕으로 설명한다. 『백제신찬』을 인용한 기록이다.

『백제신찬』에 이르길 '말다왕(동성왕)이 무도하고 포학하여 백성과 나라사람이 함께 제거하였다. 무령왕이 즉위하였다. **휘는 사마왕이며 곤지왕자의 아들이다. 즉 말다왕은 이복형이다.** 곤지가 왜로 건너갈 때 **축자도에 이르러 사마왕을 낳았다. 섬에서 되돌려 보냈으나 서울에 이르지 못하였다.**'하였다.
百濟新撰云 末多王無道暴虐百姓國人共除 武寧立 諱斯麻王是混支王子之子 則末多王異母兄也 混支向倭時 至筑紫嶋生斯麻王 自嶋還送不至於支

특히 기록은 곤지왕이 무령왕(사마왕)을 수도京로 보냈으나 돌아가지 못했다고 적는다. 이를 앞의 〈웅략기〉 기록과 연계해 보면 연씨부인과 무령왕은 한 척의 배로 돌아가다가 실패한다. 당연한 결과다. 당시 한 척의 배로 현해탄을 건너는 자체가 불가능하다. 더욱이 6월은 태풍이 집중해서 몰려오는 시기다. 또한 기록은 무령왕의 아버지가 곤지왕임을 간접적으로 시사한다. 곤지왕은 개로왕과의 약속을 지킨다는 명분으로 연씨부인과 무령왕을 돌려보냈다 하나, 실상은 곤지왕 스스로 돌려보내지 않았을 개연성이 높기 때문이다.

무령왕의 생물학적 생부는 곤지왕이다. 다만 〈웅략기〉 기록은 무령왕을 개로왕의 아들로 묶어 두어야 할 필요가 있는 전승 기록을 따른다.

출생지 가카라시마의 회상

무령왕은 461년 6월 가카라시마加唐島에서 태어난다. 『일본서기』가 축자筑紫의 각라도各羅嶋로 표기한 섬이다. 가카라시마는 일본 규슈 사가佐賀현 히가시마쓰우라東松浦반도 앞쪽 끝자락에 위치한다. 요부코呼子항

에서 북서쪽으로 7.5㎞ 떨어진 작은 섬으로 행정구역은 가라쓰^{唐津}시에 속한다. 가카라시마는 1971년 무령왕릉이 발굴되며 『일본서기』가 기록한 무령왕의 출생지로 알려진다. 섬의 동쪽 해안가(오비야우라)에 무령왕이 태어난 작은 동굴이 있으며, 산모의 출산에 사용된 우물터도 근처에 있다.

▲ 무령왕 출생지 동굴 [가카라시마]

> 『일본서기』〈웅략기〉. '5년(461년) 6월, 병술 초하루 임신한 부인이 과연 가수리군(개로왕) 말처럼 축자의 각라도에서 아이를 낳았다. 그래서 이 아이의 이름을 도군이라 하였다. 이에 군군(곤지)은 곧 한 척의 배로 도군을 나라에 보냈는데 이가 무령왕이 되었다. 백제사람들은 이 섬을 주도라 부른다.'(五年 六月 丙戌朔 孕婦果如加須利君言於 筑紫各羅嶋産兒 仍名此兒曰嶋君 於是軍君卽以一船送嶋君於國是爲武寧王 百濟人呼此嶋曰主嶋也)

무령왕 출생지를 기념하기 위해 결성된 「무령왕 국제네트워크」가 있다. 공주시와 가라쓰^{唐津}시의 시민으로 구성된 순수 민간 풀뿌리 교류 단체다.

2002년 일본에서 무령왕 탄생기념 국제심포지엄을 개최하면서 본격적으로 교류를 시작한다. 이 해는

▲ 무령왕 탄생 기념비 앞에서 [필자]

아키히토^{明仁} 일왕이 2002년 한일월드컵 개최를 앞두고 기자회견에서 밝힌 "천왕가와 무령왕은 혈연관계가 있다."는 소위 「연고^{緣故}발언」이 알려지며 교류는 더욱 활성화된다.

단체는 2006년 전북 익산에서 가져온 화강석으로 「백제무령왕탄생

▲ 무령왕 세미나 포스터 [2011년]

지」의 기념 비석을 가카라시마에 세운다. 디자인은 무령왕릉의 내부 모습을 본 딴다. 또한 단체는 매년 교차 방문한다. 6월에는 공주시민이 무령왕 출생일에 맞춰 가카라시마를 방문하여 제를 지내고, 9월에는 가라쓰시민이 공주를 방문하여 백제문화제에 참가한다.

> 필자는 오래전 가카라시마를 방문하여 무령왕의 발자취를 되새긴 바 있다. 당시 일본측 인사의 말이 기억에 남는다. "히데요시가 남긴 마이너스유산을 무령왕을 통해 플러스유산으로 바꾸고 싶다."

무령왕의 역사는 현재에도 계속해서 진행 중이다.

| 무령왕 즉위 내막의 미스터리 |

무령왕의 이름은 융^隆(*『삼국사기』,『양서』) 또는 사마^{斯麻} (*『일본서기』,《무령왕릉 지석》)다. 동성왕의 뒤를 이어 즉위한다. 『삼국사기』는 동성왕의 둘째 아들^{二子}로 설정하나 실제는 동성왕의 배다른 동생^{異母弟}이다. 곤지왕의 다섯째 아들이다. 키는 8척으로 190㎝가 넘는 장신이다. 『삼국사기』는 '눈썹과 눈이 그림과 같으며 인자하고 관대하다.'(眉目如畵 仁慈寬厚)고 적는다. 대단한 호평이다.

무령왕 존영 [김영화 화백] ▶

『삼국사기』는 사마의 한자를 斯摩로 적는다. 麻가 아닌 摩다. 摩는 末多의 줄임말이다. 사마는 '사말다'이기도 한다. 동성왕과 마찬가지로 무령왕 역시 왜국에서 성장한 까닭에 末多(=摩) 돌림자를 따른다.

『일본서기』에 따르면, 무령왕은 아버지 곤지가 개로왕에게 정치적 숙청을 당해 일본열도로 건너가는 과정에서 출생한다. 461년 지금의 북규슈 북쪽의 조그마한 섬 가카라시마^{加唐島}에서 태어난다. 그래서 도왕^{嶋王}(섬왕)이라는 별칭을 가지며, 이후 줄곧 일본(야마토)에서 성장한다.

동성왕은 대륙을 호령하며 정복군주로서의 최고 절정기를 맞는다. 그러나 임류각을 짓고 방탕한 생활을 하며 갑자기 추락의 길로 접어든다. 특히 동성왕은 최측근인 위사좌평 백가^{苩加}를 가림성(충남 임천) 성주로 좌천시키는 악수를 두며, 결국 백가가 보낸 자객에게 살해당하는 최악의 운명을 맞는다. 그런데 백가는 동성왕 살해 직후인 502년 정월 가림성에서 반란을 일으킨다. 이때 무령왕은 한솔 해명^{解明}을 시켜 백가를 토벌케 하고 백가가 항복하자 가차 없이 목을 베어 백강(금강)에 내던져

버리는 서릿발의 추상^{秋霜}을 보인다. 그리고 지도층(국인)의 추대를 받아 40세 늦깎이 나이로 즉위한다.

　무령왕은 어떻게 해서 왕이 되었을까? 『삼국사기』는 '민심이 따랐다.'(民心歸附)고 표현하고, 『일본서기』는 '백제 말다왕(동성왕)이 무도하여 백성에게 포학하므로 나라사람이 마침내 제거하고 도왕(무령왕)을 세웠다.'(百濟末多王無 道暴虐百姓 國人遂除而立嶋王)고 적는다. 나라사람^{國人}은 지도층을 말한다. 이는 무령왕의 즉위 내막을 설명한다. 백가의 난을 평정한 점이 결정적일 수 있지만 보다 중요한 사실은 무령왕이 이전부터 지도층의 지지를 받고 있는 점이다. 다시 말해 무령왕은 어느 시기 일본에서 귀국하여 동성왕의 보좌와 지도층의 지지라는 두 마리 토끼를 동시에 움켜잡는다. 다만 역사는 민심을 등진 동성왕을 버리고, 민심을 얻은 무령왕을 선택한다.

　'동성왕-백가-무령왕'의 역학관계는 현대사의 '박정희-김재규-전두환'과 엇비슷한 측면이 있다. 일종의 평행이론이다. 물론 시대적 상황과 여건은 엄연히 차이가 나며 확연히 다르다. 그럼에도 사람의 역할만큼은 변함이 없다. 누군가는 동성왕이 되고 누군가는 백가가 되며 또 누군가는 무령왕이 된다.

　그래서 역사는 반복되는 사람의 이야기가 아니겠는가?

스다하치만신사의 청동거울과 무령왕

일본 와카야마和歌山현 하시모토橋本시에 스다하치만隅田八幡신사가 있다. 1834년 신사 인근 고분에서 진기한 고대 유물 하나를 발견한다. 이 유물은 스다히치만신사의 수장고에 보관되어 오다가, 1910년경 일본 역사학자 다카하시 겐지高橋健自에 의해 처음으로 세상에 알려진다. 고대 한일관계의 비밀을 오롯이 담고 있는 5~6세기경 제작된 청동거울 「인물화상경人物畵像鏡」이다. 현재 원본은 동경 국립박물관이 소장하며 일본 국보(2호)다.

▲ 인물화상경 [스다하치만신사]

「인물화상경」 명문

청동거울 뒷면에 새긴 48자 명문이다.

> 癸未年 八月日十 大王年 男弟王在意柴沙加宮時 斯麻念長寿 遣開中費直穢人今州利二人等 取白上同二百旱 作此竟
>
> 계미년(503년) 8월 10일 대왕년에 남제왕이 의자 사가궁에 있을 때 사마가 장수를 염원하며 개중비직과 예인 금주리 등 두 사람을 보내어 최고급 구리쇠 200한으로 이 거울을 만들다.

사마斯麻는 무령왕을 가리킨다. 남제男弟왕은 『일본서기』가 남대적男大迹으로 기록한 야마토 계체繼體왕(26대)이다. 계미년은 503년으로 무령왕 재위 3년이며, 또한 계체왕 재위 원년이다. 「인물화상경」은 백제 무령왕이 야마토 남제(계체)왕의 즉위 축하와 아울러 장수를 염원하며 보낸 일종의 기념품이다. 개중비직^{開中費直}과 예인 금주리^{今州利}는 무령왕의 명을 받고 야마토에 파견되어 청동거울을 직접 제작한 인물이다. 개중^{開中}은 가와치^{河內}를 가리키며, 개중비직은 야마토 가와치(하내)지방의 수장으로 무령왕이 직접 임명한 관리다. 당시 가와치일대는 무령왕의 아버지 곤지왕 일족의 영지다. 예인 금주리는 예족 출신 장인^{匠人}이다.

> '개중(開中)'은 '하내(河內,가와치)'의 백제식 표기다. 『일본서기』〈흠명기〉 2년(541년) 기록에 『백제본기』를 인용하여 '하내직(河內直)'이 '가부지비직(加不至費直)'이라고 설명한 내용이 나온다. 가부지는 일본말 가우치로 하내의 가와치와 통음(通音)이다. 인물화상경의 **개중비직은 가부지비직이며 이후 하내직이 된다.** 또한 『신찬성씨록』〈하내국 제번〉편에 하내직(하내련)의 출자를 백제 음귀수왕(구수왕)으로 적고 있다.'(河內連出自百濟國都慕王男陰太貴首王也) **개중비직**(하내직)**은 시조 비류계통**(초고왕계열)**인 구왕족**(해씨) **출신으로 추정**된다.

무령왕과 야마토의 친연성

무령왕릉 유물 중에 목관 파편이 있다. 나무 재질은 금송^{金松}이다. 금송은 우리나라에서 발견된 적이 없다. 더구나 목관으로 사용하기 위해서는 다년생이 필요하다. 다년생 나무는 통상 군락지에 서식한다. 대표적인 금송 군락지는 일본 와카야마^{和歌山}현 고야산^{高野山}이다. 무령왕릉 목관은 일본에서 가져와 만든 것이다. 고야산은 「인물화상경」이 발견된 스다하치만신사 남쪽에 위치한다.

▲ 무령왕릉 목관 재현품

> 금송 목관은 웅진시대의 무령왕릉을 시작으로 사비시대의 능산리고분군 동하총(위덕왕 무덤)과 익산 쌍릉(무왕과 선화부인 무덤) 등에서도 확인된다. 금송은 모두 야마토에서 가져온다. **당시 왕릉급 무덤의 목관 재질로 금송이 유행한 듯 보인다.**

무령왕과 야마토왕실의 친연성은 매우 높다. 스다하치만신사의 「인물화상경」과 무령왕릉의 목관은 이를 증명하는 고고학적 증거다. 또한 두 유물은 무령왕이 일본에서 태어나 성장하며 줄곧 야마토 왕실과 돈독한 우의를 다진 사실을 설명한다.

돌이켜보면 백제 부여씨왕조의 역사적 부침은 비운悲運 그 자체다. 부여씨왕조의 창업자 비유왕(20대)은 흑룡의 출현과 함께 왕후에게 암살당하고, 개로왕(21대)은 고구려 장수왕에게 목숨을 잃으며, 문주왕(22대)은 실권자 해구에게 피살된다. 삼근왕(23대)은 16세에 의문의 죽음을 당하고, 동성왕(24대)은 최측근 백가에게 살해당한다. 모두 천수를 다하지 못한 불운한 왕들이다. 그러나 무령왕은 다르다. 아버지 곤지왕의 비통한 죽음은 평생의 자극제며, 배다른 형 동성왕의 굴곡은 스스로의 채찍이다.

무령왕은 철저히 단련되고 준비된 왕이다.

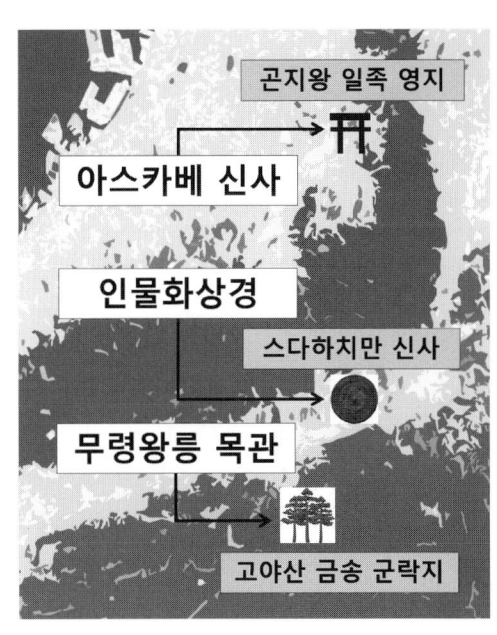

▲ 무령왕과 야마토의 친연성

|《양직공도》와 무령왕의 세계 |

《양직공도^{梁職貢圖}》는 중원 남조 양^{梁}(502~557)의 소역^{蕭繹}이 조공 온 외국 사신의 모습을 그린 일종의 화첩이다. 당초 원본은 25개국 사신도가 있을 것으로 추정되나 현재는 12국 사신도만 전한다. 이 중에는 고구려, 백제, 신라의 사신도가 있다. 백제의 경우, 사신도 옆에 7행 160자의 제기^{題記}(그림에 써 놓은 글)가 쓰여 있다.

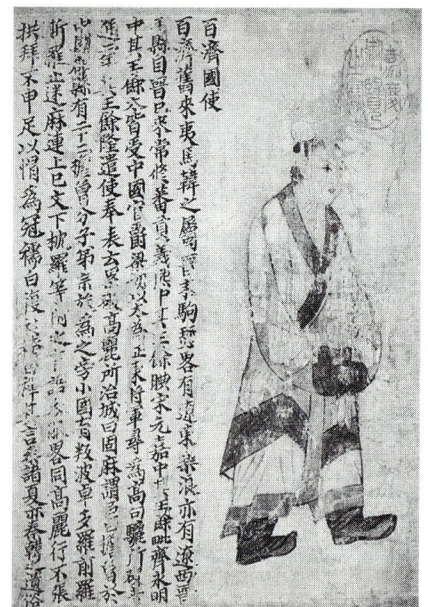

▲ 백제 제기 [『양직공도』]

《양직공도》 원본은 중국 남경박물관 소장의 12개국 사신의 칼라본이다. 모사본은 '남당고덕겸모양원제본객입조도(번객입조도)'의 32개국 사신의 흑백본과 '당염립본왕회도(왕회도)'의 24개국 칼라본이 있다. 모사본 둘 다 대만 고궁박물관 소장이다.

《양직공도》의 백제 부용국

제작 시기는 530년 경이다. 521년(무령21) 무령왕이 양에 사신을 파견한 기록이 있어, 제작자인 소역이 백제 사신의 모습을 참조하여 그린 것으로 추정된다. 그런데 제기 중에 백제에 부용^{附庸}한 9개 주변소국^{旁小國}이 나온다. ① 반파^{叛波}(경북 고령), ② 탁^{卓}(경남 경산), ③ 다라^{多羅}(경남 합천), ④ 전라^{前羅}(경남 김해), ⑤ 사라^{斯羅}(경남 의령), ⑥ 지미^{止迷}(전남 강진), ⑦ 마련^{麻連}(전남 광양), ⑧ 상기문^{上巳文}(전북 남원 아영), ⑨ 하침라^{下枕羅}(전남 해남) 등이다. 앞의 5개국은 가야 소국, 뒤의 4개국은 영산강과 섬진강 일대의 소국이다.

반파(叛波)를 경북 고령(대가라)이 아닌 **전북 장수**로 보는 견해도 있다. **전라(前羅)**는 남가라(금관가야)다. 앞(前)산을 남(南)산으로도 쓴다. **사라(斯羅)**는 신라로 보는 견해도 있으나 **사이기국(斯二岐國)**의 가야식 표기다.

무령왕, 갱위강국 선언

《양직공도》제기는 6세기 전반 백제 무령왕시대를 복원할 수 있는 기록물이다. 비문 기록 못지않은 신뢰도를 가진다. 다만 제기는 당시 백제 입장과 시각을 일방으로 반영했을 개연성도 존재한다. 그럼에도 무령왕시대 백제 위상을 함축하여 보여주는 중요한 자료라 할 수 있다.

무령왕은 배다른 형 동성왕이 추진한 위벌나친魏伐羅親(북위 정벌,신라 화친)정책을 과감히 수정한다. 동성왕이 신라귀족 출신 여성들(보류,수기,요황)을 연거푸 비로 맞이하며 친親신라정책을 견지한 반면, 무령왕은 반反신라정책을 추진한다. 가야의 중심세력인 대가야(반파)를 우군으로 확보하고 신라에 대한 압박을 강화한다.《양직공도》제기는 무령왕 때 백제가 한반도 서남해안 뿐 아니라 경남 내륙 서부지역까지 영향력을 확대한 사실을 증언한다.

▲《양직공도》와 『일본서기』의 무령왕 지배영역

특히 무령왕은 512년(무령12)에 야마토 계체왕으로부터 임나4현을 인수한다. 임나4현은 상다리, 하다리, 사타, 모루 등으로 낙동강 하류 동쪽인 부산 동래 인근지역이다. 또한 513년(무령13)에는 기문(전북 남원)을, 이어 529년(성7)에는 대사(경남 하동) 등을 추가로 확보한다. 모두 『일본서기』에 나오는 내용이다.

> 『한원』 백제 전의 기문에 대한 기록. 『괄지지』에 이르길 웅진하 수원은 나라 동쪽 경계에서 나와 서남으로 흐르다가 나라 북쪽으로 백리를 가다 다시 서쪽으로 흘러 바다로 들어간다. 넓게 머무는 곳은 삼백보며 그 물은 맑고 또 기문하가 있는데 그 나라 남쪽산에서 수원이 나오고 동남쪽으로 흘러 큰 바다로 들어간다.'(括地志曰 熊津河源出國東界 西南流 經國北百里 又西流入海 廣處三百步 其水至淸 又有 基汶河 源出其國南山 東南流 入大海) 기문하(基汶河)는 섬진강를 가리킨다. 기문하 상류에 있는 기문은 지금의 전북 남원일대다. 『일본서기』에는 상기문, 중기문, 하기문 등 3개 기문이 나온다.

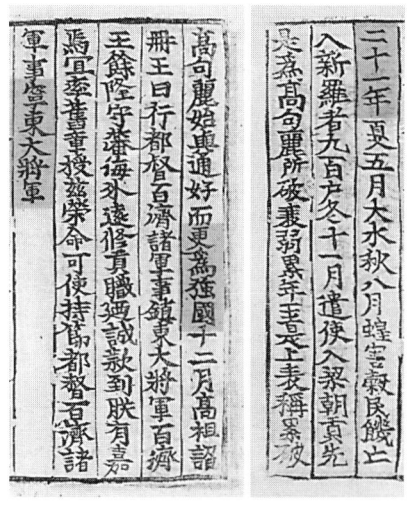

▲ 갱위강국, 영동대장군 [『삼국사기』]

무령왕은 512년(무령12) 양 고조로부터 '영동대장군寧東大將軍'의 관작을 받는다.(*《무령왕릉지석》) 비슷한 시기인 520년 고구려 안장왕(22대)이 받은 '영동장군寧東將軍'과 비교하면 한 단계 높은 품계다. 이때 무령왕은 양 고조에게 보낸 표문에 백제가 '갱위강국更爲强國(다시 강국이 됨)'이 되었다고 기록한다.(至是上表 稱累破高句麗 始與通好 而更爲强國)

갱위강국更爲强國, 참으로 위대한 선언이다.

| 무령왕 독살설의 진상 |

『삼국사기』는 왕의 죽음을 단편적으로 기록한다. 예를 들어 '00년 00월 왕이 훙하였다.'는 식이다. 기록만 놓고 본다면 대부분의 왕은 자연사일 가능성이 높다. 다만 신하에게 살해되거나 또는 용의 출현에 빗대어 쿠데타 발생하는 경우는 좀 더 구체적이다. 무령왕도 마찬가지다. 『삼국사기』는 523년(무령23) 5월 '왕이 훙하였다.^{王薨}'고 짤막하게 기록한다. 사망 당시 무령왕의 나이가 63세(461년 출생)임을 감안하면 자연사일 공산이 크다.

『고구려사략』의 무령왕 독살 기록

그런데 뜻밖에도 무령왕이 독살당한 기록이 『고구려사략』에 나온다. 누가 독살한 걸까? 무령왕의 부인 연^{燕}씨와 서자 명농^{明農}(성왕)이다. 무령왕은 523년(무령23) 2월 한성(서울)에 행차하여 좌평 국우^{國友}와 달솔 사오^{沙烏}에게 명하여 한수(한강) 이북의 백성(15세 이상)을 징발하여 쌍현성(경기 파주)을 쌓는다. 이 내용은 『삼국사기』에도 나온다. 그런데 『고구려사략』은 덧붙여 이때 무령왕이 사오의 처 백^{苩}씨를 처로 삼았다고 기록한다. 이어 3월 무령왕은 한성에서 웅진(공주)으로 돌아오고, 5월 연씨부인이 백씨를 투기하며 무령왕을 독살한다.

『고구려사략』〈안장대제기〉. '계묘 안장5년(523년) 2월, 사마가 한성으로 가서 좌평 국우와 달솔 사오 등에게 명하여 한수이북 주와 군의 15세 이상 백성을 동원하여 쌍성을 쌓으라 명하고, 사오의 처 백씨를 맞이하여 처로 삼고, 3월에 환도하였다. 5월, **사마의 처 연씨가 사오의 처 백씨를 투기하다가 사마를 독살하였다. 사마의 서자 명농은 상을 숨기고 스스로 즉위하였다.** 상(안장왕)이 사마가 제삿날에 사냥하던 것을 싫어하였는데 **과연 명농이 비밀리에 아비를 죽였다.**'(癸卯 安藏五年 二月 斯摩至漢城 命佐

> 平國友達率沙烏等 發漢北州郡民十五以上築雙城 納沙烏妻苩氏爲其妻 三月還都 五月 斯摩妻燕氏 妬沙烏妻苩氏 毒殺斯摩 斯摩庶子明穧秘其喪而自立 上惡斯摩祭日出獵 明穧果秘其殺父)

이때 서자 명농이 아버지 무령왕의 상^喪을 숨기고 스스로 즉위한다. 다시 말해 무령왕의 부인 연씨와 명농은 한 통속이다.

연씨부인과 서자 명농

성왕(명농)은 왜 서자^{庶子}인가? 『삼국사기』는 성왕을 무령왕의 아들^子로 설명한다. 적자^{嫡子} 또는 장자^{長子}가 아닌 그냥 아들^子이다. 특히 서자는 왕위 계승 서열과는 거리가 멀다. 성왕은 결코 왕이 될 수 있는 위치가 아니다. 『일본서기』에 성왕의 출생 시기를 추정할 수 있는 기록이 있다.

> 『일본서기』〈흠명기〉. '14년(553년) 10월 … 여창이 대답하길 "나의 성은 너희 왕과 같은 성씨이며 직위는 간솔이고 나이는 29세다."'(餘昌對曰姓是同姓位是杆率年二九矣) 성왕의 장자 여창(위덕왕)의 나이는 553년(성31)에 29세다. 따라서 여창은 525년(성3)에 출생한다. 이를 역산하여 성왕이 20세 전후에서 여창을 낳았다고 가정하면 **성왕은 502년~505년 사이에 출생**한다.

성왕은 무령왕이 즉위 전후에 즈음하여 백제 귀족가문 출신 여성을 통해 낳은 아들이다. 바로 무령왕을 독살한 연씨부인이 성왕의 어머니다. 무령왕릉 출토품 중에 연씨부인의 호칭을 알 수 있는 유물이 있다. 왕비(왕후)의 은팔찌와 왕비의 지석이다. 무령왕 생전인 520년에 제작된 은팔찌 명문에는 '大夫人(대부인)'으로 나오고, 무령왕 사후인 526년에 합장하며 새긴 지석 명문에는 '王大妃(왕대비)'로 나온다. 다시 말해 연씨부

▲ 무령왕 왕비 은팔찌 명문 [무령왕릉]

인은 무령왕 생전에는 왕후(왕비)가 아닌 대부인의 칭호를 받고, 무령왕 사후에는 왕대비의 칭호를 받는다.

이는 성왕이 무령왕의 정실왕후(왕비) 소생이 아닌 점과 또한 연씨부인이 성왕의 어머니임을 설명한다.

왕비와 순타태자 출신

무령왕의 왕후와 적자는 누구일까? 2002년 한일월드컵 개최를 앞두고 당시 아키히토^{明仁} 일왕이 기자회견을 통해 고대 역사적 사실 하나를 공개한다. "나 자신도 간무(환무)왕의 생모가 백제 무령왕의 자손이라고 『속일본기』에 기록되어 있어 한국과의 인연을 느끼고 있습니다." 소위 「연고^{緣故}발언」이다. 일본 환무^{桓武}(간무)왕(50대)의 생모가 무령왕의 자손임을 밝힌 아키히토 일왕의 솔직한 고백이다.

아키히토 일왕이 말한 무령왕의 자손은 고야신립^{高野新笠}이다. 일본 광인^{光仁}왕(49대)과 혼인하여 간무왕을 낳는다. 특히 『속일본기』는 고야신립의 출자를 백제 무령왕의 아들 순타^{純陀}태자로 기록한다. 순타태자의 후손이 바로 고야신립(화신립)이다.

丙午年十二月百濟國王大妃壽終居喪在酉地己酉年二月癸未朔十二日甲午改葬還大墓志如左

병오년(526년) 12월 백제국 왕대비(王大妃)께서 수명을 다하여 유지(酉地)에서 상(喪)을 치르고 기유년(529년) 2월 계미 초하루 12일 갑오에 대묘(大墓)로 옮겨 장사 지내다. 기록하기를 왼편과 같이 한다.

▲ 무령왕 왕비 지석 명문 [무령왕릉]

▲ 아키히토 일왕의 연고발언 [2002년]

> 『속일본기』〈환무기〉. '명년(790년) 정월 임자, 대지산릉에 장사지냈다. **황태후는 성이 화씨이고 휘는 신립이다.** … 정1위에 추증된 을계의 딸이다. 어머니는 정1위에 추증된 대지조신진매다. **후(화신립)의 선조는 백제 무령왕의 아들 순타태자에서 나왔다**.'(葬於 大枝山陵 皇太后姓和氏諱新笠 … 贈正一位乙繼之女也 母贈正一位大枝朝臣眞妹 后先出自百濟 武寧王之子純陀太子)

　　순타태자는 무령왕의 적자^{嫡子}다. 그래서 태자다. 『일본서기』〈계체기〉를 보면 순타태자는 513년(계체7) 일본에서 사망한다.(七年 秋八月 癸未朔 戊申 百濟太子淳陀薨) 513년은 무령왕 재위 12년이다.

　　고야신립의 존재는 순타태자가 사망하기 이전에 이미 자손을 둔 점이다. 이를 고려하여 순타태자의 사망시 나이를 최소 20세 정도로 추정하면 순타태자는 적어도 493년 이전에 출생한다. 이 시기는 무령왕이 백제로 건너오기 전으로 야마토에 머무를 때다. 무령왕의 나이 30세 전후다.(*461년 가카라시마 출생) 이는 무령왕이 야마토에서 혼인한 사실을 설명한다. 혼인한 여성은 야마토왕실(또는 귀족) 출신일 공산이 크다. 바로 순타태자를 낳은 무령왕의 정실왕후다.

야마토에서 죽은 순타태자

　　순타태자는 무슨 까닭으로 일본에서 사망한 걸까? 무령왕은 배다른 형 동성왕이 최고의 절정기인 495년을 전후하여 백제로 건너온다. 야마토에서의 삶을 청산하고 부인과 아들 순타를 데리고 귀국한다. 그리고 40세인 503년 백가의 난을 평정하고 정식으로 백제 왕에 즉위한다. 이때 무령왕을 옹립한 세력은 연씨귀족이다. 『삼국사기』에는 동성왕이 497년 달솔 연돌^{燕突}을 병관좌평에 임명한 기록이 있다.(拜達率燕突 爲兵官佐平) 연씨귀족이 병권을 장악한다. 그런 까닭으로 무령왕은 즉위 직후 연씨귀족 출신 여성을 부인으로 맞이한다. 바로 배다른 형 동성왕의 왕후인 연씨부인이다. 물론 무령왕의 왕후는 야마토 출신 부인이며, 태자는 왕후가 낳은 순타다. 그러나 왕후와 순타태자는 백제에 정착하지 못한다. 무령왕 재위 초기 정치세력간의 다툼에 밀려 다시 야마토로 되돌아간다. 다만 두 사람이 왕후와 태자 신분을 계속 유지한 이유는 당시 야마토 왕가의 입김이 상당부분 작용했을 것으로 본다.

무령왕 독살은 두 가지 역사적 사실을 전한다. 하나는 무령왕릉에 합장된 여성의 실체다. 남편 무령왕을 독살한 연씨부인이다. 무령왕 생전에는 '왕비(왕후)'가 아닌 '대부인'의 칭호를 받고, 무령왕 사후에는 아들 성왕에 의해 '왕대비'로 추증된 여성이다. 또 하나는 무령왕의 후손이 일본 야마토왕실과 인연을 맺은 점이다. 비록 적자인 순타태자는 백제로 돌아오지 못하고 일본에서 사망하지만 그의 후손 고야신립高野新笠은 당당히 야마토왕실의 일원으로 자리매김한다.

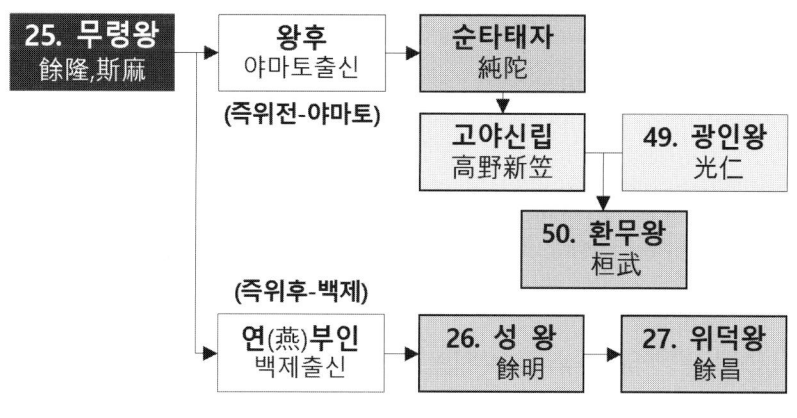

▲ 무령왕 가계도

역사는 하나를 주면 반드시 하나를 되찾아간다. 불변의 진리다.

| 송산리고분군 29호분 무덤주인 추적 |

▲ 송산리고분군 29호분 [충남 공주]

　　송산리고분군 (Ⅱ)구역은 곤지왕(5호분)과 그의 직계 아들인 동성왕(6호분), 무령왕(무령왕릉) 등이 묻힌 곤지왕 일족의 무덤군이다. 그런데 6호분 남쪽 10m지점에 29호분으로 명명된 무덤이 있다. 일제강점기인 1933년 6호분의 진입로 공사 중에 우연히 인접 무덤의 널길 천장이 드러나며, 조선총독부 소속 아리미츠 교이치有光敎一가 파견되어 발굴 조사한다. 무덤 양식은 웅진시대 초창기에 조성된 굴식돌방무덤이다. 무덤방은 동서 2.72m, 남북 3.39m의 장방형으로 벽면은 깬돌(활석)로 쌓고 천장은 점차 안쪽이 좁혀지는 궁륭형(활모양)이다. 바닥은 벽돌을 삿자리모양으로 깔고 위에 3단벽돌의 널받침棺臺 2매를 놓는다. 큰 널받침(2.60m)은 남성, 작은 널받침(1.90m)은 여성의 것이다. 널길羨道은 1.80m로 무덤방 남벽의 동쪽에 연결한다.

▲ 29호분 전경 및 내부 모습 [1933년, 유리건판]

29호분 무덤 양식의 특징

29호분의 무덤 양식은 5호분과 6호분의 중간 단계다. 5호분은 무덤방 벽면이 깬돌, 바닥은 흙으로 다지고 3단벽돌로 널받침을 만든 반면, 29호분은 5호분 양식에 추가하여 바닥을 흙이 아닌 삿자리모양 벽돌로 다진다. 이에 반해 6호분은 벽면을 벽돌로 쌓은 벽돌무덤塼築墳으로 바닥은 삿자리모양 벽돌로 다지고 널받침 또한 3단벽돌로 만든다. 29호분은 5호분에서 6호분으로 넘어가는 과도기 양식의 무덤이다. 29호분 무덤주인은 477년 사망한 곤지왕(5호분)과 501년 사망한 동성왕(6호분) 사이에 사망한 곤지왕의 일족 중 한 사람이다.

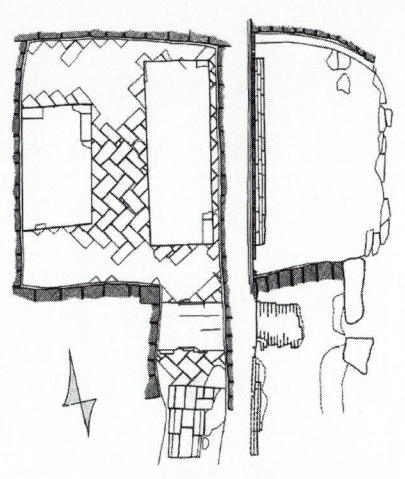
▲ 29호분 실측도 [일제강점기]

무덤주인은 동성왕의 남동생 모지

29호분 무덤주인의 단서가 『신라사초』에 나온다. 〈소지명왕기〉다. '9년(487년) 화토 정묘 5월, 모대가 그의 동생 모지를 보내 입조하였다.'(九年 火兎 丁卯 五月 牟大遣其弟牟支入朝) 487년(동성9) 신라에 파견된 동성왕의 남동생 모지牟支다.

모지는 곤지왕의 셋째 아들이다. 어머니는 동성왕(모대)과 마찬가지로 모씨부인이다. 모지는 461년 아버지 곤지왕이 큰 아버지 개로왕으로부터 정치적 숙청을 당해 일본으로 건너갈 때 데리고 간 5명의 아들 중 한 사람이다. 모지는 줄곧 야마토에서 성장하며 동복형 동성왕과 함께한다. 이후 동성왕이 백제 왕에 즉위하자 귀국하여 동성왕의 초기 취약한 왕권이 흔들리지 않고 확고히 자리잡는데 일정의 역할을 한다. 특히 모지는 487년(동성9,소지9) 5월 신라에 파견된다.(牟大遣其弟牟支入朝) 『신라사초』는 파견 사실만을 전하나 이 때는 동성왕이 대륙 정벌을 단행(488년)하기 직전이다. 아마도 동성왕은 자신의 부재를 이용할 지 모르는 신라를 묶어두기 위한 사전 억제책으로 모지를 파견한 듯 보인다. 이처럼 모지는 외교에서도 탁월한 역할을 수행한다.

다양한 문양의 금상감대도

29호분의 출토 유물은 금제, 은제, 금동제, 유리제 등의 장신구류와 관못棺釘, 장식금구裝飾金具 등이다. 특히 철제 금상감대도金象嵌大刀는 칼의 손잡이가 아닌 칼날에 문양을 새긴 것으로 천마총의 금상감대도와 더불어 단 2점만이 발견된 특별한 유물이다. 상감 문양은 용무늬, 별자리무늬, 세모꼴불꽃무늬, 풀꽃무늬, 연꽃무늬, 그름무늬 등 다양하다.

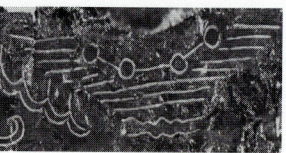

▲ 금상감대도 문양(세모꼴불꽃무늬, 용무늬, 별자리무늬)

모지는 사망 시기는 기록이 없어 알 수 없으나, 501년 사망한 동성왕의 무덤 6호분(동성왕릉)과 비교해 볼 때 모지는 동성왕보다 먼저 사망한 것으로 추정된다. 대략 시기는 490년~500년 사이다.

「송산리고분군 29호분」은 동성왕의 동생 모지牟支의 무덤이다.

6 부여제국의 부활

부여제국의 부활을 꿈꾼 성왕

위기를 기회로 만든 위덕왕

서동설화의 주인공 무왕

| 대통사 창건에 담긴 뜻 |
| 사비천도와 남부여 국호 변경 |
| 백제 미녀 한주의 러브스토리 |
| 관산성 전투와 성왕의 죽음 |
| 일본 구세관음상과 성왕 |

| 위덕왕과 대륙 동청주 |
| 일본에서 사망한 위덕왕의 왕자들 |
| 법왕와 부여 왕흥사 |
| 부여 능산리고분군의 무덤주인 |

| 서동설화의 주인공 무왕 |
| 무왕의 대외정책 일관성 |
| 미륵사와 무왕의 꿈 |
| 무왕의 익산 천도 의문 |
| 익산 쌍릉의 무덤주인 |

| 대통사 창건에 담긴 뜻 |

▲ '大通' 명문 벽돌 [충남 공주]

대통사大通寺는 우리나라에서 이름과 절터가 확인된 가장 오래된 백제 사찰이다. 충남 공주시 반죽동에 대통사지(절터)가 있다. 일제강점기 '大通' 명문이 도장 모양으로 찍힌 기와조각을 발견하며 대통사의 존재가 알려진다. 현재 절터에는 당간지주만이 덩그러니 남아 있다. 국립공주박물관에는 절터에서 옮겨다 놓은 '반죽동 석조'가 있다.

대통사, 불교국가 지향의 상징

대통사의 창건연대는 527년(또는 529년)이다. 『삼국유사』에 따르면, 대통사는 남조 양 무제(고조 소연)가 창건한 사찰로 무제의 연호 대통大通(527~528)에서 이름을 따왔다고 한다. 일연의 착각이다. 대통사는 백제 성왕이 창건한 사찰이며, 대통의 이름 또한 양 무제 연호와는 무관하다.

> 『삼국유사』〈흥법〉. 원종흥법 편. '또 대통원년 정미(527년)에 양 황제가 웅천주에 절을 창건하고 대통사라고 하였다.〔웅천은 곧 공주인데 이 당시 신라에 속해 있었기 때문이다. 그러나 정미년은 아닌 것 같다. 중대통원년인 기유(529년)에 창건되었기 때문이다.〕'(又於大通元年丁未 爲梁帝創寺於熊川州 名大通寺〔熊川卽公州也 時屬新羅故也 然恐非丁未也 乃中大通元年己酉歲所創也〕

성왕은 공식적으로 불교를 통치이념으로 받아들여 백제를 불교국가로 만든 군주다. 성왕은 불교에서 말하는 전륜성왕轉輪聖王을 가리킨다. 전륜성왕은 고대 인도신화에 나오는 통치의 수레바퀴를 굴려 세계를 통일하고 지배하는 신화속의 제왕으로 무력이 아닌 정법에 의해 세상을 통치한다. 전륜성왕이 다스리는 세계에 미륵불이 하생하며 불국정토를 건설한다.

> 전륜성왕을 자처한 대표적인 왕은 인도 마우리아왕조의 아소카(Ashoka)왕이다. 인도 최초의 통일제국을 건설한 왕이다. 『중아함경』에 의하면 전륜성왕은 왕위에 오를 때 하늘로부터 광명이 빛나는 윤보(輪寶)를 얻어 이것을 회전시킴으로써 무력에 의지하지 않고 정의로 세계를 지배한다고 한다. 『미륵하생경』에 따르면 **전륜성왕이 출현하여 다스리는 세계가 되면 비로소 미륵부처가 하생**한다.

『법화경』에 따르면, 전륜성왕의 아들은 대통불(또는 위덕불)이다. 손자는 법왕인 석가모니 부처다. 백제의 경우 성왕의 뒤를 이은 왕은 아들 위덕왕(27대)이다. 뒤에 법왕(29대)도 있다. 다시 말해 성왕은 불교의 석가모니 계보를 백제왕실 계보에 대비시켜 왕의 위상을 종교적 신성체로 격상시킨다.

대통사는 바로 성왕이 갓 태어난 아들 위덕왕(525년 출생)의 건강을 기원하며 세운 사찰이다. 또한 백제 땅 전체를 불국정토로 만들고자 했던 성왕의 꿈과 이상이 반영된 불교국가 백제의 상징물이다.

공주도성의 랜드마크

상상해 봐라. 공주도성에 우뚝 솟은 탑과 사찰 건물들. 가히 랜드마크 Landmark가 아니었겠는가?

최근 공주시와 문화재청이 대통사를 재건하기로 결정했다고 한다. 참으로 잘한 일이다. 역사는 재발견되며 계속해서 미래가치를 창출한다.

대통사의 웅장한 모습이 공주시내에 우뚝 솟을 날을 기대해 본다.

▲ 대통사 당간지주

| 사비 천도와 남부여 국호 변경 |

성왕은 무령왕의 아들^{子}이다. 이름은 명^{明} 또는 명농^{明禯}이다. 『삼국사기』는 '지혜와 식견이 뛰어나고 일을 처단함에 결단성이 있다.'(智識英邁 能斷事)고 평한다. 성왕은 군주의 자질을 타고난다. 또한 『일본서기』는 '천도지리에 통달하여 그 이름이 사방에 퍼졌다.'(聖王妙達天道地理名流四表八方)고 기록한다. 세상의 이치를 통달한 대단한 지식인이다. 성왕은 사후의 시호^{諡號}다. 그러나 『삼국사기』는 '나라사람이 성왕이라 불렀다.'(國人稱爲聖王)고 적고 있어 성왕은 생전의 휘호^{徽號}이기도 한다. 바로 불교의 전륜성왕이다. 『일본서기』는 '성명^{聖明}'으로 쓴다.

성왕의 출생 배경

원래 무령왕에게는 따로 태자가 있다. 『일본서기』에 나오는 순타^{淳陀}태자다. 무령왕이 야마토(왜국)에 체류할 때 야마토왕실(또는 귀족가문) 여성과 혼인하여 낳은 아들이다. 순타태자는 아버지 무령왕을 따라 귀국하였다가 무령왕이 백제 왕에 즉위하자 태자에 봉해진 후 다시 일본으로 건너간다. 이유는 왕실과 귀족 간의 정치적 다툼 때문이다. 그러나 순타태자는 백제로 돌아오지 못하고 513년(무령12) 야마토에서 사망한다. 성왕은 아버지 무령왕의 즉위 직후에 태어난다. 대략 502년~505년 사이다. 어머니는 무령왕 즉위에 결정적 역할을 한 백제 귀족가문 출신의 연^{燕}씨(前 동성왕 왕후)다. 성왕은 배다른 형 순타태자가 야마토에서 사망하면서 자연스레 무령왕의 후계자가 된다. 성왕의 대표적인 치적은 사비^{泗沘}천도와 남부여^{南扶餘}로의 국호 변경이다.

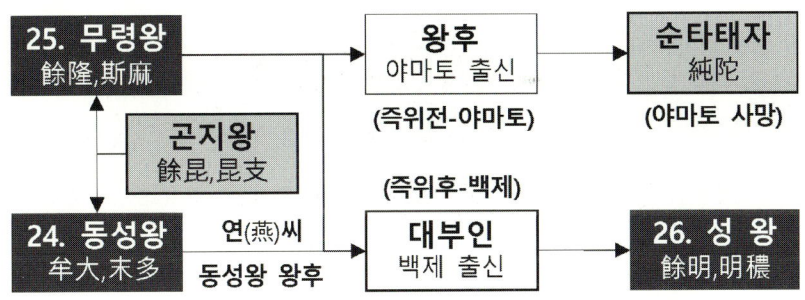

▲ 무령왕-연씨부인-성왕 계보도

사비 천도의 내막

먼저 538년(성16)의 사비 천도다. 한 국가의 천도는 하루아침에 용달차 불러 뚝딱 해치울 수 있는 일이 아니다. 사전 철저한 준비가 필요하다. 성왕은 최소 10년 정도를 준비한다.

성왕은 재위 초기인 526년(성4) 웅진도성을 대대적으로 수리하고, 527년(성5) 대통사를 창건하는 등 웅진도성을 정비하는데 상당한 공을 들인다. 당연히 물자와 노동력을 제공한 웅진세력의 불만이 쌓여간다. 때마침 529년(성7) 고구려가 북쪽 변경을 침범해오자 이를 막기 위해 보병과 기병 3만을 출동시킨다. 그러나 오곡(서울 강서구 오곡동) 전투에서 고구려에 대패하여 2천여의 군사를 잃는다. 이 사건으로 웅진세력의 불만은 극에 달하고 왕권조차 위협하게 되자 성왕은 새로운 돌파구를 찾는다. 천도지를 물색하고 사비를 선택한다.

> 『삼국사기』〈백제본기〉성왕. '7년(529년) 10월 고구려왕 흥안(안장왕)이 직접 군사를 이끌고 침범하여 북쪽 변경의 혈성을 함락시켰다. **왕이 좌평 연모에게 명하여 보병과 기병 3만을 거느리고 오곡벌판에서 막아 싸우게 하였으나 이기지 못하였다. 죽은 자가 2천여이다.**'(死者二千餘人) 그러나 〈고구려본기〉는 '2천여의 머리를 베었다.'(殺獲二千餘級)고, 『고구려사략』〈안장대제기〉는 '남녀 2천여를 산채로 잡아 돌아왔다.'(生擒男女二千餘人而歸)다. 전투 결과를 두고 기록마다 현저한 차이를 보인다.

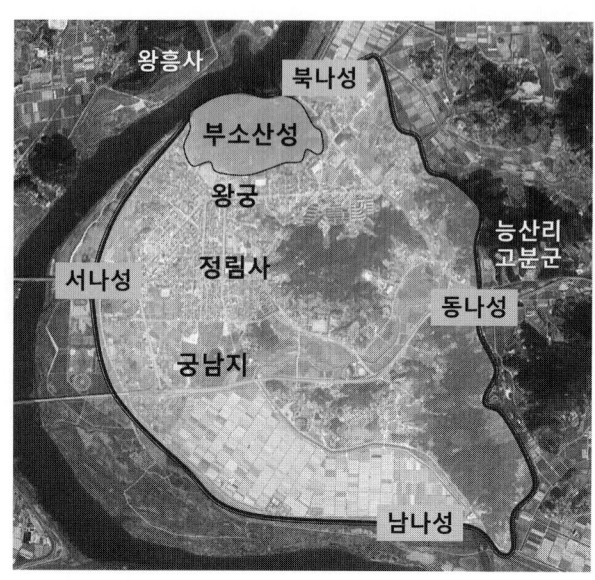
▲ 사비도성 (산성/내성)

사비(소부리)는 지금의 충남 부여다. 원래 사비 땅은 매우 습한 지역이다. 사람이 살 수 없고 농사도 지을 수 없는 버려진 땅이다. 습한 땅을 단단히 다져 사람이 살 수 있는 공간으로 만들고 궁궐을 짓는 데는 많은 물자와 인력이 필요하다. 이 시기 『일본서기』에 등장하는 인물이 있다. 사비세력을 대표하는 사택기루沙宅己婁다. 성왕은 사택가문과 손을 잡는다. 사택기루를 조정 영수인 상좌평에 임명하고 천도 관련 업무 일체를 맡긴다.

고대 사회에 있어 도성은 정치, 경제, 사회, 문화의 중심지다. 천도는 곧 중심의 이동이다. 지배세력의 변화와 밀접한 관계를 가진다. 예를 들어 고구려 장수왕(20대)은 427년 평양 천도 이후 국내(요녕성 개원, 철령)세력의 거센 반발을 경험하고, 신라 신문왕(31대)은 삼국통일(*삼한통일) 직후 689년 달구벌(경북 대구) 천도를 계획하다가 경주세력의 반발로 그만둔다. 그러한 측면에서 성왕의 사비 천도는 성공적이다. 이 시기 문헌 기록을 보면 웅진세력이 반발한 내용이 전혀 없다. 『삼국사기』가 성왕을 결단성 있는 군주로 평가한 대목은 새겨볼 만하다.

성왕의 사비 천도는 이전의 웅진 천도와는 성격이 다르다. 웅진 천도는 고구려 장수왕의 공격으로 한성위례성(서울 송파)이 소실되어 발생한 외부적 요인의 천도라면, 사비 천도는 성왕 스스로가 주도한 내부적 요인의 천도다.

남부여 국호 변경의 의미

다음은 남부여로의 국호 변경이다. 성왕은 538년(성16) 사비 천도를 단행하자마자 곧바로 국호를 남부여로 변경한다. 사비 천도 직후 국가체제를 일신하면서 취한 국가 정체성의 재정립이다. 성왕은 공식적으로 부여를 계승한다.

부여의 역사는 해모수가 국내(요녕성 개원, 철령)지역에 북부여를 건국하면서 출발한다. 이어 색리국 출신 동명왕 고두막이 홀본(요녕성 북진)지역으로 내려와 북부여를 부흥시키며, 이 과정에서 동명왕에게 밀린 해부루가 길림성 길림지역에 동부여를 건국한다. 동부여는 대소왕(3대) 때 고구려에 멸망당하며, 대소왕의 동생과 종제從弟가 갈사부여와 연나부여(낙씨부여)를 세우며 분화한다. 이후 연나부여는 망하고 두막루가 들어서나 발해에 의해 멸망당하며 만주지역 부여는 역사에서 자취를 감춘다.

> 두막루는 대막루(大莫婁), 대막로(大莫盧), 달말루(達末婁)라고도 한다. **두막루 위치는 지금의 중국 흑룡강성 하얼빈 부근이다. 두막루는 410년경에 건국되어 약 3백년간 존재하다가 726년 발해 무왕(2대)에게 멸망**당한다.

백제는 동명왕(고두막)을 계승한 위구태의 서부여가 기원이다. 위구태 사후 대방세력과 녹산세력으로 분화된 서부여는 대방세력이 백가제해하며 한반도 부여백제(부여기마족)로 거듭난다. 이후 부여백제는 고구려 광개토왕의 남벌에 직격탄을 맞으며 주류세력은 일본열도로 건너가 야마토로 재탄생하고, 잔류세력은 아예 한성백제를 접수하며 부여씨 왕조를 출발시킨다.

특히 대륙의 백제군은 무령왕 때(503년)에 치소(수도) 고마성이 폐쇄되며 대부분의 세력이 한반도로 건너와 웅진도성에 편입되고(梁天監時遷居南韓之城-『흠정만주원류고』), 이후 남은 세력은 자체적으로 명맥을 유지해오다, 660년 한반도 백제가 멸망하면서 소멸한다.

> 『통전』백제 전. '백제 옛 땅은 신라에 편입되고, 성과 주변의 남은 무리는 후에 점차로 작아지고 약해져 뿔뿔이 흩어져서 돌궐과 말갈에 투항하였다. 그 왕 부여숭은 옛 나라로 돌아가지 못하고 토지는 신라, 말갈에 모두 흡수되니 부여씨 왕가는 마침내 끊어지고 말았다.'(其舊地沒於新羅 城傍餘衆後漸寡弱 散投突厥及靺鞨 其主夫餘崇竟不敢還舊國 土地盡沒於新羅靺鞨 夫餘氏君長遂絶)

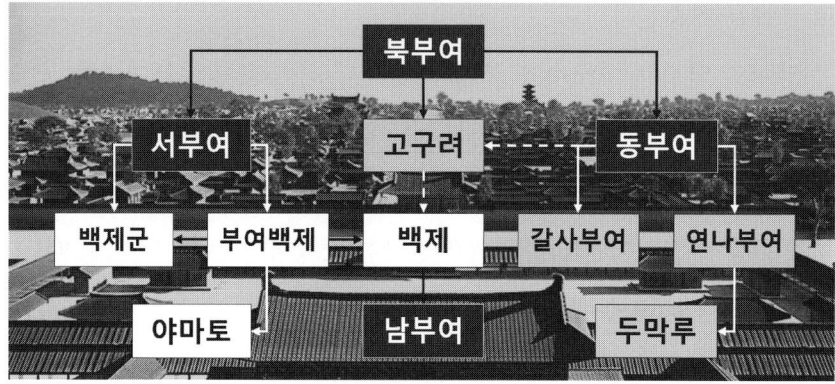

▲ 사비도성 복원도와 부여 분화 과정

성왕은 사비 천도를 단행하면서 역사에서 사라진 부여의 부활을 꿈꾼다. 남부여 국호 변경은 부여의 계승차원을 넘어서는 실질적인 부여의 재건이다.

> 남부여 국호는 기록만 전할 뿐 실제 사용 여부는 다소 불분명하다. 『삼국사기』뿐 아니라 『삼국유사』, 『제왕운기』에도 기록은 나온다. 『삼국유사』는 '제26대 성왕에 이르러 도읍을 소부리(사비)로 옮기고 국호를 남부여로 하였다.'(至二十六世聖王 移都所夫里 國號南夫餘)이고, 『제왕운기』는 '후대의 왕 때에 국호를 남부여로 한 적이 있다.'(後主惑 號南夫餘)고 적는다.

또한 성왕의 국호 남부여 채택은 그동안 일본열도 야마토와 벌여온 서열 논쟁의 종지부를 찍은 사건이다. 이제 동아시아의 부여는 오로지 백제(남부여) 하나만 존재한다.

사비도성은 새로운 부여국의 탄생지며, 부활한 부여제국의 중심지다.

| 백제 미녀 한주의 러브스토리 |

경기도 고양시 행주산성(덕양산)과 주변일대는 옛 고구려 행정구역 명칭인 왕봉현이다. 왕봉^{王逢}은 '왕을 만난 곳'이다. 또한 왕봉은 왕영^{王迎}(왕을 영접함)으로도 불리는데 같은 의미로 읽혀진다.

▲ 행주산성 [경기 고양]

왕봉의 유래

『삼국사기』〈지리지〉 고구려 편에 왕봉의 유래가 나온다. '왕봉현은 개백이라고도 한다. 한씨 미녀가 안장왕을 맞이하던 곳이어서 왕봉이라 이름하였다.'(王逢縣 一云皆伯 漢氏美女迎安臧王之地 故名王逢) 왕봉의 왕은 고구려 안장왕(22대)을 가리킨다. 한^漢씨 미녀는 출신과 이름을 알 수 없으나 왕봉을 개백^{皆伯}(백제 행정지명)이라 칭한 점으로 보아 한씨는 백제출신 여성이다.

덧붙여 『삼국사기』〈지리지〉는 달음성현 유래도 소개한다. '달음성현은 한씨 미녀가 높은 산마루에서 봉화를 놓고 안장왕을 맞이하던 곳이다. 후에 고봉이라 이름하였다.'(達乙省縣 漢氏美女 於高山頭點烽火 迎安臧王之處 故後名高烽) 달음성현(고봉현) 역시 왕봉현과 마찬가지로 안장왕과 한씨 미녀가 관계된다. 고봉은 경기도 고양시 중산동에 소재한 고봉산이다. 따라서 왕봉현과 달음성현은 고양시 일대의 고구려 행정지명임을 알 수 있다.

그렇다면 고구려 안장왕과 백제 한씨 미녀는 어떤 관계일까? 대관절 어떤 숨겨진 이야기가 있기에 왕봉현과 고봉현의 유래가 되었을까?

안장왕과 한주의 러브스토리

신채호는 『해상잡록』을 인용하여 안장왕과 한씨 미녀의 관계를 『조선상고사』에 상세히 밝힌다. 내용은 이렇다. 고구려 안장왕은 태자시절 장사꾼 행상을 하고 백제 개백현^{皆伯縣}에 놀러간다. 당시 개백현에는 절세미인 한주^{漢株}(한씨 딸)가 살고 있다. 안장왕은 백제 순찰병의 눈을 피해 한씨 집으로 숨어 들어갔다가 한주와 눈이 맞아 정을 통한다. 그리고 고구려로 떠나면서 자신이 고구려 태자신분임을 밝히고, 훗날 한주를 아내로 맞이하겠다고 약속한다. 그런데 개백현 태수가 한주의 미모를 탐하여 강제로 혼인하려하나 한주는 완강히 거부한다. 이에 분노한 태수는 한주를 옥에 가누고 감언이설로 회유한다. 한주는 옥중에서 정몽주의 시로 잘 알려진 단심가^{丹心歌}를 부르면서 절개 의지를 꺾지 않는다.

> 단심가는 고려말 포은 정몽주가 지은 시조다. 『청구영언』과 『포은집』에 실려 있다. "이 몸이 죽고 죽어 일백 번 고쳐 죽어, 백골이 진토되어 넋이라도 있고 없고, 님 향한 일편단심이야 가실 줄이 있으랴." 한주의 단심가는 정몽주의 단심가와 구절과 내용이 흡사하다. 혹여 단심가의 원작자는 한주인데 이방원이 하여가(何如歌)를 읊자 **정몽주가 고구려 때부터 전해 내려온 한주의 단심가를 읊어 자기 의사를 표현한 것은 아닐런지?**

왕위에 오른 안장왕은 한주를 구하는 사람에게 포상을 약속한다. 이때 안장왕의 여동생 안학^{安鶴}공주와 사랑을 나누던 을밀^{乙密}이 나선다. 을밀은 한주를 구해오는 조건으로 안학공주와의 정식 혼인을 요구한다.

을밀은 군사를 거느리고 백제로 쳐들어간다. 때마침 개백태수가 생일 잔칫날에 자신의 요구를 거절한 한주를 죽이려 하자 을밀의 군사가 들이닥쳐 한주를 구한다. 을밀은 개백현 일대를 점령하고 안장왕을 맞이한다. 이에 안장왕은 한주를 부인으로 삼고 을밀 또한 안학공주와 혼인한다.

> **을밀은 안장왕 시기 활약한** 고구려 조의(皂衣)인 **을밀선인(乙密仙人)이다.** 국상 을파소의 후손이다. 평양 을밀대(乙密臺)는 을밀이 조의선인과 함께 수련한 장소에서 유래한다. 『태백일사』〈고구려국본기〉에는 을밀선인이 지어 부른 '다물흥방지가(多勿興邦之歌)' 전문이 나온다. 고구려 옛 땅을 회복하여 나라를 부흥시키자는 내용을 담고 있다.

설화의 역사적 배경

안장왕과 한주의 러브스토리는 조선의 춘향전과 모티브가 비슷하다. 안장왕은 이몽룡에, 한주는 춘향에 대비된다.

설화는 529년(성7) 성왕이 고구려와 맞붙은 오곡五谷 전투를 배경으로 한다. 성왕은 오곡 전투에서 2천의 군사를 잃으며 대패한다. 이 사건으로 성왕은 아버지 무령왕이 확보한 한강 하류지역을 고구려에게 빼앗긴다. 또한 군사 2천의 손실은 수도 웅진을 불국정토로 만들고자 했던 성왕의 꿈을 좌절시킨다. 전투에 참가한 군사는 웅진귀족세력이 제공한 병력이기 때문이다. 이로 인해 성왕은 통치력에 치명상을 입으며 사비 천도를 결심한다.

오곡은 한강 하류 이남인 지금의 서울시 강서구 오곡동이다. 또한 고구려 안장왕과 백제 미녀 한주 설화의 배경이 된 장소는 한강 하류 이북인 경기도 고양시(왕봉현,오봉현) 일대다. 이는 고구려가 먼저 고양시 일대를 점령하고 이어 한강 하류를 건너 강서구(오곡)를 점령한 사실을 반영한다.

백제 미녀 한주와 고구려 안장왕의 러브스토리는 성왕의 백제가 한강 하류지역을 고구려에게 빼앗긴 역사적 사건이 배경이다.

| 관산성 전투와 성왕의 죽음 |

554년 백제와 신라는 국가의 명운을 걸고 관산성管山城(충북 옥천)에서 한판 붙는다. 백제는 성왕이고, 신라는 진흥왕(24대)이다. 두 왕은 각각 불교신화에 나오는 전륜성왕을 자처한다. 하늘에 두 개의 해가 있을 수 없듯이 한 사람은 반드시 역사 밖으로 물러나야 한다. 전투 결과는 신라의 완벽한 승리로 끝난다.

국운을 가른 관산성 전투

『삼국사기』〈신라본기〉 진흥왕과 〈백제본기〉 성왕 기록이다.

> 15년(554년) 가을 7월, 백제왕 명농(성왕)이 가량(대가야)과 함께 관산성에 쳐들어왔다. 군주 각간 우덕과 이찬 탐지 등이 맞서 싸웠으나 전세가 불리하였다. 신주군주 김무력이 주의 병사를 이끌고 나아가 어우러져 싸웠는데 **비장인 삼년산군의 고간도도가 빠르게 공격하여 백제왕을 죽였다.** 이에 모든 군사들이 승세를 타고 싸워서 크게 이겼다. **좌평 4인과 병사 2만9천6백의 목을 베었으며 돌아간 말이 한 마리도 없다.** ☞ 『삼국사기』〈신라본기〉 진흥왕
>
> 十五年 秋七月 百濟王明穠與加良 來攻管山城 軍主角干于德伊湌耽知等 逆戰失利 新州軍主金武力 以州兵赴之 及交戰 裨將三年山郡高干都刀 急擊殺百濟王 於是 諸軍乘勝 大克之 斬佐平四人士卒二萬九千六百人 匹馬無反者

> 32년(554년) 가을 7월, 왕이 신라를 습격하고자 몸소 보병과 기병 5십을 거느리고 밤에 구천에 이르렀다. 신라의 복병이 나타나 그들과 싸우다가 혼전 중에 왕이 해를 입어 훙하였다. ☞ 『삼국사기』〈백제본기〉 성왕
>
> 三十二年 秋七月 王欲襲新羅 親帥步騎五十 夜至狗川 新羅伏兵發與戰 爲亂兵所害薨

백제는 성왕의 아들 부여창이 이끄는 백제, 왜(야마토), 가라(대가야)의

연합군 30,000명이 참전하여 400명만이 살아 돌아간다. 이때 성왕을 비롯하여 좌평 4명 그리고 군사 29,600명이 죽는다. 생존율은 1.3%다. 그런데 신라는 이들 모두를 목 벤다. 포로로 잡은 자, 전투 중에 부상한 자, 사망한 자를 가리지 않고 모두 참수한다. 『삼국사기』는 '돌아간 말이 한 마리도 없다.'(匹馬無反者)고 기록한다. 우리 역사에서 가장 참혹하고 안타까운 장면이다.

특히 성왕은 백제연합군을 이끌던 아들 부여창(위덕왕)을 격려하기 위해 전장을 찾아가다가 구천(충북 옥천 구진벼루)에서 신라 고간 도도都刀(고도)에게 잡혀 목이 베인다. 『일본서기』는 신라가 성왕의 몸은 돌려주고 머리는 신라 관청 계단아래 묻었다고 전한다.

▲ 성왕 유적비 [충북 옥천]

> 『일본서기』〈흠명기〉. '15년(554년) … 고도는 머리를 베고 구덩이에 파묻었다.〔다른 책에는 신라가 명왕의 머리는 남겨두고 나머지 뼈를 예를 갖춰 백제에 보냈다. 지금 신라왕이 명왕의 뼈를 북청 계단 아래에 묻었는데 이 관청을 도당이라 이름지었다고 한다.〕' (十五年 … 苦都斬首而殺 堀坎而埋一本云 新羅留理明王頭骨 而以禮送餘骨於百濟 今新羅王埋明王骨於北廳階下 名此廳曰都堂)

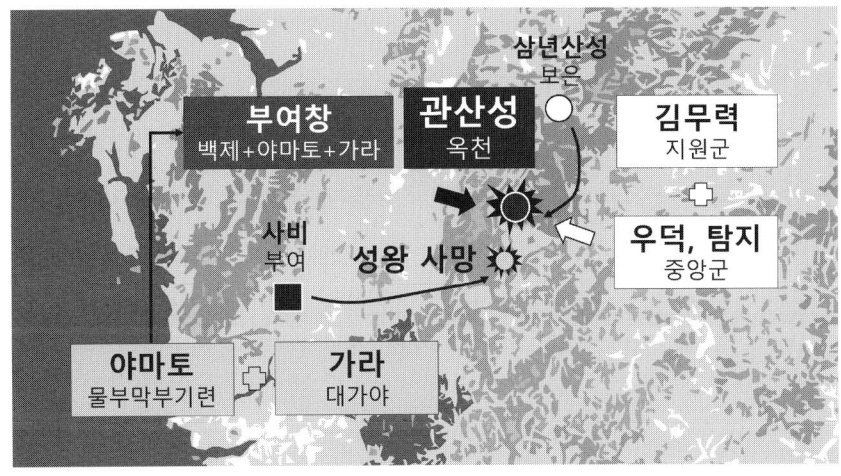
▲ 관산성(충북 옥천)전투 [554년]

관산성 전투는 삼국 역사의 변곡점이 되는 매우 큰 사건이다. 승패의 결과로 두 나라의 명운이 갈린다. 승자인 신라는 국운이 융성해져 영토 확장을 가속화하며 삼국통일(*삼한통일)의 초석을 다지는 한편, 패자인 백제는 국운이 쇠퇴하여 멸망의 길로 들어선다.

642년 의자왕은 대야성(경남 합천)전투에서 성왕의 복수를 한다. **신라 김춘추의 사위(김품석)와 딸(고타소)을 죽여 시신을 백제 사비도성 감옥아래에 묻는다.**

영호남 지역감정의 뿌리

▲ 성왕 위령제 [출처 : 뉴데일리, 2021]

관산성 전투는 영호남 지역감정의 도화선이 된 역사적 사건이다. 천오백년 가까이 지속되어온 해묵은 반목과 갈등의 뿌리가 바로 관산성 전투의 결과물이다.

신라는 삼국통일 이후에도 호남을 다독이지 못한다. 고려는 신라계가 장악하면서 호남을 배척하고, 조선은 유학을 놓고 또 호남을 멀리한다. 오늘의 대한민국은 어떠한가? 좌파, 우파로 갈라놓고 또 서로에게 화살을 겨눈다. 우리는 누가 뭐라 해도 하나의 민족이고 하나의 공동체다.

관산성 전투의 불편한 유산은 언제까지 지속할 것인가?

일본 구세관음상과 성왕

일본 나라현 호류지^{法隆寺}에 「구세관음상^{救世觀音像}」이 있다. 녹나무를 조각하여 금박을 입힌 높이 179.9㎝의 목조 불상이다. 일본 국보다. 그런데 관음상의 얼굴을 찬찬히 살펴보면 우리가 알고 있는 부처의 얼굴이 아니다. 어딘가 모르게 친근하다. 영락없는 한국인의 얼굴이다.

구세관음상 얼굴 [일본 호류지] ▶

구세관음상, 성왕의 전신상

일본 고문헌 『성예초』에 불상의 연원이 나온다. 백제 위덕왕이 부왕(성왕)의 모습을 연모하여 만든 존상이다.(威德王戀慕父王像 所造顯之尊像卽 救世觀音像是也) 동일한 내용이 『부상략기』에도 나오는데, 덧붙여 593년(위덕40) 백제에서 왜왕실로 보낸 것이라고 부연한다. 「구세관음상」은 바로 성왕의 전신상^{全身像}이다.

> 『부상략기』 추고 원년(593년). '금당에 안치된 **금동 구세관음상은 백제국왕이 서거한 뒤에 국왕을 몹시 그리워하면서 만든 불상**이다. 이 불상이 백제국에 있을 때에 불상, 경륜, 법복, 여승과 함께 왜왕실로 건너왔다.'(金堂安置金銅救世觀音像 百濟國王吾入滅後 戀慕渴仰所造之像也 在百濟國之時 佛像經律論法服尼等 渡越是朝)

위덕왕은 무슨 연유로 성왕의 관음상을 만들었을까? 『일본서기』에 단서가 나온다. 위덕왕은 성왕이 사망한 554년에 즉위하지 못하고 3년이 지난 557년에 즉위한다. 왕의 자리가 비어있는 일종의 공위^{空位}기간이 발생한다. 이때 위덕왕은 왕위가 아닌 출가를 고집한다. 조정신료들은 위덕왕을 대신하여 따로 100명을 출가시키는 선에서 타협한다.

성왕은 관산성 전투를 앞두고 아들 위덕왕을 격려차 찾아가다가 신라군에게 잡혀 죽임을 당한다. 신라 하급무사(말몰이꾼)에게 참수당한다. 성왕의 머리는 백제로 돌아오지 못하고 신라 관청 계단아래에 묻힌다. 이로 인해 위덕왕은 아버지 성왕을 죽게 만든 원죄와 자책감에 시달린다. 그래서 위덕왕은 아버지 성왕을 그리워하며 똑같은 형상의 관음상을 만든다.

능산리사지는 성왕의 원찰

충남 부여 능산리고분군 옆 서쪽에 능산리사지(절터)가 있다. 절의 이름은 전해지지 않으나 목탑과 금당을 중심으로 중문, 강당, 회랑, 공방 등을 갖춘 전형적인 백제식 〈1탑-1금당〉 가람배치 사찰이다. 1995년 목탑의 심초석에서 화강암으로 만든 사리감 하나를 출토한다. 국보 288호인 「백제창왕명석조사리감」이다. 명문이다.

◀「백제창왕명석조사리감」 탁본

> 百濟昌王十三秊 太歲在丁亥 妹兄公主供養舍利
> 백제 창왕13년 태세 정해(567년)에 누이 형공주가 사리를 공양하다.

정해년은 창왕(위덕왕) 재위 13년인 567년이다. 창왕의 누이 형공주가 사리를 공양한 점으로 보아, 능산리사지는 554년 관산성 전투에서 사망한 성왕을 추모하기 위해 건립된 왕실의 원찰願刹이다.

> 석조사리감은 우체통을 닮은 아치형이다. 아치형 무덤은 공주 송산리고분군의 6호분과 무령왕릉 그리고 부여 능산리고분군의 2호분(중하총) 등이 있다. **능산리고분군 2호분은 성왕의 무덤으로 추정**된다.

특히 능산리사지 공방터에서 백제 문물의 진수라 할 수 있는 '금동대향로'도 출토한다. 마찬가지로 성왕의 전신상인「구세관음상」도 이곳 공방에서 제작되어 금당에 안치되였을 것이다.

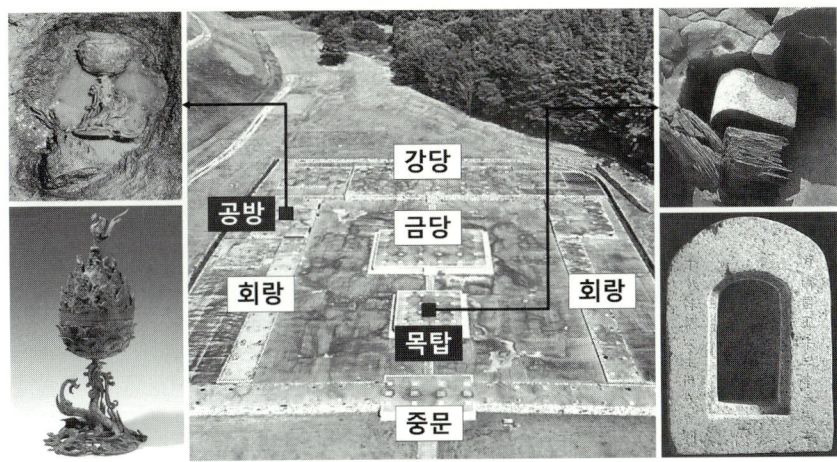

▲ 능산리사지와 출토 유물

구세관음상을 일본에 보낸 이유

그렇다면 위덕왕은 성왕의 관음상을 만들어 일본왕실에 보낸 걸까? 성왕은 불교를 통치이념으로 삼아 백제를 불교국가로 만든 불교신화에 나오는 전륜성왕이다. 또한 성왕은 일본에 노리사치계(怒利斯致契)를 보내 불교를 직접 전파한다. 불상과 경전, 승려와 장인을 보내 불교가 일본에 뿌리내리도록 초석을 다진다. 일본 입장에서 보면 성왕은 명실공히 일본 불교의 개척자다. 같은 맥락에서 성왕의 관음상도 일본에 보내진다. 혹여 위덕왕은 아버지 성왕이 전륜성왕이 되어 일본을 직접 통치하길 바라진 않았을까?

일본의 불교 전래는 552년(성30) 백제 성왕이 노리사치계를 파견한『일본서기』기록에 따른다. 그러나『상궁성덕법왕제설』과『원흥사녹기』에는 538년(흠명7)로 나온다. 일본은 552년과 538년 둘 다 병용한다.

「구세관음상」이 있는 호류지(법륭사)에는 「백제관음상」도 있다. 동양의 비너스상이라고 세계 미술계가 극찬한 불상이다. 소설가 앙드레 말로 Andre Malraux는 "만일 일본이 침몰할 때 일본에서 단 하나만 갖고 나가게 허락한다면 나는 백제관음상을 가지고 나가겠다."는 말로 관음상의 가치를 높게 평가한다. 백제관음상은 백제 장인이 만든 또 하나의 걸작품이다.

일본에는 백제의 옛 유물이 많다. 일본 국보 1호인 고류지 廣隆寺 (광륭사) 「반가사유상」(목조)을 비롯하여 중요 문화재가 모두 우리와 직간접적으로 연결된다. 어느 역사학자의 자조 섞인 통탄의 말이다.

▲ 백제관음상 [호류지]

▲ 반가사유상 [고류지]

"우리나라가 일본에 너무 많은 것을 주었다."

| 위덕왕과 대륙 동청주 |

전통적으로 남조 계통의 왕조와 우호관계를 맺어온 백제는 위덕왕(27대) 때에 북조 계통의 왕조와도 외교관계를 수립한다. 이때 위덕왕이 북조의 북제北齊 고위高緯(5대)로부터 받은 관작이 '사지절시중거기대장군대방군공백제왕'(570년)과 '사지절도독동청주제군사청주자사'(571년)다.

대륙 동청주지역 지배권 확보

570년(위덕17) 받은 관작 명에 '대방군공帶方郡公'이 나온다. 대방은 지금의 난하 하류지역인 하북성 당산唐山일대의 평야지대다. 전통적으로 백제가 중원왕조로부터 관할권을 인정받은 지역이다. 백제 세 번째 시조 구태(위구태)의 발원지다.

그런데 571년(위덕18) 관작 명에는 '동청주제군사'와 '동청주자사'가 나온다. 동청주東青州가 공통으로 들어간다. 동청주 지명이 들어간 관작은 위덕왕이 받은 것이 유일하다. 동청주는 어디일까?

어느 논문을 보니, 동청주의 청주를 충북 청주로 비정한 내용이 있다. 완전히 잘못된 해석이다. 청주는 고려 태조 때(940년)부터 사용한 행정지명이다. 청주는 지금의 산동성 청주青州(칭저우)시 청하현이다. 동청주는 청하현 동쪽지역인 산동반도를 가리킨다. 대륙 산동반도에 대한 백제의 연고권은 180여 년 전으로 올라간다. 동성왕은 북위北魏(탁발선비)와의 전쟁(488년)을 치르면서 산동반도 일대를 북위로부터 빼앗아 백제 영토로 편입한다.

원래 외교상의 주고받는 관작은 상호인정을 전제로 한다. 예를 들어 주는 쪽의 관작을 받는 쪽이 부당하다 여겨 거부하면 그만이다. 그런데 북제는 동청주를 두고 제군사諸軍事와 자사刺史를 준다. 제군사는 백제 입장이고, 자사는 북제 입장이다. 제군사는 위덕왕의 군사통수권이고, 자사는 북제의 지방행정관이다. 서로 상충된다. 그럼에도 『삼국사기』가 기록으로 남긴 것은 위덕왕이 동청주 지역에 대한 제군사와 자사 둘 다 수용한 것으로 판단된다.

▲ 위덕왕, 대륙 동청주 지배권 확보

북제는 동청주지역에 존재한 백제세력을 인정하는 대신 자신들의 행정구역 편입을 시도한다. 더 정확히 표현하면 북제는 유사시 백제의 군사적 도움을 받을 요량이다. 그러나 북제는 건국 27년만(550~557)에 북주北周(우문선비)에게 멸망당한다. 한마디로 북제는 위덕왕에게 공수표를 남발한다.

개부의동삼사 관등과 위덕왕

이후 북제를 무너뜨린 북주 역시 건국 4년만(557~581)에 수隋에게 멸망당한다. 수는 남북조시대를 종지부 찍고 중원을 재통일한다. 이때 수 문제(고조)는 위덕왕에게 '상개부의동삼사대방군공'의 관작을 준다. '개부의동삼사'(1관등)는 최고 품계로 오늘날의 국무총리급에 해당한다.

이에 화답하듯 위덕왕은 수가 고구려를 공격한다는 소문을 듣고 사신을 파견하며 수의 길잡이를 자청한다. 『삼국사기』는 이때 '고구려가 이 사실을 알고 백제의 국경을 침범하였다.'(高句麗頗知其事 以兵侵掠國境)고 기록한다. 전쟁 승패는 언급하지 않아 알 수 없으나 고구려 입장에서 보면 위덕왕의 행위는 참으로 얄밉기 그지없다. 그럼에도 위덕왕이 길잡이를 자처하며 수와의 외교에 공을 들인 이유는 전적으로 고구려를 견제하기 위함이다.

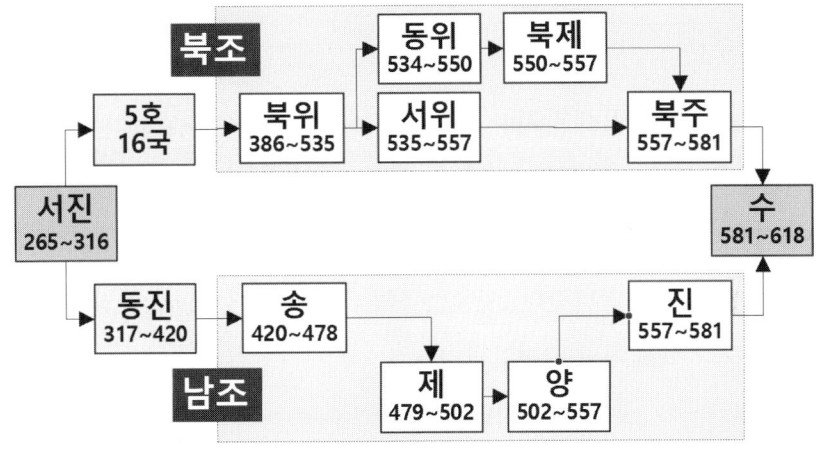

▲ 중국 남북조시대 계보

예나 지금이나 외교는 자국의 이익을 최우선한다.

| 일본에서 사망한 위덕왕의 왕자들 |

위덕왕은 554년 관산성(충북 옥천) 전투에서 신라군에 잡혀 전사한 성왕의 아들이다. 위기에 빠진 백제 국력을 다시금 회복하고 중흥의 발판을 마련한다. 위덕왕은 554년~598년까지 45년간을 재위한다. 백제 후반기 왕들 중 비교적 재위 기간이 길다. 그런데 위덕왕 사후 왕위를 이은 왕은 아들이 아닌 동생 혜왕(28대)이다. 그렇다면 위덕왕에게는 아들이 없었을까?

아좌태자와 임성왕자

『일본서기』와 일본 문헌(족보)에 위덕왕의 아들이 나온다. 아좌阿佐태자와 임성琳聖왕자다. 두 사람은 위덕왕 재위 말기인 597년(위덕44)을 전후하여 일본으로 건너간다. 이유는 혜왕季의 아들 선亘(법왕)과의 권력투쟁에 패하여 백제에서 숙청당한다.

아좌태자는 일본 중심지인 오사카지역에 정착하며 쇼토쿠聖德태자의 초상화를 그린다. 쇼토쿠는 일본 최초 사찰인 호류지(법륭사)를 창건한 일본 불교의 성인으로 추앙받는 인물이다.

임성왕자는 일본 서쪽 야마구치山口에 정착한다. 처음 성씨는 타다라多多良다. 이후 그의 직계 후손이 오우치大內가문을 형성한다. 14세기 한반도와의 무역을 독점, 막대한 부를 축적하며 일본의 유력 호족으로 성장한다. 『조선왕조실록』에는 그의 후손 오우치 요시히로大內義弘가 조선에

▲ 쇼토쿠태자 초상화

공문을 보내 시조 임성왕자의 족보를 입증해 달라고 요구한 기록도 있다. 당시 조정은 어떤 문헌에서도 임성왕자의 기록이나 흔적을 찾지 못한다. 이후 오우치가문은 에도막부에 의해 멸문당하며, 그 중 일부가 도요타豊田가문으로 분화한다.

> 2009년 임성왕자의 45대손이 한국을 방문한다. 당시 언론은 '백제왕의 후손이 천4백년 만에 선조의 땅을 밟았다.'고 보도하여 큰 주목을 받은 바 있다.

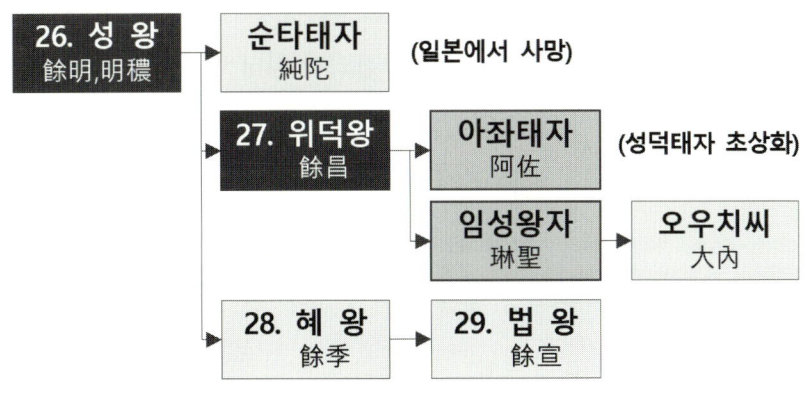

▲ 성왕-위덕왕 계보도

아좌태자와 임성왕자의 운명

위덕왕의 동생 혜왕은 채 1년을 넘기지 못하고 자연사한다. 뒤를 이어 아들 법왕(28대)이 즉위하지만 역시 1년을 갓 채우고 사망한다.

그렇다면 위덕왕의 직계인 아좌태자나 임성왕자가 백제로 돌아와 다음 왕위를 잇는 것이 순리다. 그러나 역사는 이들 두 왕자가 백제로 돌아오지 못했다고 기록한다. 왜 일까?

우리가 잘 아는 서동요의 주인공 무왕 때문이다.

| 법왕과 부여 왕흥사 |

▲ '王興' 명문 기와 [충남 부여]

충남 부여군 규암면에 소재한 왕흥사(王興寺)는 사비도성을 둘러싸고 있는 금강(백마강)의 북쪽 강변에 위치하며, 강을 마주한 남쪽에 부소산성이 소재한다. 일제강점기인 1934년 '王興'의 명문기와편이 발견되며 절터 이름이 확인된다. 국립부여문화재연구소가 2000년부터 8년에 걸쳐 발굴 조사한 결과에 따르면, 왕흥사는 〈1탑-1금당〉의 전형적인 백제식 가람배치 사찰로 목탑, 금당, 강당과 동회랑, 서회랑 등을 갖추고 있다.

> 삼국의 가람배치는 각각 다르다. 백제는 〈1탑-1금당〉, 고구려는 〈1탑-3금당〉, 신라는 〈2탑-1금당〉이다.

왕흥사는 600년(법2)에 창건한 사찰로 『삼국사기』는 창건자를 법왕으로 적는다. 또한 왕흥사를 완공한 해는 634년(무35)이다. 법왕이 창건을 시작하고 무왕이 완성한다.

살생을 금한 법왕

법왕(29대)은 이름이 선(宣) 또는 효순(孝順)이다. 혜왕의 장자(長子)로 아버지 혜왕(또는 헌왕)이 재위 2년만에 사망하자 뒤를 잇는다.

> 효순은 법왕이 즉위하면서 스스로 지은 이름이다. 『범망경』에 유래가 나온다. '국왕이나 전륜성왕의 자리에 나아갈 때는 보살계를 받아야 하며 계를 받았으면 효순심(孝順心)과 효경심(孝敬心)을 가져야 한다.'

그러나 법왕 또한 재위 2년만에 사망한다. 실질적인 재위 기간은

599년 12월~600년 5월까지 6개월간이다. 이 짧은 기간에 법왕은 불교 관련하여 2가지 혁신적인 조치를 단행한다. 하나는 599년 12월의 살생을 금하는 금살禁殺 조치며, 또 하나는 곧바로 이어진 600년 정월의 왕흥사 창건이다. 특히 금살 조치는 민가의 매와 새매를 모두 거두어 놓아주고 물고기 잡은 사냥도구를 태워버리는 등 보다 적극적이며 강력하다.(收民家所養鷹鷂放之 漁獵之具焚之) 왕흥사 창건의 경우도 마찬가지다. 단순히 창건에 그치지 않고 승려 30명에게 도첩을 내리기까지 한다.

법왕은 무슨 연유로 강력한 불교정책을 시행한 걸까? 법왕은 석가모니 부처를 가리킨다. 불교에서는 석가모니 부처를 법왕이라 칭한다. 법왕은 스스로 석가모니 부처가 되어 금살조치와 같은 보다 급진적인 불교정책을 시행한다. 왕흥사의 '王興'은 '석가모니 부처王를 흥興하게 한다'는 뜻을 가지고 있다. 결과적으로 법왕은 불교관련 조치를 통해 왕의 권위를 석가모니 부처와 일체화하여 강력한 전제왕권 수립에 승부수를 던진다.

그러나 법왕의 급진적인 불교정책은 사비세력에게 수용되지 못한다. 오히려 거친 반발을 불러오고 결국 법왕은 사비세력에 의해 제거되는 결과로 이어진다. 법왕이 단명하게 된 직접적인 이유다.

> 『숭암산 성주사 사적』. '성주선원(聖住禪院)은 본래 수양제 대업12년(616년) 을해에 백제국 28세인 혜왕의 왕자 법왕이 오함사(烏盒寺)를 건립한 곳이다. 전쟁에서 승리하여 원혼들이 불계에 오르기를 바라며 세운 원찰이다.' 법왕은 최소 616년까지 생존한 것으로 되어있다.

왕흥사 청동사리함 명문의 시사점

그런데 2007년 왕흥사지 목탑지에서 금병, 은병, 청동함 등 사리장엄구舍利藏嚴具 일체를 발굴하면서 왕흥사 창건자와 창건연대에 대한 혼란이 발생한다. 청동함 겉면의 명문이다.

> 丁酉年 二月十五日 百濟昌王爲亡王子立刹本舍 利二枚葬時 神化爲三
> 정유년(577년) 2월 15일 **백제 창왕이 죽은 왕자를 위해 본사를 세우고 사리 2매를 묻었을 때 신의 조화로 3매가 되었다.**

▲ 왕흥사 목탑 출토 사리장엄구

명문은 왕흥사의 창건자가 법왕이 아닌 위덕왕(창왕)이라고 적는다. 또한 창건연대도 600년이 아닌 577년이다. 더구나 창건 목적은 위덕왕이 죽은 왕자의 명복을 빌기 위해 건립한 원찰願刹임을 분명히 밝힌다.

그렇다면 『삼국사기』는 법왕을 창건자로 기록한 걸까? 여러 가능성이 존재하나 대체적으로 577년 위덕왕이 처음 왕실사찰(원찰)로 건립하여 이어오다, 600년 법왕이 국가사찰(왕흥사)로 승격시키며 중창했다고 보는 해석이 유력하다. 그런데 『삼국유사』는 634년 무왕이 완성한 왕흥사를 미륵사彌勒寺로도 칭했다고 소개한다. 〈기이〉 무왕 편이다.

이듬해 경신(600년)에 승려 30인을 두고 그 당시 수도 사비성(지금의 부여)에 왕흥사를 창건하려고 처음 터를 잡고 승하하였다. 무왕이 왕위를 계승하여 아버지가 잡은 터에 아들이 절을 세우니 수십년이 지나 완성하였다. 그 절 이름을 또한 미륵사라고 한다.
明年 庚申 度僧三十人 創王興寺於時都泗沘城〔今扶餘〕始立栽而升遐 武王繼統 父基子構 歷數紀而畢成 其寺亦名彌勒寺

이 기록을 적용하면 왕흥사 창건 역사는 이렇게 정리된다. 처음 위덕왕의 원찰(577년)로 건립되며, 법왕의 왕흥사(600년)로 중창되고, 무왕의 미륵사(634년)로 완성된다.

> 부여 왕흥사를 미륵사로 칭하였듯이 익산 미륵사를 왕흥사로 칭한 기록이 『삼국유사』에 나온다.

왕흥사 경관 묘사

당시 왕흥사의 빼어난 경관을 묘사한 기록이 『삼국유사』에 나온다. 〈흥법〉 법왕금살 편이다. '절은 산기슭에 있고 물가에 접해 있으며 꽃과 나무가 수려하여 사철 내내 아름다웠다. 왕(무왕)이 배를 타고 강을 건너와 그 장엄하고 화려한 풍경을 감상하였다.'(附山臨水 花木秀麗 四時之美具焉 王每命舟 沿河入寺 賞其形勝壯麗) 왕흥사는 사비도성밖 북쪽 백마강(금강) 건너편에 위치한다. 아마도 무왕은 현실정치의 피로감을 달래기 위해 이곳 왕흥사를 자주 찾았을 것이다. 왕흥사는 무왕의 휴식처이기도 한다.

▲ 왕흥사 복원도와 출토 치미

그런데 말이다. 무왕은 어찌하여 왕흥사를 미륵사라 칭하였을까?

| 부여 능산리고분군의 무덤주인 |

충남 부여 「능산리고분군」은 백제 사비시대를 대표하는 무덤군이다. 능산리 해발 120m 산의 남사면을 따라 위치하며 중앙고분군(또는 왕릉원), 동고분군, 서고분군으로 나눈다. 현재까지 확인된 무덤은 중앙고분군 7기, 동고분군 5기, 서고분군은 4기 등 모두 16기다. 일제강점기에 3차례 (1915년, 1917년, 1937년) 발굴 조사하며, 중앙고분군의 경우 1965년 봉분 복원공사 과정에서 1기(7호)를 추가로 확인한다.

▲ 능산리고분군 [충남 부여]

무덤의 외형은 원형봉토분이다. 크기에 따라 대형(25~30m), 중형(20~25m), 소형(20m 이하) 등으로 분류한다. 무덤 양식은 굴식돌방무덤(횡혈식석실묘)이다. 다만 돌방 재질은 활석(깬돌)이 아닌 정교하게 가공한 석재다. 또한 돌방 구조는 평면(바닥)은 장방형이고 단면은 아치형, 육각형, 사각형 등이다. 천장은 돌방 단면에 따라 아치형은 터널천정식^{Tunnel天井式}, 육각형은 평사천정식^{平斜天井式}, 사각형은 평천정식^{平天井式} 등으로 구분한다. 무덤 입구는 석문을 이용하여 열고 닫는 문틀식이다.

▲ 돌방 분류: 아치형(터널천정식), 육각형(평사천정식), 사각형(평천정식)

중앙고분군(왕릉원)의 현황

중앙고분군 무덤의 주요 재원이다.

무덤명	구조	규모(m) (길이×너비×높이)	특징	출토 유물
1호분 (동하총)	사각형 돌방 평천정 중앙널길 문틀	3.26×1.50×1.54	벽화 호석	옻칠 목관 금동 관고리 원두정
2호분 (중하총)	아치형 돌방 터널천정 중앙널길 문틀	3.21×1.98×2.15	벽면 호칠	옻칠편, 목관편 금동 원두정 철제 관정
3호분 (서하총)	육각형 돌방 평사천정 우측널길 문틀	2.87×1.25×1.56	-	-
4호분 (서상총)	육각형 돌방 평사천정 중앙널길 문틀	-	호석	목관편 금동 화형받침쇠 관정
5호분 (중상총)	육각형 돌방 평사천정 우측널길 문틀	2.99×1.33×1.58	관매 1매	목관편 금동 화형받침쇠 금동 투조산장식
6호분 (동상총)	육각형 돌방 평사천장 중앙널길 문틀	3.25×2.00×2.11	관대 2매 호석	목관편 금동 꽃이금구 원두정

무덤은 앞쪽 3기, 뒤쪽 3기다.(*맨 위쪽 7호분 별도) 앞쪽은 대형급 봉분으로 우측(동쪽)부터 1호분(동하총), 2호분(중하총), 3호분(서하총) 순이며, 뒤쪽은 중형급 봉분으로 좌측(서쪽)부터 4호분(서상총), 5호분(중상총), 6호분(동상총) 순이다.

1호분(동하총)은 장방형의 널방石室과 널길羨道로 이루어진 외방單室무덤이다. 널길은 비교적 길고 밖으로 갈수록 넓어지는 나팔형이다. 널방의 4벽은 장대석(화강암,편마암)으로 축조한다. 천장은 평천정식(단면 사각형)이다. 특히 널방에는 벽화가 있다. 4벽에 그린 사신도와 천장에 그린 연꽃무늬, 구름무늬. 사신도는 송산리고분군 6호분(동성왕릉)과 직접 연결되며 연꽃무늬, 구름무늬 등은 고구려 고분벽화의 영향이다.

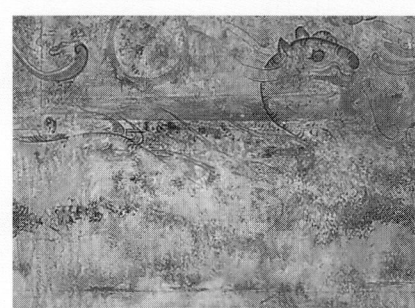 

▲ 1호분 벽화: 서벽 백호도, 천장 연꽃 / 구름무늬

2호분(중하총)은 장방형의 널방과 비교적 긴 널길로 이루어진 외방무덤이다. 널방의 4벽은 장대석으로 축조한다. 천장은 터널식(단면 아치형)이다. 이는 벽돌무덤인 송산리고분군 6호분과 무령왕릉의 형식과 재질만 다를 뿐 형태는 같다.

3호분(서하총)은 장방형의 널방과 비교적 짧은 연도로 이루어진 외방무덤이다. 널방의 4벽은 장대석으로 축조한다. 천장은 평사천정식(단면 육각형)이다. 이 형식은 7세기경 부여지방에서 널리 유행한 형태다.

4호분(서상총), 5호분(중상총), 6호분(동상총) 등은 장대석으로 널방을 만든 외방무덤이며, 천장은 평사천정(단면 육각형)이다.

중앙고분군의 축조 연대는 고고학적 결과만을 놓고 보면, 앞쪽의 2호분(중하총)이 가장 빠르며 그 다음이 1호분(동하총)과 3호분(서하총)이고, 뒤쪽의 4호분, 5호분, 6호분은 가장 늦다.

중앙고분군(왕릉원)의 무덤주인

사비시대의 왕은 사비 천도를 단행한 성왕을 비롯하여 위덕왕, 혜왕, 법왕, 무왕, 의자왕 등 모두 6명이다. 이 중 익산에 무덤을 쓴 무왕과 백제 멸망 후 당의 장안으로 끌려가 북망산에 묻힌 의자왕을 제외하면 중앙고분군의 무덤주인은 성왕, 위덕왕, 혜왕, 법왕 등 4명으로 압축된다. 특히 2014년 국립문화재연구소가 지하물리탐사를 통해 1호분과 2호분, 3호분과 4호분, 5호분과 6호분 등은 서로 연접성이 강하다는 사실을 확인한다. 따라서 고고학적 판단의 축조 연대, 지하물리탐사 결과의 연접도, 그리고 무덤 배치의 위계 등을 종합적으로 고려하면 어느 정도 무덤주인을 추정할 수 있다.

2호분은 무덤 단면이 아치형이다. 이는 성왕의 원찰인 능산리사지에서 출토된 석조사리감의 외형과 같다. 2호분은 성왕(~554년)의 무덤으로 보아도 무방하다. 우측 1호분은 성왕의 첫째 아들 위덕왕(~598년)의 무덤이며, 좌측 3호분은 성왕의 둘째 아들 혜왕(~599년)의 무덤이다. 또한 3호분과 연접된 뒤쪽의 4호분은 혜왕의 아들 법왕(~600년)의 무덤일 가능성이 높다. 나머지 5호분과 6호분은 중요 왕족의 무덤으로 추정된다.

> 6호분은 무왕의 사택왕후가 낳은 **교기(翹岐)왕자의 부부무덤**(널받침 2매)으로 보는 견해도 있다. 이 견해가 맞다면 6호분과 연접한 **5호분은 사택왕후의 무덤**일 가능성이 높다. 『일본서기』에 따르면 **사택왕후는 655년, 교기왕자는 677년에 각각 사망**한다.

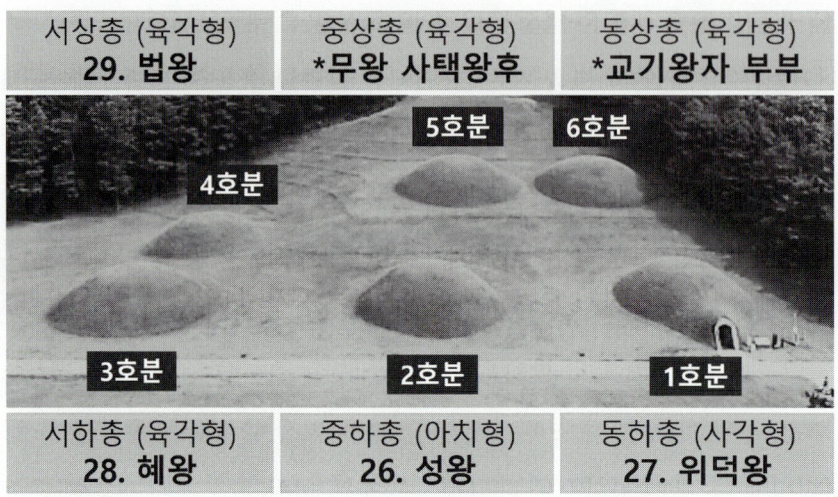

▲ 중앙고분군(왕릉원) 무덤주인 비정

동고분군과 서고분군의 특징

　동고분군과 서고분군은 중앙고분군의 동쪽과 서쪽에 각각 위치한다. 봉분의 규모로 볼 때 중앙고분군(왕릉원)이 20~30m의 중대형급 무덤이라면, 동고분군과 서고분군은 10~20m급의 중소형급 무덤이다.

　동고분군의 5기 무덤은 모두 평사천정의 단면 육각형 돌방이다. 다만 널길의 경우 동1호분, 2호분, 5호분 등 3기는 중앙널길이고, 동3호분, 4호분 등 2기는 우측널길이다.

▲ 동고분군 돌방(1호분,2호분,4호분,5호분) 내부 [일제강점기 유리건판]

서고분군의 4기 무덤은 모두 중앙널길이다. 다만 돌방의 경우 서1호분, 서2호분 등 2기는 평천정의 단면 사각형이고, 서3호분, 서4호분 등 2기는 평사천정의 단면 육각형이다.

동고분군와 서고분군은 규모와 구조로 보아 왕릉원인 중앙고분군의 피장자보다 한 단계 위계가 낮은 왕족 무덤으로 추정된다. 대상은 왕자 또는 공주, 그리고 그들과 혈족관계를 형성한 사람이다.

사비시대 부여의 백제고분은 왕족무덤인 능산리고분군 외에도 **능안골 고분군**(50기), **염창리 고분군**(300기), **청마산성 고분군** 등 여러 고분군이 주변에 산재한다. 주로 귀족층의 무덤으로 **최소 500여 기 이상이 분포**한다.

▲ 부여지역 고분 분포

「능산리고분군」은 백제 사비시대 왕족의 무덤군이다.

서동설화의 주인공 무왕

善化公主主隱	선화 공주님은
他密只嫁良置古	남 몰래 정을 통해 놓고
薯童房乙	서동 도련님을
夜矣卯乙抱遺去如	밤에 몰래 안고 간다.

서동요는 이두로 표기된 우리나라 최초의 4구체 향가다. 서동이 신라 진평왕의 딸 선화善化,善花 공주를 얻기 위해 서라벌 어린 아이들을 동원하여 퍼뜨린 노래다. 우리는 서동(무왕,30대)과 선화공주가 혼인한 것으로 알고 있다. 또한 그렇게 믿는다.

『삼국유사』는 선화공주를 신라 **진평왕의 셋째 딸**로 적는다. 『상장돈장』에 따르면 **진평왕**은 정실왕후 마야(摩耶)를 통해 덕만(德曼-선덕여왕)과 천명(天明-김춘추 어머니)을, 그리고 후궁 애리(愛理)를 통해 선화를 얻는다.

무왕과 선화공주의 혼인 여부

서동과 선화공주의 혼인은 오직 『삼국유사』에만 나온다. 〈기이〉 무왕 편 기록으로 전반부는 서동설화고 후반부는 미륵사 창건설화다. 그런데 『삼국사기』를 보면 무왕은 즉위 이후 602년(무3)부터 신라와의 전쟁을 시작한다. 재위 기간(600~641)중 무려 13차례나 전투를 벌인다. 백제의 어느 왕도 무왕처럼 줄기차게 신라와 전투를 벌인 사례는 없다. 선화공주가 무왕의 왕후라면 도저히 있을 수 없는 일이다.

더욱이 2009년, 익산 미륵사지의 서탑을 해체하는 과정에서 출토된 「사리봉안기」의 명문은 가히 충격이다. 무왕의 왕후는 선화공주가 아닌 백제귀족 사택적덕의 딸인 사택沙宅왕후다. 또한 미륵사 창건을 봉양한 사람도 선화공주가 아닌 사택왕후다.

백제 무왕과 신라 선화공주의 혼인은 정말로 사실일까? 서동설화는 일연의 착각인가? 아니면 일연의 창작인가? 혼인의 사실성은 무왕의 출신에서 답을 찾을 수 있다. 무왕의 어머니는 부여 궁남지 출신의 미천한

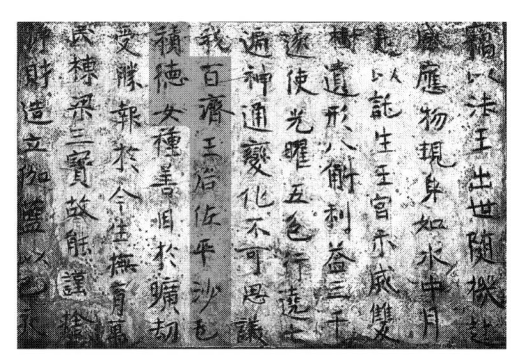

▲ 「사리봉안기」 사택왕후 명문

과부다. 어느 날 연못의 용(혜왕)과 정을 통해 무왕(서동)을 낳는다.

> 『삼국유사』〈기이〉 무왕. '무왕의 이름은 장이다. **어머니는 과부였는데 수도 남쪽 연못가에 집을 짓고 살다가 그 연못의 용과 정을 통하여 아들을 낳았다. 어릴 때 이름은 서동이다.**'(武王名璋 母寡居 築室於京師南池邊 池龍交通而生 小名薯童)

그러나 어떤 사유로 부여 궁남지에서 살지 못하고 익산 마룡지로 거처를 옮겨 무왕을 기른다. 무왕은 마동(마를 캐는 아이)으로 성장한다. 일연이 기록한 서동설화가 사실이라면 무왕은 이 시기 선화공주와 혼인한다.

▲ 부여 궁남지와 익산 마룡지

무왕의 세력기반은 전북 익산이다. 법왕(28대)이 재위 1년만에 갑자기 사망하는 바람에 백제는 차기 왕통에 문제가 발생한다. 이때 사택가문의 사비세력이 익산세력과 연합하여 무왕을 옹립한다. 당연히 왕후는 사택가문 몫이다.

선화공주, 무왕 즉위 직후 사망

그렇다면 선화공주는 어떻게 되었을까? 선화공주는 무왕이 왕이 된 직후에 사망한 것으로 추정된다. 그래서 미륵사 창건설화를 기록한 『삼국유사』와 『신증동국여지승람』은 선화공주를 왕후가 아닌 부인으로 적는다.

이는 무왕이 즉위 이후 13차례나 신라와 격하게 전쟁을 벌인 역사적 사실을 설명할 수 있다. 무왕은 선화부인이 사망하고 없기에 신라를 공격한다. 특히 무왕은 정실소생의 적자가 아니다. 어머니는 미천한 과부 출신이다. 이러한 출신 배경은 무왕의 최대 약점이자 또한 극복 대상이다. 그래서 무왕은 보다 적극적으로 신라에 대한 강공정책을 펼친다.

서동설화 주인공은 백제 무왕이다. 『삼국유사』가 서동을 무왕으로 단정한 것은 참조한 옛 문헌이 모두 무왕으로 기록하고 있기 때문이다. 선화부인과 사택왕후 두 사람의 존재도 사실이다. 다만 두 사람은 시간적 격차가 있다. 선화부인은 무왕이 즉위 전에 얻은 부인이고, 사택왕후는 즉위 후에 새로이 얻은 정실왕후다.

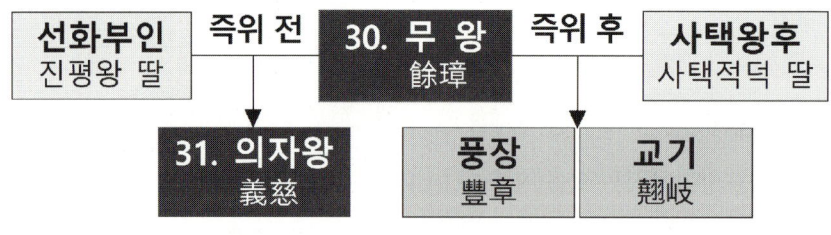

▲ 무왕 가계도

역사는 알다가도 모르는 것이다. 과연 우리가 아는 역사적 사실은 얼마나 될까?

무왕의 대외정책 일관성

무왕(30대)은 혜왕, 법왕의 단명으로 인한 불안한 정국을 조기에 수습하고 백제의 중흥기를 구축한다. 탁월한 정치적 역량을 바탕으로 능수능란한 외교술을 펼쳐 국가의 위상을 드높이고 군사력을 크게 증강시켜 신라를 강하게 압박한다. 무왕의 이름은 장(璋)이다. 시호는 무(武)다. 『삼국사기』는 무왕이 '풍채가 빼어나고 뜻과 기개가 호걸스러웠다.'(風儀英偉 志氣豪傑)고 적는다. 무왕의 재위 기간은 600년~641년까지 42년간이다.

출신 계보 검토

『삼국사기』는 무왕을 법왕의 아들(子)로 설정한다. 또한 『북사』는 위덕왕의 아들(子)로 소개한다. 그러나 두 계보는 어디까지나 전임 왕과 후임 왕을 하나로 연결하는 계보상의 설정이다.

무왕의 출신은 『삼국유사』〈왕력〉에 단서가 나온다. '제30대 무왕, 무강 또는 헌병이라고도 하며 혹은 소명이 일기사덕이라고도 한다.'(第三十武王 或云武康 獻丙 或小名一耆篩德) 무왕의 또 다른 시호는 무강(武康)과 헌병(獻丙)이다. 무강은 武와 康을, 헌병은 獻과 丙을 합친 말이다. 특히 獻은 혜왕(28대)의 또 다른 왕명으로 『삼국유사』는 혜왕을 헌(獻)왕으로도 소개한다.(第二十八 惠王 名季 一云獻王) 丙은 십간(갑을병정~)의 3번째다. 헌병은 헌왕(혜왕)의 3번째 아들을 말한다. 무왕은 혜왕의 혈통이다. 다만 어머니가 궁남지(부여)에 살았던 과부 출신이니 무왕은 혜왕의 서자다.

> 『삼국유사』는 무왕의 '어릴 때 이름' 즉 소명(小名)을 〈기이〉 편에는 '서동(薯童)', 〈왕력〉편에는 '일기사덕(一耆篩德)'으로 적는다. **일기사덕은 즉위 전 무왕의 신분을 숨기기 위해 사택가문에서 별도로 부여한 이름이 아닐까 싶다.** 무왕의 즉위 후 새로 맞이한 정실왕후는 좌평 사택적덕(沙乇積德)의 딸이다.

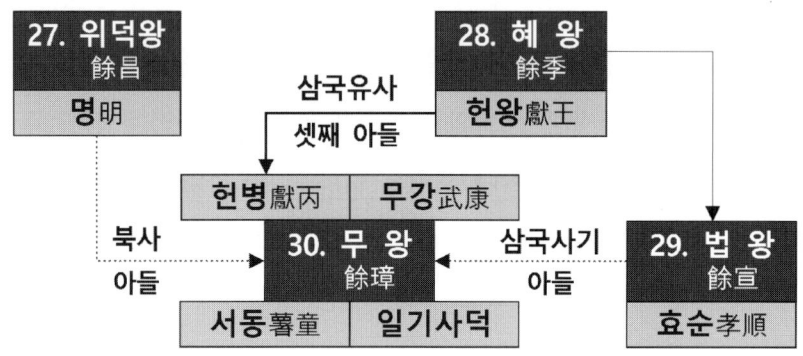

▲ 무왕 출신 계보

신라와의 전쟁

무왕은 재위 기간 중에 신라와 13차례 전투를 벌인다. 전투 장소는 주로 신라와 국경을 맞대고 있는 접경지역이다. 이름이 나오는 장소는 가잠성 3회, 아막성 2회, 그리고 늑도현, 속함성, 왕재성, 독산성 등이며, 이름이 나오지 않는 장소도 4회나 된다. 특히 2회이상 전투가 벌어진 가잠성椵岑城과 아막성阿莫城은 백제가 신라로 진출할 수 있는 소백산맥의 주요 요충지다. 가잠성은 지금의 충북 영동 양산의 비봉산성으로 부여 → 금산 → 영동 → 김천 → 구미로 이어지는 서북쪽 축선의 거점이며, 아막성은 지금의

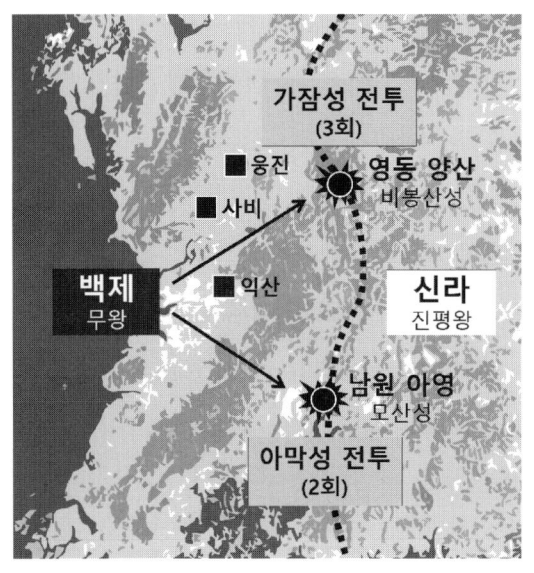

▲ 가잠성, 아막성 전투

전북 남원 아영의 모산성으로 부여 → 정읍 → 남원 → 함양 → 거창으로 이어지는 남쪽 축선의 거점이다. 무왕은 두 축선의 거점인 가잠성과 아막성의 확보에 상당한 공을 들인다.

> 『세종실록』〈지리지〉 남원도호부 운봉현. '본래 **신라의 모산현으로서 아영성 혹은 아막성**이라고 한다. 신라(경덕왕)가 운봉현으로 고쳤다.'(本新羅 母山縣 或云阿英城 或云阿莫城 新羅改雲峯縣)

특히 무왕은 재위 초기인 602년(무3) 아막성에서 전투를 벌인다. 무왕이 즉위 후 벌인 신라와의 최초 전투다. 『삼국사기』 무왕 기록이다.

3년(602년) 가을 8월, **왕이 병사를 출동시켜 신라의 아막산성**(모산성이라고도 한다)**을 포위하였다**. 신라왕 진평이 정예 기병 수천을 보내 대항하자 우리 병사가 불리해서 돌아왔다. … **왕이 노하여 좌평 해수에게 명하여 보기**(보병,기병) **4만을 거느리고 나아가 성을 공격하게 하였다.** 신라 장군 건품, 무은이 병사를 거느리고 대항하였다. 해수가 불리하자 병사를 이끌고 천산 서쪽의 대택(*큰 연못)으로 물러나 병사를 숨겨 놓고 기다렸다. 무은이 승세를 타고 갑옷 입은 병사 1천을 거느리고 대택까지 추격해 왔다. … 나머지 (신라) 병사들이 이를 보고 더욱 분발하여 **우리 군이 패배하였다. 해수는 겨우 위기를 벗어나 단신으로 돌아왔다.**
三年 秋八月 王出兵 圍新羅阿莫山城(一名母山城) 羅王眞平遣精騎數千拒戰之 我兵失利而還 … 怒 令佐平解讎 帥步騎四萬 進攻其城 新羅將軍乾品武殷 帥衆拒戰 解讎不利 引軍退於泉山西大澤中 伏兵以待之 武殷乘勝 領甲卒一千 追至大澤 … 餘兵見此益奮 我軍敗績 解讎僅免 單馬以歸

아막성 전투는 향후 무왕의 대신라정책의 좌표를 찍는 가늠자다. 무왕은 아막성 점령이 여의치 않자 다시금 대규모 병력을 동원한다. 좌평 해수解讎에게 4만의 보기(보병,기병)군을 주어 아막성을 공격한다. 그러나 오히려 대패하며 4만 군사 대부분을 잃는다. 이는 과거 위덕왕(창왕)이 관산성 전투에서 패배하며 잃은 병력 3만보다 훨씬 많은 숫자다. 특히 최초 전투가 벌어진 시점은 주목해야 한다. 무왕 재위 3년째다. 만약 이 시기 선화부인이 살아 있다면 무왕의 신라 공격은 있을 수도 벌어질 수 없는 일이다. 선화부인이 사망하고 없기에 무왕은 신라를 선제 공격한다. 물론 자신을 옹립한 사비세력으로부터 정체성에 대한 강한 압박을 받았을 것이다. 그러나 무왕은 4만 군사 대부분을 잃는 참사를 맞본다. 돌이킬 수 없는 적대적 정책의 서막이다.

양단의 외교

무왕 때에 중원왕조는 수에서 당으로 교체된다. 무왕은 중원을 재통일한 수(隋)와의 외교관계를 통해 고구려를 견제한다. 아래는 대표적인 사례다. 『수서』 백제 전이다. (*『삼국사기』 간략히 기록)

대업3년(607년) 장(무왕)이 사신 연문진 보내 조공하였다. 그해 또 사신 왕효린을 보내어 입헌하며 고구려를 공격할 것을 청하였다. 양제가 이를 허락하고 고구려의 동정을 살피게 하였다. 그러나 장(무왕)은 안으로 고구려와 화통하면서 간사한 마음을 갖고 중국을 엿본 것이었다.
大業三年 璋遣使者燕文進朝貢 其年 又遣使者王孝鄰入獻 請討高麗 煬帝許之 令覘高麗動靜 然璋內與高麗通和 挾詐以窺中國

대업7년(611년) 수양제가 몸소 고구려를 정벌하려 하자 장(무왕)이 그의 신하 **국지모를 보내와 출병의 시기를 물었다.** 양제가 크게 기뻐하며 후하게 상을 내리고 상서기부랑 석률을 백제에 보내어 시기를 서로 알게 하였다. 이듬해 (612년) 6군이 요수를 건너고 장(무왕)**도 군사를 고구려 국경에 엄중히 배치하고 수군을 돕는다고 공공연히 말만 하면서 실제로는 양단책을 썼다.** 얼마 안 되어 신라와 틈이 생겨 자주 전쟁을 하였다.
大業七年 帝親征高麗 璋使其臣國智牟 來請軍期 帝大悅厚加賞錫 遣尙書起部郎席律詣百濟 與相知 明年 六軍渡遼 璋亦嚴兵於境 聲言助軍 實持兩端 尋與新羅有隙 每相戰爭

무왕은 607년(무8) 연문진과 왕효린을 파견하여 수 양제에게 고구려 정벌을 요청하며, 611년(무12) 수와 사신을 주고받으며 고구려 침공을 논의하기까지 한다. 그러나 612년(무13) 정작 수가 고구려를 침공하자 고구려 국경에 군사를 보내되 공격하지 않는다. 이를 무왕의 양단책兩端策 외교로 설명한다. 백제가 수와 고구려 양측 모두에게 편을 들었다는 얘기다. 오늘날의 표현을 빌리면 일종의 '전략적 모호성Strategic Ambiguity'이다.

618년(무19) 수가 멸망하고 당이 건국되자 무왕은 당과의 외교관계에 보다 집중한다. 모두 12회에 걸쳐 당에 사신을 파견하며 과하마果下馬와 명광개明光鎧 갑옷을 선물하기도 한다. 당 고조는 이에 화답하여 624년(무25) 무왕을 '대방군공백제왕帶方郡公百濟王'에 봉하며, 당 태종은 641년(무42) 무왕이 사망하자

▲ 貞觀十九年(645년)명 옻칠갑옷 [공주 공산성]

친히 소복을 입고 통곡하며 현무문에서 직접 애도식을 거행하고 무왕을 광록대부光祿大夫에 추증하기도 한다.

> 고구려 장수왕은 사후 북위(효문제)로부터 '거기대장군태부요동군개국공고구려왕'에 추증되며 **시호 '강(康)'을 받는다**(491년). 康은 중원왕조가 이민족 왕에게 부여하는 최고의 예우적 시호다. 무왕의 또 다른 시호 **무강(武康)**의 **'康' 역시 중원왕조 당**(태종)이 **부여한 시호로 추정**된다(641년).

기록 변화의 시사점

아래는 630년(무31)~632년(무33)의 『삼국사기』와 『일본서기』 기록이다.

『삼국사기』 무왕	31년(630년) 봄 2월, 사비 궁궐을 수리하였다. 왕이 웅진성에 행차하였다. 여름에 가뭄이 들어 사비의 공역을 중지하였다. 가을7월, 왕이 웅진에서 돌아왔다. 三十一年 春二月 重修泗沘之宮 王幸熊津城 夏旱 停泗沘之役 秋七月 王至自熊津
『일본서기』 〈서명기〉	3년(631년) 3월, 경신 초하루 백제왕 의자가 왕자 풍장을 볼모로 보내왔다. 三年 三月 庚申朔 百濟王義慈入王子豐章爲質
『삼국사기』 무왕	33년(632년) 봄 정월, 원자 의자를 태자로 삼았다. 가을 7월, 왕이 생초벌판에서 사냥하였다. 三十三年 春正月 封元子義慈爲太子 秋七月 王田于生草之原

630년(무31) 사비궁궐 수리가 시작되었다가 중단되며 무왕은 웅진성에 7개월 동안 체류한다. 이 시기 무왕은 사비에서 웅진으로의 재천도를 구상한 것으로 보인다. 그러나 무왕의 재천도 구상은 좌초되며 오히려 왕권이 의자(선화부인 소생)에게 위임된다. 이듬해인 631년(무32) 3월 의자가 백제 왕의 자격으로 풍장(사택왕후 소생)을 일본에 볼모로 보낸다. 의자는 자신의 정적이자 경쟁자인 풍장을 전격적으로 제거한다. 이어 다음해인 632년(무33) 정월 의자는 정식으로 태자에 책봉되며 왕권을 대행한다. 그리고 7월 왕권을 넘긴 무왕은 홀연히 생초生草 벌판에서 사냥한다. 생초는 지금의 강경(논산시 강경읍) 정도로 추정된다. 무왕의 사냥은 지근거리에 위치한 익산(금마)을 염두한 정치행사다. 이때 무왕은 고향 익산의 중요성을 재발견한다.

무왕의 왕권 위임은 자의일까? 타의일까? 또한 무왕은 왕권을 위임한 의자와는 어떤 거래를 하였을까?

| 미륵사와 무왕의 꿈 |

미륵사지 석탑으로 널리 알려진 미륵사지(절터)는 전북 익산시 금마면에 소재한다. 일제강점기인 1910년 후지시마 가이지로藤島亥治郞가 처음 조사하며, 1915년에는 반쯤 붕괴된 채로 남아있는 석탑(서탑)을 콘크리트로 보강한다. 1974년 동탑지 발굴과 서탑 조사를 시작으로 국립부여문화재연구소가 1980년~1994년까지 5개년씩 3차에 걸쳐 전면 발굴 조사한다. 출토된 명문기와는 '弥(=彌)勒(미륵)'을 비롯하여 '景辰年五月'(716년), '太平

▲ 해체보수 전 미륵사지 석탑 [1995년]

興國五年'(900년), '天曆三年'(1300년), '延祐四年丁巳'(1317년) 등이다. 미륵사는 백제 말기에 창건된 이래로 최소 고려 말기까지 여러 차례 중수과정을 거쳐 조선의 임진왜란 전후에서 폐사된 것으로 추정된다.

『연려실기술』. '성덕왕29년(730년) 6월에 **벼락이 쳐서 서쪽**(탑)**이 반쯤 무너졌으며** 그 뒤에도 누차 무너졌으나 더 이상 붕괴되지 않고 중간에 옛 모습대로 고쳐 놓았다.'

▲ 연호가 새겨진 명문기와편 [미륵사지 출토]

3원병렬식 가람 구조

미륵사는 '중문-탑-금당'이 일직선상에 배열된 백제식 〈1탑-1금당〉 가람을 하나의 원院으로 하는 3개의 원을 나란히 병렬시킨 구조다. 동원, 중원, 서원 등으로 구성된 3원병렬식三院竝列式 가람배치다. 각각의 원이 각각의 가람을 형성한다. 다만 중원이 동원과 서원보다 월등히 커서 중원은 주가람, 동원과 서원은 부속(보조)가람으로 이해한다. 또한 탑의 경우 중원은 목탑이고, 동원과 서원은 석탑이다. 특히 3개 원은 각기 회랑을 가지며, 이들 회랑은 뒷편의 대강당으로 연결된다. 예불공간은 3개의 원이지만 강당은 하나로 통합된다. 강당에 연결된 좌·우편과 뒷편에는 승방이 위치한다.

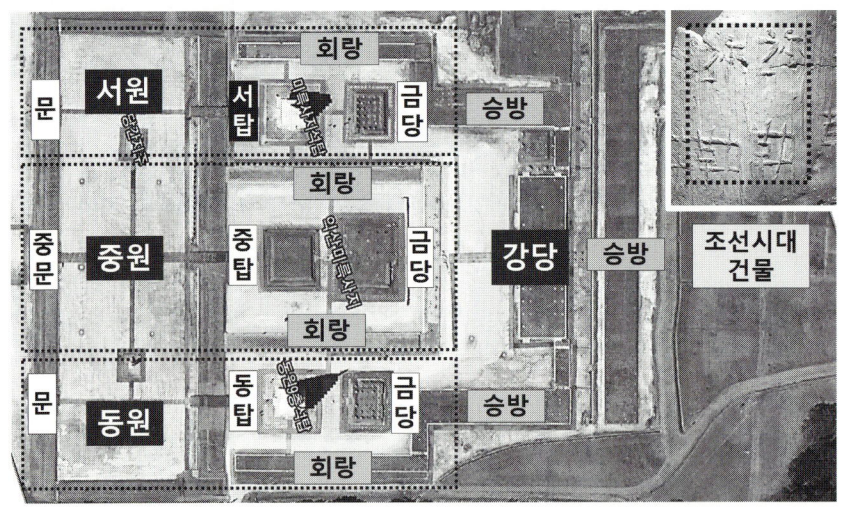

▲ 미륵사 가람 배치 구조

미륵사의 3원가람은 중국의 3원가람과는 다르다. 중국의 3원가람은 4면이 폐쇄형으로 좌우의 2원이 중원을 향하고 있는 데 비해, 미륵사 3원가람은 동원과 서원의 뒷편이 강당쪽으로 열린 점, 그리고 2원이 중원을 향하지 않고 모두 뒷편을 향하고 있는 점이다. 미륵사의 3원가람은 중국의 3원가람과 유사하지만 백제식 〈1탑-1금당〉의 기초하여 3원병렬형 가람으로 창조된 것이라 할 수 있다. 그렇다면 미륵사는 어떻게 해서 3원병렬식 가람 구조를 가지게 된 걸까? 그 이유는 미륵사 창건설화에 잘 나타나 있다.

> 〈1탑-1금당〉의 백제식 사찰은 부여의 정림사지, 왕흥사지, 군수리사지 등이고, 〈1탑-2금당〉 고구려식 사찰은 평양 인근의 정림사지, 청암리사지 등이며, 〈2탑-1금당〉의 신라식 사찰은 경주 사천왕사지, 감은사지 등이다.

미륵사 창건설화

『삼국유사』〈기이〉 무왕 편에 기록된 미륵사 창건설화다.

하루는 **왕**(무왕)이 **부인**(선화부인)과 함께 사자사에 가려고 용화산 아래 큰 연못가에 이르렀다. 그때 **미륵삼존**이 연못 속에서 나타나서 수레를 멈추고 절을 하였다. 부인이 왕에게 말하길 "모름지기 이곳에 큰 절을 짓는 것이 진실로 제 소원입니다."하였다. 그래서 왕이 이를 허락하고 **지명법사**에게 가서 연못을 메우는 일을 물으니 법사가 **신통력으로 하룻밤 사이에 산을 무너뜨려 못을 메워 평지를 만들었다.** 그래서 **미륵삼존의 법상**(불상)과 전각, 탑, 회랑을 각각 세 곳에 만들고 미륵사(『국사』에는 왕흥사라고 하였다)라고 하였다. 진평왕이 여러 공인을 보내 그 일을 돕게 하였는데 지금도 그 절이 남아 있다. 一日 王與夫人欲幸師子寺 至龍華山下大池邊 彌勒三尊出現池中 留駕致敬 夫人謂王曰 須創大伽藍於此地 固所願也 王許之 詣知命所 問塡池事 以神力 一夜頹山塡池爲平地 乃法像彌勒三尊 殿塔廊廡各三所創之 額曰彌勒寺〔國史云 王興寺〕眞平王遣百工助之 至今存其寺

등장 인물은 무왕, 선화부인, 지명법사, 진평왕 등이다. 무왕과 선화부인은 미륵사 창건을 계획한 주체고, 지명법사와 진평왕은 미륵사 창건을 지원한 객체다. 특히 창건설화는 미륵사가 3원가람이 된 이유를 명확히 설명한다. 미륵삼존彌勒三尊을 모신 3개의 가람이다. 왜 3개일까?

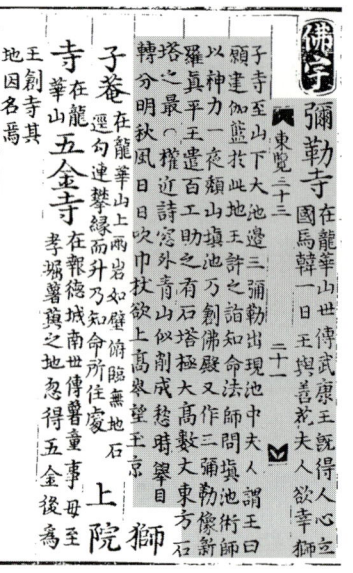

미래의 부처인 미륵은 천상에서 지상으로 내려와 3번의 설법을 통해 모든 중생을 구제한다. 소위 용화삼회龍華三會다. 이를 실현할 장소로 3개 가람이 필요하다. 그래서 미륵사는 3원병렬식의 대가람이 만들어진다. 특히 『삼국유사』는 『고기』를 인용하여 미륵사가 왕흥사王興寺로 불린 사실도 소개한다. 그러나 미륵사 창건설화는 미륵사지에서 출토된 유물로 인해 그 사실성에 심각한 도전을 받는다.

◀ 『신증동국여지승람』 익산군 불우조 미륵사

> 용화삼회(龍華三會)는 미륵부처의 3회 설법을 말한다. 『미륵하생경』에 따르면 석가모니 제자인 미륵보살은 미래에 성불하리라는 석가모니의 수기를 받은 뒤 도솔천에 올라가 천인(天人)을 위해 설법하고 있다가 석가모니가 입멸(入滅)한 후 56억 7천만 년이 지난 뒤 사바세계에 다시 태어나 화림원(華林園)의 용화수(龍華樹) 아래에서 성불하여 3회의 설법으로 272억 인을 교화한다고 한다.

사리봉영기 시사점

▲ 미륵사지 석탑 사리장엄구 출토

2009년 미륵사지 석탑(서탑)을 해체하는 과정에서 심주석 안에서 봉안된 사리병, 사리봉영기, 구슬 등 사리장엄구 일체를 출토한다. 이 중 「사리봉영기」는 가로 15.3㎝, 세로 10.3㎝, 두께 0.13㎝ 금판의 앞뒤면에 모두 193자의 붉은색朱朱 글자가 새겨 있다. 명문의 일부다.

> 竊以 法王出世 隨機赴感 應物現身 如水中月 … 我百濟王后 佐平沙乇積德女 種善因於曠劫 受勝報於今生 撫育萬民 棟梁三寶 故能 謹捨淨財 造立伽藍 以己亥年正月廿九日 奉迎舍利 願使 世世供養 劫劫無盡 用此善根 仰資 大王陛下 年壽與山岳齊固 寶曆共天地同久 上弘正法 下化蒼生 …
>
> 가만히 생각하니, ① 법왕(석가모니)이 세상에 출현하시어 근기에 부감하고 중생에 응해 몸을 드러내니 마치 물 가운데 비치는 달과 같도다. … ② 우리 백제 왕후는 좌평 사택적덕의 딸로서 광업에 선인을 뿌리고 금생에 뛰어난 과보를 받아 만민을 위무하고 기르니 삼보의 동량이도다. 때문에 삼가 깨끗한 재물로 가람을 세우고 기해년(639년) 정월 29일에 사리를 받들어 모셨다. ③ 원하건대 세세토록 공양하여 영원토록 다함이 없어서 이 선근으로 우러러 대왕폐하의 수명은 산악과 나란히 견고하고 보력은 천지와 함께 영구하니 위로는 정법(불교)을 크게 하고 아래로는 창생을 교화하는데 도움이 되게 하소서. …

크게 세 문단으로 나뉜다. 첫째 문단(①)은 석가모니 부처의 출현이며, 둘째 문단(②)은 사택적덕의 딸인 왕후가 기해년(639년) 정월에 가람을 세우고 사리를 모신 내용이며, 셋째 문단(③)은 무왕과 왕후의 안녕, 특히 무왕이 불교를 흥하게 하고 창생을 교화하기를 염원하는 내용이다.

특히 ②는 서원西院을 보시한 사람이 사택왕후며, 서원의 완성 시기를 639년(무40)으로 적는다. 이는 미륵사 창건설화에 등장하는 창건 주체인 선화부인과는 전혀 다른 결과다. 그렇다면 창건설화가 잘못된 걸까? 혹여 창건 주체는 원래 사택왕후인데 후대에 창건설화를 만들면서 선화부인으로 대체된 걸까?

미륵사 3가람의 시주자

미륵사는 주가람인 중원과 보조가람인 동원, 서원 등 3원으로 구성된 대가람이다. 서원의 시주자는 사택왕후다. 마찬가지로 중원과 동원의 시주자도 있을 것으로 본다. 다만 아쉽게도 기초석만 남아 있어 봉영기와 같은 유물은 소실된 상태다. 그럼에도 추정은 가능하다. 우선 동원의 시주자는 사택가문일 가능성이 매우 높다. 이는 서원(서탑)의 사리장엄구에서 나온 시주자 명단에서 확인된다. 사택왕후 말고도 목근目近, 지수支受, 비치부非致夫 등이 있다. 정작 있을 법한 사택가문의 사람은 시주자 명단에 없다. 이는 사택가문이 별도로 동원을 시주했다고는 보는 근거다.

> 사택왕후가 시주한 서탑 사리장엄구의 또 다른 시주자는 청동합의 '**상부달솔목근**(上部達率目近)', 금판의 '**중부덕솔지수**시금일량(中部德率支受施金壹兩)'과 '**하부비치부급부모처자동보시**(下部非致夫及父母妻子同布施)' 등이다. 목근(目近)은 옛 마한 목지국(충남 천안) 출신이다.

주가람인 중원의 시주자는 무왕으로 본다. 중원은 미륵사의 중심건물로 규모가 가장 크며 또한 가장 먼저 착공한 가람이다. 특히 가람의 구성요소인 강당이 중원의 뒤쪽에 위치하며, 동원과 서원은 별도의 강당을 만들지 않고 중원의 강당에 연동하여 붙인다. 또한 중원의 탑은 목탑이다. 동원과 서원의 탑은 중원의 목탑을 모방한 석탑이다.

정리하면 이렇다. 미륵사는 처음 무왕에 의해 〈1탑-1금당〉의 가람이 만들어진다. 이후 사택가문이 동원을 시주하고, 사택왕후가 서원을 시주하며 3원의 대가람이 완성된다.

무왕의 꿈이 서린 상징적 사찰

무왕은 무슨 까닭으로 중원을 만들었을까? 이의 답은 선화부인의 사망에서 찾을 수 있다. 선화부인은 무왕 즉위 직후인 600년(무1)에 사망한다. 무왕은 자신의 고향이자 선화부인과 줄곧 함께 지내온 마룡지 근처의 오금산 자락에 선화부인을 장사지내고, 이어 601년(무2)에 과거 선화부인과 함께 미륵삼존의 현현을 보았던 미륵산 자락 연못에 지명법사의 도움을 받아 연못을 메꾸어 평지로 만들고 선화부인의 원찰願刹을 세운다. 당연히 이 소식을 들은 신라 진평왕은 여러 장인을 보내 가람 공사를 지원한다. 이때 중원의 가람 명칭은 『국사』가 기록한 왕흥사다. 이후 무왕은 632년(무33) 아들 의자를 태자에 봉하며 왕권을 위임하고 자신을 미륵의 위상으로 격상시킨다. 이에 따라 무왕의 왕흥사는 미륵부처의 용화삼회를 실행할 수 있는 장소로 선택되며 기능 또한 확대된다. 이때 사택가문은 동원을, 사택왕후는 서원을 추가적으로 신축하며 3가람이 완성되며, 639년(무40) 미륵사로 명칭이 변경되어 왕흥사는 무왕의 미륵사로 거듭난다.

▲ 미륵사 복원도

결과적으로 『삼국유사』의 미륵사 창건설화는 맞다. 다만 『삼국유사』는 3가람으로 확대되기 이전의 무왕의 왕흥사를 정리한 것이며, 「사리봉영기」는 3가람으로 확대된 이후의 무왕의 미륵사를 기록한 것이다.

미륵사는 백제를 미륵불국토彌勒佛國土로 만들고자 했던 무왕의 꿈과 야망을 집대성한 사찰이다.

| 무왕의 익산 천도 의문 |

▲ 왕궁리유적 [전북 익산]

전북 익산 왕궁면에 왕궁리유적(사적 제408호)이 있다. 전체 면적은 21만 6,862㎡로 남북 492m, 동서 234m의 방형의 공간에 담장을 두르고 내부에 여러 건축물을 배치한 전형적인 궁궐지다. 특히 유적내에는 왕궁리5층석탑이 주변을 아우르며 을씨년스럽게 서있다. 이 유적에 대해서는 여러 설이 존재한다. 고조선 준왕의 도읍설, 백제 무왕의 왕궁설, 안승의 보덕국 도읍설, 후백제 견훤의 도읍설 등이다. 이 중 무왕의 왕궁설이 지금까지의 여러 발굴 조사를 종합해 볼 때 가장 유력하다. 또한 한 발 더나가 왕궁리유적이 소재한 주변 일대를 무왕의 천도지로 이해하려는 경향 또한 없지 않다.

『관세음응험기』 무광(무강)왕 기록

무왕의 천도설 근거는 『관세음응험기』 기록에 나온다. 『관세음응험기』는 1050년경 중원 남북조시대 관세음보살의 영험함을 담은 자료를 모아 정리한 고사본이다. 일본 교토의 청련원靑蓮院의 보물 수장고에 있던 것을 1953년 발견한다. 『관세음응험기』는 총 3권이다. 송宋의 전량傳亮이 쓴 〈관세음응험기〉 7조, 장연張演이 쓴 〈속관세음응험기〉 10조, 그리고 제齊의 육호陸昊가 쓴 〈계관세음응험기〉다. 이상의 3권 말미에 다시 〈관세음응험기〉라는 제목을 붙인 2권의 백제 관련 응험기가 있다. 하나는 백제 승려 발정發正의 관세음응험기이고 또 하나는 백제 무광왕의 관세음응험기다. 아래는 무광武廣왕의 『관세음응험기』 기록이다.

① 백제 무광왕이 지모밀지로 천도하여 새로이 정사를 경영하였다. ② 정관 13년(639년) 기해 겨울 11월, 하늘에서 크게 천둥과 함께 비가 내려 마침내 재해가 있었다. 제석정사의 불당 칠급부도와 회랑과 승방이 일거에 모두 불타 버렸다. … 초석을 들춰 열어 보니 모두 다 불타 없어지고 **오직 불사리병과 반야경의 옻칠함만이 옛날과 같이 있었다.** … 그리하여 사리병을 대왕에게 가지고 왔는데 대왕께서 법사에게 청하여 참회하고 병을 열어 안을 보니 **불사리 6개가 모두 병 속에 있었다. 병 밖에서도 그것을 보니 6개 사리가 모두 보이므로** ③ **이에 대왕 및 여러 궁인들은 삼가 믿는 마음을 더욱 더하였고 공양을 올리며 다시 절을 지어 그 안에 봉안하였다.**

百濟武廣王 遷都枳慕蜜地 新營精舍 以貞觀十三年歲次 己亥冬十一月 天大雷雨 遂災 帝釋精舍 佛堂 七級浮圖 乃至廊房 一皆燒盡 … 發礎石開視 悉皆燒盡 唯佛舍利甁 與波若經漆函如 … 將甁以歸大王 大王請法師發卽懺悔 開甁視之 佛舍利六箇 俱在處內甁 自外視之 六箇悉見 於是 大王及諸宮人 倍加敬信 發卽供養 更造寺貯焉

주요 내용은 무왕의 익산(지모밀지) 천도(①)와 639년(무40)의 제석사帝釋寺의 화재로 인한 소실(②), 그리고 불타버린 제석사의 사리함을 다시 절을 지어 봉안한 사실(③) 등이다. 먼저 ②와 ③의 내용이다.

▲『관세음응험기』 백제 무광왕

제석사와 대관사 그리고 왕궁리5층석탑

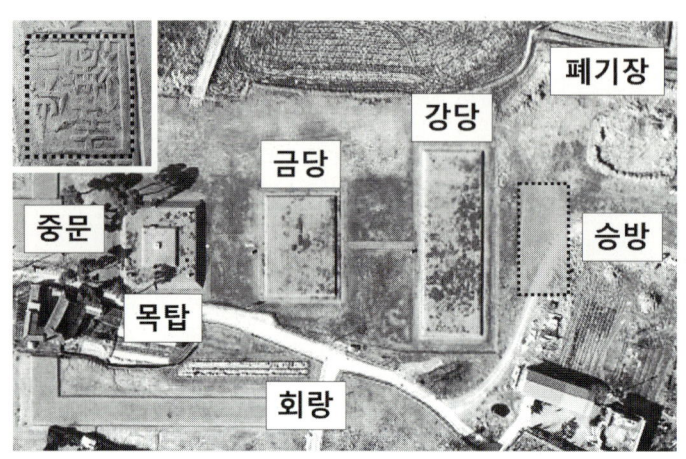

▲ '帝釋寺' 명문기와편 및 제석사지 분포

제석사는 불교의 수호신인 제석천^{帝釋天}을 모신 사찰이다. 제석사지(절터)는 왕궁리유적에서 동쪽으로 1.4km 떨어진 지점에 위치한다. 일제가 '帝釋寺(제석사)'의 명문기와편을 수습한 곳으로 일제강점기의 행정 명칭은 제석면이다. 제석사지는 1993년 이래로 마한백제연구소(원광대)와 국립부여문화재연구소가 모두 5차례 발굴 조사한다. 발굴 결과 제석사는 〈1탑1금당〉 가람배치의 백제 사찰이며, 또한 화재의 흔적과 폐기장의 존재도 확인한다. 제석사지는 바로 『관세음응험기』 기록의 639년(무40) 화재로 소실된 제석정사다.(②기록)

▲ 왕궁리5층석탑 출토 사리장엄구 및 금강경판

그렇다면 제석사 화재에서 소실되지 않은 사리병과 반야경을 봉안한 새로운 절은 어디에 있는 어느 사찰일까? 1965년 왕궁리유적내의 왕궁리5층석탑을 해체 복원하는 과정에서 탑의 기단 심초석에서 놀라운 유물을 발견한다. 금제 방형사리함, 녹색 유리제 사리병 등 사리장엄구 일체와 금동함, 순금제 금강경판^{金剛經版}, 청동여래입상 등이다. 제석사 화재로 사리병과 반야경을 새로 봉안한 절이 왕궁리유적내의 사찰로 밝혀진다.

이 사찰은 대관사大官寺다. 왕궁리유적에서 '大官(대관), 大官官寺(대관관사)'의 명문기와편이 출토되어 이를 뒷받침한다. 대관사는 왕궁안에 소재한 왕실사찰로 내원당內願堂의 성격이 강하다. 특히 대관사는 『삼국사기』 기록에도 나온다. 신라 태종무열왕(김춘추)은 백제 멸망(660년 6월) 이듬해인 661년 8월 대관사가 있는 금마(익산)에서 살해당한다.

> 『삼국사기』〈신라본기〉 태종무열왕. '8년(661년) … 6월, 대관사(大官寺) 우물물이 핏물이 되고 금마군(익산) 땅에 피가 흘러 그 넓이가 다섯 걸음이나 되었다. 왕이 훙하였다. 시호를 무열이라 하고 영경사의 북쪽에 장사지냈다. 태종의 묘호를 올렸다.'(八年 … 六月 大官寺井水爲血 金馬郡地流血廣五步 王薨 諡曰武烈 葬永敬寺北 上號太宗) 김춘추를 살해한 세력을 누구일까? 당일까? 백제일까?

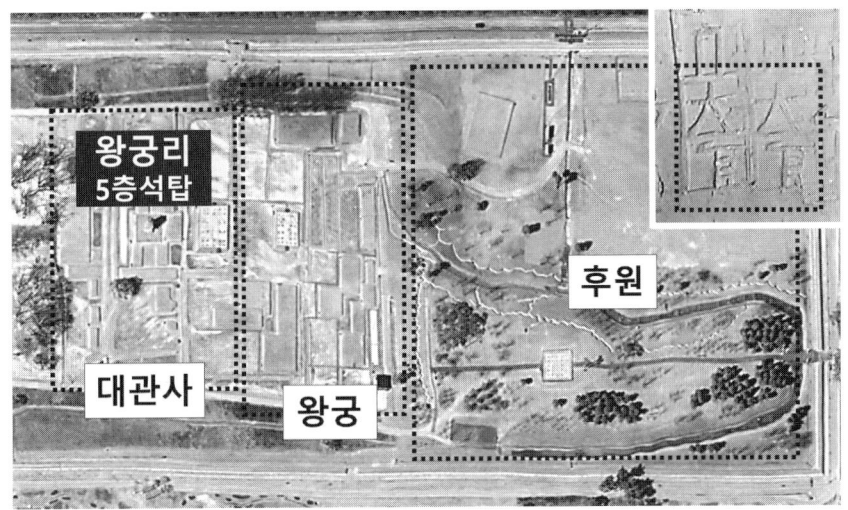

▲ '大官' 명문기와편 및 왕궁리유적 분포

대관사는 기존의 왕실사찰인 제석사가 화재로 소실되면서 급히 새로 건립한 사찰이다. 건립 시기는 무왕 말기인 640년~641년 정도로 추정된다. 특히 왕궁리유적의 분포를 보면 남쪽의 정문을 통과하면 곧바로 대관사가 먼저 나오고 뒤이어 왕궁, 후원 등이 들어선다. 이는 왕궁 공사 이후에 급히 왕궁 앞쪽에 대관사가 건립된 사실을 부연한다. 그래서 왕궁 앞에 대관사가 위치한다.

익산 천도의 진실

무왕의 익산 천도(①)는 오로지 『관세음응험기』에만 나온다. 그것도 '백제 무강왕이 지모밀지(익산)로 천도하여 새로이 정사를 경영하였다.'(百濟武廣王 遷都枳慕蜜地 新營精舍)는 한 줄 기록이다. 『삼국사기』를 비롯한 우리 문헌은 차치하더라도 기록이 나올 법한 『일본서기』, 『속일본기』 등의 일본 문헌 조차도 일체 언급이 없다.

그럼에도 무왕의 「익산천도설」는 여전히 논란의 대상이다. 긍정의 시각은 왕도의 필수 요소인 왕궁, 사찰, 산성, 왕릉 등을 고루 갖추고 있는 점이며, 부정의 시각은 왕궁리유적 주변일대에서 대규모의 민간 거주지역을 포함한 제반 시설 등이 확인되지 않는 점이다.

▲ 왕궁리 주변일대의 유적 분포

그래서 천도보다 한 단계 낮은 「익산별도설」을 주목한다. 무왕이 사비도성과는 별개로 익산에 별도(別都)를 두었다고 보는 시각이다. 이를 처음 언급한 사람은 고산자 김정호다. '지금 익산은 무왕이 설치한 별도에 터를 잡은 곳이다.'(今益山武王置別都扵址-『대동지지』) 학계는 김정호의 주장을 받아들여 익산을 백제의 별도로 이해하려는 경향이 강하다. 그럼에도 김정호의 언급말고는 별도에 대한 기록 자체는 천도와 마찬가지로 아예 없다.

이와 유사한 사례가 고구려의 경우다. 고구려는 568년(평원28) 수도를 장안성(평양성, 평양중심지역)으로 옮기며 북쪽의 국내성과 남쪽의 한성(남평양)을 별도로 삼는다. 이때 고구려는 수도 장안성과 별도 국내성, 한성 등을 3경京으로 규정한다.

> 『신당서』고구려. '그 왕은 평양성에 거처한다. 장안성이라고도 한다. … 또 **국내성과 한성을 별도**(別都)로 부른다.'(其君居平壤城 亦謂長安城 … 又有國內城漢城乎別都) 『수서』는 **장안성, 국내성, 한성** 등 3개 성을 '나라(고구려)안에서는 3경(京)이라 부른다.'(其國中乎爲三京)고 소개한다.

이를 익산의 경우에 대비해 보면, 백제는 수도 부여(사비)와 북쪽의 공주(웅진), 남쪽의 익산(금마)을 별도로 인식했을 가능성도 있다. 그러나 이 역시 고구려의 사례처럼 명확히 규정한 문헌 기록은 없다.

왕궁리유적의 조성 시기는 무왕이 아들 의자를 태자에 봉하며 왕권을 위임한 632년(무33) 전후로 추정된다. 이 시기는 무왕이 미륵이 되어 미륵불국토 만들기에 열중한 때다. 이때 미륵사의 동원과 서원은 사택가문과 사택왕후의 시주로 중창되며, 무왕 자신은 왕궁(왕궁리유적) 공사와 제석사 창건에 공력을 집중한다.

무왕이 익산에 건설하고 했던 것은 천도, 별도 등과는 다소 거리가 있다고 본다. 비록 주변일대가 수도의 구성 요소를 골고루 갖추고 있다 하더라도 이는 어디까지나 기능적 판단이며 해석이다. 익산은 무왕의 이루고자 했던 미륵불국토의 완성체 공간이다.

익산 왕궁리유적은 미륵불국토의 중심이다.

| 익산 쌍릉의 무덤주인 |

▲ 쌍릉 [전북 익산]

전북 익산시 석왕동 오금산 남쪽 자락에 쌍릉이 있다. 북쪽의 대왕릉과 남쪽의 소왕릉이다. 두 무덤은 거리상으로 200m 떨어져 있다. 쌍릉은 일제강점기인 1917년 일본인 야스이 세이이치(谷井濟一) 등이 발굴 조사한다.

> 『고려사』〈열전〉정방길 편. '1329년(충숙왕16) 익산(금마군)의 **무광왕 무덤을 도굴한 도적이 금을 많이 가지고 있다.**' 고려 때에 도굴당한 기록이다.

두 무덤은 공히 원형봉토분의 굴식돌방무덤(횡혈식석실묘)이다. 돌방은 널돌(화강암 판석)로 만든 평면 장방형, 단면 육각형, 평사천정식의 구조다. 백제 사비시대에 가장 유행한 무덤 양식이다.

대왕릉은 무왕의 무덤

대왕릉 봉분은 지름 30m, 높이 5m다. 주요 재원과 출토 유물이다.

대왕릉		규모(m) 길이×너비×높이	특징
내부	돌방(石室)	4.00×1.78×2.25 단면 육각형	북벽 : 널돌 1매, 동벽, 서벽 : 널돌 2매 바닥 : 널돌 3매
	널받침(棺臺)	2.67×0.82×0.24	널돌 1매
	천장	-	평사천정, 널돌 2매

외부	널길(羨道)	0.67	남벽 연결 입구, 현문, 널돌 1매
	무덤길(墓道)	21.00	
출토 유물	인골, 목관, 금동 받침금구, 꽃이금구, 원두정		

대왕릉에서는 비록 무너져 내린 상태나 온전한 형태의 목관木棺을 출토한다. 목관의 뚜껑은 호형弧形이다. 무령왕릉 목관과 동일하다. 특히 목관에서는 무덤주인의 치아를 비롯한 인골더미를 무더기로 발견한다. 또한 목관에 사용된 관못, 관고리 등과 '大陵木棺前'의 명문이 새겨진 도제 그릇宛 1점을 출토한다. 대릉大陵이라 칭한 점이 눈에 띤다.

▲ 대왕릉 입구, 목관편, 도제그릇, 돌방내부 [일제강점기 유리건판]

대왕릉의 무덤주인은 무덤양식의 축조 시기와 발견된 치아, 인골 등을 정밀 분석한 결과 '신장 170cm로 6세기 초중반에 사망한 60~70대 남성'으로 추정된다. 이에 해당하는 인물은 오직 무왕 뿐이다. 특히 미륵사지와 왕궁리유적이 근처에 위치한 점은 무왕의 가능성을 더욱 높인다.

소왕릉은 선화공주의 무덤

소왕릉의 봉분은 지름 24m, 높이 3.5m다. 주요 재원과 출토 유물이다.

소왕릉		규모(m) 길이×너비×높이	특징
내부	돌방(石室)	3.40×1.28×1.75 단면 육각형	북벽 : 널돌 1매, 동벽, 서벽 : 널돌 2매 바닥 : 널돌 3매
	널받침(棺臺)	2.45×0.63×0.20	널돌 1매
	천장	-	평사천정 널돌 2매
외부	널길(羨道)	0.45	남벽 연결 입구, 현문 널돌 1매
	무덤길(墓道)	15.00	
출토 유물		목관, 금동 받침금구, 꽃이금구, 원두정	

소왕릉은 대왕릉의 축소판이다. 대왕릉에 비해 규모만 다소 작을 뿐이다. 대왕릉과 소왕릉은 완벽한 남녀의 커플무덤이다. 소왕릉의 무덤 주인은 대왕릉 무왕과의 관계를 고려하면 선화부인일 수 밖에 없다.

▲ 소왕릉 입구, 출토유물, 내부 전경

특히 2019년 소왕릉 재발굴 과정에서 2개의 묘표석墓表石(표지석)을 출토한다. 널길 입구에 놓여있는 길이 125cm, 너비 77cm, 두께 13cm의 아치모양 석비石碑형과 봉분에 묻혀있는 길이 110cm, 너비 56cm의 골무(원뿔기둥)모양의 석주石柱형이다. 그런데 둘 다 글자가 없는 무자비無字碑다. 석주형 묘포석은 액운을 쫓는 일종의 벽사僻邪용 시설로 이해되나, 석비형 묘포석은 묘비석의 성격이 강해 명문이 새겨져 있어야 마땅하다.

▲ 소왕릉 묘표석

> 석주형 묘표석은 길림성 집안의 고구려무덤군인 우산하고분1080호와, 산성하고분 1411호에서 발견된다. 둘 다 무자비로 설치 장소는 봉분의 정상이다. 용도는 무덤을 보호하고 지키는 벽사(僻邪)용 시설로 이해한다.

쌍릉의 의문점

쌍릉은 동일 양식의 커플무덤임에도 불구하고 피장자의 장례 시기는 다소 차이가 난다. 대왕릉과 소왕릉에서 각각 출토된 목관에 사용된 금동 널꾸미개棺裝飾의 문양과 제작기법을 보면 소왕릉 것이 대왕릉 것보다 다소 빠르기 때문이다. 이로 미루어 보아 대왕릉은 처음 가묘壽陵로 조성되었을 가능성이 높다.

쌍릉을 정리하면 이렇다. 무왕 즉위 직후인 600년(무1)에 사망한 선화부인의 소왕릉이 먼저 만들어져 장사지낸다. 이때 무왕의 대왕릉도 비슷한 시기에 소왕릉과 같은 양식의 가묘로 만들어진다. 이후 641년(무42) 무왕의 사망하면서 대왕릉에 장사지낸다.

그럼에도 쌍릉은 여전히 풀리지 않은 몇 가지 의문점이 있다. 첫째는 선화부인은 당시 왕릉원인 부여 능산리 중앙고분군에 묻히지 못했을까? 마찬가지로 무왕 역시 능산리 중앙고분군에 능을 쓰지 못했을까? 둘째는 선화부인 묘지석은 무슨 연유로 글자가 없는 무자비가 되었을까? 그리고 마지막 셋째는 소왕릉과 대왕릉은 연접시키지 않고 200m 이격하여 각각 무덤을 만들었을까?

이에 대한 해답은 무왕과 선화부인 두 사람 사이에 사택왕후를 끼워 넣으면 의외로 쉽게 답을 찾을 수 있다. 무왕, 선화부인, 사택왕후의 삼각관계다. 선화부인 무덤이 부여 능산리 중앙고분군에 쓰지 못한 점, 무자비 묘지석이 만들어진 점, 대왕릉과 소왕릉이 연접하지 못한 점 모두 사택왕후의 작품이다.

사택왕후는 선화부인을 철저히 부정한다. 사후의 공간까지 통제하며 또한 남편 무왕의 사후 접근도 불허한다. 그 결과가 오늘의 쌍릉 모습이다. 그래도 사택왕후는 남편 무왕에 대한 애정만큼은 놓지 않는다. 그녀는 무왕이 미륵이 되고자 할 때 과감히 미륵사의 서원西院을 시주(봉납)하여 무왕에게 힘을 실어준다.

이제 쌍릉의 무덤주인에 대한 논쟁은 그만 끝내기를 희망한다. 대신 오늘의 쌍릉 모습을 이해하려고 노력하는데 집중했으면 한다. 이것이야 말로 서동설화가 오늘의 우리에게 전하고자 하는 메시지의 본질이 아니겠는가!

7 망국과 복국의 갈림길

망국군주 의자왕

660년 멸망의 그날

수복운동의 좌절과 그림자

| 해동증자 의자왕 |
| 대야성에 묻힌 불행의 씨앗 |
| 의자왕의 친위쿠데타 |
| 백제 망조현상의 미스터리 |
| 의자왕과 삼천궁녀의 진실게임 |

| 660년 여름, 멸망의 그날 |
| 백제 멸망은 스스로 선택한 자살 |
| 당이 남긴 불편한 흔적들 |

| 부흥운동 용어의 아쉬움 |
| 재건백제의 수도 피성 |
| 백강구 전투와 주류성의 눈물 |
| 백제 수복운동의 알파와 오메가 |
| 부여융과 김법민의 엇갈린 운명 |
| 백제 유민이 만든 불비상 |
| 의자왕의 후손들 |

| 해동증자 의자왕 |

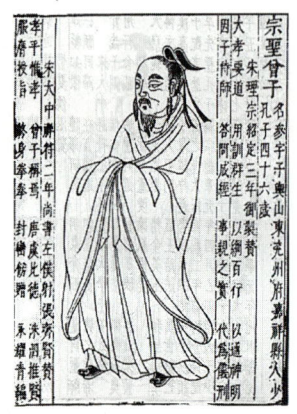
▲ 증자 [출처 : 바이두백과]

의자왕(31대)은 7백년 백제 역사를 한순간에 지워버린 망국군주다. 그래서 의자왕의 평가는 항상 부정적이다. 그런데 의자왕에게는 '해동증자^{海東曾子}'의 칭호가 있다. 『삼국사기』다. '부모에게 효도하고 형제간에 우애가 있어 당시에는 해동증자로 불렀다.'(事親以孝與兄弟以友 時號海東曾子) 해동은 한반도를 가리킨다. 증자^{曾子}는 공자의 수제자로 『대학』, 『효경』을 저술한 5대 성인 중 한사람이다. 증자는 효의 상징이다. 따라서 부모에게 효도하고 형제간의 우애를 다한 의자왕은 증자의 모델로 손색이 없다.

의자왕은 선화공주 소생

의자왕은 무슨 연유로 해동증자로 불린 것일까? 또한 효도와 우애의 실체는 무엇일까? 의자왕의 공식적인 출생 기록은 없으나 대략 595년 전후에서 태어난다. 이는 2002년 중국 하남성 낙양의 북망산에서 발견된 의자왕의 아들 부여융^{夫餘隆}의 묘지명에서 확인된다. 부여융은 615년에 출생한다. 의자왕이 20세 전후에서 부여융을 낳았다고 가정하고 이를 역산하면 의자왕은 595년경에 출생한다. 아버지 무왕이 600년에 즉위하니 의자왕은 무왕이 왕이 되기 5년 전에 태어난다.

무왕은 사비세력에 의해 옹립된다. 즉위 이후 맞아들인 왕후는 사비세력의 사택가문 여성이다. 이는 익산 미륵사지에서 출토된 「사리봉영기」에서 정확히 확인된다. 의자왕은 사택^{沙宅}왕후가 낳은 정실소생이 아니다. 그래서 『삼국사기』는 의자왕을 무왕의 적자^{嫡子}가 아닌 원자^{元子}

로만 기록한다. 그렇다면 의자왕의 어머니는 누구일까? 우리가 잘 아는 서동설화에 나오는 신라 진평왕(26대)의 셋째 딸 선화공주다. 의자왕의 몸속에는 신라왕실의 피가 흐른다.

해동증자, 의자왕의 생존 몸부림

의자왕의 효도 대상은 아버지 무왕과 계모 사택왕후다. 의자왕은 두 사람의 눈밖에 벗어나지 않기 위해 열과 성을 다한다. 신라왕실의 피가 섞였다는 태생적 한계를 극복하기 위해 몸부림친다. 형제간의 우애도 같은 맥락이다. 의자왕은 자신을 철저히 낮추고 부모에게 효도하고 이복형제들과 우애도 다한다. 해동증자는 단순한 효도와 우애의 표징이 아니다. 살아남기 위해 어쩔 수 없이 선택한 생존전략의 표찰이다.

드디어 참고 인내한 보람이 찾아온다. 632년(무33) 의자왕은 태자에 책봉되며 무왕의 공식 후계자가 된다. 이때 의자왕의 나이는 30대 후반이다. 통상적으로 왕이 즉위하면 초기에 태자를 책봉하는 전례에 비추어 보아 의자왕의 뒤늦은 태자 책봉은 매우 이례적이다.

『일본서기』에는 의자왕이 태자 책봉 한 해 전인 631년(무32) 사택왕후 소생인 풍장豊璋(부여풍)을 야마토(일본)에 볼모로 보낸 기록이 있다. 이는 의자왕이 태자자리를 놓고 권력투쟁에서 승리한 사실을 증언한다. 어찌 보면 의자왕의 태자 책봉은 스스로를 낮추며 쟁취한 승리의 월계관이라 할 수 있다.

역사는 동전의 양면성을 가진다. 앞면의 밝음보다 뒷면의 어둠이 때론 우릴 감동시킨다. 의자왕의 해동증자 칭호에는 의자왕의 남모를 비애가 담겨있다.

역사는 사람의 이야기다. 사람이 만들어가는 불멸의 작품이다.

| 대야성에 묻힌 불행의 씨앗 |

　의자왕은 선화부인이 낳은 아들이다. 그래서 『삼국사기』는 원자元子로 표현하며, 『삼국유사』는 그냥 아들子로 적는다. 의자義慈는 생전의 이름字이며, 사후의 휘호다. 휘호諱號는 죽은 자의 새로운 이름이며, 시호諡號는 죽은 자의 생전의 공적 등을 감안하여 높여 부른 이름이다. 다만 당시 왕족의 작명 습속으로 보아 외자 이름은 따로 있었을 것으로 추정된다. 의자는 즉위하면서 스스로 지은 이름으로 보인다.

《부여융묘지명》. '공은 휘(諱)가 융(隆)이고 이름(字)도 융(隆)이다. … 할아버지 장(무왕)은 백제국 왕이다. 온화하고 겸손하며 맑고 빼어나 도량과 학문에는 따를 자가 없었다. 정관연간(627~649)에 당 태종이 조를 내려 개부의동삼사주국대방군왕을 수여하였다. **아버지는 의자다**. 현경연간(656~660)에 당 고종이 금자광록대부위위경을 수여하였다. 과단성있고 침착하며 사려가 깊어 그 명성이 홀로 높았다.'(公諱隆字隆百濟辰朝人也 … 祖璋百濟國王 沖撝淸秀 器業不羣 貞觀年 詔授開府儀同三司柱國帶方郡王 父義慈 顯慶年 授金紫光祿大夫衛尉卿 果斷沈深 聲芳獨劭)

　의자왕은 641년부터 660년까지 20년간을 재위한다. 그런데 의자왕이 가장 먼저한 일은 신왕의 즉위를 알리는 정치행사다. 즉위 이듬해인 642년(의자2) 전국을 순행하며 백성을 위무하고 또한 사형수를 제외하고 죄의 경중에 따라 대사면을 실시한다.

대야성 전투

　그리고 그해(642년) 7월 전격적으로 신라를 공격하여 40개 성을 함락시킨 뒤 이어 8월에는 신라 대야성 大耶城에 총공세를 가한다. 대야성은 지금의 경남 합천이다. 백제에서 신라 수도 경주로 연결되는 최단코스의 전략적 요충지다. 신라 진흥왕(24대)이 대가야를 멸망시키며 흡수한 신라의 서쪽지방의 심장부다. 당시 대야성 성주는 김품석金品釋이며 그 아내는 김춘추의 딸 고타소古陀炤다. 『삼국사기』다. '성주 품석이 처자를 데리고 나와 항복하자 윤충이 그들을 모두 죽이고 품석의 목을 베어 왕도로 보냈다.'(城主品釋與妻子出降 允忠盡殺之 斬其首 傳之王都) 사실 김품석이 항복한 이유는 자신의 심복 검일黔日의 배신 때문이다. 검일은 김품석이 자신의 아내를 빼앗아 첩으로 삼자 앙심을 품고 백제로 전향한다. 대야성의 세세한 제반 정보를 백제에 제공하고 또한 은밀히 대야성 성내에 불을 지르기까지 한다. 대야성의 신라군은 검일의 배신 행위로 일거에 무력화된다. 윤충允忠은 항복한 김품석과 그 처자를 죽인다. 그리고 시신을 사비도성으로 보낸다.

▲ 대야성 [경남 합천]

의자왕은 김품석과 고타소의 머리를 사비도성 감옥 바닥 아래에 묻는다. 이는 과거 관산성(충북 옥천) 전투에서 신라 하급장수 고도에게 사로잡혀 죽임을 당한 성왕에 대한 복수다. 효수된 성왕의 머리는 백제로 돌아오지 못하고 신라관청 계단아래에 묻힌다.

전투 결과가 몰고온 파장

백제의 대야성 전투 승리는 신라에게 치명상이다. 백제는 확실한 군사적 우위를 확보하고 계속해서 신라를 압박한다. 반면 신라는 군사적 열세를 만회하기 위해 다른 방향을 모색한다. 당시 신라는 선덕여왕(27대) 치세로 김춘추와 김유신이라는 걸출한 두 영웅이 선덕여왕을 떠받치고 있다. 김춘추는 외교전에 사활을 건다. 당과 고구려는 물론이고 백제의 우방인 야마토(일본)에까지 손을 내민다.

> 『일본서기』〈효덕기〉. '이 해(647년) 신라가 상신 대아찬 김춘추 등을 보내고 박사 소덕 고향흑마려, 소산중 중신연압웅을 보내와 공작새 한 쌍과 앵무새 한 쌍을 바쳤다. 그리고 춘추를 인질로 삼았다. 춘추는 용모가 아름답고 담소를 잘하였다.'(新羅遣上臣大阿飡金春秋等 送博士小德高向黑麻呂 小山中中臣連押熊 來獻孔雀一隻 鸚鵡一隻 仍以春秋爲質 春秋美姿顔善談咲) **김춘추의 야마토 방문은** 신라가 직접적인 군사지원을 받는 것보다 **야마토의 백제 군사지원을 억제하기 위한 외교행위**로 이해한다.

특히 딸 고타소의 죽음을 접한 김춘추의 비통한 모습이 『삼국사기』에 실려 있다. '춘추는 딸의 소식을 듣고 하루 종일 기둥에 기대고 서서 눈도 깜박이지 않았고 사람이 앞을 지나가도 알아보지 못하였다.'(春秋聞之 倚柱而立 終日不瞬 人物過前而不之) 김춘추는 넋이 나간 사람마냥 비통한 심정을 가누지 못한다. 그로부터 6년 후인 648년(의자8) 김유신은 대야성을 되찾는다. 이때 포로로 잡은 백제 장수 8명과 고타소와 김품석의 유골을 맞교환한다. 산 자와 죽은 자의 교환이다. 김유신은 고타소의 유골을 찾아 조금이나마 김춘추의 아픔을 달래 준다.

대야성 전투 결과는 '복수가 복수를 낳는' 한편의 막장 드라마다. 의자왕은 성왕의 복수를 하고, 김춘추는 딸의 복수를 한다. 특히 김춘추의 복수는 삼국통일의 씨앗을 잉태하고 결국 백제 멸망으로 이어진다.

그런데 말이다. 부모에 대한 복수보다 자식에 대한 복수의 강도가 더 큰 걸까?!

| 의자왕의 친위쿠데타 |

655년(의자15) 의자왕은 반대파를 대거 숙청한다. 왕족을 포함하여 지배층 인사 40여 명을 백제에서 추방하는 친위쿠데타를 일으킨다. 『일본서기』〈황극기〉다.

지난해(641년) 11월 대좌평 지적이 죽었고, … 금년(642년) 정월에 **왕의 어머니가 훙하였고, 또 동생인 어린 왕자 교기와 누이동생 4인, 내좌평 기미 그리고 명성이 높은 사람 40여 인이 섬으로 추방되었습니다.**
去年十一月 大佐平智積卒 … 今年正月 國主母薨 又弟王子兒翹岐 及其母妹女子四人 內佐平岐味 有高名之人冊餘被放於嶋

먼저 두 사람이 죽는다. 대좌평 지적(사택지적)과 왕의 어머니(사택태후)다. 두 사람은 의자왕이 감히 넘볼 수 없는 조정과 왕실의 최고 어른이다. 의자왕은 두 사람이 죽자 반대파 40여 명을 전격 제거한다. 이들은 모두 명성이 높은 고위직 인사다.

> 친위쿠데타는 합법적 수단을 이용하여 권력을 소유한 국가지도자가 쿠데타를 일으켜 입법부를 해체하거나 헌법을 무효화하여 정상적 상황에서는 허용되지 않는 극도로 강력한 권력을 쟁취하는 체제전복 행위를 말한다. 우리 현대사의 경우 **이승만**은 6.25 한국동란 와중에 '**부산정치파동(1952년)**'을 일으키며, **박정희**는 '**10월유신(1972년)**'을 단행하여 독재 권력을 공고히 한다.

친위쿠데타 발생 시기

이 사건의 발생 시기를 『일본서기』는 〈황극기〉 원년인 642년으로 기록하나 실제는 〈제명기〉 원년인 655년에 발생한 사건이다. 다만 〈황극기〉 원년 기록을 준용하면 사택지적은 641년에 사망한다. 그러나

1948년 충남 부여 관북리에서 발견된 《사택지적비》 비문에는 사택지적이 654년에 고향으로 돌아온다. 사택지적은 641년 아닌 654년 11월에 사망한다. 이어 655년 정월에 왕의 어머니도 죽는다. 무왕의 왕후인 사택왕후다. 의자왕에게는 계모가 되며 당시에는 태후의 신분이다. 따라서 654년 11월 사택지적이 죽고, 이듬해인 655년 사택태후도 죽는다.

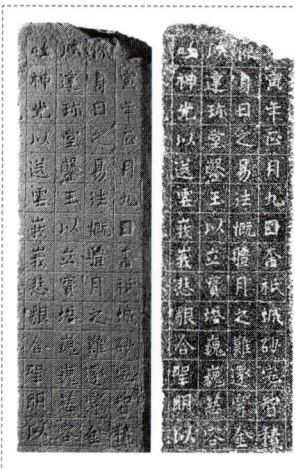

《사택지적비》. '갑인년(654년) 정월 9일 내기성의 사택지적은 해가 쉬이 가는 것을 슬퍼하고 달은 어렵사리 돌아오는 게 서러워서 금을 캐어 진당을 짓고 옥을 파내어 보탑을 세우니 그 높디 높은 자애로운 모습은 신령스런 빛을 토하여 구름을 보내는 듯하고 그 우뚝 솟은 자비로운 모습은 성스러운 밝음을 머금어 ….'(甲寅年正月九日 奈祇城砂宅智積 慷身日之易往 慨體月之難還穿金 以建珍堂鑿玉以立寶塔巍巍慈容 吐神光以送雲莪莪悲㒵含聖明以 …) 사택지적이 늙어감을 탄식해 사찰을 건립한다는 자기고백을 담고있다.

의자왕은 사택태후가 죽자 곧바로 친위세력을 동원하여 반대파를 일시에 제거한다. 반대파는 주로 대좌평 사택지적과 사택태후의 사람들로 의자왕을 집중적으로 견제한 세력이다. 의자왕의 친위세력은 의자왕을 보좌한 신진세력으로 대표적인 인물은 장군 윤충允忠과 좌평 성충成忠이다. 의자왕은 친위쿠데타를 일으켜 확고한 권력 독주의 기반을 구축한다.

친위쿠데타 이후 의자왕의 행적

친위쿠데타 내용은 『삼국사기』에 나오지 않는다. 다만 이 시기 『삼국사기』 기록을 면밀히 살펴보면 친위쿠데타가 발생한 655년(의자15)을 전후로 급격한 기록상의 변화를 보인다. 외적으로는 653년(의자13) 야마토와 우호관계를 맺으며 당과의 교류가 사라진다. 또한 내적으로는 의자왕의 행위가 독단으로 일관하며 갑자기 향락에 빠진다. 자신의 최측근인 좌평 성충마저 간언한다하여 옥에 가둔다. 특히 657년(의자17)에는 서자 41명을 좌평에 임명하고 각각 식읍을 나눠 주는 등(拜王庶子四十一人爲佐平 各賜食邑) 오로지 자신의 권력 행사에만 집착한다. 한마디로 의자왕의 절대 권력은 통제 불능이다.

특히 당과의 외교 단절은 꼭 짚고 넘어가야 한다. 이는 의자왕의 치명적인 실수다. 이로 인해 의자왕은 당과 신라가 연합할 수 있는 공간을 내주고 만다. 물론 "설마하니 당군이 바다를 건너오겠어?"하는 안이한 판단도 한 몫 했을 것이다.

그러나 시작이 있으면 반드시 끝이 있는 법이다. 의자왕은 곧바로 백제 멸망이라는 커다란 쓰나미^{Tsunami}를 만나며 그가 공들여 쌓은 절대 권력은 물거품이 되어 한 순간에 사라진다.

독재는 권력이 자유를 누리는 것이다. 권력이 아무런 통제없이 자유를 누리게 한다면 그것이 바로 독재가 된다. 친위쿠데타는 독재의 자유를 구가하게 하는 일종의 보완장치다.

친위쿠데타는 반드시 무소불위의 독재자를 낳는다.

| 백제 망조현상의 미스터리 |

『삼국사기』의자왕 기록을 보면, 백제 멸망을 앞두고 해괴망측한 일이 벌어진다. 소위 망조(亡兆)현상이 집중해서 나타난다. 주로 멸망 직전인 659년과 660년, 두 해에 걸쳐 발생하며 백제 멸망을 기정사실화한다.

망조현상 14가지

내용은 이렇다. ① 여우 떼가 궁궐에 들어오다. 흰 여우 한 마리가 상좌평 책상에 올라앉다. ② 태자궁에서 암탉이 참새와 교미하다. ③ 큰 물고기가 죽어 사비하에 떠오르는데 길이가 3장(丈)이다. ④ 여자의 시체가 생초진에 떠내려 오는데 길이가 18척이다. ⑤ 대궐 뜰에서 홰나무가 울다. ⑥ 궁궐 남쪽 길에서 귀신이 곡을 하다. ⑦ 도성의 우물이 핏빛으로 변하다. ⑧ 서쪽 바닷가에서 작은 물고기가 떼죽음 당하다. ⑨ 사비하 강물이 핏빛으로 변하다. ⑩ 두꺼비 수만 마리가 나무꼭대기에 모이다. ⑪ 도성 저잣거리에 사람들이 까닭 없이 놀라 달아나다 죽다. ⑫ 폭풍우가 몰아쳐 천왕사와 도양사 두 탑에 벼락이 치다. ⑬ 백석사 강당에 벼락이 치다. ⑭ 검은 구름이 동쪽과 서쪽 동궁에서 서로 싸우다 등 모두 14가지다.

▲ 물고기 떼죽음 장면

이는 『구약성경』〈출애굽기〉에 나오는 모세의 야훼 하나님이 행한 10대 재앙사건과 흡사하다. 강물이 핏빛으로 변하고 물고기가 떼죽음을 당하며 수만 마리 두꺼비가 나타나고 사람들이 이유 없이 놀라 달아나다 넘어져 죽는다. 모두 섬뜩한 장면이다.

세계 역사를 고찰해보면, 한 나라가 망하면서 이처럼 많은 망조현상이 집중적으로 나타난 사례는 없다. 또한 이를 기록한 역사도 없다. 망조현상을 하나하나 살펴보면, 일부는 자연현상으로 이해할 수 있으나 인위적인 냄새가 물씬 풍긴다. 더구나 일정한 시차를 두고 계속해서 나타나며 공포의 강도가 점점 높아진다.

『삼국사기』는 모두를 기록한다. 그저 한두 개 망조현상이 나타났으니 백제는 멸망할 수밖에 없다고 설명하면 그만인데도 모두를 기록한다. 마치 없는 것도 만들어 추가한 것처럼 온통 망조현상으로 기록을 도배한다. 『삼국사기』는 의자왕의 향락과 망조현상을 한 세트로 묶어 백제 멸망의 당위성을 설명한다. 떼려야 뗄 수 없는 완벽한 각본이다.

망조현상은 김유신 작품

특히 백제 멸망을 한 달 앞둔 시점인 660년 6월의 사비궁궐 구덩이에서 출현한 거북이 등껍질에 새겨진 글자는 망조현상의 끝장판이다.

'백제는 둥근 달 같고 신라는 초승달 같다.'(百濟同月輪 新羅如月新) 의자왕은 2명에게 이를 풀이하라 시킨다. 그리고 '둥근 달 같다는 것은 가득 찬 것이니 가득 차면 기울게 되는 것이며, 초승달 같다는 것은 가득 차지 못한 것이니 가득 차지 못하면 점점 차게 되는 것입니다.'(同月輪者滿也 滿則虧 如月新者未滿也 未滿則漸盈)라고 풀이한 즉 '백제가 망한다.'고 해석한 무당을 죽여 자신의 선택을 분명히 한다.

▲ 百濟同月輪 新羅如月新

> 월륜(月輪)과 월신(月新)의 비유는 일종의 예언 또는 징조를 나타내는 참위(讖緯)다. 비슷한 사례는 **신라 최치원이 고려(왕건)의 흥기를 예언한 '계림황엽곡령청송(鷄林黃葉 鵠嶺靑松)'**이다. '계림(신라)은 누런 잎이요 곡령(고려)은 푸른 솔이다.' 참요(讖謠-민요)의 경우는 고려 충혜왕 때 「아야가(阿也歌)」, 의종 때 「보현찰요(普賢刹謠)」, 조선 숙종 때 「미나리요」, 고종 때 동학농민혁명의 「파랑새요」 등이 있다

    백제 망조현상의 상당부분은 조작 가능성이 농후하다. 『삼국사기』〈열전〉 김유신 편에 백제에 파견된 고정간첩 조미압^{租未押}이 나온다. 원래 신라의 부산현령인 조미압은 백제에 포로로 끌려와 좌평 임자^{壬子}의 종이 되며 두터운 신임을 얻는다. 이후 고정간첩으로 활동한 조미압은 백제의 내부 정보를 김유신에게 속속들이 제공하며 또한 직접 공작활동도 벌인다. 망조현상 상당부분은 김유신의 사주를 받은 조미압의 작품이다.

> 『손자병법』 용간편의 간첩을 이용하는 다섯가지 방법. 인간(因間)은 적의 고을 주민을 이용하는 것, 내간(內間)은 적의 관리를 이용하는 것, 반간(反間)은 적의 간첩을 이용하는 것, **사간(死間)은 적에게 아군의 간첩을 믿게하여 허위사실을 적에게 전하는 것**, 생간(生間)은 적에게서 돌아와 정보를 알리는 것 등이다.

    백제 망조현상은 김유신이 기획한 고도의 심리전이다.

| 의자왕과 삼천궁녀의 진실게임 |

의자왕에게는 항상 따라붙는 불편한 단어가 있다. 삼천궁녀다. 우리는 수많은 궁녀가 백마강(금강)에 몸을 던졌다는 낙화암의 전설을 떠올릴 때면 으레 삼천궁녀를 연상한다.

▲ 고란사 삼천궁녀 벽화 [1983년 유병팔]

삼천궁녀는 문학적 표현

삼천궁녀를 처음 쓴 사람은 조선 중기 문신 김흔(金訢)이다. 자신의 문집 『안락당집』에 실은 '낙화암' 칠언고시에 나온다. 원래 삼천궁녀는 많은 궁녀를 지칭하여 쓰는 표현이다. 중원사서에도 적잖이 나오는데 진시황도 삼천궁녀를 쓴다. 한자에는 평측(平仄)이 있다. 일종의 높낮이로 많은 숫자를 표시할 때 나란히 놓인 삼천(三千)을 쓴다. 불교에서 말하는 삼천세계도 마찬가지이다. 김흔 역시 많다는 의미에서 삼천궁녀를 차용하여 쓴 것이다.

夫餘王氣日衰替 부여의 왕기가 날로 쇠해지니
月滿當虧柱黷筮 달도 차면 기우는 것 애꽃은 점쟁이만 죽였구나.
鼓角聲殷炭峴動 은은한 고각 소리 탄현을 뒤흔들고
樓船影壓白江蔽 누선 그림자가 백마강을 덮었네.
藥石忠言口初苦 약석 같은 충신의 말이 처음은 입에 써서
宴安鴆毒臍終噬 호강만 누리더니 끝내는 후회막급.
三千歌舞委沙塵 **삼천궁녀들이 모래에 몸을 맡겨**
紅殘玉碎隨水逝 꽃 지고 옥 부서지듯 물 따라 가버렸네.

의자왕은 삼천은 아니더라도 수많은 궁녀를 둔다. 『삼국사기』에 의자왕이 자신의 서자 41명을 좌평에 봉하고 각각 식읍까지 준 내용이 있다.(拜王庶子四十一人爲佐平 各賜食邑) 여러 궁녀 소생의 서자庶子만 41명이니 정실왕후 소생의 적자嫡子와 공주까지 합하면 얼추 1백명 정도의 자식을 둔 셈이다. 이로 미루어 보아 의자왕의 궁녀는 최소 수십 명은 될 것이다. 『주서』에 따르면 당시 사비도성의 인구는 남녀노소 전체 5만명이다. 인구 비율을 고려하더라도 삼천궁녀는 절대 무리다.

> 『조선왕조실록』에 왕들의 궁녀 숫자가 나온다. 태종은 수십 명, 성종은 최소 105명, 인조는 230명이다. 『성호사설』에는 영조가 궁녀를 684명까지 증원한 기록도 있다. 물론 궁녀 모두가 왕과 잠자리를 같이 하는 것은 아니다. 하물며 인구가 많은 조선의 경우도 궁녀 수가 최대 700명 정도다. **의자왕이 후궁을 포함하여 3천 궁녀를 두었다는 것은 억측**이다.

향락과 타락의 화신으로 매도

그렇다면 의자왕에게 삼천궁녀 딱지는 어떻게해서 붙여졌을까? 삼천궁녀는 조선 중기 유학자들에 의해 하나둘 언급되기 시작한다. 유교적 관점에서 볼 때 삼천궁녀를 거느린 의자왕은 향락과 타락의 화신이며 백제 멸망을 가져온 추악한 죄인이다. 이후 일제강점기 식민사학자들에 의해 각색되고 역사소설과 대중가요 등을 통해 윤색되면서 하나의 역사적 진실로 굳어진다.

의자왕은 나당연합군이 사비도성을 압박해오자 왕실가족과 일부 측근만을 데리고 탈출했다가 웅진성(충남 공주)에서 항복한다.

> 의자왕의 항복에 결정적 기여를 한 사람은 당시 웅진성 성주인 예식진(禰寔進)이다. 예식진은 그 댓가로 웅진도독부의 동명주자사(東明州刺史)가 된다. 특히 2006년 중국 낙양에서 그의 묘지명이 발견되며 당에서의 행적 또한 상당수 확인된다. 예식진은 당 황제로부터 좌위위대장군(左威衛大將軍)의 벼슬을 받기까지 한다. 좌위위는 우위위와 더불어 황제의 신변을 경호하고 수도를 방위하는 책임자다.

이날은 백제가 공식적으로 멸망한 날인 660년 7월 16일이다. 7백년 백제 역사가 문을 닫는 날이다. 이후 의자왕은 당의 수도 장안(섬서성 서안)으로 끌려가나 4개월 만에 사망한다. 망국군주로서의 압박감을 이겨내지 못한 탓이다. 당 고종은 의자왕을 낙양의 북망산에 장사지낸다.

『삼국사기』다. '왕이 병사하자 금자광록대부위위경으로 추증하고 옛 신하들의 조문을 허락하였다. 조서를 내려 손호와 진숙보의 무덤 옆에 장사 지내고 비석을 함께 세웠다.'(王病死 贈金紫光祿大夫衛尉卿 許舊臣赴臨 詔葬孫皓陳叔寶墓側 幷爲竪碑)

> 손호(孫皓)는 손권의 손자로 오(吳)의 마지막 왕이고, 진숙보(陳叔寶)는 남조 진(陳)의 마지막 왕이다. 둘 다 나라를 망친 왕이다.

특히 충남 부여는 1995년 의자왕의 묘찾기에 나선다. 1996년 중국 낙양과 문화교류사업 결연을 맺고 본격적으로 나서나 결실을 맺지 못한다. 대신 2000년 중국의 협조를 얻어 주변의 흙 일부를 가져와 부여 능산리고분군에 가묘를 만들고 비석을 세운다.

▲ 의자왕 가묘 [충남 부여]

삼천궁녀 딱지는 의자왕이 스스로 만든 업보다.

| 660년 여름, 멸망의 그날 |

660년 6월, 사비궁의 의자왕에게 급보가 전달된다. 소정방이 이끄는 당군이 덕물도(웅진 덕적도)에 도착한다. 이어 또 하나의 급보가 꼬리를 물고 전달된다. 김유신의 신라군이 동부전선에 당도한다.

어전회의와 의자왕의 선택

의자왕은 급히 어전회의를 소집한다. 그리고 군신들에게 싸울 것인지 아니면 지킬 것인지를 묻는다. 『삼국사기』가 전하는 회의내용이다.

㉮ 좌평 의직	당군은 멀리 바다를 건너왔습니다. 물에 익숙하지 못한 자들이 배를 오래 탄 탓에 분명 피로에 지쳐 사기가 떨어져 있을 것이니 상륙하여 사기가 회복되기 전에 급습하면 뜻을 이룰 수 있습니다. 신라군은 당의 지원을 믿고 우리를 경시할 것이니 만약 당군이 불리해지는 것을 보면 반드시 두려워서 감히 진격하지 못할 것입니다. 그러므로 **우선 당군과 결전을 벌이는 것이 옳습니다.**
㉯ 달솔 상영	그렇지 않습니다. 당군은 멀리서 왔으므로 빨리 싸우려 할 것이니 그 기세를 당할 수 없습니다. 그러나 신라군은 이전에 여러 번 우리에게 패하였기에 아군의 기세를 보면 두려워할 겁니다. 오늘의 계책은 당군의 길목을 막아 피로해지기를 기다리면서 **먼저 일부 군사로 하여금 신라군을 쳐서 기세를 꺾은 후에** 형편을 보아 합세해서 싸운다면 전군을 온전히 하면서 나라를 보전할 수 있습니다.
㉰ 흥수 방책	당군은 숫자가 많고 군율이 엄할 것입니다. 더구나 신라와 함께 우리의 앞뒤에서 작전을 펼치니 만약 평탄한 벌판과 넓은 들에서 싸운다면 승패를 알 수 없습니다. **백강**(혹은 기벌포라 한다)**과 탄현**(혹은 침현이라 한다)**은 우리나라의 요충지로서 한 명이 한 자루의 창을 가지고도 만 명을 당해낼 수 있으니 마땅히 용감한 군사를 뽑아서 그곳에 가서 지키게 하여 당군이 백강으로 들어오지 못하게 하고 신라군이 탄현을 통과하지 못하게 해야 합니다.** 대왕께서는 성문을 굳게 닫고 지키면서 그들의 물자와 군량이 떨어지고 장졸들이 지칠 때를 기다린 후에 힘을 떨쳐 공격한다면 반드시 저들을 쳐부술 수 있을 것입니다.

㉣ 흥수 방책 반대 의견	흥수는 오랫동안 옥중에 갇혀있어 대왕을 원망하고 애국의 마음이 없을 것이니 그의 말을 따라서는 안됩니다. 당군으로 하여금 백강으로 들어오게 해서 강물을 따라 배를 나란히 가도록 할 수 없게 하고 신라군으로 하여금 탄현에 올라가 좁은 길을 따라 말을 나란히 몰 수 없게 하는 것이 낫습니다. 이 때 군사를 풀어 공격하면 그것은 마치 닭장에든 닭과 그물에 걸린 물고기를 잡는 일과 같을 것입니다.

㉮는 좌평 의직義直의 말이다. 당군을 먼저 공격하자고 주장한다. ㉯는 달솔 상영常永의 말이다. 신라군을 먼저 공격하자고 주장한다. 양쪽의 주장이 모두 타당하다. 갑자기 주위가 소란해지며 의견이 둘로 갈라진다. 그리고 서로가 옳다고 목소리를 높일 뿐이다. 의자왕은 미간을 찌푸린다. 그리고 잠시 머뭇거리다가 한 신료에게 신호를 보낸다. 신료는 며칠 전 특명을 받고 고마미지古馬彌知(전남 장흥)에 귀양가 있는 좌평 흥수興首로부터 방책을 받아온다. ㉰는 흥수의 방책이다. 흥수는 기벌포伎伐浦(금강하구, 충남 장항)와 탄현炭峴(대전 동구와 충북 옥천 사이)을 틀어막고 사비성을 수성하면서 나당연합군의 군량을 소진시키며 지칠 때까지 기다렸다가 역공한다면 승산이 있다고 주장한다. ㉣는 흥수의 방책에 대한 반대의견이다. 차이가 있다면 흥수의 주장은 기벌포와 탄현의 입구부터 틀어막는 원천적인 봉쇄의 의견이고 그 반대는 기벌포와 탄현의 문을 개방하여 나당연합군을 협로로 끌어들여 협공하자는 의견이다. 역시 양쪽의 주장이 모두 타당하다.

당시 나당연합군과 백제군의 전력 비교다. **당군은 13만으로 전투병력**이며 **신라군은 5만의 지원병력**이다. 신라의 지원병력은 주로 군량미 등 군수물자를 운반하는 짐꾼으로 구성된다. 나당은 처음 백제정벌을 계획하면서 군량미와 군수물자는 신라가 제공하기로 협약한다. 이에 반해 **백제군은 2만정도의 전투병력으로 추정**된다. 주로 사비도성을 중심으로 인근 충남지역에서 동원된 군사다.

의자왕의 선택은 무엇일까? 분명한 것은 기벌포와 탄현 두 곳이 백제가 전략적으로 필승작전을 펼칠 수 있는 최적의 장소라는 점이다. 기벌포와 탄현을 잘만 활용하면 백제는 나당연합군을 얼마든지 패퇴시킬 수 있다. 어떤 것을 선택하든 이는 취사取捨의 문제다. 의자왕은 또 한참을 망설인다.

충신 계백의 분전

▲ 계백 오전 『동국신속삼강행실도』

그때 당군과 신라군이 기벌포와 탄현을 통과했다는 급보가 의자왕에게 전달된다. 흥수가 제안한 기벌포와 탄현의 방어전은 때를 놓친다. 의자왕은 급히 계백堦伯을 불러 황산벌(충남 논산)로 보낸다. 계백은 5천 군사를 이끌고 출정하며 김유신의 5만 군사를 황산벌에서 맞이한다. 처음 4번의 전투에서는 승리하나 신라 화랑 관창官昌 등의 희생으로 신라군의 사기가 올라 결국 패배하고 계백은 죽음을 맞는다. 때마침 당군이 사비도성으로 진격해오자 의자왕은 백강 어귀를 막고 당군에 대항하지만 이 또한 역부족이다. 결국 백제군은 대패한다.

의자왕이 망국의 상징이라면, 계백은 충절의 표상이다. 『삼국사기』는 의자왕과 계백을 대척점에 놓는다. 백제 멸망이라는 역사적 사건을 놓고 의자왕은 악惡의 축에, 계백은 선善의 축에 배치한다.

『삼국사기』〈열전〉 계백 편에 따르면, 계백은 출전에 앞서 처자식을 모두 죽인다. 마치 백제의 패배와 멸망을 이미 알고 있듯이 결연히 행동한다. 또한 계백이 이끈 5천 군사를 『삼국사기』는 결사대決死隊로 표현한다. 비장함과 엄숙함이 느껴지는 단어 선택이다. 적어도 『삼국사기』 편찬자는 계백에 대해서만큼은 후한 점수를 준다.

> 『삼국사기』〈열전〉에 수록된 인물은 김유신을 포함하여 모두 69명이다. 이 중 백제인은 **멸망기에 활약한 계백과 흑치상지뿐이다.**(도미 별도) **『삼국사기』는 계백을 위국충절의 표본으로 삼는다.** 통상적으로 당대 인물을 다룬 〈열전〉은 편찬자에 의해 각색되는 경향이 농후하다. 『삼국사기』 또한 예외는 아니다.

순암 안정복이 『동사강목』에 밝힌 계백에 대한 평가다.

'슬프다! 계백의 황산 싸움을 볼 것 같으면, 위급할 때 명을 받고서 5천의 보잘 것 없는 군사를 이끌고 10만의 강한 적을 앞에 두었는데도 거조^{擧措}에 조금도 혼란됨이 없었고 의기^{意氣} 또한 편안하였다. 험지에 의거해서 진영을 설치한 것은 지^{智}요, 싸움에 임해서 무리에게 맹세한 것은 신^{信}이며, 네 번 싸워 이긴 것은 용^{勇}이요, 관창을 잡았다가도 죽이지 않은 것은 인^{仁}이며, 두 번째 잡았을 때 죽여서 그 시체를 돌려보낸 것은 의^{義}요, 중과부적해서 마침내 한번 죽는 것도 마다하지 않았으니 충^{忠}이다. 삼국 때에 충신과 의사가 필시 많았지만 역사서에 보이는 것을 가지고 말한다면 **마땅히 계백을 으뜸으로 삼아야 할 것이다.**'

안정복은 계백을 지^{智}, 신^{信}, 용^{勇}, 인^{仁}, 의^{義}, 충^{忠}을 발현한 최고의 충신^{忠臣}이자 의사^{義士}로 평가한다.

660년 6월, 의자왕과 계백은 선과 악의 대척점에 서있다.

건국의 요람과 여명   초고계열과 고이계열   근초고왕과 부여기마족   부여씨왕조의 수난

| 백제멸망은 스스로 선택한 자살 |

　　나당연합군이 본격적으로 백제 영토를 공격할 때 의자왕은 2가지 치명적인 실기失機(기회를 잃거나 놓침)를 한다.

의자왕의 치명적인 실기
　　하나는 흥수가 방책으로 제시한 기벌포伎伐浦와 탄현炭峴을 틀어막고 적극적인 방어전을 펼치라는 주장을 무시한 점이다. 이로 인해 소정방의 당군은 기벌포를 장악하고 금강을 거슬러 사비도성으로 진격하며, 김유신의 신라군은 아무런 저항을 받지 않고 쉽게 탄현을 통과한다. 뒤늦게 의자왕은 계백에게 결사대 5천을 주어 황산벌(충남 논산)로 보내 신라군을 막아보지만 역부족이다.
　　또 하나는 사비도성 방어 과정에서 당군을 먼저 공격했다가 군사 1만명이 전사하는 병력손실을 입자 돌연 왕실가족과 측근 일부를 데리고 사비도성을 탈출한 점이다. 패배의 아픔을 추스르고 전열을 가다듬어 적극적인 방어전을 펼쳐야 할 지도자가 혼자만 살겠다고 도망친다. 이는 망국군주 의자왕의 최대 약점이다.

사비성 함락은 백제의 자살
　　그런데 의자왕이 빠져나간 사비도성에서 이해하기 힘든 이상한 일이 벌어진다. 의자왕을 대신한 부여태泰(의자왕 아들)가 왕을 자칭하며 쿠데타 아닌 쿠데타를 일으킨다. 더욱 이상한 점은 태자 부여효孝의 아들 부여문사文思(의자왕 손자)가 "숙부가 왕이 되었으니 당군이 포위를 풀고 물러가면 우리의 목숨을 어찌 보전할 수 있겠냐?"(而叔擅爲王 若唐兵解去 我等

安得全)고 하소연하며 밧줄을 타고 성을 내려와 투항하자 왕족과 귀족 그리고 백성이 뒤를 따른다. 결국 부여태도 성문을 열고 항복한다. 나당연합군은 손가락 하나 까딱하지 않고 사비도성을 접수한다. 사비도성의 백제군은 나당연합군이 무서워서가 아니라 의자왕의 보복이 두려워 모두 항복한다. 이 날은 660년 7월 13일로 실질적인 백제 멸망의 날이다.

사비도성을 탈출하여 웅진성으로 피신한 의자왕도 사비도성 함락 3일 후인 660년 7월 16일 웅진성주 예식진禰寔進의 매국 행위로 항복한다.

백제는 가장 결정적인 순간에 의자왕을 비롯한 지도층의 그릇된 판단과 행동으로 멸망을 좌초한다. 그래서 백제 멸망은 타살이 아니라 자살로 규정할 수 있다. 이후 의자왕을 비롯하여 태자와 왕자, 대신과 장군 그리고 백성 12,800여 명이 당의 수도 장안으로 끌려간다.

▲ 백제 멸망 과정

> 『삼국사기』 의자왕. '20년(660년) … 소정방이 왕과 태자 효, 왕자 태, 융, 연 그리고 대신과 장사 88인과 **주민 12,807인을 경도로 보냈다.**'(二十年 … 定方以王及太子孝王子泰隆演及大臣將士八十八人百姓一萬二千八百七人 送京師)

도대체 백성은 무슨 잘못을 했단 말인가?

건국의 요람과 여명   초고계열과 고이계열   근초고왕과 부여기마족   부여씨왕조의 수난

| 당이 남긴 불편한 흔적들 |

충남 부여(옛 백제 사비도성)에는 백제 멸망을 주도한 당의 장수들이 남긴 비명碑銘이 2개 있다. 정림사지 5층석탑의《당평백제국비唐平百濟國碑》와 국립부여박물관의《당유인원기공비唐劉仁願紀功碑》다.

> 『고운당필기』(유득공 편저). '호서의 부여현은 백제의 옛 도읍이다. 고을 남쪽 2리에 빙 둘러 글을 새긴 석탑이 있는데 사람들은 평제탑(平濟塔)이라 부른다. 글이 웅혼하고 필체가 힘차서 당나라 비석 중에서도 으뜸이다. 이는 서안부(西安府)에서 두루 찾아봐도 얻기 어려운데 어찌 해외에 있는 것과 비교할 수 있겠는가? 고을 북쪽 3리에 또 유인원의 공적을 기념하는 비석이 있다.'

당평백제국비

▲ 정림사지5층석탑 [충남 부여]

《당평백제국비》는 당의 소정방蘇定方이 부여 한복판인 정림사지 5층석탑의 탑신과 옥개받침에 공적을 각석刻石한 일종의 기공비다. 각석 시기는 백제가 멸망한 660년이며, 날짜는 8월 15일이다.(顯慶五年歲在庚申 八月己巳朔 十五日癸未) 제목은 '대당평백제국비명大唐平百濟國碑銘'으로 당의 하수량賀遂亮이 글을 짓고 권회소權懷素가 글씨를 새긴다. 글자는 모두 2,126자. 1층 탑신부는 남쪽면부터 시계방향으로 서쪽면, 북쪽면, 동쪽면 순으로 117행 1,934자고, 옥개받침은 서쪽면과 북쪽면에 64행 192자다. 주요 내용은 백제 침공에 나선 장수들과 그들의 어줍잖은 공적이다. 장수는 모두 12명으로 대총관 소정방을 비롯하여 부대총관 유백영劉伯英, 동보덕董寶德, 김인문金仁問(신라), 좌일군총관 축아사祝阿師, 마연경馬延卿, 우일군

총관 우원사^{于元嗣}, 유인원^{劉仁願}, 기타 양행의^{梁行儀}, 조계숙^{曹繼叔}, 두상^{杜爽}, 김량도^{金良圖}(신라) 등이다. 모두 당군을 이끈 지휘관과 참모들이다.

특히 소정방(형국공)의 행장 기록 중에 참조할 만한 내용이 있다. 하나는 당시 당의 포로가 된 지도층 인사가 의자왕을 비롯하여 700여 명이며, 또 하나는 당시 백제의 인구가 620만명이라는 사실이다.

> 《대당평백제국비명》. '그 왕 부여의자와 태자 융, 그 외에 왕자 여효 등 13인, 아울러 대수령 대좌평인 사타천복과 국변성 이하 700여 인이 이미 중위(궁궐)에 들어가 있다가 모두 사로잡히니 말고삐를 버리게 하고 우거에 실었다. … 무릇 5도독부 37주 250현을 두고 호(戶) 24만, 구(口) 620만을 각각 편호로 정리하여 모두 오랑캐 풍속을 바꾸게 하였다.'(其王夫餘義慈及太子隆 自外王餘孝一十三人 幷大首領大佐平沙吒千福國辯成以下七百餘人 旣入重闈並就擒獲 捨之馬革載以牛車 … 凡置五都督卅七州二百五十縣 戶卄四萬口六百卄萬 各齊編戶 咸變夷風)

당유인원기공비

《당유인원기공비》는 나당의 일원으로 백제를 침공한 당 장수 유인원^{劉仁願}의 행적을 기록한 기공비다. 원래 부소산 중턱에 있던 것을 국립부여박물관으로 옮겨 놓는다. 행적을 기록한 몸돌^{碑身}과 6마리 용을 새긴 머릿돌^{螭首}을 하나의 돌로 제작한 당의 비석이다. 비석은 높이 3.35m, 두께 31cm며, 머릿돌은 높이 114cm, 너비 133cm다. 글자 크기는 2.4cm로 전체 글자수는 2,321자로 추정되며, 이 중 뒷부분 940여 자는 완전히 마모된 상태다. 건립연대는 663년(신라 문무왕3년)이다. 이 해는 주류성

▲《당유인원기공비》[충남 부여]

이 함락되며 백제 수복운동이 종결된 시기다. 비문은 주로 유인원의 행적과 공적을 담고 있다. 전반부는 당 태종을 따라 고구려를 공격한 것과 철륵, 토욕혼, 토번 등에 안무^{按撫} 또는 선무^{宣撫}한 내용이며, 후반부는 660년 우이도행군자총관^{嵎夷道行軍子摠管}으로 소정방을 보좌하며 백제 침

공에 나선 점과 백제 멸망 후 웅진도독부의 책임자인 도호겸지유진^{都護}^{兼知留鎭}으로 백제유민의 소요를 진압하고 수복운동을 평정한 내용이다. 특히 후반부에는 앞서 《당평백제국비》에 언급된 당의 포로가 된 지도층 인사가 의자왕을 비롯하여 700여 명이며 또한 수복운동의 일부 전개 과정, 그리고 완전히 폐허가 된 사비도성의 처참한 모습 등을 기록하고 있다.

> 《당유인원기공비》. '5년(660년)에 우이도행군대총관을 제수받고 **형국공 소정방을 따라 백제를 완전히 평정하고 그 왕 부여의자와 태자 융, 좌평, 달솔 이하 700여 인을 사로잡았으며** 이외 수령 고로도▧, 봉무▧ 부여생, 수연이라 등은 모두 작전에 참여시켜 공을 세우고 귀순하니 혹은 맞아들여서 대궐로 재빨리 오게 하고 혹은 들어오게 해서 ▧▧▧하니 그 지역 전체의 유민들이 예전과 같이 편안히 여겼다.'(五年 授嵎夷道行軍子摠管隨 邢國公蘇定方平破百濟執 其王扶其王扶餘義慈幷太子隆及佐平▧率以下七百餘人 自外首領古魯都▧奉武▧扶餘生受延尒羅等並見而機作 立功歸順或入趍絳關或入▧▧▧ 合境遺黎安堵如舊設官分)

지워야할 불편한 흔적

《당평백제국비》와《당유인원기공비》는 당이 남긴 불편한 흔적이다. 이는 패자에 대한 일말의 배려도 모르는 승자(당)의 추악한 오물이다. 특히《당유인원기공비》는 1963년 보물(제21호)로 지정하여 국립부여박물관에 별도의 전각을 세워 보존하고 있다. 어찌 일고의 가치도 없는 오물이 우리의 보물이 될 수 있단 말인가?

《당유인원기공비》는 당장 보물에서 해제^{解除}하고 지하 수장고에 처박아서 영원히 햇빛을 보지 못하게 해야한다. 그렇게 해야한다.

| 부흥운동 용어의 아쉬움 |

　　백제 멸망 후 660년~663년까지 3년간에 걸쳐 영토와 주권을 되찾는 일련의 군사활동을 '백제부흥운동'이라고 한다. 그런데 '부흥'하면 경제부흥이나 기독교의 심령부흥회가 먼저 떠올라 과연 부흥이 적절한 용어인지 의구심이 든다.

　　부흥과 비슷한 단어로 회복과 수복이 있다. 엄밀히 따지면 조금씩 차이가 난다. 부흥復興은 쇠퇴한 것이 다시 일어나는 것이며, 회복回復은 원래 상태로 돌이키거나 원래 상태를 되찾는 것이고, 수복收復은 잃었던 땅이나 권리 따위를 되찾는 것을 말한다.

　　부흥의 용어가 언제부터 어떤 사유로 사용하게 되었는지 알 수 없으나 결코 적절한 용어는 아니다. 부흥은 말 그대로 쇠잔해진 상태에서 다시 일어나는 것으로 상태가 아예 없어진 멸망과는 어울리지 않는다. '회복운동'의 용어도 일부 사용하나, 회복은 상태의 호전을 말하니 이 또한 어색하다. 이에 반해 수복은 상태와 무관한 유무형의 모든 것을 다시 되찾는 것이니 적절하다 할 수 있다. '수복운동'을 권한다. 단재 신채호는 '옛 땅을 되찾는다' 뜻을 가진 고구려 말 '다물多勿'을 쓴다.

　　역사 해석에 있어 용어 선택은 매우 중요하다. 용어 하나가 발생사건의 역사 과정을 모두 함축하기 때문이다. 근현대사의 역사 용어는 적잖이 조정, 변경된다. 을사보호조약을 을사늑약으로, 8·15해방을 8·15광복으로, 4·19의거를 4·19혁명 등으로 바꾼 것이 대표적이다.

　　그럼에도 고대사의 역사용어 적절성에 대해서는 여전히 관심 밖이다.

건국의 요람과 여명   초고계열과 고이계열   근초고왕과 부여기마족   부여씨왕조의 수난

| 재건백제의 수도 피성 |

660년 7월 의자왕의 항복으로 7백년 백제는 멸망한다. 이후 복신福信과 도침道琛이 중심이 되어 수복운동을 전개하나 뚜렷한 성과를 내지 못한다. 더구나 수복군내 내분이 일어 복신이 도침을 죽이며 와해조짐까지 보인다. 그러던 와중에 661년 9월 야마토에 볼모로 가있던 부여풍豊(풍장)이 귀국하면서 수복운동은 새로운 전기를 맞는다. 부여풍은 무왕(30대)의 적자(사택왕후 소생)다. 631년 의자왕(선화공주 소생)과의 권력투쟁에 패하여 야마토로 망명한 후 30년 만에 돌아와 신왕에 즉위한다.

> 『일본서기』〈제명기〉 7년(661년) 9월. '황태자가 장진궁에서 식관을 백제왕자 풍장에게 주고 또 다신장돈의 누이를 아내로 삼게 하였다. 그리고 대산하 협정연빈랑과 소산하 진조전래진을 보내 군사 5천여를 거느리고 본국에 호위하여 보냈다. 이에 **풍장이 나라**(백제)**에 들어갈 때 복신이 맞이하며 머리를 조아리고 나라의 정사를 모두 맡겼다.**'(皇太子御長津宮 以織冠授於百濟王子豐璋 復以多臣蔣敷之妹妻之焉 乃遣大山下狹井連檳榔 小山下秦造田來津 率軍五千餘衛送於本鄕 於是 豐璋入國之時 福信迎來 稽首奉國朝政 皆悉委焉)

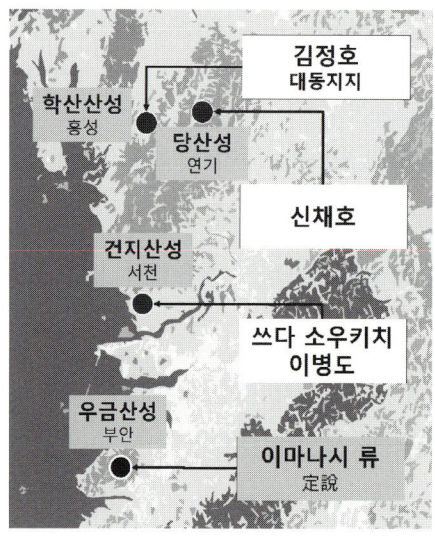
◀ 주류성 비정

주류성에서 피성으로 천도

풍왕은 당시 수복운동의 본거지인 주류성周留城(전북 부안 우금산성)을 도성으로 삼아 백제를 재건한다. 이후 당의 웅진도독부를 포위하는 등 영토 수복에 자신감을 얻은 풍왕은 662년 12월 산성인 주류성에서 평지성인 피성避城으로 도성을 옮긴다. 『일본서기』〈천지기〉에 풍왕이 천도를 결심하

며 피성에 대해 언급한 부분이 나온다. '피성은 서북에는 고련단경古連旦涇의 물이 띠를 두르고, 동남쪽에는 깊은 진흙의 큰 제방이 있어 방비하기 좋다. 사방에 논이 있어 도랑이 파여 있다. 비가 잘 내리고 꽃이 피고 열매가 맺는 것이 삼한에서 가장 기름진 곳이다.'(避城者 西北帶 以古連旦涇之水 東南據深泥巨堰之防 繚以周田 決渠降雨 華實之毛 卽三韓之上腴焉) 피성은 지금의 전북 김제시 성산城山산성을 중심으로 한 주변 일대다.

성산산성은 김제 시가지 서쪽에 위치한 해발 41m의 낮은 구릉지에 조성된 성이다. 전체 면적은 80,000㎡로 석성과 토성을 겹쳐 쌓은 이중(二重)성이다. 현재는 토성의 흔적만 일부 남아 있다. 『김제군지』(1917년 발행)에 따르면, '석성은 길이 2,820尺, 높이 20尺, 토성은 길이 2,410尺이다. 옹성이 4개, 샘이 6개인데, 왜정(일제강점기) 초에 이르러 증축하지 못했다'고 전한다.

『김제군지』 [1917년] ▶

그러나 당시 풍왕을 호종해온 야마토 장수 박시전래진朴市田來津이 '굶는 것은 나중 일이고 망하는 것이 먼저다.'(夫飢者後也 亡者先也)며 피성 천도를 극구 반대하지만 풍왕의 의지를 꺾지 못한다.

그렇다면 풍왕은 무슨 이유로 피성으로 천도한 걸까? 풍왕은 수복운동의 성공을 자신한다. 풍왕에게는 수복군 말고도 귀국할 때 호종해온 야마토지원군 5천여가 따로 있다.(*『일본서기』) 특히 전북 김제 일대는 만경평야를 포함한 한반도의 최대 곡창지대다. 안정적인 식량공급이 가능하여 풍왕에게는 거스를 수 없는 유혹이다. 풍왕은 나당을 모두 몰아낸 후 새로운 도성 피성에서 펼칠 자신만의 신백제를 꿈꾼다.

단명한 재건수도 피성

▲ 신라, 백제수복군 공격

그러나 풍왕의 피성은 해가 바뀌어 663년 2월로 끝난다. 신라가 전방위에 걸쳐 대대적으로 압박을 가해온다. 이때 거물성(전북 남원), 사평성(전남 순천), 덕안성(충남 논산) 등이 신라의 수중으로 넘어간다. 이에 위기의식을 느낀 풍왕은 피성을 버리고 다시 주류성으로 환도한다.

피성은 3개월이라는 지극히 짧은 기간에 조성된 또 하나의 백제 도성이다. 그럼에도 피성은 영원한 백제의 부활을 꿈꾼 풍왕의 의지와 소망이 잠들어 있다.

『일본서기』〈천지기〉. '2년(663년) 봄 2월 을유삭 병술 … 신라인이 백제 남쪽 경계에 있는 4주를 불태우고 아울러 안덕 등의 요충지를 빼앗았다. 이에 **피성이 적과 거리가 가까워서 형세가 머물 수 없었다. 이에 주류로 돌아와 거처하니 박시전래진이 헤아린 바와 같았다**.'(二年 春二月 乙酉朔丙戌 … 新羅人燒燔百濟南畔四州 幷取安德等要地 於是 避城 去賊近 故勢不能居 乃還居於州柔 如田來津之所計)

피성은 미완으로 끝난 재건백제의 수도다.

| 백강구 전투와 주류성의 눈물 |

663년 8월 백제 수복운동의 성공 여부를 결정짓는 대사건이 백강구(백촌강)에서 발생한다. 백강구는 지금의 전북 동진강 하구(새만금 지구)다.

백강구 전투, 야마토전선 400척 수몰

당의 전선 170척과 야마토 전선 1,000척이 맞붙는다. 전투 결과는 야마토 전선 400척이 침몰하며 당의 승리로 끝난다.

『삼국사기』는 '백강구에서 왜의 군사를 만나 4번 싸워 모두 이기고 배 4백척을 불사르니 연기와 불꽃이 하늘을 덮고 바닷물도 붉게 물들었다.'(遇倭人白江口 四戰皆克 焚其舟四百艘 煙炎灼天 海水爲丹)고 백강구 전투를 짤막하게 기록한다. 그러나 『일본서기』는 비교적 상세히 전투 내용을 전한다. 야마토의 결정적 패인은 백제 풍왕과 야마토 장수들이 제대로 바람을 읽지 못한 탓이다.

▲ 백강구(동진강 하구)전투 [663년 8월]

당은 화공작전을 펴 협소한 공간에 밀집되어 있는 야마토 전선을 일거에 불태운다. 이로 인해 야마토는 전선 뿐 아니라 수천의 군사가 수장되는 대 참사를 겪는다.

> 『일본서기』〈천지기〉. '2년(663년) 8월 을유, 일본 장수들이 백제왕과 더불어 날씨를 살피지 않고 서로 "우리들이 선두를 다투어 싸운다면 그들이 스스로 물러날 것이다."고 하였다. 다시 일본의 어지러운 대오와 중군의 군졸들을 이끌고 나아가 굳게 진을 치고 있는 당의 군대를 쳤다. 당군선이 바로 좌우에서 협공하여 에워싸니 잠깐 사이에 관군이 계속 패하여 물에 빠져 죽는 사람이 많고 배의 앞뒤를 돌릴 수 없었다. **박시전래진이 하늘을 우러러 맹세하고 분개하며 수십을 죽이고 전사하였다. 이때 백제왕 풍장이 여러 사람과 배를 타고 고구려로 도망하였다.**'(二年 八月 己酉 日本諸將與百濟王 不觀氣象 而相謂之曰 我等爭先彼應自退 更率日本亂伍中軍之卒進打大唐堅陣之軍 大唐便自左右夾船繞戰 須臾之際 官軍敗績 赴水溺死者衆 艫舳不得廻旋 朴市田來津仰天而誓 切齒而嗔殺數十人 於焉戰死 是時百濟王豊璋與數人乘船逃去高麗) 당시 당군선은 대형이고 야마토군선은 소형이다. 대등한 조건의 해상전투는 아니다. '풍장 네 이놈!!!'

고칠 수 없는 일본의 제국주의 병

그런데 이 사건을 평가하는 일본의 해석이 참으로 황당하기 그지없다. 일본학계는 야마토가 자신의 속국인 백제를 구원하기 위한 것이라든가 또는 백제가 망하게 되면 조공을 받을 수 없다는 등의 자기편협적인 시각을 여과 없이 드러낸다. 또한 한 발 더 나아가 대륙(중국)과 동등한 일본이 한반도의 우위에 서기 위해 대국 일본이라는 꿈을 갖고 정치적 우위를 달성하려는 또는 그러한 관계를 만들기 위한 군사 개입으로 설명한다. 참 표현도 애매모호하게 잘도 만든다. 특히 백강구 전투의 본질은 당중심의 대大제국주의와 일본중심의 소小제국주의가 충돌한 소위 「고대 제국주의 전쟁론」이라 주장한다. 일본의 제국주의 병은 어떤 의사도 고칠 수 없나 보다. 이제 옛날에도 병이 걸렸었다고 드러내놓고 말한다.

그러나 이는 본말이 전도되어도 너무 전도된다. 전쟁의 실제 주인공인 백제는 어디론가 사라지고 일본과 당의 전쟁으로 변질된다. 백제는 장소만 제공하고 불구경했다는 얘기다. 물론 이 사건의 여파로 한반도의 한 축인 백제가 역사 밖으로 밀려나며 동아시아 질서는 재편된다.

일본열도의 홀로서기 「일본화과정」

백강구 전투 패배로 사실상 백제 수복운동은 종지부를 찍는다. 수복운동의 본거지인 주류성이 곧바로 함락되며 수많은 백제유민이 일본열도로 건너간다. 당시 고향을 등지는 유민의 피맺힌 절규가 『일본서기』에 나온다. "백제의 이름이 오늘로 끊어졌으니 어찌 조상의 무덤이 있는 곳에 다시 돌아갈 수 있단 말인가?"(百濟之名絶于今日 丘墓之所 豈能復往) 역사는 이들 망명객 후손이 다시 고향으로 돌아왔다고 기록한다. 임진왜란과 일제강점기의 뼈아픈 역사다.

백제 수복운동의 좌절은 일본열도에 커다란 변화를 가져온다. 나당의 침략에 대비해 북규슈에서 수도가 있는 오사카지역에 이르는 주요 길목에 백제식 산성들을 쌓기도 하며, 이후 일본으로 국호를 바꾸고 본격적으로 「일본화과정」에 돌입한다.

▲ 일본열도 백제식(한반도식) 산성 분포

백제의 틀을 바탕으로 일본식 만들기에 몰두한다. 율령을 제정하고 호적을 정리하며 중앙집권화를 강화하고 불교문화를 꽃피운다. 일본 나라奈良시대(710~794)가 활짝 핀다.

건국의 요람과 여명   초고계열과 고이계열   근초고왕과 부여기마족   부여씨왕조의 수난

> 일본(日本) 국호의 공식사용은 701년 다이호오(大寶)율령 제정부터다. 그런데 『삼국사기』〈신라본기〉는 670년(문무10)으로 나온다. '왜국이 국호를 일본으로 바꿨다. 스스로 말하길 해 뜨는 곳과 가까운 곳에 있어 그리 이름하였다.'(倭國更號日本 自言近日 所出以爲名) 670년은 『구당서』 동이전에도 나온다. 이는 **일본 국호가 정식으로 제정되기 40여 년 전부터 사용되었음을 의미**한다. 혹여 663년 백제 수복운동이 종결되면서 일본열도로 망명한 백제유민들이 동쪽의 '해 뜨는 곳'을 찾아가며 부른 이름은 아닐까?

이 모든 변화의 촉발은 백제 멸망으로부터 시작한다. 백제인에 의해 일본 역사는 새로운 전기를 마련하고 또한 새롭게 쓰여지기 시작한다.

누가 뭐라 해도 일본은 영원한 백제의 아바타다.

| 백제 수복운동의 알파와 오메가 |

임존성^{任存城}은 백제 수복운동의 시발지자 종결지다. 그런데 임존성의 시작과 끝에는 한 사람의 기구한 운명이 박혀 있다. 바로 흑치상지^{黑齒常之}다.

흑치상지의 선택은?

660년 7월 나당에 의해 사비도성이 함락되고 웅진성으로 피신한 의자왕이 항복하면서 백제는 사실상 멸망한다. 그해 9월 흑치상지가 임존성(충남 예산)에서 신라의 공격을 막아내면서 수복운동이 처음 시작된다. 이후 3년에 걸쳐 진행된 수복운동의 장정은 663년 9월 백강구 전투의 패배와 본거지인 주류성(전북 부안)이 함락되면서 사실상 끝

▲ 임존성 [충남 예산]

난다. 그럼에도 임존성은 마지막까지 항전하는데 그해 11월 흑치상지가 당군을 이끌고 임존성을 공격하여 점령하면서 수복운동은 대단원의 막을 내린다. 흑치상지는 백제 수복운동의 처음 불씨를 지피고 또한 마지막 불씨를 끈다.

그렇다면 흑치상지는 어떤 연유로 당의 장수가 되었을까?『삼국사기』는 '당 고종이 사신을 보내 흑지상지를 타이르자 유인궤에게 항복하였다.'(高宗遣使招諭 乃詣劉仁軌降)고 기록하나,『구당서』는 덧붙여 당이 임존성을 공격할 때 유인궤가 전향한 흑치상지에게 당군을 내어주며 전

향의 중심을 시험하는 대목도 적고 있다. 다시 말해 흑치상지는 수복운동이 전개되는 과정에 백제를 버리고 당으로 말을 갈아탄다.

흑치상지의 변명과 평가

흑치상지의 전향을 두고 여러 해석이 있다. 그 중 『삼국사기』 의자왕 기록에 나오는 '흑치상지는 별부장 사타상여와 함께 험준한 곳에 의거하여 복신에 호응하였다.'(常之與別部將沙吒相如據嶮 以應福信)는 표현에 주목하여, 원래 흑치상지는 수복군내 복신파인데 복신이 풍왕에 의해 제거되자 어쩔 수 없이 당으로 전향했다고 보는 흑치상지 옹호설이다. 그러나 어떠한 해석과 변명으로도 흑치상지의 변절은 정당화될 수 없으며 또한 정당화해서도 안 된다. 그런 까닭에 단재 신채호는 '나라를 멸망시킨 죄인'으로 흑치상지를 혹독하게 평가한다.

> 『삼국사기』 〈열전〉은 흑치상지가 '아랫사람을 은덕으로 다스렸으며 당으로부터 받은 상은 모두 부하에게 나누어 주어 남은 재산이 거의 없다.'(常之御下有恩 … 前後賞賜分麾下 無留貲)고 적는다. 적어도 『삼국사기』는 흑치상지의 변명에 상당히 공을 들인다.

흑치상지 행적은 1929년 중국 낙양의 북망산에서 발견된 《흑치상지 묘지명》에 잘 나타나 있다. 백제 멸망 후 당으로 건너간 흑치상지는 토번(티베트)와 돌궐을 제압하는데 공을 세우며 승승장구한다. 그러나 마지막에는 반역을 도모했다는 모함을 받고 교수형에 처해진다. 백제 출신 유민의 한계며 또한 비애다. 흑치상지가 남긴 마지막 말이다. "내가 내 고향 백제를 버리고 여기까지 왔건만 이런 누명을 쓸 줄 몰랐구나!"

토사구팽兎死狗烹. 어찌 흑치상지만 이를 몰랐단 말인가? 인간사에 흔히 있는 일인 걸!?

| 부여융과 김법민의 엇갈린 운명 |

665년 8월 충남 공주 취리산就利山(공주 생명과학고 뒷산) 정상이다. 당의 유인원이 지켜보는 가운데 백제 웅진도독부 도독 부여융隆과 신라 문무왕(30대) 김법민金法敏이 회맹會盟한다. 회맹은 백마를 죽여 천신과 지신 그리고 산천 신에 제사 지낸 후 그 피를 입에 발라 맹세하는 의식이다. 부여융이 먼저 입술에 백마의 피를 바르고 김법민도 따라한다. 부여융이 힐끗 김법민을 쳐다보며 두 사람의 눈빛이 마주친다. 순간 부여융의 미간이 심하게 떨리며 피에 적신 입술을 꽉 깨문다.

▲ 취리산 회맹지 [충남 공주]

회맹지를 공주의 연미산(燕尾山)으로 보는 견해도 있다. 연미산은 취리산 서쪽 1.7km 지점에 위치하며 곰나루전설의 배경이 되는 산이다.

취리산 회맹과 불편한 만남

시간은 5년 전으로 거슬러 올라간다. 660년 7월이다. 사비도성이 함락되며 백제가 멸망하던 날 부여융은 성벽을 내려와 항복한다. 이때 김법민이 부여융을 말 앞에 무릎 꿇리고 얼굴에 침을 뱉는다. 그리고 "너의 아비는 나의 누이동생을 참혹하게 죽여 감옥에 묻어 놓고 나로 하여금 20년이나 마음을 아프게 하고 고통스럽게 하였다."(汝父枉殺我妹 埋之獄中 使我二十年間 痛心疾首)-『삼국사기』며 호통치듯 꾸짖는다. 김법민은 642년 대야성(경남 합천) 전투에서 참수되어 백제 감옥 바닥에 묻힌 누이동생 고타소古陁炤의 일을 상기시킨다. 이는 의자왕이 행한 일이나 김법민은 의자왕의 아들 부여융을 나무라며 얼굴에 침을 뱉는 치욕을 준다.

건국의 요람과 여명   초고계열과 고이계열   근초고왕과 부여기마족   부여씨왕조의 수난

　유인원이 맹문을 낭독한다. 『삼국사기』〈신라본기〉 문무왕 기록에 전문이 나온다. 내용은 이렇다. 백제와 신라는 지난날의 묵은 감정을 풀어버리고 새롭게 우호를 맺어 형제처럼 화친하라고 한다. 또한 두 나라는 당의 번국藩國으로 복종하라고 한다. 두 사람은 묵묵히 듣고만 있다. 사정은 다르지만 씁쓸하기는 매 한가지다.
　취리산 회맹은 당과 신라가 맺은 일종의 국경회담이다. 표면적으로는 백제와 신라의 회맹이다. 거슬러 올라가면 나당은 3년 동안 벌어진 백제의 끈질긴 수복운동을 완전히 제압한다. 그리고 당은 백제 땅에 웅진도독부를 설치하고 그 수장인 도독에 의자왕의 아들 부여융을 앉힌다. 당의 행위는 신라에게 백제 땅을 결코 넘기지 않겠다는 의사며 또한 백제유민의 반발을 무마하기 위해 선택한 일종의 고육책이다. 웅진도독부는 당의 괴뢰정권이다.

> 당은 백제를 멸한 후 **664년 일본 북규슈 후쿠오카(福岡)에 축자도독부를 설치한다.** 이는 백제의 웅진도독부, 고구려의 안동도호부와 같은 통치기관이 아니다. 웅진도독부 분원으로 일종의 연락관청이다. **나당이 군사를 동원하여 일본열도를 공격한 역사는 없다.**

　유인원은 낭독을 마치고 부여융, 김법민 두 사람의 손을 잡게 하여 결의를 확인시킨다. 부여융은 자신도 모르게 김법민의 손아귀를 꽉 움켜쥔다. 김법민이 눈을 흘기며 응수한다. 잠시 후 김법민이 수하를 데리고 먼저 취리산을 떠난다. 부여융은 김법민의 뒷모습에 시선을 고정시키며 눈에 잔뜩 힘을 준다. 그러나 거기까지다.
　김법민은 여전히 승자며 더구나 신라의 왕이다. 이에 반해 부여융은 여전히 패자며 이제는 백제의 왕자가 아닌 당의 앞잡이가 되어 있다. 부여융에게는 당으로부터 부여받은 임무가 있다. 백제유민의 반발을 무마시켜야 한다. 부여융의 눈가에 한줄기 눈물이 흘러내린다.

승자와 패자의 갈림길

두 사람이 다시 만난 기록은 없다. 문무왕 김법민은 668년 당과 연합하여 고구려를 멸망시킨 후 본격적으로 당의 축출에 나선다. 백제 땅의 웅진도독부를 몰아내고, 676년 고구려 땅의 안동도호부마저 몰아내며 삼국 통일의 결실을 맺는다. 김법민은 681년 신라 수도 경주에서 사망하여 동해 앞바다 대왕암 수중릉에 묻힌다.

▲ 대왕암 수중릉 [경주 양북면]

반면 부여융은 웅진도독부 철수 시기에 당으로 옮겨가 '광록대부태상원외경 겸 웅진도독대방군왕'에 봉해지며, 682년 당의 수도 낙양에서 사망하여 북망산에 묻힌다.

> 부여융의 행적은 『삼국사기』를 비롯하여 『구당서』, 『신당서』, 『자치통감』, 『일본서기』, 《당평백제비》, 《유인원기공비》 등에 단편적으로 나온다. 그러나 1920년 중국 낙양의 북망산에서 출토된 《부여융묘지명》을 통해 상당부분 보완한다. 특히 묘지명 첫머리에 부여융을 '진조인(辰朝人)'으로 기록한 점이 눈에 띈다.(公諱隆字隆 百濟辰朝人也) 백제 이전에 존재한 한반도 진국(辰國)의 계승 관념을 엿볼 수 있다.

백제 멸망의 소용돌이 속에는 부여융과 김법민, 두 사람의 엇갈린 운명이 있다.

| 백제 유민이 만든 불비상 |

불비상佛碑像은 직육면체 돌의 4면에 부처, 보살 등을 조각하고 주변에 발원문을 새긴 일종의 추모비다. 형태에 따라 크게 배舟처럼 생긴 광배형과 비석처럼 생긴 석비형으로 분류한다. 현재까지 우리나라에서 발견된 불비상은 모두 7구軀다. 공히 백제에서 제작한 것으로 돌의 재질은 흑회색 납석蠟石이며, 조각 기법과 양식 또한 매우 비슷하다. 특히 이들 불비상은 옛 충남 연기군(現 세종특별자치시) 일대에서만 발견된다.

> 불비상 7구가 발견된 장소는 **세종시 전의면 비암사**(碑巖寺-3구), **연서면 연화사**(蓮花寺), **공주시 정안면 서광암**(瑞光庵) 등 3개 사찰이다. 이 중 제작연대가 표기된 불비상은 '계유(673년)명전씨아미타불비상', '계유(673년)명천존삼불비상', '무인(678년)명아미타불비상', '기축(689년)명아미타불비상' 등 4개다.

계유명전씨아미타불비상

◀《계유명전씨아미타불비상》

《계유명전씨아미타불비상癸酉銘全氏阿彌陀佛碑像》(국보 제106호)은 1960년 충남 세종시 전의면 비암사碑巖寺에 발견된 3구의 불비상 중 하나다.(*국립청주박물관 소장) 석비형인 불비상은 크기가 높이 43cm, 너비 26.7cm, 두께 17cm다.

앞면은 중앙의 좌불상(아미타불)을 중심으로 좌우에 협시보살상(관세음보살,지장보살)과 금강역사상 등을 배치하고 각 불상의 광배와는 별도로 뒷쪽에 또 다른 이중의 광배를 새긴다. 안쪽 광배는 화불化佛(변화한 부처)과 불꽃무늬, 바깥쪽 광배는 주악천인상奏樂天人像이다. 또한 측면은 좌우 공히 용의 입에서 뿜어나오는 주악천인상이 각각 4구다. 뒷면은 20구의 화불을 4단으로 나누어 배치한다.

글자는 앞면 하단, 측면, 뒷면 등에 음각으로 새긴 267자다. 이 중 앞면(56자)과 우측면(86자)의 명문이다.

> 〈앞 면〉全氏▨▨ 述況右▨ 二兮介朮 同心敬造 阿彌陀佛像觀音大世至像 ▨▨道▨▨上爲▨▨ 願敬造化佛像廿也 此石佛像 內外▨▨ 十六▨▨
> 전씨▨▨ 술황우▨ 이혜개 등이 마음을 모아 아미타불상, 관음, 대세지상을 삼가 만들다. … 원컨대 화불 20구를 삼가 예를 갖춰 만드니 이 석불상이 내외 … 하고 16 …하길 바란다.
> 〈우측면〉▨▨癸酉年 四月十五日 ▨▨▨首▨▨道推▨發願敬▨▨▨ 彌次乃▨止 乃末牟氏 毛▨▨等 ▨五十人智識 共爲國王大臣及七世父母含靈等 願敬造寺 智識名記 達率身次願 日▨▨▨願 眞武大舍木▨大舍願
> ▨▨계유년 4월 15일에 … 발원하여 삼가 … 미차내 ▨지▨ 내말 모씨 모▨▨ 등 ▨50인의 지식이 함께 국왕과 대신, 7세부모 등 함령을 위하여 발원하여 삼가 절을 세우다. 지식의 이름을 기록하다. 달솔 신차가 기원하다. 일▨▨▨가 기원하다. 진무 대사, 목▨ 대사가 기원하다.

앞면은 발원자가 전牟씨 등 3명이며, 아미타불상, 관세음보살, 대세지상(지장보살), 그리고 화불 20구를 만든 내용이다. 우측면은 계유년에 발원한 것과 미차내彌次乃의 ▨지▨ 등 지식智識 ▨50(*250)명이 국왕과 대신, 7세부모의 함령(중생)을 위해 절을 세운 내용이다. 정리하면 이렇다. 계유년에 전씨 등이 발원하여 아미타삼존불상과 화불 20구를 만들고, 미차내의 지식智識(불교 지도자) 250명이 국왕, 대신, 7세부모, 모든 중생을 위해 절(비암사)을 세운다.

계유명삼존천불비상

《계유명삼존천불비상癸酉銘三尊千佛碑像》(국보 제108호)은 1961년 충남 충남 연기군 서광암瑞光庵의 불비상이다.(*국립공주박물관 소장) 원래는 조치원 읍내에서 발견된 것을 서광암으로 옮겨 봉안해온 것이라 한다. 석비형인 불비상은 높이 91㎝, 너비 47.5㎝, 두께 14.5㎝다. 현존하는 불비상 7구 중 가장 크다.

▲《계유명삼존천불비상》

불비상은 받침돌, 몸돌, 지붕돌로 구성된다. 몸돌은 하단 중앙의 불좌상(석가모니불)을 중심으로 좌우에 협시보살상(문수보살,보현보살)을 배치하고 각각의 불상에는 광배를 두른다. 천불은 몸돌과 머릿돌에 모두 920여 개를 차곡차곡 새긴다. 글자는 몸돌 하단의 삼존불 좌우에 각각 4행의 음각으로 새긴 87자 명문이다.

> 歲癸酉年 四月十五日 香徒釋迦及諸佛菩薩像造 石記 是者爲國王大臣及七世父母法界衆生 故敬造之 香徒各 彌次乃眞牟氏大舍 上生大舍 ▨仁次大舍 ▨宣大舍 贊不小舍 貳使小舍 ▨▨▨ 小舍▨▨等 二百五十人
>
> 계유년 4월 15일에 향도가 석가와 여러 불보살의 상을 만들어 돌에 기록하다. 이것은 **국왕, 대신, 7세부모, 법계의 모든 중생을 위하여 삼가 예를 갖춰 만든 것이다.** 향도 이름은 **미차내 진모씨 대사, 상생 대사, ▨인차 대사, ▨선 대사, 찬불 소사, 이사 소사, ▨▨▨ 소사, ▨▨ 등 250인이다.**

정리하면 이렇다. 계유년 4월 15일에 미차내彌次乃의 진모眞牟씨를 비롯한 향도 250명이 국왕과 대신 7세부모 등 모든 중생을 위하여 석가삼존불상을 만든다.

계유명 불비상의 시사점

두 불비상은 공통점이 있다. 첫째는 제작년도가 계유년癸酉年이다. 계유년은 673년(신라 문무13)으로 백제 수복운동이 종결된 후 10년째가 되는 해다. 둘째는 제작 목적이 명확하다. 국왕, 대신, 7세부모 등 모든 중생의 추복追福을 기원한다. 셋째는 발원 및 기원자다. 지식智識 또는 향도香徒인 미차내彌次乃(충남 연기)의 지도급 인사들이다. 특히 이들 중 일부는 대사, 소사, 내말 등의 신라 하급관등을 받는다. 마지막 넷째는 아미타여래, 석가여래 등을 본존으로하는 삼존불 신앙이 널리 확산된 점이다.

삼존불은 본존이 여래인 여래삼존상과 본존이 보살인 보살삼존상으로 나눈다. 여래삼존상의 경우 본존의 존명에 따라 **석가(釋迦)삼존, 아미타(阿彌陀)삼존, 약사(藥師)삼존, 미륵(彌勒)삼존** 등으로 불린다. 석가삼존은 좌우에 문수(文殊)와 보현(普賢)보살이, 아미타삼존은 관음(觀音)과 대세지(大勢至)보살이, 약사삼존은 월광(月光)과 일광(日光)보살이, 미륵삼존은 법화림(法花林)과 대묘상(大妙相)보살이 각각 보좌한다. **백제 후기에 만든 「서산 마애삼존불」(국보 제84호)은 석가삼존상**이다.

불비상은 백제 멸망의 산물이다. 전란으로 황폐해진 고토와 그 고토에서 살아가야하는 유민의 애한을 고스란히 담고 있다. 불비상을 만든 목적은 이미 세상을 등진 영령들의 추복追福과 살아남은 유민의 내세에서의 극락왕생이다.

망국의 한과 설움, 어찌 불비상으로 모두 담아낼 수 있겠는가?

건국의 요람과 여명   초고계열과 고이계열   근초고왕과 부여기마족   부여씨왕조의 수난

| 의자왕의 후손들 |

660년 백제가 멸망하면서 왕족은 뿔뿔이 흩어진다. 이 중 마지막까지 이름을 남긴 왕족은 의자왕의 아들 부여융隆과 부여용勇의 직계 자손이다. 부여융의 자손은 당에 정착한 손녀 부여태비太妃이며, 부여용의 자손은 일본에 정착한 손자 부여경복敬福이다. 두 사람은 의자왕의 증손으로 백제 마지막 공주와 왕자다.

당에 정착한 마지막 공주 부여태비

2004년 중국 섬서성 서안(옛 장안)의 당 고조 이연李淵 무덤인 헌릉 주변 딸린무덤(배총)에서 묘지명 하나를 출토한다. 《부여태비묘지명》이다. 묘지명 명문의 일부다. "남국사람의 얼굴처럼 … 봄날의 숲과 가을 단풍처럼 아름다우며 … 아침햇살처럼 조용히 움직여 드러나지 않으니 세상에 드물게 어진 사람이며 덕이 있어 외롭지 않아 속마음과 겉으로 드러난 모습이 같다." 부여태비의 아름다운 외모와 어질고 올곧은 성품이 잘 표현되어 있다.

▲ 《부여태비묘지명》 뚜껑돌

《부여태비묘지명》은 청석(靑石)의 뚜껑돌(蓋石)과 지석(誌石)으로 구성된다. 뚜껑돌 크기는 가로 74cm, 세로 70cm, 두께 13cm이고, 지석 크기는 가로 74cm, 세로 70cm, 두께 9cm이다. 뚜껑돌 윗면에 행당 3자씩 3행에 걸쳐 《당고괵왕비부여지명(唐故虢王妃扶餘誌銘)》의 9자를 전서(篆書)로 새겨 묘지명의 주인을 밝히고 있다. 지석은 모두 30행에 걸쳐 해서(楷書)로 1행당 31자, 총 831자이다.

부여태비(690~738)는 부여융의 손녀다. 묘지명에 따르면, 부여태비는 690년 부여덕장德璋(부여융 아들)의 둘째 딸로 태어난다. 711년(22세) 당 왕족 이옹李邕의 두 번째 부인이 되며 718년 사괵嗣虢왕비에 책봉된다. 이옹은 당 고조(이연)의 증손자로 수도 장안 외곽의 영토를 다스리는 사괵嗣虢왕이다. 727년 남편 이옹이 죽고 맏아들 이거李巨가 왕위를 이어받으며, 731년 태비太妃에 책봉되며 738년 49세로 수도 장안에서 사망한다.

> 부여융(隆,615~682)은 644년 의자왕의 태자에 봉해지나 부여효(孝,은고왕후 소생)에게 태자자리를 빼앗긴다. 660년 7월 사비도성이 함락될 때 신라의 포로가 되며, 그 해 9월 의자왕이 웅진성에서 당에 항복하자 함께 장안으로 끌려간다. 663년 귀국하며 백촌강 전투에 참전하며 웅진도독부 도독에 임명된다. 이후 667년 웅진도독부가 한반도에서 철수할 때 다시 당으로 건너가며 682년 사망 후 보국대장군에 추증된다.

부여태비는 당에 정착한 백제의 마지막 공주다.

일본에 정착한 마지막 왕자 부여경복

일본 나라현에 도다이지東大寺가 있다. 일본 성무聖武왕(45대) 때인 738년 창건된 유서 깊은 사찰로 일본 화엄종의 본산이다. 도다이지 경내에는 대불전大佛殿이 있으며, 대불전 안에는 세계에서 가장 큰 비로자나불毘盧遮那佛 청동불상이 있다. '나라대불奈良大佛'이라고도 한다. 『속일본기』에 대불(청동불상)을 만들기 위해 황금 900량을 특별히 시주한 사람이 나온다. 부여경복이다.

도다이지 대불 [일본 나라현] ▶

| 건국의 요람과 여명 | 초고계열과 고이계열 | 근초고왕과 부여기마족 | 부여씨왕조의 수난 |

> 도다이지(東大寺) 대불은 전체 높이 14.98m, 얼굴 길이 5.33m, 귀 길이 2.54m다. 손바닥 길이만 3.1m로 그 위에서 춤을 춰도 될 정도로 크다. 대불은 747년 9월~749년 10월까지 2년에 걸쳐 백제 도래인 국중공마려(國中公麻呂)가 제작한다. 대불 주조에 사용된 재료는 구리(熟銅) 499t과 황금 440kg, 수은 300kg 등이다.

부여경복^{敬福}(698~766)은 부여용^勇(의자왕 아들)의 손자다. 부여용은 일본에 귀화하여 이름을 선광^{禪廣,善光}으로 고치고 또한 '백제왕^{百濟王}(구다라노코니시키)'씨를 하사받는다. '백제왕선광'이다. 선광은 창성^{昌成}을 비롯하여 원보^{遠寶}, 양우^{良虞}, 남전^{南典} 등을 낳으며, 첫째 창성이 낳은 아들이 바로 경복이다. 공식 이름은 '백제왕경복'이다.

> 부여용(勇,621~693)은 631년 부여풍이 일본에 질자(質子)로 보내질 때 함께 건너간다.(『속일본기』) 백제 멸망이후 불교식의 선광으로 개명하며 664년 나니와(難波,오사카)에 정착한다. 691년 일본 지통(持統)왕으로부터 식봉 2백호와 함께 '백제왕(百濟王)' 성씨를 하사받으며 '백제왕선광'으로 거듭난다. 693년 사후 정광삼(正廣參)에 추증되며 조위품(弔慰品)을 하사받는다.

▲ 백제왕신사 [일본 오사카부 하리가타市]

경복은 도다이지 대불을 주조할 때 무쓰^{陸奧}(동북지방)에서 나는 황금을 헌상하며 그 공으로 종3위 가와우치^{川內}(교토부 비와호 주변)태수에 봉해진다. 이후 나카미야^{中宮}(오사카부 히라카다) 땅을 하사받아 정착하며 그곳에 '백제왕신사'를 건립한다.

부여경복은 일본에 정착한 백제의 마지막 왕자다.

의자왕의 후손들

이 외에도 당에 정착한 의자왕의 아들인 부여태泰, 부여효孝, 부여연演 등이 있다. 다만 이들의 후손은 부여융과 달리 기록 자체를 남기지 않아 확인할 수 없다. 또한 일본에 정착한 왕족은 『일본서기』와 『속일본기』에 다수가 나온다. 이들 계보 역시 명확하지 않다.

> 일본에 정착한 계보가 명확하지 않은 백제왕족은 영손(英孫), 청도자(淸刀自), 원충(元忠), 원덕(元德), 현경(玄鏡), 효충(孝忠), 삼충(三忠), 자경(慈敬), 준철(俊哲), 여천(女天), 신상(信上), 인정(仁貞), 청인(淸仁) 등이 있다.

특히 한반도에는 부여융을 원조로 하는 부여서씨徐氏가 있다. 시조는 고려 때 병부상서를 지낸 태원군 서존徐存이다. 부여융의 직계 중 한반도에 잔류한 후손으로 부여씨 왕족의 생존과 보호를 위해 개성改姓한 것으로 추정된다.

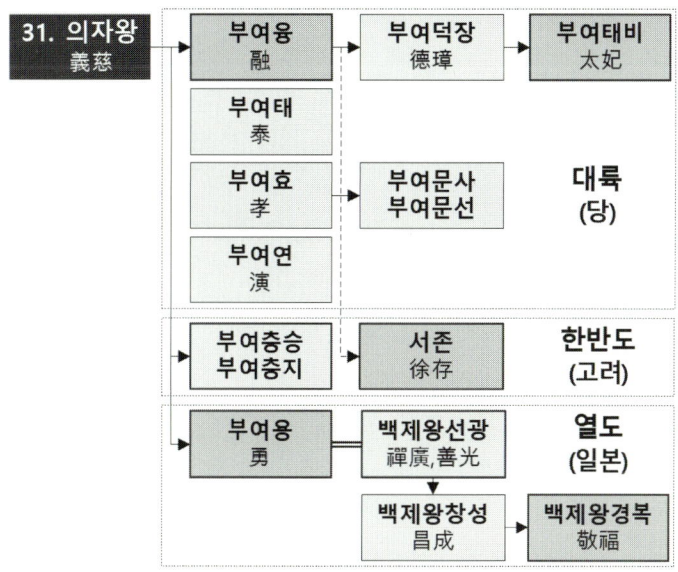

▲ 의자왕의 후손 계보도

7백년 백제 역사는 문을 닫았으나 왕족 혈통은 문을 닫지 않았다.

부록

| 서울, 공주, 부여, 익산 일대 주요 백제무덤 피장자 |

| 찾아보기 |

| 경주 일대 주요 신라무덤 피장자 |

■ 서울 일원 백제고분군 현황 (A~D)

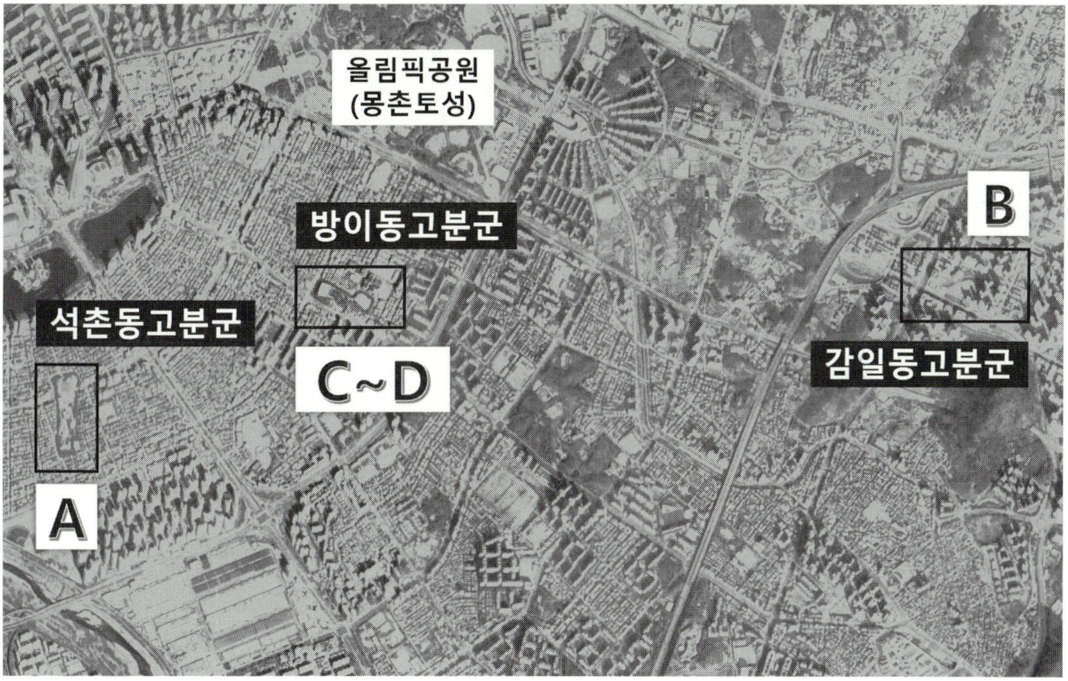

- 올림픽공원 (몽촌토성)
- 방이동고분군 C~D
- 석촌동고분군 A
- 감일동고분군 B

■ 공주, 부여, 익산 일원 백제고분군 (E~H)

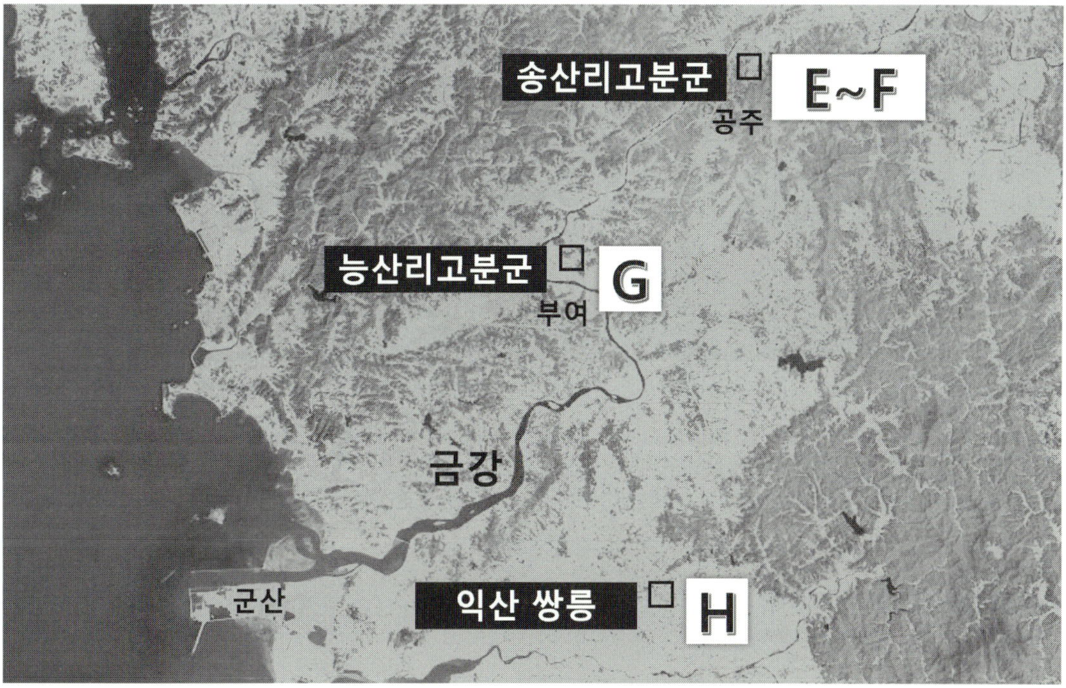

- 송산리고분군 E~F (공주)
- 능산리고분군 G (부여)
- 금강
- 군산
- 익산 쌍릉 H

■ A구역 : 석촌동고분군 (서울 송파)

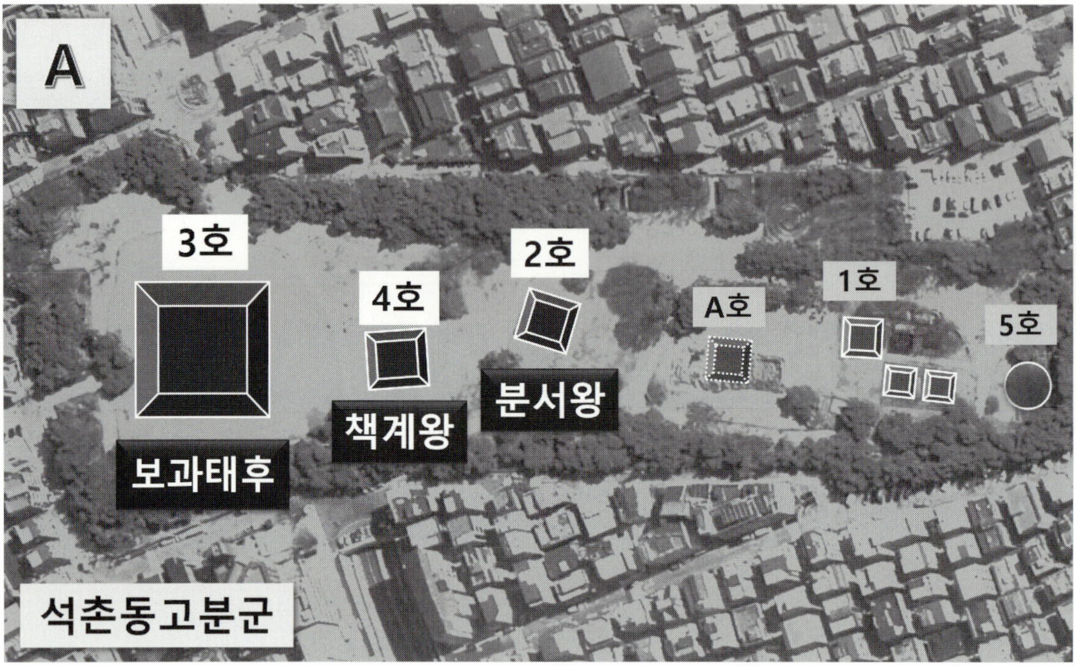

■ C구역 : 방이동고분군[左] (서울 송파)

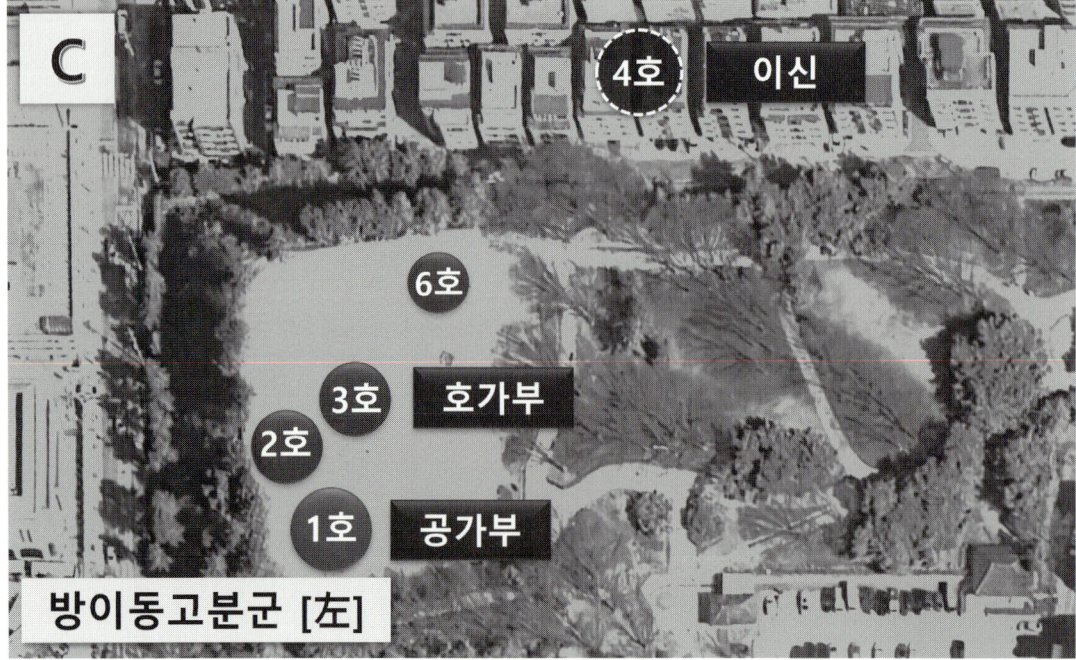

■ B구역 : 감일동고분군 (경기 하남)

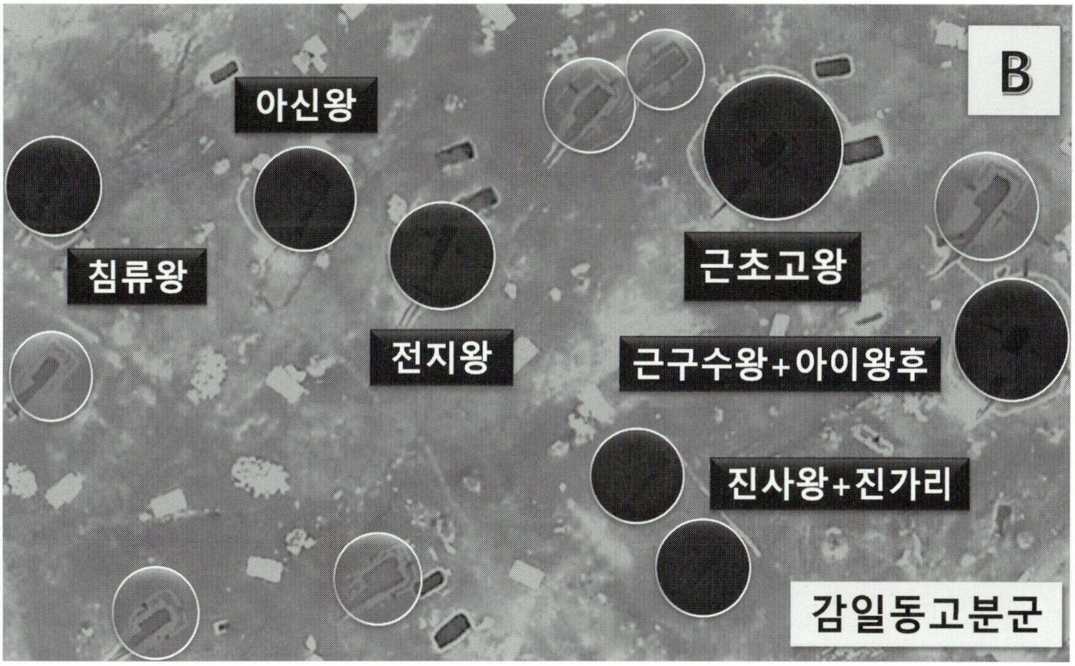

아신왕
침류왕
전지왕
근초고왕
근구수왕+아이왕후
진사왕+진가리

감일동고분군

■ D구역 : 방이동고분군[右] (서울 송파)

주씨 8호
선명 7호 9호 비유왕
             10호 위이랑

방이동고분군 [右]

■ E구역 : 송산리고분군[上] (충남 공주)

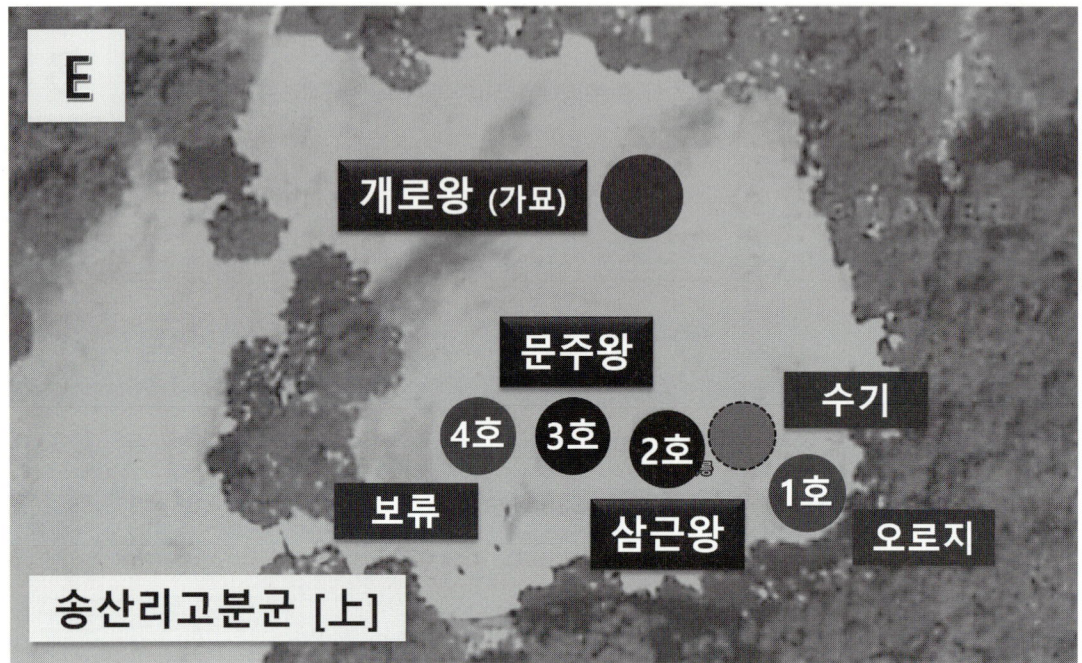

■ G구역 : 능산리고분군[中] (충남 부여)

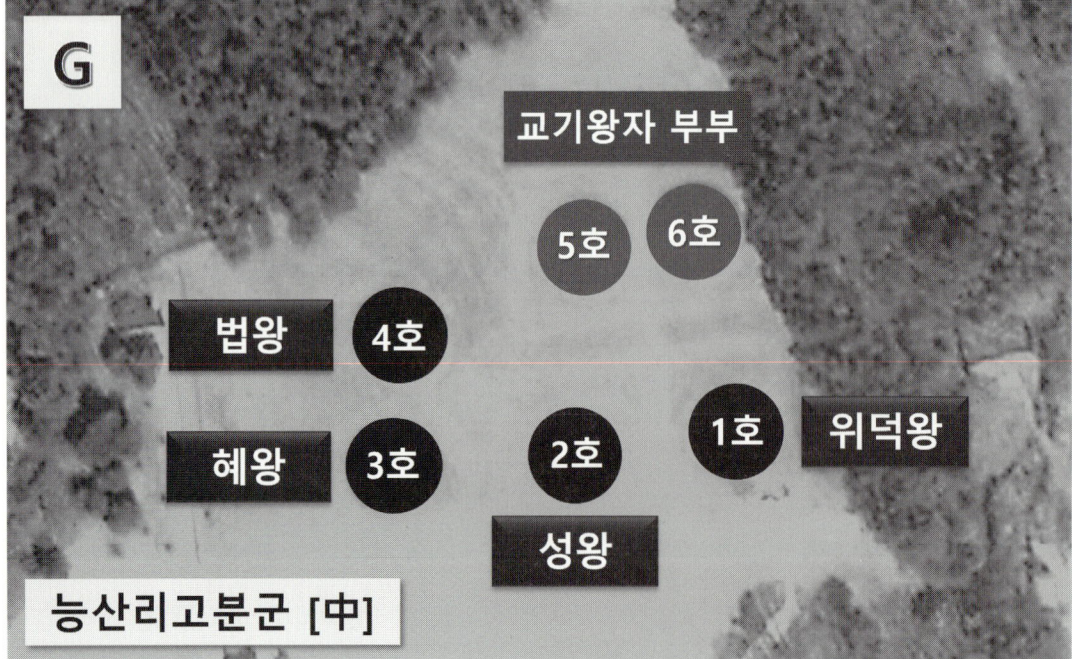

■ F구역 : 송산리고분군[下] (충남 공주)

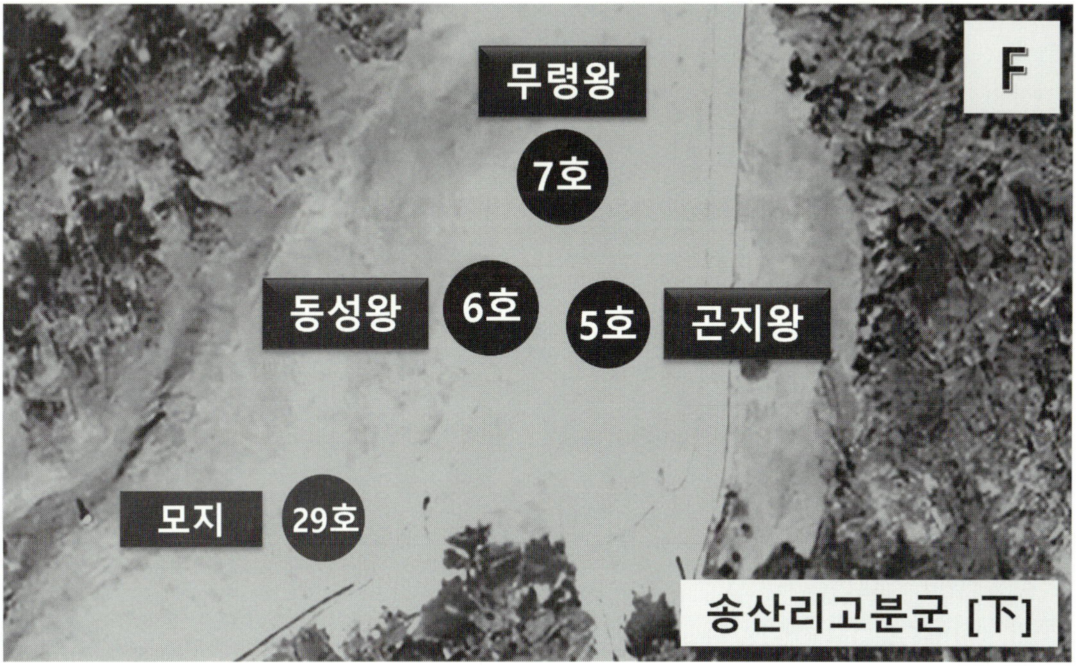

F

무령왕
7호
동성왕 6호 5호 곤지왕
모지 29호

송산리고분군 [下]

■ H구역 : 익산 쌍릉 (전북 익산)

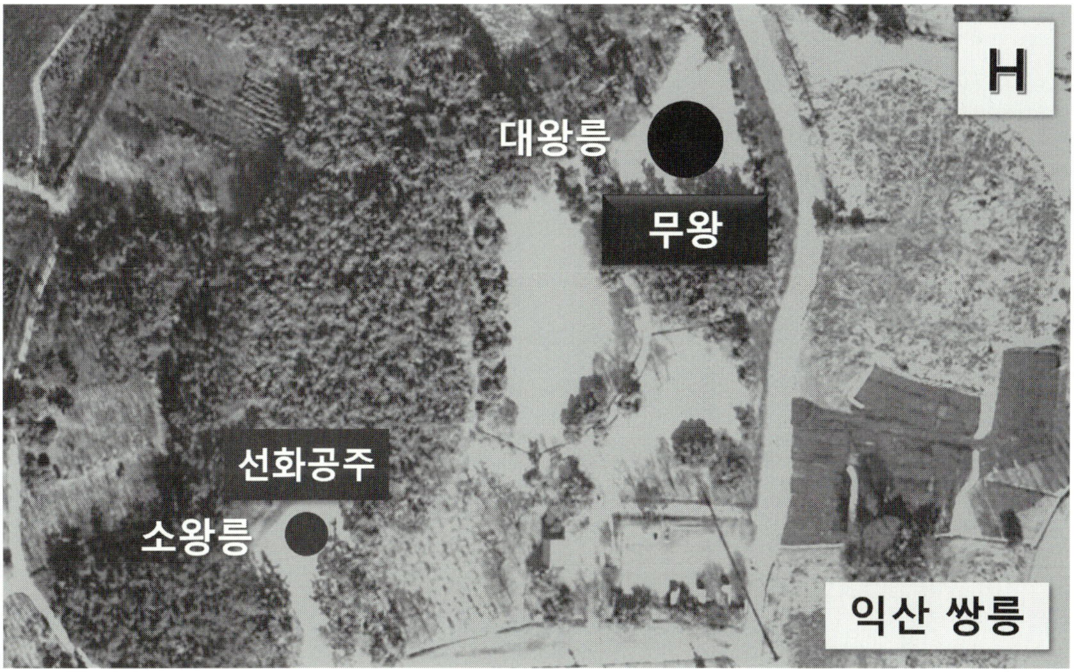

H

대왕릉
무왕

선화공주
소왕릉

익산 쌍릉

찾아보기

가

가루베지온 302 358
가림성 351 363
가마지 287
가카라시마 360 363
갈성위전 259 313 316
갈성습진언 225 259 316
감아 42
감일동고분군 235 237
개로왕 259 270 275 277 285 290
　　　　 307 315 358
개루왕 42 50 54 95 102 271
거발성 145 181 197 202 219
계백 52 460 462
계왕 138 158 162 164
계체왕 365 371
고국원왕 168 173 186 284
고두막 58 239 387
고모루성 215 217
고사산 172 173 204
고이만년 280 284
고이왕 18 116 127 137 156
고타소 447 448 477
곡나 153 174 222
곤지왕 293 301 307 309 311 314
　　　　 317 319 327 330 337 358
공가부 257 274
공손강 63 96 106 108
공손건 131 133
공손도 55 80 96 98 131
공손소 124 131
공손연 124 132
관미성 196 198
관산성 283 392 394 396 402 447
광개토왕 197 199 207 211 214 221
　　　　 226 256
광개토왕릉비 29 36 97 197 202
　　　　　　 207 213 226
교기 411 448
구내 127
구수왕 102 105 139 189
구이신왕 232 255
구지왕 80 88 93 97 99 144
구태 25 29 55 88 241
궁월군 225 228 252 257
근구수왕 166 189 191 199 205 232
근초고왕 18 138 157 162 166 174
　　　　　 180 186 190 203 238 284
금와왕 43 90 113
기루왕 42 48 95

기벌포   459 462
기리영   121 123 125
기생   176 179 197
길수   190 191
김법민   477 479
김부식   20 55
김석형   308
김성호   224
김유신   448 454 458
김정호   434
김춘추   433 447
길선   50 51 103

나

남한산성   16 18
내물왕   110 184 215 226 229
눌지왕   265 269 275 349
능산리고분군   396 408 413 457

다

다루왕   40 42 45 47
다카이다야마고분   322 324
단지리고분군   339 340
대관사   433
대반실옥   337 339
대성동고분군   243 248
대야성   446 447 477
도리이류조   194 195
도림   277 282 285

도모왕   49 61 92
도미   52 54
동명왕   49 57 62 91 239 387
동성왕   41 301 312 319 336 344
          349 351 356 377
동한   154 174 245

라

라마동고분군   244
레드야드   25 220 223

마

마라난타   192 193
막고해   166 173
막호발   167 246
말다   311 326 336 338 360
맹소   45 47
모대   288 300 336 347
모도왕   61 341 343 344
모용외   86 145 248
모용황   149 166 245 248
모지   311 312 377
모혜   311 312
목간나   242 347
목귀   243
목금   242
목라근자   153 171 178 243 245 248
목만치   233 243 246 248 333
목연   247

목토숙니 228 243
목협만치 242 279
몽촌토성 128 130 286
무왕 404 406 414 417 421 428
　　　　430 434 436
무령왕 313 319 358 363 365 368
　　　　371 384
문주왕 266 291 293 294 304 307
　　　　327 341
미륵사 407 423 425
미추홀 17 19 21 24 37 93

바

박시전래진 469 472
박창범 147
박창화 93
방이동고분군 272 275
백가 351 352 363 374
백고 94 95
백토 112
법왕 404 406 411
벽골지 152
벽라 42
벽지산 172 173 204
보고 81 98
보과 131 137 140 158 162 203
보기 290 349
보루 81 97 98
보류 290 292 297 305 349

보신 290 292 349
복신 468 475
부여경복 484 486
부여기마족 25 143 147 148 153
　　　　　212 224 234 254
부여백제 145 153 167 174 178 184
　　　　　197 203 224 228 387
부여용 484 486
부여융 444 446 477 484
부여태 462 487
부여효 462 487
부태 77 79 144 148
분서왕 135 137 140 158 163
비류 17 19 22 36 55 90
비류왕 137 138 139 152 158
비유왕 153 241 253 255 257 261
　　　　263 267 271 275 299 313
비조호조 311 332

사

사마 311 363 365
사반왕 126 139
사택기루 386
사택왕후 414 416 427 429 435 444
사택적덕 414 427
사택지적 449 450
사법명 346 347
삼근왕 291 296 298 301 304 338
　　　　339 349

서자몽	75 79 143 145 181	아차성	127 130 275 280 286 289
석촌동고분군	118 138 155	안정복	461
선명	269 275	에가미나미오	25 143 218 223
선화	414 420 425 428 438 445	여고	345
성왕	283 372 382 384 391 393 397 411	여곤	269 270 275 313 314
		여구	150 163 173 179 247
성충	450 451	여경	269 270 277 314
소내	127 139	여기	270 314 315
소서노	17 23 32 37 42 90 137	여도	270 341
소시매	257 265 266 276 349	여례	278
소정방	458 464	여문	270 275
송산리고분군	290 302 322 354 358 376	여물	84 99
		여숭	150 388
수	296 304	여신	252 254 256 269
수기	304 349 350 353	여암	150 151
수마	269 275 282 288 314	여울	149
순타	373 375 384	여은	269 314
신공왕후	170 173 176 200	여음	139
신채호	390 467 476	여찬	252 262
		여채	269
		여초	150
아		여치	150
아리모려묘지석	118 119	여폐	269 275
아스카	310 311 331 332	여현	149 180 245 247
아스카베신사	309 313 319 367	여휘	150 178 197 219 221 229 252
아신왕	200 205 211 217 221 223		
아오지	287	연돌	374
아이	192 199 203 205	연길	269 312
아좌	402	예식진	456 463
아지사주	229 231		

오고리　131
오로지　287 295 297 304 317 324
온조　16 22 40 42 55 91 188
왕흥사　404 407 426 429
요속일　177 179 218
요황　304 350 353
우태　23 44 89 90 117
웅략왕　262 306 316 337 338
월나　112 115 259
위구태　63 65 69 74 76 87 89 143 146 162 387
위덕왕　395 397 399 402 411
위이랑　259 269 275 313
유류왕　19 36 38
유화　19 113
유인원　465 477
윤충　447 450
을음　27 31 34
응신왕　170 198 218 221 223 228 252
의라　85 144 148
의려　78 85 144 148
의다　311 326
의자왕　422 444 446 449 452 456 458 462 466 468
이병도　53 107 290
이성산성　238
인덕왕　232 233 252 256 262
임성　402 403

임존성　475

자

자마　287 312
자비왕　281 291 293 349
자술　124 135
장수왕　41 277 279 286 293 311 317 349 386
장화　109 110
재증걸루　280 284 288
전지왕　232 241 252 255
정약용　18 187
제석사　431 432
조미걸취　281
주씨　265 266 275 291 349
주류성　468 471 473 475
지침　153 174 223
직산위례성　17 27
진가리　199 200
진고도　205
진남　294 297 299
진로　301
진사왕　199 202 205
진선　294 300 311
진화　295 311
진후　189 191

차

책계왕　127 131 137 156 163 232

천웅장언　172 178 204
초고왕　102 113 162 189
추모왕　19 59 119
충주고구려비　213
침류왕　192 194 199 205
침미다례　109 153 171 174 223 245

카

코벨　25 26 143 223

타

탄현　459 462
태조왕　67 72 75 83 119 143

파

팔수　203 232 243 255
풍납토성　129 130 278 286
풍왕　422 445 469 470 472
피성　467 470

하

하남위례성　16 39 188 194
하북위례성　18 187
한남　39 41
한산　18 169 186 188 194
한성위례성　18 130 169 386
한주　390
해구　295 297 298 327
해루　27 28
해명　363
해모수　19 59 387
해부루　23 44 59 387
해수　269 419
해충　233
현남　153 174 223 245
혜왕　402 404 411 417
호가부　257 274
호류지　395 398 402
홍원탁　224
황과　164
황창량　134 136 137
흑치상지　52 461 475 476
흥수　459 460